엑스포지멘터리

이사야 II

Isaiah

엑스포지멘터리 이사야 Ⅱ

초판 1쇄 발행 2012년 10월 30일
2판 2쇄 발행 2023년 7월 30일

지은이 송병현

펴낸곳 도서출판 이엠
등록번호 제25100-2015-000063
주소 서울시 구로구 공원로 3번지
전화 070-8832-4671
E-mail empublisher@gmail.com

내용 및 세미나 문의 스타선교회: 02-520-0877 / EMail: starofkorea@gmail.com / www.star123.kr

ISBN 979-11-86880-06-7 93230

※ 가격은 표지 뒷면에 있습니다.

「이 도서의 국립중앙도서관 출판시 도서목록(CIP)은 서지정보유통지원시스템 홈페이지(http://seoji.nl.go.kr)와 국가자료공동목록시스템(http://www.nl.go.kr/kolisnet)에서 이용하실 수 있습니다. (CIP제어번호:CIP2015000753)」

엑스포지멘터리

이사야 Ⅱ

Isaiah

| 송병현 지음 |

EXPOSItory comMENTARY

EM Exposi Mentary

한국 교회를 위한 하나의 희망

저의 서재에는 성경 본문 연구에 관한 많은 책이 있습니다. 그중에는 주석서들도 있고 강해서들도 있습니다. 그러나 그중에 송병현 교수가 시도한 이런 책은 없습니다. 엑스포지멘터리, 듣기만 해도 가슴이 뛰는 책입니다. 설교자와 진지한 성경학도 모두에게 꿈의 책이 아닐 수 없습니다. 이런 책이 좀 더 일찍 나올 수 있었다면 한국 교회가 어떠했을까를 생각해 봅니다. 저는 이 책을 꼼꼼히 읽어 보면서 가슴 깊은 곳에서 큰 자긍심을 느꼈습니다.

이 책은 지금까지 복음주의 교회가 쌓아 온 모든 학문적 업적을 망라하고 있을 뿐만 아니라 한국 교회 강단이 목말라하는 모든 실용적 갈망에 해답을 던져 줍니다. 이 책에서는 실제로 활용할 수 있는 충실한 신학적 정보가 일목요연하게 제시됩니다. 그러면서도 또한 위트와 감탄을 자아내는 감동적인 적용들도 제공됩니다. 얼마나 큰 축복이며 얼마나 신나는 일이며 얼마나 큰 은총인지요. 저의 사역에 좀 더 일찍 이런 학문적 효과를 활용하지 못한 것이 아쉽기만 합니다. 진실로 한국 교회의 내일을 위해 너무나 소중한 기여라고 생각합니다.

일찍이 한국 교회 1세대를 위해 박윤선 목사님과 이상근 목사님의 기여가 컸습니다. 그러나 이제 한국 교회는 새 시대의 리더십을 열어야 하는 교차로에 서 있습니다. 저는 송병현 교수가 이런 시점을 위해 준비된 선물이라고 생각합니다. 진지한 강해 설교를 시도하고자 하는 모든 이와 진지한 성경 강의를 준비하고자 하는 모든 성경공부 지도자에게 어떤 대가를 지불하고서라도 우선 이 책을 소장하고 성경을 연구하는 책상 가까운 곳에 두라고 권면하고 싶습니다. 앞으로 계속 출판될 책들이 참으로 기다려집니다.

한국 교회는 다행스럽게 말씀과 더불어 그 기초를 놓을 수 있었습니다. 이제는 그 말씀으로 어떻게 미래의 집을 지을 것인가를 고민하고 있습니다. 이 〈엑스포지멘터리 시리즈〉는 분명한 하나의 해답, 하나의 희망입니다. 이 책과 함께 성숙의 길을 걸어갈 한국 교회의 미래가 벌써 성급하게 기다려집니다. 더 나아가 한국 교회 역사의 성과물 중의 하나인 이 책이 다른 열방에도 나누어졌으면 합니다. 이제 우리는 복음에 빚진 자로서 열방을 학문적으로도 섬겨야 하기 때문입니다. 이 책을 한국 교회에 허락하신 우리 주님께 감사와 찬양을 드립니다.

이동원(지구촌교회 원로목사)

총체적 변화를 가져다 줄 영적 선물

교회사를 돌이켜 볼 때, 교회가 위기에 처해 있었다면 결국 강단에서 하나님의 말씀이 제대로 선포되지 못한 데서 그 근본 원인을 찾을 수 있습니다. 영적 분별력이 있는 사람이라면 모두 이에 대해 동의할 것입니다. 사회가 아무리 암울할지라도 강단에서 선포되는 말씀이 살아 있는 한, 교회는 교회로서의 기능이 약화되지 않고 오히려 사회를 선도하고 국민들의 가슴에 희망을 안겨 주었습니다. 백 년 전 영적 부흥이 일어났던 한국의 초대교회가 그 좋은 예입니다. 이러한 영적 부흥은 살아 있는 하나님의 말씀이 강단에서 영적 권위를 가지고 "하나님께서 이렇게 말씀하셨다"라고 선포되었을 때 나타났던 현상입니다.

오늘날에는 날이 갈수록 강단에서 선포되는 말씀이 약화되거나 축소되고 있습니다. 이런 상황 속에서 출간되는 송병현 교수의 〈엑스포지멘터리 시리즈〉는 한국 교회와 전 세계에 흩어진 7백만 한인 디아스포라에게 주는 커다란 영적 선물이 아닐 수 없습니다. 이 시리즈는 하나님의 말씀을 쉽게 이해할 수 있도록 풀이한 것으로, 목회자와 선교사는 물론이고 평신도들의 경건생활과 사역에도 큰 도움이 될 것입니다. 무엇보다도 저는 이 시리즈가 강단에서 원 저자이신 성령님의 의도대로 하나님 나라 복음이 선포되게 하여 믿는 이들에게 총체적 변화(total transformation)를 다시 경험할 수 있는 계기를 마련해 주리라 확신합니다.

송병현 교수는 지금까지 구약학계에서 토의된 학설 중 본문을 석의하는 데 불필요한 내용들은 걸러내는 한편, 철저하게 원 저자가 전하고자 하는 메시지를 현대인들이 가장 잘 이해할 수 있도록 전하고자 부단히 애를 썼습니다. 이 시리즈를 이용하는 모든 이에게 저자의 이런 수고와 노력에 걸맞은 하나님의 축복과 기쁨과 능력이 함께하실 것을 기대하면서 이 시리즈를 적극 추천합니다.

이태웅(GMTC초대 원장, 글로벌리더십포커스 원장)

주석과 강해의 적절한 조화를 이뤄낸 시리즈

한국 교회는 성경 전체를 속독하는 '성경통독' 운동과 매일 짧은 본문을 읽는 '말씀 묵상(QT)' 운동이 세계 어느 나라 교회보다 활성화 되어 있습니다. 얼마나 감사한 일인지 모릅니다. 그러나 상대적으로 책별 성경연구는 심각하게 결핍되어 있는 것이 사실입니다. 때때로 교회 지도자들 중에도 성경해석의 기본이 제대로 갖춰 있지 않아 성경 저자가 말하려는 의도와 상관없이 본문을 인용해서 자신이 하고 싶은 말을 하는 분들이 적지 않음을 보고 충격을 받은 일도 있습니다. 앞으로 한국 교회가 풀어야 할 과제가 '진정한 말씀의 회복'이라면 이를 위해 가장 중요한 것은 바른 말씀의 세계로 인도해 줄 좋은 주석서와 강해서를 만나는 일일 것입니다.

좋은 주석서는 지금까지 축적된 다른 성경학자들의 연구 결과가 잘 정돈되어 있을 뿐 아니라 저자의 새로운 영적·신학적 통찰이 번뜩이는 책이어야 합니다. 또한 좋은 강해서는 자기 견해를 독자들에게 강요하는(impose) 책이 아니라, 철저한 본문 석의 과정을 거친 후에 추출되는 신학적·실제적 교훈을 잘 드러내는(expose) 책이어야 합니다. 또한 독자가 성경의 교훈을 자기 상황에 적용할 수 있도록 안내해 주는 인문학적·사회과학적 연구가 배어 있는 책이어야 할 것이며, 글의 표현이 현학적이지 않은, 독자들에게 친절한 저술이어야 할 것입니다.

그러나 솔직히 말씀드리면, 저는 서점에서 한국인 저자의 주석서나 강해서를 만나면 한참을 망설이다가 내려놓게 됩니다. 또 주석서를 시리즈로 사는 것은 어리석은 행동이라는 말을 신학교 교수들에게 들은 뒤로 여간해서 시리즈로 책을 사지 않습니다. 이는 아마도 풍성한 말씀의 보고(寶庫) 가운데로 이끌어 주는 만족스러운 주석서를 아직까지 발견하지 못했기 때문일 것입니다. 그러나 제가 처음으로 시리즈로 산 한국인 저자의 책이 있는데, 바로 송병현 교수의 〈엑스포지멘터리 시리즈〉입니다.

송병현 교수의 〈엑스포지멘터리 시리즈〉야말로 제가 가졌던 좋은 주석서와 강해서에 대한 모든 염원을 실현해 내고 있습니다. 이 주석서는 분명 한국 교회 목회자들과 평신도 성경 교사들의 고민을 해결해 줄 하나님의 값진 선물입니다. 지금까지 없었던, 주석서와 강해서의 적절한 조화를 이뤄낸 신개념의 해설주석이라는 점도 매우 신선하게 다가옵니다. 또한 쉽고 친절한 글이면서도 우물 깊은 곳에서 퍼 올린 생수와 같은 깊이가 느껴집니다. 이 같은 주석 시리즈가 한국에서 나왔다는 사실에 저는 감격하지 않을 수 없습니다. 이 땅에서 말씀으로 세상에 도전하고자 하는 모든 목회자와 평신도에게 이 주석 시리즈를 적극 추천합니다.

이승장(예수마을교회 목사, 성서한국 공동대표)

시리즈 서문

"50세까지는 좋은 선생이 되려고 노력하고, 그 후에는 좋은 저자가 되려고 노력해라." 이 말은 내가 시카고 근교에 있는 트리니티 복음주의 신학교(Trinity Evangelical Divinity School)에서 박사과정을 시작할 즈음에 지금은 고인이 되신 스승 맥코미스키(Thomas E. McComiskey)와 아처(Gleason L. Archer) 두 교수님께서 주신 조언이었다. 너무 일찍 책을 쓰면 훗날 아쉬움이 많이 남는다며 하신 말씀이었다. 박사학위를 받고 1997년에 한국에 들어와 신대원에서 가르치기 시작하면서 나는 이 조언을 마음에 새겼다. 사실 이 조언과 상관없이 당시에 내가 당장 책을 출판한다는 일은 불가능한 일이었다. 중학교에 다니던 70년대 중반에 캐나다에 이민을 갔다가 20여 년 만에 귀국하여 우리말로 강의하는 일 자체가 나에게는 매우 큰 도전이었으며, 책을 출판하는 일은 사치로 느껴졌기 때문이다.

세월이 지나 어느덧 나는 선생님들이 말씀하신 50을 눈앞에 두었다. 1997년에 귀국한 후 지난 10여 년 동안 나는 구약 전체의 강의안을 만드는 일을 목표로 삼았다. 나 자신에게 동기를 부여하기 위하여 내가 몸담은 신대원의 학생들에게 매학기 새로운 구약 강해 과목을 개설해 주었다. 감사한 것은 지혜문헌을 제외하고 본문 관찰을 중심으로 한 구약 모든 책의 강의안을 13년 만에 완성할 수 있었다는 점이다. 앞으로 수년에 걸쳐 이 강의안들을 대폭 수정하여 매년 두세 권씩 책으로 출판하려 한다. 지혜문헌은 잠시 미루어 두었다. 시편 1권(1-41편)에 관한 강의안을 만든 적이 있었는데, 본문 관찰과 주해는 얼마든 할 수 있었지만, 무언가 아쉬움이 남았다. 삶의 연륜이 가미되지 않은 데서 비롯된 부족함이었다. 그래서 나는 지혜문헌에 대한 주석은 60을 바라볼 때쯤 집필하기로 작정했다. 삶을 조금 더 경험한 후로 미루어 놓은 것이다. 아마도 이 시리즈가 완성될 때쯤이면, 자연스럽게 지혜문헌에 관한 책들을 출판할 때가 되지 않을까 싶다.

이 시리즈는 설교를 하고 성경공부를 인도해야 하는 목회자들과 평신도 지도자들을 마음에 두고 집필한 책들이다. 나는 이 시리즈의 성격을 엑스포지멘터리(Exposimentary)라고 부르고 싶다. 엑스포지멘터리('해설주석')라는 단어는 내가 만들어 낸 용어로 해설/설명을 뜻하는 엑스포지터리(expository)라는 단어와 주석을 뜻하는 코멘터리(commentary)를 합성한 것이다. 대체로 엑스포지터리는 본문과 별 연관성이 없는 주제와 묵상으로 치우치기 쉽고 코멘터리는 필요 이상으로 논쟁적이고 기술적일 수 있다는 한계를 의식해, 이러한 상황을 의도적으로 피하고 가르치는 사역에 조금이나마 실제적으로 도움이 되는 교재를 써 내려가려고 만들어 낸 개념이다. 나는 본문의 다양한 요소와 이슈들에 대하여 정확하게 석의하면서도 전후 문맥과 책 전체의 문형(literary shape)을 최대한 고려하여 텍스트의 의미를 설명하고 우리의 삶과 연결하려고 노력했다. 또한 히브리어 사용은 최소화했다.

이 시리즈를 내놓으면서 감사할 사람이 참 많다. 먼저, 지난 25년 동안 내 인생의 동반자가 되어 아낌없는 후원과 격려를 해주었던 아내 임우민에게 감사한다. 아내를 생각할 때마다 참으로 현숙한 여인을(cf. 잠 31:10-31) 배필로 주신 하나님께 감사할 뿐이다. 아빠의 사역을 기도와 격려로 도와준 지혜, 은혜, 한빛에게도 고마운 마음을 표한다. 평생 기도와 후원을 아끼지 않는 친가와 처가, 친지들에게도 감사하다는 말을 전하고 싶다. 항상 옆에서 돕고 격려해 준 평생 친구 장병환 · 윤인옥, 박선철 · 송주연 부부들에게도 고마움을 표하며, 시카고 유학 시절에 큰 힘이 되어주셨던 이선구 장로 · 최화자 권사님 부부에게도 이 자리를 빌려 평생 빚진 마음을 표하고 싶다. 우리 가족이 20여 년 만에 귀국하여 정착할 수 있도록 배려를 아끼지 않으신 백석학원 설립자 장종현 목사님께도 감사를 전한다. 우리 부부의 영원한 담임 목자이신 이동원 목사님께도 고마움을 표하고 싶다. 마지막으로 이 시리즈를 출판할 수 있게 해준 국제제자훈련원 편집장님 외 모든 분에게도 감사를 전한다.

- 2009년 겨울 방배동에서

감사의 글

엑스포지멘터리 이사야Ⅱ를 허락해 주신 하나님께 감사드립니다. STAR 선교회의 사역에 물심양면으로 헌신하여 오늘도 하나님의 말씀이 온 세상에 선포되는 일에 기쁜 마음으로 동참하시는 김성남, 김형국, 백영걸, 안맹원, 임우민, 이명순, 장병환, 정진성, 정채훈, 조선호 이사님들께 감사의 마음을 전하고 싶습니다. 이사님들의 헌신이 있기에 세상은 조금 더 살맛 나는 곳이 되고 있습니다.

- 2012년 라일락 향기 가득한 5월 방배동에서

선별된 약어표

개역	개역한글판
개역개정	개역개정판
공동번역	공동번역
새번역	표준새번역 개정판
BHK	Biblica Hebraica Kittel
BHS	Biblica Hebraica Stuttgartensia
TNK	Jewish Publication Society Bible
KJV	King James Version
LXX	칠십인역(Septuaginta)
MT	마소라 사본
NAB	New American Bible
NAS	New American Standard Bible
NEB	New English Bible
NIV	New International Version
NRS	New Revised Standard Version
AAR	*American Academy of Religion*
AB	Anchor Bible
ABD	*The Anchor Bible Dictionary*
ABRL	Anchor Bible Reference Library

AJSL	*American Journal of Semitic Languages and Literature*
ANET	J. B. Pritchard, ed., *The Ancient Near Eastern Texts Relating to the Old Testament.* 3rd. ed. Princeton: Princeton University Press, 1969.
ANETS	Ancient Near Eastern Texts and Studies
AOTC	Abingdon Old Testament Commentary
ASORDS	American Schools of Oriental Research Dissertation Series
BA	*Biblical Archaeologist*
BAR	*Biblical Archaeology Review*
BASOR	*Bulletin of the American Schools of Oriental Research*
BBR	*Bulletin for Biblical Research*
BCBC	Believers Church Bible Commentary
BDB	F. Brown, S. R. Driver & C. A. Briggs, *A Hebrew and English Lexicon of the Old Testament.* Oxford: Clarendon Press, 1907.
BETL	Bibliotheca Ephemeridum Theoloicarum Lovaniensium
BibOr	Biblia et Orientalia
BibSac	*Bibliotheca Sacra*
BibInt	Biblical Interpretation
BJRL	*Bulletin of the John Rylands Library*
BJS	Brown Judaic Studies
BLS	Bible and Literature Series
BN	Biblische Notizen
BO	Berit Olam: Studies in Hebrew Narrative & Poetry
BR	Bible Review
BSC	Bible Student Commentary
BT	The Bible Today
BV	Biblical Viewpoint

BZAW	Beihefte zur Zeitschrift für die alttestamentliche
CAD	*Chicago Assyrian Dictionary*
CBC	Cambridge Bible Commentary
CBSC	Cambridge Bible for Schools and Colleges
CBQ	*Catholic Biblical Quarterly*
CBQMS	Catholic Biblical Quarterly Monograph Series
CB	Communicator's Bible
CHANE	Culture and History of the Ancient Near East
DSB	Daily Study Bible
EBC	Expositor's Bible Commentary
ECC	Eerdmans Critical Commentary
EncJud	Encyclopedia Judaica
EvQ	*Evangelical Quarterly*
ET	*Expository Times*
ETL	*Ephemerides Theologicae Lovanienses*
FOTL	Forms of Old Testament Literature
GCA	Gratz College Annual of Jewish Studies
GKC	E. Kautszch and A. E. Cowley, *Gesenius' Hebrew Grammar*. Second English edition. Oxford: Clarendon Press, 1910.
GTJ	*Grace Theological Journal*
HALOT	L. Koehler and W. Baumgartner, *The Hebrew and Aramaic Lexicon of the Old Testament*. Trans. by M. E. J. Richardson. Leiden: E. J. Brill, 1994-2000.
HBT	Horizon in Biblical Theology
HSM	Harvard Semitic Monographs
HUCA	*Hebrew Union College Annual*
IB	Interpreter's Bible

ICC	International Critical Commentary
IDB	Interpreter's Dictionary of the Bible
ISBE	G. W. Bromiley (ed.), The *International Standard Bible Encyclopedia*. 4 vols. Grand Rapids: 1979-1988.
ITC	International Theological Commentary
J-M	P. Joüon-T. Muraoka, *A Grammar of Biblical Hebrew*. Part One: Orthography and Phonetics. Part Two: Morphology. Part Three: Syntax. Subsidia Biblica 14/I-II. Rome: Editrice Pontificio Istituto Biblico, 1991.
JAAR	*Journal of the American Academy of Religion*
JANES	*Journal of Ancient Near Eastern Society*
JBL	*Journal of Biblical Literature*
JBQ	*Jewish Bible Quarterly*
JJS	*Journal of Jewish Studies*
JNES	*Journal of Near Eastern Studies*
JSOT	*Journal for the Study of the Old Testament*
JSOTSup	Journal for the Study of the Old Testament Supplement Series
JPSTC	JPS Torah Commentary
LCBI	Literary Currents in Biblical Interpretation
NAC	New American Commentary
NCB	New Century Bible
NCBC	New Century Bible Commentary
NEAEHL	E. Stern (ed.), *The New Encyclopedia of Archaeological Excavations in the Holy Land*. 4 vols. Jerusalem: Israel Exploration Society & Carta, 1993.
NIB	New Interpreter's Bible
NICOT	New International Commentary on the Old Testament

NIDOTTE	W. A. Van Gemeren, ed., *The New International Dictionary of Old Testament Theology and Exegesis*. Grand Rapids: Zondervan, 1996.
NIVAC	New International Version Application Commentary
Or	Orientalia
OTA	*Old Testament Abstracts*
OTE	Old Testament Essays
OTG	Old Testament Guides
OTL	Old Testament Library
OTM	Old Testament Message
OTS	Old Testament Series
OTWAS	Ou-Testamentiese Werkgemeenskap in Suid-Afrika
PBC	People's Bible Commentary
RevExp	*Review and Expositor*
RTR	*Reformed Theological Review*
SBJT	*Southern Baptist Journal of Theology*
SBLDS	Society of Biblical Literature Dissertation Series
SBLMS	Society of Biblical Literature Monograph Series
SBLSymS	Society of Biblical Literature Symposium Series
SHBC	Smyth & Helwys Bible Commentary
SJOT	*Scandinavian Journal of the Old Testament*
SJT	*Scottish Journal of Theology*
SSN	Studia Semitica Neerlandica
TBC	Torch Bible Commentary
TynBul	*Tyndale Bulletin*
TD	Theology Digest
TDOT	G. J. Botterweck and H. Ringgren (eds.), *Theological Dictionary*

	of the Old Testament. Vol. I-. Grand Rapids: Eerdmans, 1974-.
THAT	*Theologisches Handwörterbuch zum Alten Testament.* 2 vols. Munich: Chr. Kaiser, 1971-1976.
TJ	*Trinity Journal*
TOTC	Tyndale Old Testament Commentaries
TS	*Theological Studies*
TUGOS	Transactions of the Glasgow University Oriental Society
TWAT	*Theologisches Wörterbuch zum Alten Testament.* Stuttgart: W. Kohlhammer, 1970-.
TWBC	The Westminster Bible Companion
TWOT	R. L. Harris, G. L. Archer, Jr., and B. K. Waltke (eds.), *Theological Wordbook of the Old Testament*, 2 vols. Chicago: Moody, 1980.
TZ	*Theologische Zeitschrift*
UBT	Understanding Biblical Themes
VT	*Vetus Testament*
VTSup	Vetus Testament Supplement Series
W-O	B. K. Waltke and M. O'Connor, *An Introduction to Biblical Hebrew Syntax*. Winona Lake: Eisenbrauns, 1990.
WB	Westminster Bible Companion
WBC	Word Biblical Commentary
WEC	Wycliffe Exegetical Commentary
WJT	*The Westminster Theological Journal*
ZAW	*Zeitschrift für die Alttestamentliche Wissenschaft*

선별된 참고문헌

(Select Bibliography)

Achtemeier, E. "Isaiah of Jerusalem: Themes and Preaching Possibilities." pp. 23-37 in *Reading and Preaching the Book of Isaiah*, ed. Christopher R. Seitz. Philadelphia: Fortress, 1988.

Ackerman, S. *Under Every Green Tree: Popular Religion in Sixth-Century Judah*. HSM. Atlanta: Scholars Press, 1992.

Ackroyd, P. R. "An Interpretation of the Babylonian Exile: A Study of 2 Kings 20, Isaiah 38-39." *SJT* 27 (1974): pp. 328-52.

_______. "Isaiah I-XII: Presentation of a Prophet." pp. 16-48 in *Congress Volume: Göttingen 1977*. Ed. by J. Emerton. VTSup 29. Leiden: Brill, 1978.

_______. "Theological Reflections on the Book of Isaiah: Three Interrelated Studies (pts. 1-3)." *King's Theological Review 4* (1981): pp. 53-63; 5 (1982): pp. 8-13, 43-48.

_______. "The Biblical Interpretation of the Reigns of Ahaz and Hezekiah (2 Kings 16; 18-20; 23:12; 2 Chron 28; 28:19; 29-32; Isa 7:1, 3, 10, 12; 14:28; 36-39)." pp. 247-59 in *In the Shelter of Elyon*. Ed. by W. Barrick, and J. Spencer. JSOTSup 31. Sheffield: JSOT Press, 1984.

Ahlstrom, G. W. "Notes to Isaiah 53:8f." *BZ* 13 (1969): pp. 95-98.

Alexander, J. *Commentary on the Prophecies of Isaiah*. New York/London: Wiley & Putnam, 1847.

Alonso-Schökel, L. "Isaiah." pp. 165-83 in *The Literary Guide to the Bible*. Ed. by R. Alter, and F. Kermode. Cambridge, MA: Belknap, 1987.

Andersen, F. I. "God with Us- In Judgment and in Mercy: The Editorial Structure of Isaiah 5-10(11)." pp. 230-45 in *Canon, Theology, and Old Testament Interpretation: Essays in Honor of Brevard S. Childs*. Ed. by Gene M. Tucker, David L. Petersen, and Robert R. Wilson. Philadelphia: Fortress, 1988.

Baltzer, K. *Deutero-Isaiah: A Commentary on Isaiah* pp. *40-55*. Hermeneia. Louisville: Fortress, 2001.

Barré, M. L. "A Rhetorical-Critical Study of Isaiah 2:12-17." *CBQ* 65 (2003): pp. 522-34.

Bartelt, A. H. *The Book Around Immanuel*. Winona Lake: Eisenbrauns, 1996.

Barton, J. *Isaiah 1-39*. OTG. Sheffield: Sheffield Academic Press, 1995.

Ben Zvi, E. "Who Wrote the Speech of Rabshakeh and When?" *JBL* 109 (1990): pp. 79-92.

_______. "Isaiah 1:4-9, Isaiah, and the Events of 701BCE in Judah: A Question of Premise and Evidence." *SJOT* 1 (1991): pp. 95-111.

Beuken, W. A .M. "Isaiah Chapters 65-66." pp. 204-21 in *Congress Volume: Jerusalem, 1986*. VTSup 40. Ed. by J. Emerton. Leuven: Brill, 1989.

_______. "Isaiah Chapters 65-66: Trito-Isaiah and the Closure of the Book of Isaiah." In *Congress Volume: Jerusalem 1989*. Ed. by J. Emerton. Leuven: Brill, 1991.

_______. *Isaiah Part II*. Vol. 2. HCOT Leiden: Peeters, 2000.

Blank, S. *Prophetic Faith in Israel*. New York: Harper and Row, 1958.

Blenkinsopp, J. *Isaiah 1-39*. AB. New York: Doubleday, 2000.

_______. *Isaiah 40-55*. AB. New York: Doubleday, 2002.

_______. *Isaiah 56-66*. AB. New York: Doubleday, 2003.

Blocher, H. *Songs of the Servant*. 5th ed. Downers Grove: InterVarsity, 1975.

Blue, K. *Authority to Heal*. Downers Grove: InterVarsity, 1987.

Bock, D. L.; Glaser, M., ed. *Gospel According to Isaiah: The Identity and Mission of the Messiah in Isaiah 53*. Grand Rapids: Kregel Publications, 2011.

Bogaert, P-M. "L'organisation des grands receuils prophétiques." pp. 147-53 in *The Book of Isaiah*. Ed. by Jacques Vermeylen. BETL 81. Leuven: University Press, 1989.

Brinkman, J. A. "Merodach-Baladan II." pp. 6-41 in *Studies Presented to A. Leo Oppenheim: From the Workshop of the Chicago Assyrian Dictionary*. Chicago: University Press, 1964.

Brueggemann, W. "Unity and Dynamic in the Isaiah Tradition." *JSOT* 29 (1984): pp. 89-107.

Budde, K. F. R. *Isaiah*. Die Heilige Schrift des Alten Testaments. 4th ed. Tübingen: Mohr, 1922.

Buksbazen, V. *The Prophet Isaiah: New Translation and Commentary*. Collingwood, NJ: Collingwood, 1971.

Bultema, H. *Commentary on Isaiah*. Trans. by Cornelius Lambregtse. Grand Rapids: Kregel, 1981.

Calvin, J. *Commentary on the Book of the Prophet Isaiah*. Trans. by W. Pringle. Edinburgh: Calvin Translation Society, 1850.

Carr, D. M. "Reaching for Unity in Isaiah." *JSOT* 57 (1993): pp. 61-80.

_______. "Reading Isaiah from Beginning(Isaiah 1) to End(Isaiah 65-66): Multiple Modern Possibilities." pp. 188-218 in *New Versions of Isaiah*. Ed. By R. F. Melugin; M. A. Sweeney. JSOTSup. Sheffield:

Sheffield Academic Press, 1996.

Cate, R. L. "We Need to Be Saved (Isaiah 1:1-20; 5:1-12; 6:1-13)." *RevExp* 88 (1991): pp. 137-51.

Chavasse, C. L. "Suffering Servant and Moses." *Church Quarterly Review* 165 (1964): pp. 152-63.

Ceresko, A. R. "The Rhetorical Strategy of the Fourth Servant Song (Isaiah 52:13-53:12), Poetry and the Exodus-New Exodus." *CBQ* 56 (1994): pp. 42-55.

Cheyne, T. K. *The Prophecies of Isaiah: A New Translation With Commentary and Appendices*, 2 vols. revised. New York: Thomas Whittaker, 1888.

Childs, B. S. *Isaiah and the Assyrian Crisis*. Naperville, IL: Alec R. Allenson, 1967.

_______. *Isaiah*. OTL. Louisville: Westminter John Knox, 2001.

Clements, R. *Isaiah and the Deliverance of Jerusalem*. JSOTSup 13. Sheffield: JSOT Press, 1980.

_______. *Isaiah 1-39*. NCB. Grand Rapids: Eerdmans, 1980.

_______. "The Unity of the Book of Isaiah." *Interpretation* 36 (1982): pp. 117-29.

_______. "Beyond Tradition-History: Deutero-Isaianic Development of First Isaiah's Themes." *JSOT* 31 (1985): pp. 95-113.

Clifford, R. J. *Fair Spoken and Persuading: An Interpretation of Second Isaiah*. New York/Toronto: Paulist, 1984.

_______. "Narrative and Lament in Isaiah 63:7-64:11." pp. 93-102 in *To Touch the Text: Biblical and Related Studies in Honor of Joseph A. Fitzmyer. S. J.* Ed. by M. P. Horgan, and P. J. Kobelski. New York: Crossorad, 1989.

_______. “The Unity of the Book of Isaiah and Its Cosmogonic Language,” *CBQ* 55 (1993): pp. 61-80.

Clines, D. J. A. *I, He, We, & They: A Literary Approach to Isaiah 53*. JSOTSup 1. Sheffield: JSOT Press, 1976.

Cobb, W. H. “The Integrity of the Book of Isaiah.” *BibSac* 39 (1882): pp. 519-54.

Cogan, M. Imperialism and Religion: *Assyria, Judah and Israel in the Eighth and Seventh Centuries B. C. E.* Missoula, MT: Scholars Press, 1974.

Collins, J. J. “The Suffering Servant: Scapegoat or Example?” *Procession of the Irish Biblical Association* 4 (1980): pp. 59-67.

Conrad, E. W. “The Royal Narrative and the Structure of the Book of Isaiah.” *JSOT* 41 (1988): pp. 67-81.

_______. *Reading Isaiah*. OBT. Minneapolis: Fortress, 1991.

Cook, P. M. *A Sign and A Wonder: The Redactional Formation of Isaiah 18-20*. VTSup. Leiden: Brill Academic Publishers, 2011.

Culver, R. D. *The Sufferings and the Glory of the Lord's Righteous Servant*. Moline, IL: Christian Service Foundation, 1958.

Daniels, D. R. “Is There a ‘Prophetic Lawsuit’ Genre?” *ZAW* 99 (1987): pp. 339-60.

Darr, K. P. *Isaiah's Vision and the Family of God*. LCBI. Louisville: Westminster John Knox, 1994.

Davies, G. “The Destiny of the Nations in the Book of Isaiah.” pp. 93-120 in *The Book of Isaiah*. Ed. by J. Vermeylen. Leuven: University Press, 1989.

Delitzsch, F. J. *Biblical Commentary on the Prophecies of Isaiah*. Edinburg: T. & T. Clark, 1873.

Van Dijk, T. A. *The Structures and Functions of Discourse. Introduction to Textlinguistics and Discourse Studies*. Amsterdam: University of Amsterdam, 1978.

Driver, G. R. "Isaiah 52:13-53:12: The Servant of the Lord." pp. 90-105 in *In Memoriam Paul Kahle*. Ed. by M. Black, and G. Fohrer. BZAW 103. Berlin: Töpelmann, 1968.

Duhm, B. *Das Buch Jesaja*. HKAT 3.1. Göttingen: Vandenhoeck & Ruprecht, 1892.

Dumbrell, W. J. "The Purpose of the Book of Isaiah." *TynBul* 36 (1985): pp. 111-28.

_______. "The Role of the Servant in Isaiah 40-55." *RTR* 48 (1989): pp. 105-13.

Eaton, J. H. "The Origin of the Book of Isaiah." *VT* 9 (1959): pp. 138-57.

_______. *Festal Drama in Deutero-Isaiah*. London: SCM, 1979.

Ellis, R. R. "The Remarkable Suffering Servant of Isaiah 40-55." *SWJT* 34 (1991): pp. 20-30.

Emmerson, G. *Isaiah 56-66*. Sheffield: Sheffield Academic Press, 1992.

Engnell, I. "The 'Ebed Yahweh Songs and the Suffering Messiah in Deutero Isaiah." *BJRL* 31 (1948): pp. 54-93.

Evans, C. "On the Unity and Parallel Structure of Isaiah." *VT* 38 (1988): pp. 129-47.

_______. *To See and Not Perceive*. JSOTSup 64. Sheffield: JSOT Press, 1989.

Firth, D.; Williamson, H. G. M., ed. *Interpreting Isaiah: Issues and Approaches*. London: InterVarsity Press, 2009.

Fitch, W. *Isaiah*. NBC. Cambridge: Cambridge University Press, 1953.

Fohrer, G. *Introduction to the Old Testament*. Nashville: Abingdon, 1968.

Forbes, J. *The Servant of the Lord in Isaiah XL.-LXVI. Reclaimed to Isaiah as the Author from Argument, Structure, and Date*. Edinburgh: T & T. Clark, 1890.

Franke, C. *Isaiah 46, 47, and 48: A New, Literary-Critical Reading*. Winona Lake, IN: Eisenbrauns, 1994.

Gaiser, F. J. "Remember the Former Things of Old: A New Look at Isaiah 46:3-13." pp. 53-63 in *All Things New: Essays in Honor of Roy A. Harrisville*. Ed. by Arland J. Hultgren, Donald H. Juel, and Jack Dean Kingsbury. Word & World Sup 1. St. Paul: Word & World, 1992.

Gileadi, A. *The Literary Message of Isaiah*. New York: Hebraeus, 1994.

Gitay, Y. "Deutero-Isaiah: Oral or Written?" *JBL* 99 (1980): pp. 185-97.

_______. *Prophecy and Persuasion: A Study of Isaiah 40-48*. Bonn: Linguistica Biblica, 1981.

_______. *Isaiah and His Audience: The Structure and Meaning of Isaiah 1-12*. SSN. Assen, The Netherlands: Van Gorcum, 1991.

Goldingay, J. *Isaiah*. NIBCOT. Grand Rapids: Hendrickson, 2001.

_______. *The Message of Isaiah 40-55*. Edinburg: T. & T. Clark, 2005.

Goldingay, J.; D. Payne. *Isaiah*. 2 vols. ICC. Edinburg: T. & T. Clark, 2006.

Gray, G. B. *Isaiah: A Critical and Exegetical Commentary of the Book of Isaiah I-XXXIX*. ICC. New York: Charles Scribner's Sons, 1912.

Grogan, G. W. *Isaiah*. EBC 6. Grand Rapids: Zondervan, 1986.

Hanson, P. D. *Isaiah 40-66*. Interpretation. Louisville: John Knox, 1995.

Harrison, R. K. *Introduction to the Old Testament*. Grand Rapids: Eerdmans, 1969.

Hayes, J. H.; and S. A. Irvine. *Isaiah, the Eighth-Century Prophet: His Times and His Preaching*. Nashville: Abingdon, 1987.

Herbert, A. S. *The Book of Isaiah Chapters 1-39*. CBC. New York: Cambridge University Press, 1973.

_______. *The Book of Isaiah Chapters 40-66*. CBC. New York: Cambridge University Press, 1975.

Hoffmon, H. B. "The Covenant Lawsuit in the Prophets." *JBL* 78 (1959): pp. 285-95.

Holladay, W. M. *Isaiah: Scroll of a Prophetic Heritage*. Grand Rapids: Eerdmans, 1978.

Horn, S. H. "Did Sennacherib Campaign Once or Twice Against Hezekiah?" *AUSS* 4 (1966): pp. 1-28.

Huey, F. B. "Great Themes in Isaiah 40-66." *SWJT* 11 (1968): pp. 45-57.

Janzen, W. *Mourning Cry and Woe Oracle*. BZAW. Berlin: Walter de Gruyter, 1972.

Jensen, J. *The Use of tôrâ by Isaiah: His Debate with the Wisdom Tradition*. CBQMS 3. Washington: Catholic Biblical Association, 1973.

_______. *Isaiah 1-39*. OTM 8. Wilmington, Delaware: Michael Glazier, 1984.

Kaiser, O. *Isaiah 13-39*. OTL. Trans. by R. A. Wilson. Philadelphia: Westminster, 1974.

_______. *Isaiah 1-12*. OTL. 2d ed. Trans. by R. A. Wilson. Philadelphia: Westminster, 1981.

Kapelrud, A. S. "The Identity of the Suffering Servant." In *Near Eastern Studies in Honor of W. Albright*, ed. H. Goedicke, pp. 305-14. Baltimore: Johns-Hopkins University Press, 1971.

Kissane, E. J. *The Book of Isaiah*. Vol. 1. Doublin: Browne and Nolan, 1960.

Knight, G. A. F. *Prophets of Israel (1)*: Isaiah. Bible Guides. London: Lutterworth, 1962.

_______. *Isaiah 40-55: Servant Theology*. ITC. Grand Rapids: Eerdmans, 1984.

_______. *Isaiah 56-66*: The New Israel. ITC. Grand Rapids: Eerdmans, 1985.

Konkel, A. H. "The Sources of the Story of Hezekiah in the Book of Isaiah." *VT* 43 (1993): pp. 462-82.

Koole, J. *Isaiah III, Volume 1, Isaiah 40-48*. Netherlands: Pharos, 1997.

_______. *Isaiah III, Volume 2, Isaiah 49-55*. Leuven: Peeters, 1998.

______. *Isaiah III, Volume 3, Isaiah 55-66*. Leuven: Peeters, 2001.

Kruse, C. G. "The Servant Songs: Interpretive Trends Since C. R. North." *Studia Biblica et Theologica* 8 (1978): pp. 3-27.

Laato, A. "Hezekiah and the Assyrian Crisis in 701 BC." *SJOT* 2 (1987): pp. 49-68.

_______. *Who is Immanuel? The Rise and The Founding of Isaiah's Messianic Expectations*. Gummerrus Oy Kirjapaino, Yugoslavia: Åbo Academy Press, 1988.

_______. "The Composition of Isaiah 40-55." *JBL* 109 (1990): pp. 207-28.

Leupold, H. C. *Exposition of Isaiah*, 2 vols. Grand Rapids: Baker, 1968, 1971.

Liebreich, L. J. "The Position of Chapter Six in the Book of Isaiah." *HUCA* 25 (1954): pp. 37-40.

_______ "The Compilation of the Book of Isaiah. Part 1." *JQR* 46 (1955): pp. 259-77.

_______. "The Compilation of the Book of Isaiah. Part 2." *JQR* 47 (1956): pp. 114-38.

Lindblom, J. *The Servant Songs in Deutero-Isaiah. A New Attempt to Solve an Old Problem*. Lund: Lund Universitets, 1951.

_______. *A Study on the Immanuel Section in Isaiah, Isa7, 1-9, 6*. Lund: Gleerup, 1958.

Lindsey, F. D. *The Servant Songs: A Study in Isaiah*. Chicago: Moody, 1985.

Love, J. "The Call of Isaiah." *Interpretation* 11 (1957): pp. 282-96.

Mackay, J. L. *Isaiah, vols. 1, 2*. EP Study Commentary. Darlington, UK: Evangelical Press, 2008, 2009.

Mauchline, J. *Isaiah 1-39*. Torch Bible Commentaries. New York: Macmillan, 1962.

McKenzie, J. L. *Second Isaiah: Introduction, Translation, and Notes*. AB. Garden City, NJ: Doubleday, 1968.

Melugin, R. *The Formation of Isaiah 40-55*. BZAW 141. Leiden: Brill, 1991.

_______. *New Visions of Isaiah*. JSOTSup. Sheffield: Sheffield Academic Press, 2009.

Merrill, E. "The Literary Character of Isaiah 40-55, Part 1: Survey of a Century of Studies." *BibSac* 144 (1987): pp. 24-43.

_______. "The Literary Character of Isaiah 40-55, Part 2: Literary Genres." *BibSac* 144 (1987): pp. 144-56.

Mettinger, T. *A Farewell to Servant Songs: A Critical Examination of an Exegetical Axiom*. Lund, Sweden: CWK Gleerup, 1983.

Milgrom, J. "Did Isaiah Prophecy During the Reign of Uzziah?" *VT* 14 (1964): pp. 164-82.

Minn, H. R. *The Servant Songs: Excerpts from Isaiah 42-53. Introduction Translation and Commentary*. Christchurch, New Zealand: Presbyterian Bookroom, 1966.

Mischall, P. D. "Isaiah: The Labyrinth of Images." *Semeia* 54 (1991): pp. 103-21.

_______. "Isaiah: New Heavens, New Earth, New Book." In *Reading Between Texts*, ed. D. N. Fewell, pp. 41-56, LCBI. Louisville: Westminster/John Knox, 1993.

_______. *Isaiah*. Sheffield: JSOT Press, 1993.

Motyer, J. A. *The Prophecy of Isaiah: An Introduction and Commentary*.

Downers Grove, IL: InterVarsity, 1994.

Muckle, J. Y. *Isaiah 1-39*. London: Epworth, 1960.

Muilenburg, J. "Isaiah 40-66." In *Interpreter's Bible*, vol. 5, ed. G. Botterick et al., pp. 381-773. Nashville: Abingdon, 1956.

Niditch, S. "The Composition of Isaiah 1." *Bib* 61 (1980): pp. 509-29.

Nielsen, K. *Yahweh as Prosecutor and Judge: An Investigation of the Prophetic Lawsuit (Rîb-Pattern)*. JSOTSup 9. Sheffield: JSOT Press, 1978.

_______. *There is Hope for a Tree: The Tree as Metaphor in Isaiah*. JSOTSup 65. Sheffield: JSOT Press, 1989.

North, C. R. "The 'Former Things' and the 'New Things' in Deutero-Isaiah." In *Studies in Old Testament Prophecy: Presented to Professor Theodore H. Robinson by the Society for Old Testament Study on His Sixty-fifth Birthday, August 9, 1946*, ed. Harold H. Rowley, pp. 111-26. Edinburgh: T. & T. Clark, 1950.

_______. *The Suffering Servant in Deutero-Isaiah*. Oxford: Oxford University Press, 1948.

_______. *The Second Isaiah: Introduction, Translation, and Commentary to Chapters XL—LV*. Oxford: Clarendon, 1964.

O'Connell, R. H. *Concentricity and Continuity: The Literary Structure of Isaiah*. JSOTSup 188. Sheffield: JSOT Press, 1994.

Ollenburger, B. C. *Zion the City of the Great King: A Theological Symbol of the Jerusalem Cult*. JSOTSup 41. Sheffield: JSOT Press, 1987.

Orlinsky, H. M. *The So-Called Suffering Servant in Isaiah 53*. Cincinnati: The Hebrew Union College Press, 1964.

Orlinsky, H. M.; Norman H. Snaith. *Studies on the Second Part of the Book of Isaiah*. VTSup 14. Leiden: Brill, 1967.

Oswalt, J. N. *The Book of Isaiah: Chapters 1-39*. NICOT. Grand Rapids: Eerdmans,1986.

_______. *The Book of Isaiah: Chapters 40-66*. NICOT. Grand Rapids: Eerdmans,1998.

_______. *Isaiah*. NIVAC. Grand Rapids: Zondervan, 2003.

Paton, D.; W. P. Williams. "The Servant Songs in Deutero-Isaiah." *JSOT* 42 (1988): pp. 79-102.

Payne, D. F. "The Servant of the Lord: Language and Interpretation." *EvQ* 43 (1971): pp. 131-43.

Pieper, A. *Isaiah II: An Exposition of Isaiah 40-66*. Trans. by Erwin E. Kowalke. Milwaukee: Northwestern Publishing House, 1979.

Polan, G. J. *In the Ways of Justice Towards Salvation. A Rhetorical Analysis of Isaiah 56-59*. American University Studies VII. 13. New York: Peter Lang, 1986.

Raabe, P. R. "The Effect of Repetition in the Suffering Servant Song," *JBL* 103 (1984): pp. 77-81.

Rendtorff, R. "How to Read Isaiah 1-39 Against Its Historical Background: Some Hermeneutical Reflections." *OTE* 1 (1988): pp. 1-10.

_______. "The Book of Isaiah: a complex unity: synchronic and diachronic reading." In *SBL 1991 Seminar Papers*, ed. E. Lovering, pp. 8-20. Chico, CA: Scholars Press, 1991.

Ridderbos, J. *Isaiah*. BSC. Grand Rapids: Zondervan, 1985.

Rignell, L. G. "Isaiah Chapter 1: Some Exegetical Remarks With Special Reference to the Relationship Between the Text and the Book of Deuteronomy," *ST* 11 (1957): pp. 140-58.

Robinson, C. S. *The Gospel in Isaiah*. New York: Fleming H. Revell, 1895.

Rosenberg, R. A. "Jesus, Isaac, and the 'Suffering Servant.'" *JBL* 84 (1965):

pp. 381-88.

_______. “The Slain Messiah in the Old Testament.” *ZAW* 99 (1987): pp. 259-61.

Rosenbloom, J. R. *The Dead Sea Isaiah Scroll: A Literary Analysis*. Grand Rapids: Eerdmans, 1970.

Rowley, H. H. *The Servant of the Lord and Other Essays on the Old Testament*. London: Lutterworth, 1952.

Sawyer, J. F. A. *Isaiah*. Vol. 1. DSB. Louisville: Westminster John Knox, 1984.

_______. *Isaiah*. Vol. 2. DSB. Louisville: Westminster John Knox, 1986.

Schmitt, J. J. *Isaiah and His Interpreters*. New York/Mahwah: Paulist Press, 1986.

Scott, R. B. Y. “The Book of Isaiah, Chapters 1-39: Introduction and Exegesis.” pp. 149-381 in *Interpreter's Bible*. Vol. 5. New York: Abingdon, 1956.

Scullion, J. *Isaiah 40-66*. OTM. Wilmington: Michael Glazier, 1982.

Seitz, C. R. “Isaiah 1-66: Making Sense of the Whole.” pp. 105-26 in *Reading and Preaching the Book of Isaiah*. Ed. by Christopher R. Seitz. Philadelphia: Fortress, 1988.

_______. “The One Isaiah//The Three Isaiahs.” pp. 13-22 in *Reading and Preaching the Book of Isaiah*. Ed. by Christopher R. Seitz. Philadelphia: Fortress, 1988.

_______. “The Divine Council: temporal transition and new prophecy in the book of Isaiah.” *JBL* 109 (1990): pp. 229-47.

_______. *Zion's Final Destiny*. Minneapolis: Fortress, 1991.

_______. “On the Question of Divisions Internal to the Book of Isaiah.” pp. 260-66 in *1993 SBL Seminar Papers*. Ed. by Eugene H. Lovering.

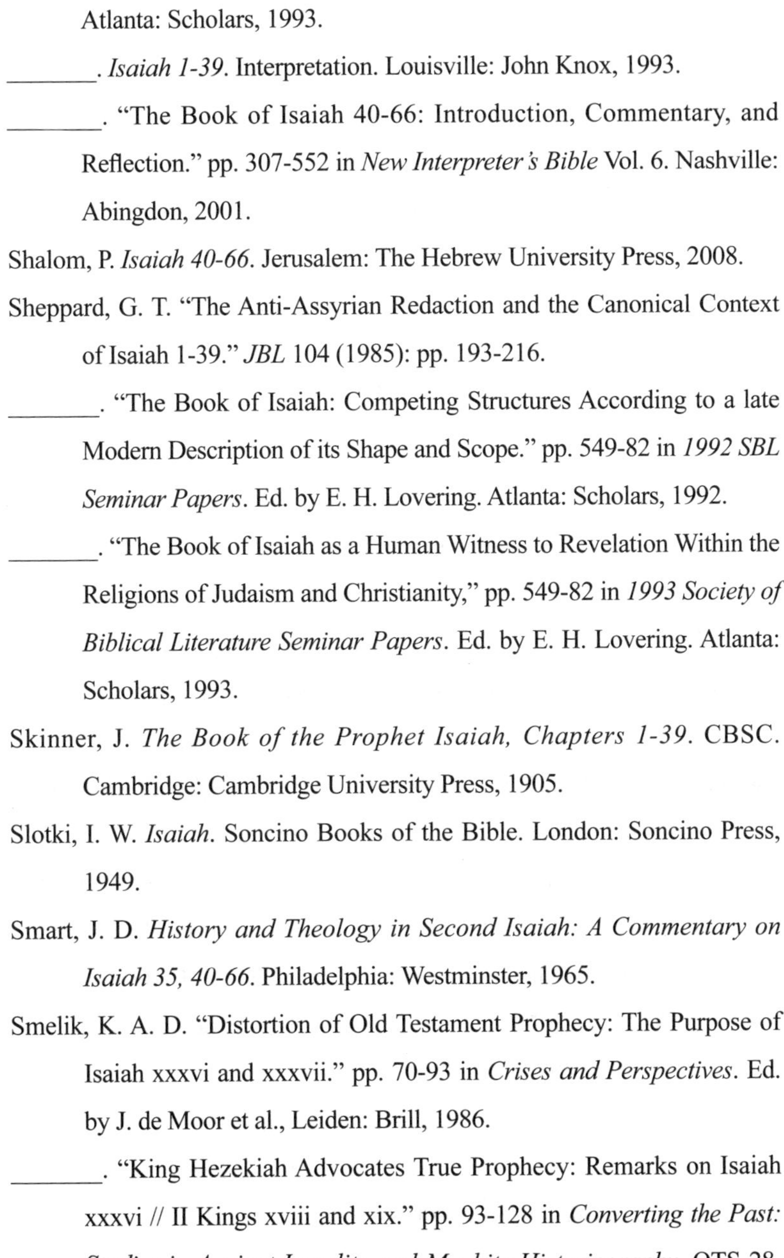

Atlanta: Scholars, 1993.

_______. *Isaiah 1-39*. Interpretation. Louisville: John Knox, 1993.

_______. "The Book of Isaiah 40-66: Introduction, Commentary, and Reflection." pp. 307-552 in *New Interpreter's Bible* Vol. 6. Nashville: Abingdon, 2001.

Shalom, P. *Isaiah 40-66*. Jerusalem: The Hebrew University Press, 2008.

Sheppard, G. T. "The Anti-Assyrian Redaction and the Canonical Context of Isaiah 1-39." *JBL* 104 (1985): pp. 193-216.

_______. "The Book of Isaiah: Competing Structures According to a late Modern Description of its Shape and Scope." pp. 549-82 in *1992 SBL Seminar Papers*. Ed. by E. H. Lovering. Atlanta: Scholars, 1992.

_______. "The Book of Isaiah as a Human Witness to Revelation Within the Religions of Judaism and Christianity," pp. 549-82 in *1993 Society of Biblical Literature Seminar Papers*. Ed. by E. H. Lovering. Atlanta: Scholars, 1993.

Skinner, J. *The Book of the Prophet Isaiah, Chapters 1-39*. CBSC. Cambridge: Cambridge University Press, 1905.

Slotki, I. W. *Isaiah*. Soncino Books of the Bible. London: Soncino Press, 1949.

Smart, J. D. *History and Theology in Second Isaiah: A Commentary on Isaiah 35, 40-66*. Philadelphia: Westminster, 1965.

Smelik, K. A. D. "Distortion of Old Testament Prophecy: The Purpose of Isaiah xxxvi and xxxvii." pp. 70-93 in *Crises and Perspectives*. Ed. by J. de Moor et al., Leiden: Brill, 1986.

_______. "King Hezekiah Advocates True Prophecy: Remarks on Isaiah xxxvi // II Kings xviii and xix." pp. 93-128 in *Converting the Past: Studies in Ancient Israelite and Moabite Historiography*. OTS 28.

Leiden: Brill, 1992.

Smith, G. V. *Isaiah 1-39*. NAC. Nashville: Broadman & Holman, 2007.

_______. *Isaiah 40-66*. NAC. Nashville: Broadman & Holman, 2009.

Snaith, N. H. "Isaiah 40-66: A Study of the Teaching of the Second Isaiah and Its Consequences." In *Studies on the Second Part of the Book of Isaiah*. VTSup 14. Leiden: Brill, 1967.

Song, T. B. "The Loftiness of God, the Humility of Man, and Restoration in Isaiah 57:14-21: A Textlinguistic Analysis of Their Convergence." Ph. D. Dissertation, Trinity Evangelical Divinity School, Deerfield, Ill., 1997.

Stromberg, J. *Introduction to the Study of Isaiah*. T. & T. Approaches to Biblical Studies. Edinburg: T. & T. Clark, 2011.

_______. *Isaiah After Exile: The Author of Third Isaiah as Reader and Redactor of the Book*. Oxford: Oxford University Press, 2011.

Stuhlmueller, C. *Creative Redemption in Deutero-Isaiah*. Rome: Biblical Institute, 1970.

Sweeney, M. A. *Isaiah 1-4 and the Post-Exilic Understanding of the Isaianic Tradition*. BZAW 171. Berlin: de Gruyter, 1988.

_______. "On Multiple Settings in the Book of Isaiah." pp. 267-73 in *1988 SBL Seminar Papers*. Ed. by E. H. Lovering. Atlanta: Scholars, 1988.

_______. "Textual Citations in Isaiah 24-27: Toward an Understanding of the Redactional Function of Chapters 24-27 in the Book of Isaiah." *JBL* 107 (1988): pp. 39-52.

_______. *Isaiah 1-39*, FOTL. Grand Rapids: Eerdmans, 1996.

Thiele, E. *The Mysterious Numbers of the Hebrew Kings*. 3rd ed.; Grand Rapids: Zondervan/Kregel, 1983.

Tomasino, A. J. "Isaiah 1.1-2.4 and 63-66, and the Composition of the

Isaianic Corpus," *JSOT* 57 (1993): pp. 81-98.

Torrey, C. C. *The Second Isaiah*. New York: Scribner's Sons, 1928.

_______. "Some Important Editorial Operations in the Book of Isaiah." *JBL* 57 (1938): pp. 109-39.

Tucker, G. M. "The Book of Isaiah 1-39: Introduction, Commentary, and Reflections." pp. 25-306 in *New Interpreter's Bible* Vol. 6. Nashville: Abingdon, 2001.

Tull, P. K. *Isaiah 1-39*. SHBC. Macon, GA: Smyth and Helwys, 2010.

Van der Meer, M., ed. *Isaiah in Context: Studies in Honour of Arie van der Kooij on the Occation of his Sixty-Fifth Birthday*. Leiden: Brill Academic Publishers, 2010.

Van Ruiten, J., ed. *Studies in the Book of Isaiah*. Leiden: Peeters, 1997.

VanGemeren, W. *Interpreting the Prophetic Word*. Grand Rapids: Zondervan, 1990.

Vermeylen, J., ed. *The Book of Isaiah*. Louvain: Leuven University, 1989.

Vriezen, Th. C. "Essentials of the Theology of Isaiah." pp. 128-46 in *Israel's Prophetic Heritage. Essays in Honor of James Muilenburg*. Ed. by Bernhard W. Anderson, and Walter Harrelson. New York: Harper & Brothers, 1962.

Walker, L. L.; E. A. Martens. *Isaiah/Jeremiah and Lamentations*. Cornerstone Biblical Commentary. Wheaton, Ill.: Tyndale House, 2005.

Walton, J. H. et al., ed. *Isaiah, Jeremiah, Lamentations, Ezekiel, Daniel*. ZIBBC. Grand Rapids: Zondervan, 2009.

Watts, J. D. W. *Isaiah 1-33*. WBC. Waco, TX: Word, 1985.

_______. *Isaiah 34-66*. WBC. Waco, TX: Word, 1987.

Watts, R. E. "Consolation or Confrontation? Isaiah 40-55 and the Delay of the New Exodus." *TynBul* 41 (1990): pp. 31-59.

Webb, B. G. "Zion in Transformation: A Literary Approach to Isaiah." pp. 65-84 in *The Bible in Three Dimensions*. Ed. by D. J. A. Clines et al. JSOTSup 87. Sheffield: JSOT Press, 1990.

Webster, E. C. "The Rhetoric of Isaiah 63-65." *JSOT* 47 (1990): pp. 89-102.

Westermann, C. *Basic Forms of Prophetic Speech*. Philadelphia: Fortress, 1967.

_______. *Isaiah 40-66*. OTL. Trans. by D. G. M. Stalker. Philadelphia: Westminster, 1969.

Whedbee, J. W. *Isaiah and Wisdom*. Nashville: Abingdon, 1971.

Whybray, R. N. *Isaiah 40-66*. NCB. Grand Rapids: Eerdmans, 1981.

Wiklander, B. *Prophecy as Literature: A Text Linguistic and Rhetorical Approach to Isaiah 2-4*. Stockholm: Liber Tryck, 1984.

Widyapranawa, S. H. *Isaiah 1-39: The Lord Is Our Savior*. ITC. Grand Rapids: Handsel, 1990.

Wildberger, H. *Isaiah 1-12*. CC. Philadelphia: Fortress, 1991.

_______. *Isaiah 13-27*. CC. Philadelphia: Fortress, 1997.

_______. *Isaiah 28-39*. CC. Philadelphia: Fortress, 2002.

Willey, P. T. "The Servant of YHWH and Daughter Zion: Alternating Visions of YHWH's Community." pp. 267-303 in *1995 SBL Seminar Papers*. Ed. by E. Lovering. Atlanta: Scholars Press, 1995.

Williams, P. H. "The Poems About Incomparable Yahweh's Servant in Isaiah 40-55." *SWJT* 11 (1968): pp. 73-87.

Williamson, H. G. *Isaiah 1-5*. ICC. Edinburgh: T. & T. Clark, 2006.

_______. *The Book Called Isaiah: Deutero-Isaiah's Role in Composition and Redaction*. Oxford: Oxford University, 1994.

Willis, J. T. "On the Interpretation of Isaiah 1:18." *JSOT* 25 (1983): 35-54.

_______. "The First Pericope in the Book of Isaiah." *VT* 34 (1984): 63-77.

Wilshire, L. "The Servant City: A New Interpretation of the 'Servant of the Lord' in the Servant Songs of Deutero-Isaiah." *JBL* 94 (1975): pp. 356-67.

Wolf, H. M. *Interpreting Isaiah: the Suffering and Glory of the Messiah.* Grand Rapids: Zondervan, 1985.

Wong, G. C. I. "Deliverance or Destruction? Isaiah X 33-34 in the Final Form of Isaiah X-XI." *VT* 53 (2003): pp. 544-52.

Young, E. J. "The Origin of the Suffering Servant Idea (Isa 53)." *WTJ* 13 (1950): pp. 19-33.

_______. *The Book of Isaiah.* 3 vols. NICOT. Grand Rapids: Eerdmans, 1965-1972.

차례

EXPOSIMENTARY

Isaiah

V. 에돔과 시온
(34:1-35:10)

일부 학자들은 만일 이사야서가 한 권이 아닌 두 권으로 순환되었다면 아마 1-33장을 제1권으로, 34-66장을 제2권으로 나누었을 것이라는 증거가 사해 사본에서 발견되었다고 주장한다. 1QIs[a]로 우리에게 알려진 이사야서 사본에는 33장과 34장 사이에 약 일곱 줄의 빈 공간이 있는데, 이는 책의 다른 부분에서는 전혀 찾아볼 수 없는 현상이다. 그래서 브라운리(Brownlee; cf. Gileadi; Watts) 등은 이 점에 기초하여 이사야서를 이와 같이 두 부분으로 나눴다(cf. 서론). 필자 역시, 비록 브라운리의 이분설(bi-fid structure)을 온전히 따르지는 않지만, 34장이 새로운 섹션의 시작이라는 데는 동의한다(cf. Seitz; Watts).

이사야서의 후반부의 시작인 이 섹션은 하나님이 세상을 회복시키고 기쁨을 주신다는 주제에 관해 28-33장과 다음과 같은 공통점을 지녔다. 이는 이 섹션도 28-33장처럼 종말론적인 예언들을 중심으로 구성되었음을 암시한다(cf. Tucker). 그래서 많은 학자들이 이 섹션이 이사야서 전반부 혹은 28-33장의 결론이라고 말하기도 한다(Oswalt; Clements).

주제	28-33장	34-35장
다산과 풍요의 상징 레바논	29:17; 33:9	35:2(cf. 2:13; 10:34)
소경이 보게 될 것	29:18; 30:20; 32:3	35:5
주님 안에서의 기쁨	29:19; 30:29	35:1-2, 10
풍부한 물과 풍요	30:23, 25; 32:2, 20	35:6-7
하나님이 오심/자신을 보이심	28:21; 30:30; 31:6; 33:10, 22	35:2, 4

이 두 섹션은 하나님의 심판에 대해서도 많은 유사점을 지닌다.

주제	28-33장	34-35장
하나님의 진노	30:27	34:2
제물처럼 되어 버린 살육	29:2	34:6-7
측량줄과 다림줄	28:17	34:11
큰 살육이 있는 날	30:25; 31:8	34:2, 6
길에 여행자가 없음	33:8	34:10
유황과 불	30:33	34:9

선지자는 이미 여러 차례 앞으로 임할 여호와의 날이 한 부류의 사람들에게는 진노와 심판의 날이요, 다른 부류의 사람들에게는 위로와 회복의 날이 될 것을 강조했다. 그는 다시 한번 매우 강한 이미지를 동원해 주의 날의 양면성에 대해 선언한다. 34장이 제시하는 이미지는 옥토가 황무지가 되는 현상이며, 35장은 황무지가 아주 좋은 정원 같은 땅으로 변하는 모습을 기술한다. 즉, 그날이 되면 하나님을 대적하는 모든 자는 있는 것까지 빼앗길 것이요, 여호와를 신뢰하는 사람들은 그들의 '광야 생활'이 풍요롭고 아름다운 '동산 생활'로 변할 것임을 확신한다.

비평학자들 중에는 이 섹션을 훗날 편집자에 의해 삽입된 것이라고 주장하기도 하고(Duhm; Cheyne), 이사야 40-55장의 저자라고 하는 소위

제2이사야가 저작한 것이라고 주장하기도 한다(Torrey; Scott; Pope). 오늘날에는 훨씬 더 복잡한 편집 과정을 주장한다(cf. Childs). 많은 비평학자가 이 섹션에 관심을 갖게 된 이유는 이 텍스트, 특히 35장의 내용이 이사야서 전반부(1-39장)보다는 후반부(40-66장)와 훨씬 더 많은 연결성을 지니기 때문이다(Wildberger; Steck). 심지어 어떤 학자들은 34-35장이 이사야서 후반부의 서론으로 저작되었다고 주장하기도 한다(Torrey; Sweeney; Steck). 그러므로 둠(Duhm)이 이사야서를 세 명에 의해 저작된 세 권의 독립적인 책으로 나눈 후부터, 둠의 학설을 따르는 사람들에게 이 텍스트는 그들의 학설을 위협하는 심각한 부분이 되는 것이다.

선지자는 청중에게 결단을 촉구하기 위해 매우 강력한 메시지를 선포한다. 여호와를 의지할 것인가 아니면 열방을 의지할 것인가? 선지자는 결과를 보고 판단하라며 자신 있고 단호하게 말한다. 주의 백성은 당연히 여호와를 의지해야겠지만, 왜 유다는 그렇게 하지 못하는 것인가? 그러나 이 질문은 옛 유다뿐 아니라 우리에게도 의미 있는 도전이다. 이 텍스트는 다음과 같이 두 부분으로 나뉜다.

A. 에돔에 대한 경고(34:1-17)

B. 영화로운 시온(35:1-10)

1장. 에돔에 대한 경고(34:1-17)

이사야는 에돔을 여호와를 대적하는 열방의 표본으로 삼아 예언을 선포한다. 그는 에돔이 매우 비참한 종말을 맞을 것이며, 여호와를 대적하는 모든 원수가 에돔과 같은 운명을 맞을 것이라고 경고한다. 에돔에 대한 경고를 시작하는 이 텍스트는 열방 심판 선언(Oracles Against Nations=OAN)을 시작했던 13장과 다음과 같은 공통점을 지닌다(cf. Vermeylen; Williamson).

주제	13장	34장
전쟁 준비	2-4절	1절
열방 몰살	5-9, 14-16절	2-3절
범우주적 동요	10-13절	4-5a절
도시 정복	17-19절	5b-8절
땅이 황무지가 됨	20절	9-10절
들짐승들이 그곳에 있음	21-22절	11-15절

에돔은 유다의 형제 나라이기에 가장 가깝고 친할 수 있었지만, 역사를 살펴보면 에돔은 유다를 가장 시기하고 미워하는 나라였다. 하나님은 이러한 에돔을 유다를 미워하는 원수들을 대표하는 나라로 삼아 그들에게 심판을 선언하신다(Blenkinsopp; Seitz; Oswalt). 그러므로 에돔을 한 예로 들어 주의 백성을 대적하는 모든 세력에게 심판을 선언하는 본문은 묵시로 간주되기도 한다(Delitzsch). 이 텍스트는 다음과 같이 나뉠 수 있다.

A. 하나님의 심판(34:1-4)
B. 에돔을 치는 칼(34:5-7)
B'. 황폐해진 에돔(34:8-15)
A'. 하나님의 계획(34:16-17)

1. 하나님의 심판(34:1-4)

1 열국이여 너희는 나아와 들을지어다
민족들이여 귀를 기울일지어다
땅과 땅에 충만한 것, 세계와 세계에서 나는
모든 것이여 들을지어다
2 대저 여호와께서 열방을 향하여 진노하시며
그들의 만군을 향하여 분내사
그들을 진멸하시며 살륙 당하게 하셨은즉
3 그 살륙 당한 자는 내던진 바 되며
그 사체의 악취가 솟아오르고
그 피에 산들이 녹을 것이며
4 하늘의 만상이 사라지고
하늘들이 두루마리 같이 말리되
그 만상의 쇠잔함이 포도나무 잎이 마름 같고
무화과나무 잎이 마름 같으리라

선지자는 이 섹션을 명령문으로 시작한다. "가까이 나아오라"(קִרְבוּ, 1절). 명령문은 청중에게 행동/실천을 촉구할 때 자주 사용된다. 그러므로 본문이 명령문으로 시작한다는 것은 이사야가 자기 청중에게 미래에 대해 가르쳐 그들이 들은 정보를 바탕으로 미래를 준비하는 삶을 살도록 하기 위해서다(Sweeney; Beuken). 지식은 그 지식을 얻은 자의 삶에 반드시 영향을 미쳐야 한다.

선지자는 마치 1:2에서 했던 것처럼 온 세상을 불러들인다. "민족들, 백성들, 땅, 세상과 이 안에 가득한 것들"(1절, 새번역). 그러나 1:2에서 유다를 재판하는 일에 그들을 증인으로 세우기 위해 세상을 불러들였다면, 이번에는 세상 자체를 심판하기 위해 그들을 불러들인다(Kaiser). 상황이 바뀐 것이다.

하나님이 먼저 세상을 심판하시니 세상의 모든 사람이 전멸을 당하다시피 한다(2-3절). 그다음 하나님은 하늘도 심판하신다(4절). 총체적이고 범우주적인 심판이 임한 것이다(cf. Motyer). 완전하고 포괄적인 파괴를 강조하기 위해 선지자는 "진멸"(חרם)이라는 전문적인 용어를 사용한다(2절). 진멸이 선포되면 사람뿐만 아니라 그들의 가족, 짐승들까지 죽임을 당한다. 하나님께 헌납된 것을 상징하는 행위라는 데서 비롯된 것이다. 성경에서는 여리고 성(cf. 수 5-6장)과 아말렉 족(삼상 15장)의 진멸을 그 예로 들 수 있다.

진멸도 감당하기 힘든데, 그들에게 아주 수치스러운 일까지 임한다. 시체들이 그대로 버려져 썩어 가는 것이다(3절). 오늘날에도 시체는 부패하지 않도록 가급적 빨리 처리하려 한다. 그러므로 망자에 대해 각별한 예우를 갖추었던 고대 근동 문화권에서 이 말씀은 심판만큼이나 혹독한 것으로 여겨졌을 것이다. 그들은 사람이 당할 수 있는 가장 큰 수모는 제대로 치러지는 장례식의 주인공이 되지 못하는 것이라고 생각했기 때문이다.

그다음 하늘의 모든 것이 심판을 받는다(4절). 세상을 창조하신 하나님이 세상을 창조 전의 상황으로 되돌리신다(Smith). 세상은 변해도 결코 하늘과 거기에 있는 행성들만큼은 변하지 않을 것이라고 생각했던 사람들에게는 이 또한 충격적인 선언이었을 것이다. 게다가 고대 근동 사람들은 하늘의 행성들과 별들을 신으로 숭배했다. 그러므로 본문은 이방 종교들의 허구성을 드러내는 격렬한 비판(polemic)이기도 하다(Tucker). 이사야는 해, 달, 별 등 고대 근동 사람들이 신으로 숭배했던 것들을 마른 나뭇잎처럼 비틀어지며 말라 가는 모습으로 묘사한다(4절). 사람들은 풍요를 바라며 이것들을 신으로 숭배했는데, 정작 이것들에게는 자신을 지킬 만한 능력도 없었다. 우상숭배자들이 자신들의 신이 허무하게 무너져 내리는 것을 목격한 것이다. 세상에는 오직 한 분의 신이 있을 뿐이다. 바로 여호와시다.

V. 에돔과 시온(34:1-35:10)
1장. 에돔에 대한 경고(34:1-17)

2. 에돔을 치는 칼(34:5-7)

5 여호와의 칼이 하늘에서 족하게 마셨은즉
보라
이것이 에돔 위에 내리며
진멸하시기로 한 백성 위에 내려 그를 심판할 것이라
6 여호와의 칼이 피 곧 어린 양과 염소의 피에 만족하고
기름 곧 숫양의 콩팥 기름으로 윤택하니
이는 여호와를 위한 희생이
보스라에 있고 큰 살육이 에돔 땅에 있음이라
7 들소와 송아지와 수소가 함께 도살장에 내려가니
그들의 땅이 피에 취하며
흙이 기름으로 윤택하리라

선지자가 온 세상에 임할 심판에 대해 1-4절에서 언급한 후에, 본문에서는 구체적으로 에돔을 상대로 말씀을 선포한다는 해석도 있지만

(Kaiser), 선지자는 단지 앞으로 온 열방에 임할 하나님의 심판이 어느 정도일 것인가에 대해 에돔을 하나의 예로 들어 묘사할 뿐이다. 즉, 본문은 에돔에만 제한된 것이 아니라, 온 세상을 상대로 선포되는 것이다(Oswalt; Seitz; Blenkinsopp). 이사야서의 OAN(13-23장)에서는 에돔이 직접적으로 언급된 적이 없다. 두마에 대한 비난(21:11-12)에서 에돔의 도시인 세일이 언급되기는 하지만, 이것마저도 에돔의 도시인지 확실하지 않다(cf. Tucker). 본 텍스트를 벗어나서는 에돔을 모압과 함께 11:14에서, 보스라와 함께 63:1에서 언급할 뿐이다. 선지자는 유다의 숙적에 대해 말을 아꼈던 것이다. 그러나 본문에 묘사된 심판은 그 어느 나라를 향한 것보다 혹독하다.

하나님의 손이 임하니, 에돔은 회생할 가능성이 전혀 없어질 정도로 파괴된다. 그런데 왜 하필이면 에돔인가? 에돔은 유다의 형제가 아니던가! 물론 에서의 자손들로서 에돔은 세상의 그 어느 민족보다 유다와 가깝다고 할 수 있다. 그러나 그들은 창세기에 펼쳐지고 있는 선조 시대(창 25:23)부터 구약 성경의 마지막 책인 말라기 시대(말 1:2-3)에 이르기까지 유다와 대조되는 존재(antithesis)로서의 역할을 톡톡히 해 왔다. 심지어 아말렉 족속보다도 강력하게 하나님의 사역을 반대했다(민 20:14-21). 그뿐만 아니라 바빌론이 유다를 쑥대밭으로 만들 때 그들을 도와 유다를 약탈하기도 했다(욥 11-14; 겔 35:1-15). 유다 사람들은 바빌론으로 끌려가 포로로 생활하면서도 결코 이 일을 잊지 않았다(cf. 시 137편).

에돔이 여러 차례 유다를 '제물'로 삼았지만, 이제 하나님이 그들을 제물로 삼으신다(5-7절). 선지자가 사용하고 있는 이미지는 에돔 사람들이 전쟁을 통해 죽임을 당하는 것이 아니라, 제물로 바쳐지는 짐승들처럼 죽게 될 것임을 묘사한다. 제물로 바쳐질 짐승을 살육하는 여호와의 칼이 에돔을 치고 있기 때문이다. 보스라는 사해에서 남쪽으로 약 45킬로미터 떨어진 곳에 있었던 에돔의 수도였다. 이처럼 하나님의 백성을 희생제물로 삼은 자들이 이제는 희생 제물이 되어 그 대가를 치를 차례가 온 것이다.

선지자가 7절에서 언급하는 짐승들이 에돔의 지도자들을 의미한다고 주장하는 학자도 있지만(Miscall; Oswalt), "들소"(רְאֵמִים)와 "수소"(אַבִּירִים)는 매우 힘이 센 완전히 성장한 짐승들을 의미한다. "송아지"(פָּרִים)는 연약하고 어린 것을 의미한다. 그러므로 선지자는 이 단어들을 사용해 에돔의 모든 사람(강한 자들로부터 가장 어리고 연약한 자들까지)이 죽임을 당할 것임을 선언한다. 두 가지 상반된 이미지를 사용해 에돔이 아무리 강할지라도 결코 하나님의 심판을 피할 수 없을 것이며, 하나님이 에돔 사람들을 하나도 남김없이 완전히 멸하실 것임을 선언하는 것이다(cf. 5절).

V. 에돔과 시온(34:1-35:10)
1장. 에돔에 대한 경고(34:1-17)

3. 황폐해진 에돔(34:8-15)

8 이것은 여호와께서 보복하시는 날이요
시온의 송사를 위하여 신원하시는 해라
9 에돔의 시내들은 변하여 역청이 되고
그 티끌은 유황이 되고
그 땅은 불 붙는 역청이 되며
10 낮에나 밤에나 꺼지지 아니하고
그 연기가 끊임없이 떠오를 것이며
세세에 황무하여 그리로 지날 자가 영영히 없겠고
11 당아새와 고슴도치가 그 땅을 차지하며
부엉이와 까마귀가 거기에 살 것이라
여호와께서 그 위에 혼란의 줄과 공허의 추를 드리우실 것인즉
12 그들이 국가를 이으려 하여 귀인들을 부르되 아무도 없겠고

그 모든 방백도 없게 될 것이요
13 그 궁궐에는 가시나무가 나며
그 견고한 성에는 엉겅퀴와 새품이 자라서
승냥이의 굴과 타조의 처소가 될 것이니
14 들짐승이 이리와 만나며 숫염소가 그 동류를 부르며
올빼미가 거기에 살면서 쉬는 처소로 삼으며
15 부엉이가 거기에 깃들이고
알을 낳아 까서 그 그늘에 모으며
솔개들도 각각 제 짝과 함께 거기에 모이리라

유다를 미워하는 나라와 민족을 대표하는 에돔이 심판을 받는 이유는 시온 때문이다(8절). 그들은 주의 백성을 괴롭히기 위해 그들이 머물던 시온을 침범했다. 시온은 주의 백성을 상징하는 비유로 해석될 수 있다(Wildberger). 이제 열방은 그들이 짓밟은 유다가 아니라, 유다를 정복하기 위해 침범한 시온의 주인이신 여호와의 벌을 받아야 한다. 시온에 거하시는 하나님이 도성을 침략한 자들을 벌하는 과정에서 주의 백성이 침략자들에게 당한 억울함과 분노를 갚아주시는 날인 것이다. 선지자는 에돔이 영원히 꺼지지 않는 불에 타오르는 도성이 될 것이라고 말한다. 이 점을 강조하기 위해 "영원히"(עוֹלָם), "세대에서 세대까지"(מִדּוֹר לְדוֹר)라는 문구를 10절, 17절에서 반복적으로 사용한다.

그들의 시내에 흐르는 물은 불길을 키우는 역청이 되고, 그들의 땅은 유황이 되어 하나님의 심판의 불을 지필 것이다(9절). 선지자가 사용하는 이미지는 사람들이 하나님의 심판의 불을 끄려고 할수록 오히려 불길이 더 세질 것임을 강조한다. 이 불을 피할 방법이 없는 것이다. 유황과 역청 등 가연성 물질은 소돔과 고모라에 임했던 심판을 연상케 한다. 소돔과 고모라가 하나님께 불의 심판을 받아 멸망했던 것처럼, 유다의 숙적 에돔도 불에 타고 있다.

하나님이 온 땅을 불사르신 에돔은 어떤 모습이 될 것인가? 11-15절이 이를 상세히 묘사한다. 하나님이 에돔 땅 위에 "혼란의 줄"과 "공허의 추"를 드리우신다고 하는데(11절), 이는 완전한 파괴를 위한 측량 작업을 상징한다(cf 왕하 21:13). 원래 줄과 추는 건축을 위한 도구들이다. 그러나 본문에서는 파괴의 도구들로 사용된다. 원래 이것들이 상징하는 의미를 비틀고 있다(Smith). 측량 작업을 통해 파괴되어야 할 지역이 정해지고, 그 땅에 소돔과 고모라에 버금가는 불의 심판이 임한다. 불이 휩쓸고 간 그들의 땅은 광야와 황무지로 변해 들짐승들만이 거할 것이다. 일부 주석가들은 이 들짐승들을 악령들(demons)로 해석하는데(Wildberger; cf. NRS), 단순히 광야에 거하는 들짐승으로 보는 것이 바람직하다(Clements; Smith). 한때는 사람들로, 왕족들로 붐비던 곳이 이제는 가시나무만 무성하게 자라는 곳으로 변해 있다. 선지자는 이 땅에 사람이 없음을 강조한다. 땅이 더 이상 사람이 살 수 없을 정도로 황폐해졌기 때문이다. 에돔에 대한 유다의 기도가 성취되는 순간이다(Tucker; cf. 시 137:7).

하나님이 유다의 땅이 텅 빌 때까지 심판하실 것이라고 했는데(cf. 6:13), 이 소식을 듣고 좋아했던 에돔도 텅 비게 되었다는 사실이 아이러니하다. 남의 슬픔과 아픔을 즐기는 자들에게 동일한 재앙이 임할 것이라는 의미인가? 얼마나 들짐승이 많이 사는 땅이 되었는지, 사람들이 안심하고 다닐 만한 곳이 못 된다. 그리고 그 땅은 그러한 모습으로 영원히 존재할 것이다. 하나의 본보기가 되어 기념될 것이기 때문이다. 이 예언은 에돔의 미래를 선포하는 데 초점이 있는 것이 아니라, 인간의 교만과 하나님의 주권을 인정하지 않는 행위는 이러한 종말을 맞을 것이라는 데 초점이 있다.

V. 에돔과 시온(34:1-35:10)
1장. 에돔에 대한 경고(34:1-17)

4. 하나님의 계획(34:16-17)

16 너희는 여호와의 책에서 찾아 읽어보라
이것들 가운데서 빠진 것이 하나도 없고
제 짝이 없는 것이 없으리니
이는 여호와의 입이 이를 명령하셨고
그의 영이 이것들을 모으셨음이라
17 여호와께서 그것들을 위하여 제비를 뽑으시며
그의 손으로 줄을 띠어 그 땅을 그것들에게 나누어 주셨으니
그들이 영원히 차지하며 대대로 거기에 살리라

선지자는 여호와의 책에서 찾아 읽어보라고 하는데, "여호와의 책"(סֵפֶר יְהוָה, 16절)은 무엇을 의미하는가? 확실하진 않지만, 보통 다섯 가지로 해석된다. 첫째, 이사야가 자신의 심판 예언의 기초로 하는 모세오경을 가리킨다(Calvin). 그의 메시지를 듣는 사람들에게 자신이 기록한 것들을 오경의 내용과 비교해 보라고 말하는 것이다. 이와 비슷한 맥락에서, 이 책이 노아 홍수 이야기를 담고 있다고 해석하는 학자도 있다(Seitz). 둘째, 선지자가 자신이 이미 선포한 말씀과 이 일을 비교해 보라고 말하는 것이다(Kaiser; Childs; Tucker; Clements; Smith; cf. 13:21-22). 셋째, 이 부분은 누군가가 포로 후기에 삽입한 것이기 때문에, 본문에서 삭제되어야 한다(Wildberger; Beuken). 넷째, 하늘에 소장되어 있는 것으로 여겨지는 "운명의 책"을 염두에 둔 말이다(cf. Motyer; Oswalt). 여기에는 의인들의 이름과 그들의 행실이 모두 기록된 것으로 생각된다(cf. 출 32:32). 히브리 사람들은 이미 하늘에 있는 책의 개념에 대해 조금은 이해했던 것 같다(시 40:7; 139:16; 말 3:16; 단 7:10). 다섯째, 하나님이 창조하신 모든 짐승의 이름이 기록되어 있는 책을 가리킨다(Herbert).

위 다섯 가지 중 두 번째 해석이 가장 설득력 있다. 그러나 필자는 이 견해를 좀 더 보완하고자 한다. 이 학자들(Kaiser et al.)은 이 책의 범위를 이사야의 예언으로 제한하지만, 이사야 시대를 앞서간 모든 선지자의 예언으로 범위를 늘려야 한다. 특히 종말론적으로 세상에 임할 심판에 대해 예언한 모든 선지자의 예언이 포함되어야 한다. 이사야가 본문에서 강조하고자 하는 것은, 자신이 본문에서 에돔(세상)에 대해 선포한 모든 재앙은 결코 새로운 것이 아니라 하나님이 이미 오래전부터 계획하시고 선지자들을 통해 선포하신 것들이 실현되는 것이라는 점이다. 이는 하나님이 내리시는 재앙은 갑자기 결정된 것이 아니라 이미 오래전에 예언된 것이므로 재앙과 예언이 '짝을 이루고 있음'을 강조한다.

한국 교회에는 본문의 의미를 비틀어서 아주 이상한 주장과 교리를 펼치는 사람들이 있다. 심지어 이 본문을 근거로 남·녀를 억지로 '짝' 지어 주는 사람들도 있다. 그 사람들이 서로 짝이 아닐 수도 있고, 독신의 은사를 받은 사람일 수도 있는데 말이다. 이는 올바른 해석에 근거한 것이 아니니 조심해야 한다. 본문에서 "짝"의 가장 기본적인 의미는 예언과 성취(실현)다. 하나님은 모든 일을 미리 말씀/약속하고 계획에 따라 진행하시는 분이지, 기분에 따라 임의로 진행하시는 분이 아니다 (Smith).

2장. 영화로운 시온(35:1-10)

35장은 34장과 매우 극명한 대조를 이룬다. 선지자는 34장에서 화려했던 에돔이 황무지처럼 될 것이라고 했다. 이제 35장에서 "황무지였던" 하나님의 백성과 그들의 땅은 세상에서 가장 아름다운 모습으로 회복된다. 그동안 선지자가 선언해 왔던 회복이 본문에 묘사된 이상을 통해 절정에 이른다.

본문이 노래하는 내용과 이미지는 지난 섹션보다는 다가오는 40-66장에 기록된 노래들과 더 밀접한 관계가 있다는 것이 학자들의 일반적인 견해다(cf. Childs). 본문에서 사용되는 "대로"(8절)는 40:3에서, "사막에 흐르는 시내"(6절)는 43:19에서, "여호와의 영광"(2절)은 40:5에서 사용된다는 점 등이 이 같은 결론을 뒷받침한다. 그래서 일부 학자들은 이 장(章)의 저자가 40-55장을 저작했다고 일컬어지는 제2이사야라고 주장하거나(cf. Tucker), 본문의 저자가 40-55장을 익히 알고 있었으며, 그것을 바탕으로 본문을 저작했다고 주장한다(Clements).

그러나 선지자가 본문에서 지금까지 선포된 메시지의 결론을 맺고 있다고 보는 견해도 만만치 않다(Tucker; Smith; Childs). "대로"(8절)가 40:3에서 언급되는 것이 사실이지만, 11:16, 19:23에서도 이미 사용되는 등 앞 섹션과의 연관성도 분명하기 때문이다. 그래서 대부분의 학자는 이 섹션의 역할을 이중적으로 본다. 앞 섹션의 결론인 동시에 40-66장을 준비하는 서론으로 생각하는 것이다. 본문은 다음과 같이 나뉠 수 있다.

A. 광야가 회복됨(35:1-2)

B. 백성이 회복됨(35:3-6a)

A'. 광야가 회복됨(35:6b-7)

C. 거룩한 대로(35:8-9)

B'. 백성이 돌아옴(35:10)

V. 에돔과 시온(34:1–35:10)
2장. 영화로운 시온(35:1–10)

1. 광야가 회복됨(35:1-2)

1 광야와 메마른 땅이 기뻐하며
사막이 백합화 같이 피어 즐거워하며
2 무성하게 피어 기쁜 노래로 즐거워하며
레바논의 영광과 갈멜과 사론의 아름다움을 얻을 것이라
그것들이 여호와의 영광
곧 우리 하나님의 아름다움을 보리로다

에돔 땅은 광야로 변한 데 반해, 이미 황무지가 되어 버린 하나님 백성의 땅은 매우 놀랍고 생기 가득한 정원으로 변한다. 이 이미지를 통해 선지자는 하나님이 자신의 백성을 위로하시는 날에 자연도 회복될 뿐 아니라, 자연이 먼저 회복되어서 사람들을 기다릴 것이라고 선언한다. 생기라고는 찾아볼 수 없는 "광야와 메마른 땅"(מִדְבָּר וְצִיָּה)이 기뻐한다.

선지자가 사용하는 동사들을 생각해 보라. "기뻐하다"(שׂושׂ; 1절), "즐거워하다"(גיל; 1-2절), "꽃피다"(פרח; 1, 2절), "〔기쁜 노래로〕 즐거워하다"(רנן; 2절). 모두 다 하나님이 일구어 내시는 회복이 가져다주는 행복한 감정이다. 물론 선지자는 의인법을 사용한다. 죽음의 땅에 생기가 돌고 생명이 돋아나는 것이다. 사막이 마치 제철에 피어나는 백합화처럼 즐거워한다. 한때는 완전히 황폐했던 레바논, 사론, 갈멜(33:9)이 과거의 영화를 되찾는다. 레바논, 사론, 갈멜은 다른 지역에 비해 물이 많아 유다에서 가장 싱그러운 초목을 지녔던 곳이다. 하나님의 심판을 받아 메마른 광야로 변했던 곳들이 옛 모습을 되찾은 것이다. 자연이 회복되는 날, 사람들은 여호와의 영광을 보게 될 것이다(2절). 그분의 능력이 너무나 위대하여 사람들은 놀라움을 금치 못한다.

V. 에돔과 시온(34:1-35:10)
2장. 영화로운 시온(35:1-10)

2. 백성이 회복됨(35:3-6a)

3 너희는 약한 손을 강하게 하며
떨리는 무릎을 굳게 하며
4 겁내는 자들에게 이르기를 굳세어라,
두려워하지 말라,
보라
너희 하나님이 오사 보복하시며 갚아 주실 것이라
하나님이 오사 너희를 구하시리라 하라
5 그 때에 맹인의 눈이 밝을 것이며
못 듣는 사람의 귀가 열릴 것이며
6a 그 때에 저는 자는 사슴 같이 뛸 것이며
말 못하는 자의 혀는 노래하리니

자연에 이어 인간이 회복된다. 선지자는 자신의 청중에게 명령문을 사용해 서로를 치료하고 회복시킬 것을 촉구한다(Smith). 이사야는 주의 백성이 서로를 격려하고 치료하며 회복시키는 날을 노래한다. 주의 백성을 치료하는 이는 분명 하나님이시지만(cf. 4절의 "너희 하나님을 보라"), 주님은 주의 백성을 통해 그들을 치료하시고자 한다. 우리도 하나님의 손과 발이 되어 서로를 치료하고 힘을 돋우는 공동체가 되어야 한다.

연약한 사람들의 신체가 강건해지며(3절), 마음이 약한 자들은 굳센 마음을 지니게 된다(4절). 선지자가 노래하는 회복이 신체적 회복인지 영적인 회복인지는 확실하지 않다. 만일 영적인 회복이라면 선지자의 소명(6장)에서 언급되었던, 영적으로 "보지 못함과 듣지 못함"이 회복될 것이라는 뜻일 것이다. 그러나 대부분의 학자는 선지자가 신체적 장애가 더 이상 존재하지 않는 미래를 노래한다고 생각한다(Kaiser; Clements). 선지자들이 노래하는 미래는 영적인 회복뿐만 아니라 신체적인 회복도 전제하기 때문이다(Wildberger; cf. 마 11:15; 눅 7:22). 하나님이 자신들을 대신해서 원수 갚아주시는 것을 직접 목격할 때, 주의 백성은 비로소 모든 자신감을 회복할 것이다. 인간의 회복 중에서 주목할 만한 것은 눈먼 사람의 눈이 밝아지고 귀먹은 사람의 귀가 열릴 것이라는 점이다. 유다 사람들은 이러한 치유는 메시아만이 하실 수 있다고 생각했다.

구약 성경을 살펴보면, 선지자들은 경우에 따라서 죽은 사람을 살리기도 했다. 엘리야와 엘리사는 죽은 아이들을 살려냈다(cf. 왕상 17장; 왕하 8장). 그러나 그 누구도 소경의 눈과 귀머거리의 귀를 열지 못했다. 그래서 유대인들은 메시아가 오시면 이러한 일을 하실 것이라는 기대를 하게 되었다. 그들이 볼 때, 죽은 사람을 살리는 것보다 소경의 눈을 뜨게 하는 것이 더 큰 일이었다. 왜냐하면 죽은 사람을 살리는 것은 선지자들도 할 수 있는 '쉬운 일'이지만, 귀머거리가 듣게 하고 소경이 보게 하는 것은 어떤 선지자도 할 수 없었던 '어려운 일'이었기 때문이다. 세례 요한이 예수님께 제자들을 보내어 "당신이 바로 오실 그분이십니까?"라고 물었을 때, 예수님이 "가서 소경이 보고, 귀머거리가 듣고, 복음이 가난한 자에게 전파된다고 하라"고 답하신 것은, 질문을 회피하신 것이 아니라 "내가 바로 너희들이 기다리던 그 메시아다"라고 확인해 주시는 것이었다(cf. 마 11:2-6).

V. 에돔과 시온(34:1-35:10)
2장. 영화로운 시온(35:1-10)

3. 광야가 회복됨(35:6b-7)

6b 이는 광야에서 물이 솟겠고
사막에서 시내가 흐를 것임이라
7 뜨거운 사막이 변하여 못이 될 것이며
메마른 땅이 변하여 원천이 될 것이며
승냥이의 눕던 곳에 풀과 갈대와 부들이 날 것이며

광야가 꽃동산이 될 뿐만 아니라, 그곳에 샘이 솟고 사막에 시냇물이 흐른다. 뜨겁게 타오르던 땅은 연못이 되고, 메마른 땅은 물이 솟아나는 샘이 된다(7절). 물이 귀해 생수를 구하는 것이 쉽지 않았던 고대 근동 지역에서 이보다 더한 유토피아는 없다!

이 물줄기 주변에 들풀들도 왕성하게 자란다. 물이 있으니 각종 생명이 움트는 것이다. 대대적인 회복과 치유가 자연에 임하는 이미지다. 우리가 깨달아야 할 중요한 사실은 자연의 회복 자체도 매우 아름답고 바람직한 일이지만, 이 회복은 주의 백성의 회복을 준비하는 단계에 불과하다는 점이다. 자연이 회복된 후, 하나님이 주의 백성을 회복하실 것이기 때문이다. 하나님이 백성을 회복하시기 전에 자연을 회복하시는 것은, 그들로 하여금 풍요와 생기를 누리며 살게 하기 위함이다. 선지자는 앞으로도 광야의 회복에 대해 노래할 것이다(41:18-19).

V. 에돔과 시온(34:1-35:10)
2장. 영화로운 시온(35:1-10)

4. 거룩한 대로(35:8-9)

8 거기에 대로가 있어

그 길을 거룩한 길이라 일컫는 바 되리니
깨끗하지 못한 자는 지나가지 못하겠고
오직 구속함을 입은 자들을 위하여 있게 될 것이라
우매한 행인은 그 길로 다니지 못할 것이며
9 거기에는 사자가 없고
사나운 짐승이 그리로 올라가지 아니하므로
그것을 만나지 못하겠고
오직 구속함을 받은 자만 그리로 행할 것이며

회복된 광야에 큰 길이 생긴다. 그 길의 이름은 "거룩한 길"(דֶּרֶךְ הַקֹּדֶשׁ, 8절)이다. 이 길은 평범한 길이 아니라 순례자의 길이다(Tucker). 악한 자는 다닐 수 없고, 오직 의인들만 다닐 수 있다. 이 길에는 34장에서 그토록 무섭게 묘사되었던 들짐승도 없다(9절). 하나님을 대적하던 자들이 거하던 곳은 들짐승의 소굴이 되는데, 그분을 사랑하는 자들이 걸을 길은 들짐승으로부터 철저히 보호받는다. 그러므로 이 길은 모든 여행자가 꿈꾸는 길이다. 들짐승도 없을 뿐 아니라, 여행자들을 해칠 만한 사람도 없다. 푸르고 꽃이 만발한 광야에 놓인 이 길은 구속함을 받은 사람들을 위한 특별한 길이기 때문이다.

구속함을 받은 사람들이 이 길을 통해 드디어 고향으로 돌아간다(9절). 그런데 "구속함을 받은 자"(גְּאוּלִים, 9절)는 어떤 사람을 뜻하는가? 이 단어의 기본적인 의미는 노예생활 같은 속박에서 자유하게 되는 것을 뜻한다(Tucker; cf. HALOT; 룻 3:13; 레 25:33). 이사야서에서도 하나님이 주의 백성을 바빌론 포로생활에서 다시 데려오시는 것을 뜻한다(41:14; 43:1, 14; 44:6, 22-24). 10절에서 사용되는 "주께 속량받은 사람들"(פְּדוּיֵי יְהוָה)은 값을 치르고 사오는 행위를 전제한다(cf. 출 13:13, 15; 34:20; 레 27:27; 민 18:15). 그러므로 본문은 하나님이 대가를 지불하시고 자유롭게 한 자들이 고향으로 돌아올 것을 노래하는 것이다(Smith).

앞으로 이사야서에서 광야에 생기는 대로는 중요한 주제로 부각된다. 이 길을 통해 바빌론으로 끌려갔던 주의 백성이 돌아온다(40:3-5; cf. 11:16). 새로운 출애굽이 재현될 것이다. 하나님이 값을 지불하시고 이들의 자유를 사셨기 때문이다.

V. 에돔과 시온(34:1–35:10)
2장. 영화로운 시온(35:1–10)

5. 백성이 돌아옴(35:10)

10 여호와의 속량함을 받은 자들이 돌아오되
노래하며 시온에 이르러
그들의 머리 위에 영영한 희락을 띠고
기쁨과 즐거움을 얻으리니
슬픔과 탄식이 사라지리로다

여호와의 도움을 받아 자유를 얻어 시온으로 돌아오는 하나님의 백성에게 그 누구도 빼앗을 수 없는 즐거움이 함께한다. 그들의 귀향길은 처음부터 감격과 흥분의 길이며, 예루살렘에 들어서는 그들에게는 영원히 주체할 수 없는 기쁨이 충만하다. 슬픔과 탄식이 사라질 것이라는 말씀은 이 메시지를 듣던 사람들이 어려움을 겪고 있었음을 암시한다(Tucker). 선지자는 고통 속에 있는 그들에게 더 이상 슬픔과 탄식이 없는 때를 약속한다. 이 약속은 또한 우리의 것이기도 하다. 그날이 오면 하나님이 우리의 눈물을 닦아 주시고, 우리의 탄식을 찬송과 감사로 바꾸실 것이다.

선지자가 이미 여러 차례 언급하고 암시했던 것처럼, 시온이 회복되어 산들 중에 으뜸이 될 뿐만 아니라 백성이 평안히 쉴 수 있는 안식처가 되는 것이다(cf. 33:20). 앞으로도 선지자는 이 말씀을 한 번 더 사용한다. “여호와께 구속받은 자들이 돌아와 노래하며 시온으로 돌아오니 영원한 기쁨이 그들의 머리 위에 있고 슬픔과 탄식이 달아나리이다”(51:11). 이러한 유토피아를 기대했던 초대교회 성도들은 그저 “마라나타”(μαράνα θά)를 외쳤다. 우리도 같은 감동과 기대를 가지고 예수님의 재림을 갈망해야 할 것이다.

EXPOSIMENTARY
Isaiah

VI. 이사야, 히스기야, 예루살렘
(36:1-39:8)

하나님의 백성이 먼 훗날 어떤 회복과 위로를 받을 것인가를 예언해 왔던 선지자가 다시 주전 8세기 말 유다의 현실로 돌아와 메시지를 전한다. 이 섹션에 언급된 사건은 주전 701년에 산헤립이 예루살렘을 공략했던 전쟁이다. 이 전쟁에 대해서는 성경 밖에도 많은 기록이 남아 있어서 이때 어떤 일이 있었는지를 조명하는 데 많은 도움이 된다. 분명한 것은 이사야가 기록한 대로 산헤립이 예루살렘에 입성하지는 못했다는 사실이다.

본문을 주해하기 전에 이사야 36-39장과 열왕기하 18:13-19:37의 관계를 생각해 보자. 이 두 텍스트는 같은 사건을 거의 똑같이(word for word) 기록하고 있다. 그렇다면 어느 책이 어느 책을 인용한 것일까? 이 질문은 그동안 많은 사람의 관심을 끌어 왔다. 일부 학자들은 열왕기와 이사야서 모두 제3의 출처에서 이 이야기를 인용했다고 주장한다(Motyer; Wildberger; Smith). 그러나 만일 두 책 중 하나가 다른 한 책을 인용한 것이라면? 대부분의 학자는 이사야서가 열왕기를 인용했다고 주장한다(Kaiser; Childs; Sweeney; Williamson). 정말 그러한지 생각해 보자.

각 책의 역사적 정황을 고려할 때, 이사야서는 주전 8세기를, 열왕기는 주전 6세기를 시대적 배경으로 삼고 있다. 그럼에도 불구하고 사람들은 대부분 열왕기가 먼저 완성되었으며, 이사야서가 열왕기를 인용했다고 주장한다. 이 주장은 뚜렷한 역사적 증거를 토대로 제시되었다기보다 이사야서가 원래 독립적으로 순환되던 세 권의 책이 모아진 것이며, 주전 2세기에 가서야 최종적인 편집이 끝났다는 둠(Duhm)의 학설을 그대로 수용한 데서 비롯된 것이다. 또한 이 학설에 따르면, 이사야 1-35장은 애초에 여러 권의 작은 책으로 이루어진 것이었는데, 이것들이 하나로 합쳐지면서 끝부분에 열왕기에 기록된 이야기를 인용해 첨부한 것이다(cf. 렘 52장, Gesenius; Kaiser). 그러나 이미 7장에서 언급한 것처럼, 히스기야 이야기와 아하스 이야기는 이사야서 편집의 궁극적인 목적에 커다란 기여를 한다. 따라서 이들이 주장하는 것처럼 이사야서 편집자가 책의 역사적인 결말로 사용하기 위해 열왕기를 인용한다는 주장은 설득력이 없어진다.

그렇다면 이사야서의 내용을 열왕기 저자가 인용했을 가능성을 시사하는 증거는 있는가? 이미 언급한 책의 최종적인 편집 목적에서 이 이야기가 감당하는 역할이 이 질문에 답하는 좋은 출발점이 될 것이다. 여기에 한 가지 매우 중요한 단서가 있다. 바로 36-39장에 언급된 사건들의 시대적 순서가 바뀌어 있으며, 이 뒤바뀐 순서는 열왕기서보다는 이사야서의 이야기 진행에 훨씬 더 의미 있는 기여를 한다는 점이다(Ackroyd). 다음을 생각해 보자.

36-37장에 기록된 산헤립의 예루살렘 공략 사건에 대해서는 상당히 많은 기록과 고고학 자료들이 있으며, 이 모든 자료를 감안할 때 주전 701년에 있었던 사건임을 확신할 수 있다. 반면에 39장에 기록된, 히스기야가 앓아누웠다가 회복되었다는 소식을 듣고 바빌론의 왕 므로닥발라단이 사절단을 보낸 사건은 늦어도 주전 703년에 있었던 사건이다. 기록에 의하면 이때 바빌론은 아시리아의 지배 아래서 약소국의 서러움을 당하고 있었다. 아시리아의 왕 산헤립은 므로닥발라단의 왕권

을 두 번이나 박탈했다. 첫 번째는 주전 706년의 일이었으며, 두 번째는 주전 703년의 일이다. 그런데 주전 703년에 왕권을 박탈당한 므로닥발라단은 다시 바빌론의 왕으로 복귀하지 못하고 일생을 마쳤다(Walton; cf. Bright). 그러므로 므로닥발라단이 바빌론 왕의 자격으로 예루살렘에 사절단을 보낼 수 있었던 마지막 해는 주전 703년이 되는 것이다.

바빌론 왕 므로닥발라단이 보낸 사절단의 방문이 히스기야가 병석에 몸져누웠다가 기적적으로 일어난 일의 계기가 되었음을 감안할 때, 히스기야의 병을 기록하고 있는 38장은 아마도 주전 704년 혹은 주전 703년 초에 있었던 일이었을 것이다(cf. Childs). 일부 학자들은 히스기야가 앓아누운 일이 주전 709년에 있었다고 주장한다. 그렇다면 36-39장을 시대적인 순서로 재정리할 때 다음과 같은 결론이 나온다. 히스기야의 병(38장, 늦어도 704/3 BC), 바빌론의 사절단(39장, 703 BC), 산헤립의 예루살렘 공략(36-37장, 701 BC).

그렇다면 이사야는 왜 이러한 순서로 사건을 기록한 것일까? 여기에는 충분히 설명 가능한 이유가 있다. 36-37장에 기록된 사건이 일어났을 때(701 BC), 유다의 운명은 실로 풍전등화(風前燈火)와 같았다. 그래서 저자는 이 사건을 아주 극적으로 기록한다. 그러나 만일 역사적인 순서대로 38장을 먼저 제시한다면, 38장에 약속된 "내가 이 성을 앗수르 왕의 손에서 건져내리라"(38:6)는 하나님의 약속이 이 사건의 극적인 면을 완전히 무마시키게 된다. 그러므로 긴장을 통해 독자들의 흥미를 지속시킴과 동시에, 선지자가 어린 므낫세에게 "당신의 아버지 히스기야는 아주 절박한 상황에서도 여호와를 의지하고 신뢰함으로써 그 역경에서 벗어날 수 있었습니다. 그분과 같이 되십시오"라는 메시지를 드라마틱하게 전할 수 있게 되는 것이다. 이사야가 시대적인 순서를 초월해서 책을 집필한 것은 이미 6장의 경우에서 보았다. 그러므로 이런 기법이 결코 새로운 것은 아니다.

즉, 이사야는 자신의 책을 전개해 나가는 과정에서 이 사건들의 순서를 바꿀 만한 충분한 이유를 갖고 있었다. 반면에 열왕기의 특징은 사건들을 최대한 시대적인 순서에 따라 나열하는 데 있다. 그렇다면 이렇게 순서를 바꾸는 것이 열왕기 저자에게는 별 의미가 없었을 것이다. 그럼에도 열왕기에 이러한 순서로 사건이 수록되어 있는 점을 감안한다면, 이사야서가 열왕기로부터 인용한 것이라기보다는 열왕기 저자가 이사야서를 인용한 것이라고 보는 편이 더 설득력 있다(cf. Smelik; Seitz; Childs).

이 섹션은 다음과 같이 크게 세 부분으로 나눌 수 있다. (1) 산헤립의 위협과 여호와의 응답(36:1-37:38), (2) 히스기야의 병(38:1-22), (3) 바빌론 사절단(39:1-8).[1]

---

1 더 자세하게 분석하면 다음과 같은 구조가 선명히 드러난다. 이 구조에 의하면, 히스기야의 병이 중심 부분을 차지한다. 앞으로 자세히 언급하겠지만, 여기에는 그럴 만한 이유가 있다. 히스기야의 운명이 유다의 운명과 동일시되기 때문이다.

A. 시온 위협(36:1-22)
 B. 히스기야가 이사야에게 물음(37:1-7)
  C. 산헤립의 메시지(37:8-13)
   D. 히스기야의 기도(37:14-20)
    E. 하나님의 구속(37:21-38)
     F. 히스기야의 병(38:1-3)
    E′. 하나님의 구속(38:4-8)
   D′. 히스기야의 찬양(38:9-22)
  C′. 바빌론의 사람들(39:1-2)
 B′. 이사야가 히스기야에게 물음(39:3-4)
A′. 시온의 함락 예언(39:5-8)

1장. 산헤립의 위협과 여호와의 응답(36:1-37:38)

그동안 선지자는 아시리아가 하나님의 진노의 몽둥이가 되어 유다를 치게 될 것을 거듭 선언해 왔다. 그러나 아시리아 제국의 어느 왕이 이 역할을 감당할 것인가에 대해서는 언급하지 않았다. 드디어 그 왕이 다름 아닌 산헤립으로 밝혀진다. 이 사건의 초점은 히스기야가 어떻게 그토록 위태로운 상황을 믿음으로 극복하게 되었는가에 맞추어져 있다. 그러나 이 사건은 동시에 세상 만민에게 매우 강한 경고를 발하고 있다. 산헤립이 여호와께 망언한 대가로 그가 섬기던 신의 전에서 예배를 드리다가 아들들의 칼에 맞아 죽은 것처럼, 누구든 여호와께 망언을 한다면 이 세상 어디에서도 결코 안전하지 못할 것이라는 경고다.

아시리아 군의 예루살렘 침략 사건은 "처음부터 끝까지 하나님을 모독하는 자는 어디에 있든지 안전하지 못하다"는 신학적인 입장을 입증한다(Smelik). 동시에 이 사건은 하나님이 왜 유다가 아시리아의 손에 멸망하도록 내버려 두실 수 없는가를 회고한다. 하나님이 아시리아를 들어 주의 백성을 징계하는 진노의 막대기로 사용하신 것은 사실이지만, 그들은 마치 도끼가 자신을 잡고 사용하는 주인을 몰라보고 교만을 떠는 것처럼 행동했다. 그러므로 하나님은 이 도구를 버리시고 다른 도구를 선택해 유다를 치게 하실 것이다.

1. 시온 위협(36:1-22)

이미 책이 시작할 때부터 선지자가 경고해 왔던 이방인의 손에 의한 유다 심판이 한 걸음 가까이 다가왔다. 그뿐만 아니라 8장 이후부터 선지자는 이 이방 나라가 다름 아닌 아시리아가 될 것이라고 말했다. 드디어 아시리아 왕 산헤립이 자신을 대신하는 군대 장관 랍사게에게 대군을 주어 유다를 공략했다. 유다는 싸워보지도 못하고 모두 산헤립의 손에 넘어갔으며, 포위된 예루살렘만이 유일하게 남은 도시가 된 위태로운 상황에서 이야기가 시작된다.

이미 8장에서 "아시리아의 하수"가 유다의 목까지 차오르겠지만 결코 키를 넘지는 않으리라고 선언한 것처럼, 유다가 아시리아의 손에 그 종말을 맞지는 않을 것이다. 그럼에도 불구하고 지금 하나님의 백성이 당면한 위기는 매우 심각하다. 특히 아하스 왕 때 있었던 위기(7장)와는 비교도 되지 않을 정도로 위태롭다는 것이 저자의 관점이다. 과연 히스기야는 이 역경을 어떻게 극복할 것인가? 본 텍스트는 다음과 같은 구조로 이루어졌다.

A. 정황: 유일하게 남은 시온(36:1-3)
B. 아시리아의 도전: 무엇을 의지하느냐?(36:4-10)
C. 유다의 반응: 협상하자!(36:11-12)
B'. 아시리아의 도전: 속지 마라!(36:13-20)
C'. 유다의 반응: 침묵(36:21-22)

VI. 이사야, 히스기야, 예루살렘(36:1-39:8)
1장. 산헤립의 위협과 여호와의 응답(36:1-37:38)
1. 시온 위협(36:1-22)

(1) 정황: 유일하게 남은 시온(36:1-3)

1 히스기야 왕 십사 년에 앗수르 왕 산헤립이 올라와서 유다의 모든 견고한 성을 쳐서
취하니라 2 앗수르 왕이 라기스에서부터 랍사게를 예루살렘으로 보내되 대군을 거느
리고 히스기야 왕에게로 가게 하매 그가 윗못 수도 곁 세탁자의 밭 큰 길에 서매 3 힐
기야의 아들 왕궁 맡은 자 엘리아김과 서기관 셉나와 아삽의 아들 사관 요아가 그에
게 나아가니라

히스기야 왕 14년에 아시리아 왕 산헤립이 유다를 쳤다. 이미 서론에서 언급한 것처럼, 히스기야의 통치 시기에 관해서는 상당한 혼란이 있다. 그러나 이때가 주전 701년이라는 것은 확실하다. 산헤립은 대군을 이끌고 와 순식간에 유다의 모든 영토를 점령했다. 이미 선지자가 언급한 것처럼, 이 침략군은 유다의 군인들과 싸우는 데는 조금의 관심도 없었다. 처음부터 유다가 자신들의 상대가 되지 못했기 때문에, 그들은 노획물을 챙기기에만 급급했다(cf. 5:29).

왜 산헤립이 분노하여 유다를 쳤을까? 종주국에 새 왕이 즉위하면 속국들이 반역을 꾀하는 것이 고대 근동의 관례가 되었기 때문이다. 산헤립은 주전 706/5년에 왕위에 올랐다. 이때 아시리아에 조공을 바치던 속국들 중에 동쪽에서는 므로닥발라단이라는 바빌론의 왕(cf. 39장)이, 서쪽에서는 가나안 나라들이 반기를 들었다. 아시리아의 왕이 된 산헤립은 주전 703년에 바빌론의 므로닥발라단을 최종적으로 진압하고 그의 관심을 서쪽으로 돌렸다.

이 이야기가 시작되면서 히스기야뿐만 아니라 온 유다가 건국 이래 최악의 위기를 맞는다. 그들의 운명은 이미 결정된 것이나 다름없다. 산헤립이 히스기야와 예루살렘을 얼마나 얕보았는지, 자신은 라기스에서 머물며 예루살렘으로 올라오지도 않고 군대 장관 랍사게에게 군대를 주어 예루살렘을 치게 했다. 그만큼 유다의 운명은 결정된 종말을 향해 치닫고 있었던 것이다.

라기스는 예루살렘의 남서쪽 50킬로미터 지점에 위치한 곳이었다. 라기스에 입성하기 전에, 산헤립은 이미 두로와 블레셋을 물리쳤으며 이집트의 군대까지 물리친 상황이었다. 고고학자들은 이곳에서 이때쯤 만들어진 것으로 보이는 구덩이를 발굴했는데, 그곳에서 1,500명의 유해가 발굴되었다. 산헤립이 이곳에서 가나안 사람들을 대량 학살했던 것이다(Bright).

히스기야는 "빨래터로 가는 큰 길 가 윗저수지의 수로 옆"에서 이 소식을 맞이했다(2절, 새번역). 이 장소는 바로 선지자가 아들 스알야숩을 데리고 위기를 맞은 아하스를 찾아갔던 곳이기도 하다(7:3). 저자는 두 사건의 연관성을 강조한다(Ackroyd; Conrad; cf. 서론; 7장 주해).

히스기야는 혹시 침략군과 타협의 여지가 남아 있을지 타진하기 위해 세 궁내 대신을 보냈다. 힐기야의 아들 엘리아김, 서기관 셉나, 그리고 아삽의 아들 사관 요아가 랍사게를 맞이하러 갔다. 그는 필요에 따라서는 큰 대가를 치르더라도 어떻게 해서든 이 문제를 외교적으로 해결해 보고 싶었다.

그러나 결코 아시리아의 왕은 재물로 달랠 수 있는 자가 아니었다. 열왕기에 따르면, 산헤립은 히스기야가 지불한 많은 양의 돈—은 300달란트와 금 30달란트—을 받고도 계속 진군해 왔던 것이다(왕하 18:14). 그러므로 히스기야는 돈은 돈대로 버리고 여전히 위기 상황에 처한 것이다.[2]

2 일부 학자들은 열왕기가 두 개의 아시리아 침략을 축약해 놓은 것이라고 주장한다. 주전 714년에 있었던 첫 번째 침략 때는 사르곤(Sargon II)이 이끌던 아시리아 군대가 히스기야의 돈을 받고 돌아갔고, 주전 701년에 있었던 두 번째 침략 때는 산헤립이 예루살렘을 포위하기에 이르렀는데, 이 두 사건을 하나로 묶다 보니 마치 히스기야가 돈은 돈대로 바치고도 이런 위기를 맞은 것으로 기록되었다는 것이다(Jenkins; Watts; Hayes & Irvine). 충분히 가능한 이야기며 이 부분에 대한 역사적인 자료들도 남아 있다.

(2) 아시리아의 도전: 무엇을 의지하느냐?(36:4-10)

**4 랍사게가 그들에게 이르되 이제 히스기야에게 말하라 대왕 앗수르 왕이 이같이 말
씀하시기를 네가 믿는 바 그 믿는 것이 무엇이냐 5 내가 말하노니 네가 족히 싸울 계
략과 용맹이 있노라 함은 입술에 붙은 말뿐이니라 네가 이제 누구를 믿고 나를 반역
하느냐 6 보라 네가 애굽을 믿는도다 그것은 상한 갈대 지팡이와 같은 것이라 사람이
그것을 의지하면 손이 찔리리니 애굽 왕 바로는 그를 믿는 모든 자에게 이와 같으니
라 7 혹시 네가 내게 이르기를 우리는 우리 하나님 여호와를 신뢰하노라 하리라마는
그는 그의 산당과 제단을 히스기야가 제하여 버리고 유다와 예루살렘에 명령하기를
너희는 이 제단 앞에서만 예배하라 하던 그 신이 아니냐 하셨느니라 8 그러므로 이제
청하노니 내 주 앗수르 왕과 내기하라 내가 네게 말 이천 필을 주어도 너는 그 탈 자
를 능히 내지 못하리라 9 그런즉 네가 어찌 내 주의 종 가운데 극히 작은 총독 한 사
람인들 물리칠 수 있으랴 어찌 애굽을 믿고 병거와 기병을 얻으려 하느냐 10 내가 이
제 올라와서 이 땅을 멸하는 것이 여호와의 뜻이 없음이겠느냐 여호와께서 내게 이
르시기를 올라가 그 땅을 쳐서 멸하라 하셨느니라 하니라**

예루살렘 성문 밖에 도착한 랍사게가 큰 소리로 외치기 시작했다. 랍사게의 메시지의 요지는 간단했다. "쥐뿔도 없으면서 뭘 믿고 까불었느냐?" "무엇을 믿느냐?"가 중심 주제인 본문은 다음과 같은 구조로 이루어졌다.

a. 유다의 군사력?(4-5절)
  b. 이집트?(6절)
    c. 여호와?(7절)
a'. 유다는 군사력이 없다!(8절)
  b'. 이집트는 돕지 못한다!(9절)
    c'. 여호와가 아시리아를 보냈다!(10절)

위 구조가 보여 주는 것처럼 랍사게는 유다와 히스기야가 제시할 수 있는 모든 가능성을 철저히 배제한다. 그가 말한 대로, 유다에는 아시리아를 대항할 만한 군사력이 없다(cf. 4-5절). 심지어 그가 빈정대는 것처럼, 말 이천 필을 준다 해도 유다에는 그 말을 타고 싸울 군인도 없다(8절).

그렇다면 이집트를 믿고 반역을 했는가?(cf. 6절) 이집트는 이미 산헤립에게 엘테케(Eltekeh)라는 블레셋 북부 지역에서 참패를 당하고 본국으로 도망갔다. 평소에 그렇게 큰소리치며 자신들을 믿으라고 했던 이집트가 공수표를 남발한 상황이다. 이집트는 결코 유다에게 도움이 될 수 없다. 그러므로 랍사게가 이집트를 "상한 갈대 지팡이"(6절)에 묘사하면서, 그것에 의존하여 서려는 자는 연약한 갈대 지팡이로부터 별 도움도 받지 못하고 자신의 손만 상한 갈대에 찔리고 베일 뿐이라고 한 것은 매우 적절한 평가라 할 수 있다.

그렇다면 그들이 여호와를 의지하여 반역했는가? 이 부분에 대해 랍사게는 재빨리 히스기야의 부하들이 할 말을 가로챈다. 그는 여호와께서 히스기야에게 진노하셔서 직접 아시리아 군을 보내셨다고 주장한다. 하나님이 진노하신 이유는 다름 아닌 히스기야의 '산당 제거' 때문이었다. 종교개혁에 있어서 히스기야는 유다의 왕들 중 유일하게 요시야와 함께 산당을 제거한 모범이 되는 왕으로 손꼽혔다. 그런데 랍사게는 지금 히스기야의 종교개혁에 대해 폭탄선언을 하고 있다. 히스기야는 여호와를 위해 산당을 제거했다고 하지만, 사실은 그가 제거한 산당들의 주인이신 여호와께서 진노하여 아시리아 사람들을 보내셨다는 것이다!

랍사게는 참으로 대단한 사람이다. 그는 히브리어를 구사할 줄 아는 아시리아 장군이며(cf. 13절), 자신이 상대해야 할 적에 대해 상당한 연구를 한 사람이다. 랍사게는 히스기야가 단행한 종교개혁에 대해 익히 알고 있었다. 그뿐만 아니라 그는 연구를 통해 얻은 정보를 사용해 적의 말문을 막으며, 적의 동요를 유도한다. 랍사게는 히스기야가 가장 자랑스러워하는 업적인 산당 제거를 오히려 역으로 이용해 히스기야와 백성들 사이에 분열을 일으키는 심리전(心理戰)을 펼친다. 비록 하나님의 백성을 공격하는 적이지만, 이 전쟁을 준비하기 위해 철저히 적을 파헤친 랍사게는 우리에게 교훈이 되어야 한다. 우리도 대적 사탄을 연구하여 알고 싸움에 임하면 훨씬 더 효과적인 싸움을 할 수 있기 때문이다.

물론 잠시 후에 랍사게의 말은 거짓임이 드러난다. 그러나 이 이야기는 예루살렘 사람들에게 매우 치명적이고 위협적인 발언으로 들릴 수밖에 없으며, 히스기야의 종교개혁을 의심하는 결과를 초래했을 것이다. 만일 랍사게가 주장하는 대로 하나님이 유다를 벌하기 위해 아시리아를 보내셨다면 이야기는 끝난 것 아닌가! 유다가 국가적인 위기에 몰린 만큼 히스기야는 개인적인 위기에 몰려 있다.

(3) 유다의 반응: 협상하자!(36:11-12)

11 이에 엘리아김과 셉나와 요아가 랍사게에게 이르되 우리가 아람 방언을 아오니 청하건대 그 방언으로 당신의 종들에게 말하고 성 위에 있는 백성이 듣는 데에서 우리에게 유다 방언으로 말하지 마소서 하니 12 랍사게가 이르되 내 주께서 이 일을 그 하나님네 주와 네게만 말하라고 나를 보내신 것이냐 너희와 함께 자기의 대변을 먹으며 자기의 소변을 마실 성 위에 앉은 사람들에게도 하라고 보내신 것이 아니냐 하더라

히스기야가 보낸 세 부하가 랍사게의 말을 듣다가 그에게 요청했다. "우리가 아람어를 알고 있으니 아람어로 말씀하십시오. 히브리어로 말씀하시면 이 성벽에 나와 있는 모든 사람이 듣게 되지 않습니까?"(11절) 즉, 히스기야의 부하들은 이 제안을 통해 협상의 여지를 타진하고 있는 것이다. 아람어는 아시리아의 공식 언어일 뿐만 아니라, 고대 근동의 통용어였다. 오늘날 세계 어디서든 통하는 영어처럼 말이다.

만일 랍사게가 그들의 요청을 들어준다면 평화로운 해결책이 가능하다. 협상으로 문제를 해결할 수 있는 가능성을 수용하겠다는 뜻이기 때문이다. 그러나 랍사게는 기고만장해서 더 큰 소리로 떠들어댔다. 자신의 메시지는 단순히 히스기야에게만 전하는 것이 아니라, 모든 예루살렘 사람을 향한 것이라는 의미였다. 즉, 그는 협상의 여지는 남아 있지 않으니 각오하라는 입장을 밝히는 것이다. 랍사게의 협상 거부로 유다는 건국 이래 최악의 위기를 맞았다.

VI. 이사야, 히스기야, 예루살렘(36:1–39:8)
1장. 산헤립의 위협과 여호와의 응답(36:1–37:38)
1. 시온 위협(36:1–22)

(4) 아시리아의 도전: 속지 마라!(36:13-20)

13 이에 랍사게가 일어서서 유다 방언으로 크게 외쳐 이르되 너희는 대왕 앗수르 왕의
말씀을 들으라 14 왕의 말씀에 너희는 히스기야에게 미혹되지 말라 그가 능히 너희를
건지지 못할 것이니라 15 히스기야가 너희에게 여호와를 신뢰하게 하려는 것을 따르지
말라 그가 말하기를 여호와께서 반드시 우리를 건지시리니 이 성이 앗수르 왕의 손
에 넘어가지 아니하리라 할지라도 16 히스기야의 말을 듣지 말라 앗수르 왕이 또 이같
이 말씀하시기를 너희는 내게 항복하고 내게로 나아오라 그리하면 너희가 각각 자기
의 포도와 자기의 무화과를 먹을 것이며 각각 자기의 우물 물을 마실 것이요 17 내가
와서 너희를 너희 본토와 같이 곡식과 포도주와 떡과 포도원이 있는 땅에 옮기기까
지 하리라 18 혹시 히스기야가 너희에게 이르기를 여호와께서 우리를 건지시리라 할지
라도 속지 말라 열국의 신들 중에 자기의 땅을 앗수르 왕의 손에서 건진 자가 있느냐
19 하맛과 아르밧의 신들이 어디 있느냐 스발와임의 신들이 어디 있느냐 그들이 사마
리아를 내 손에서 건졌느냐 20 이 열방의 신들 중에 어떤 신이 자기의 나라를 내 손에
서 건져냈기에 여호와가 능히 예루살렘을 내 손에서 건지겠느냐 하셨느니라 하니라

히스기야의 협상 제안을 한마디로 거절한 랍사게가 '확성기'를 동원해 계속 히스기야와 예루살렘 거민들을 위압한다. 그의 메시지의 요지는 다음 구조에서 선명하게 드러난다.

a. 히스기야에게 속지 마라(13-15절)
b. 아시리아의 "새 땅 언약"(16-17절)
a'. 여호와에게 속지 마라(18-20절)

랍사게는 예루살렘 거민들에게 그들의 왕 히스기야에게 속지 말라고 말한다(14절). 히스기야에게는 아시리아 군대를 대적해서 싸울 만한 군사력이 없기 때문이다. 설령 히스기야가 여호와에 대한 믿음을 앞세워 그들을 설득하려 해도 믿지 말라고 한다(15절). 랍사게는 심지어 여호와께도 속지 말라고 경고한다(20절). 그의 논리는 이러하다. 이때까지 세상의 어느 신도 자기 백성을 아시리아의 왕의 손에서 구원하지 못했다. 이처럼 모든 신이 아시리아의 왕 앞에 무능함을 드러냈는데, 도대체 이스라엘의 신 여호와가 뭐가 다르기에 너희를 구원할 것이라고 생각하느냐는 것이다. 랍사게의 망언이 본문의 핵심 주제다. "여호와는 자기 백성을 구원할 능력과 의지를 가지고 있는가?" 능력과 의지는 둘 다 매우 중요하다. 능력은 있지만 의지가 없거나, 의지는 있지만 능력이 없다면, 예루살렘의 구원이 불가능하기 때문이다.

우리는 랍사게가 모르는 사실을 알고 있다. 그는 세상의 신들과 여호와를 같은 존재로 여기지만, 우리는 세상의 신들은 말도 못하는 돌과 나무조각들에 지나지 않으나 여호와는 능력이 무한하신 유일하신 하나님이라는 사실을 알고 있다. 그러므로 우리는 여호와께서 의지만 있으시면 예루살렘과 백성을 구원하시리라는 것을 안다. 반면에 랍사게는 잘못된 지식 때문에 망할 것이다.

랍사게는 오직 아시리아의 왕에게 "구원"이 있다고 선언한다(16절). 만일 예루살렘 사람들이 이 순간에라도 항복을 하면, 아시리아 왕이 그들을 다른 곳으로 끌고 갈 때까지만이라도 이 땅의 소산을 먹게 해줄 것이라는 내용이다(17절). 이러한 랍사게의 발언은 그 당시 아시리아의 외교 정책을 잘 반영한다. 그들은 한 지역의 반역을 제압하면 그 지역

사람들을 강제로 다른 곳으로 끌고 가 국제결혼을 시켜 그곳에 정착시켰다. 반역을 최소화하겠다는 의도에서 비롯된 '혼혈' 정책이었다. 민족들을 섞으면 섞을수록 민족들이 지닌 정체성이 약화되고, 정체성이 약화될수록 반역의 가능성은 줄어들기 때문이다.

랍사게에 의하면, 히스기야에게는 유다를 구원할 수 있는 능력이 없다. 또한 여호와께는 자신의 백성 유다를 아시리아 왕의 손에서 구할 힘이 없다. 그의 논리는 간단하다. 그동안 아시리아가 침략해 취한 나라들을 보라고 한다. 그 어느 나라의 신이 감히 자신이 돌보는 나라를 아시리아의 왕의 손에서 구할 수 있었냐는 것이다. 이처럼 여호와도 아시리아 왕 앞에서는 힘을 발휘할 수 없으리라는 것이다.

이 논리에서 우리는 랍사게가 앞에서 자신은 "여호와께서 보내서 왔다"라고 했던 말이 사실이 아니라 히스기야를 궁지에 몰아넣으려는 심리전이었음을 알게 된다. 여호와께서 진짜 이들을 보내셨다면 랍사게가 이러한 망언을 할 리 없기 때문이다. 아시리아 사람들은 좀 더 나아가서 더욱 노골적이고 자극적인 망언을 하게 된다.

VI. 이사야, 히스기야, 예루살렘(36:1–39:8)
1장. 산헤립의 위협과 여호와의 응답(36:1–37:38)
1. 시온 위협(36:1–22)

(5) 이스라엘의 반응: 침묵(36:21-22)

21 그러나 그들이 잠잠하여 한 말도 대답하지 아니하였으니 이는 왕이 그들에게 명령
하여 대답하지 말라 하였음이었더라 22 그 때에 힐기야의 아들 왕궁 맡은 자 엘리아
김과 서기관 셉나와 아삽의 아들 사관 요아가 자기의 옷을 찢고 히스기야에게 나아
가서 랍사게의 말을 그에게 전하니라

랍사게의 말을 듣고 있던 유다 사람들 사이에는 긴 정적이 흐를 뿐이었다. 히스기야가 침략자들에게 어떠한 대꾸도 하지 말라고 한 명령 때문에도 그랬겠지만, 실제로도 그들에게는 할 말이 없었다. 아시리아 사람들이 지금 유다의 항복을 받아들이려 하지 않을 뿐만 아니라 받아들이더라도 그들을 다른 나라로 끌고 가겠다는 의지를 밝히고 있기 때문이다. 그러므로 그들은 이 강한 침략자들 앞에 침묵할 수밖에 없다. 그들의 앞날에 짙은 먹구름이 드리워 있다.

히스기야가 협상의 여지가 있는지 알아보라고 보낸 세 대신은 모두 옷을 찢고 히스기야에게 돌아와 랍사게의 말을 전했다. 옷을 찢는 일은 매우 심한 수모나 슬픔을 당한 것을 상징한다. 유다는 이날 아시리아로부터 씻을 수 없는 수치를 당했고, 건국 이래 가장 슬픈 날을 맞이한 것이다. 아시리아의 조롱거리가 되어 버린 유다! 그러나 히스기야와 유다는 이 사실에 대해 아무것도 할 수 없는 무능한 왕과 나라일 뿐이다. 다행히 아시리아 사람들이 유다에게 씻을 수 없는 치욕을 주면서, 이스라엘의 하나님 여호와의 자존심도 건드렸다. 하나님이 아시리아의 망언을 결코 묵인하시지 않을 것이라는 기대감이 우리로 하여금 희망을 갖게 한다.

2. 히스기야가 이사야에게 물음(37:1-7)

세 대신들로부터 소식을 들은 히스기야는 그 자리에서 옷을 찢고 굵은 베옷을 입고 하나님의 전으로 가면서 대신들을 이사야에게 보냈다. 드디어 인간적인 방법은 도저히 그를 구할 수 없으며 하나님께 자비를 구하는 것만이 유일한 살길이라는 것을 의식한 것이다. 본문은 다음과 같은 구조로 이루어져 있다.[3]

A. 히스기야의 회개(37:1)

B. 히스기야가 도움을 요청함(37:2-4)

A'. 히스기야의 구원(37:5-7)

VI. 이사야, 히스기야, 예루살렘(36:1-39:8)
1장. 산헤립의 위협과 여호와의 응답(36:1-37:38)
2. 히스기야가 이사야에게 물음(37:1-7)

(1) 히스기야의 회개(37:1)

1 히스기야 왕이 듣고 자기의 옷을 찢고 굵은 베 옷을 입고 여호와의 전으로 갔고

옷을 찢는다는 것은 슬픔을 상징한다. 히스기야는 아시리아 사람들이 준 수모로 인해 슬퍼하며 자신의 옷을 찢었다. 그리고 굵은 베옷을 입고 성전으로 갔다. 굵은 베옷을 입는다는 것은 하나님 앞에 회개한다는 상징적인 의미를 지니는 행동이다(cf. 왕상 20:31, 32; 21:27; 느 9:1; 단 9:3; 요 1:13; 욘 3:6). 히스기야는 무엇에 대해 회개하는가? 다음 두 가지에 대해서다.

첫째, 히스기야는 여호와를 의지하지 않고 이집트에 도움을 청한 일을 회개한다(cf. 31장). 하나님은 출애굽 시대부터 어떤 일이 있어도 이집트 쪽은 바라보지도 말라고 당부하셨다. 그곳은 바로 주의 백성의 속박과 고통을 상징하는 곳이기 때문이다. 그뿐만 아니라 이스라엘의 지도자들은 결코 말이나 병거를 축적해서는 안 된다고 하셨다. 이스라엘은 믿음의 공동체이기에, 왕들에게 구원은 오직 여호와께 속한 것이라는 믿음을 요구하셨던 것이다. 그런데 히스기야는 이집트의 도움을 기대하며 아시리아에 반역해 위기 상황을 초래했다. 이처럼 그는 여호와의 말씀을 신뢰하지 못하고 이집트의 도움을 받아 문제를 해결하려 한 점에 대해 회개한다. 결국 히스기야의 외교 정책은 아시리아의 진노를

---

3 더 세부적으로 살펴보면 다음과 같은 평행 구조도 지니고 있다.
A. 여호와께서 아시리아 군에게 응답하심(1-4절)
a. 히스기야가 하나님께(1-2절)
b. 두려움: 부끄러운 날이 왔다(3절)
c. 하나님, 도와주십시오(4절)
B. 여호와가 응답하심(5-7절)
a′. 하나님이 히스기야에게(5-6a절)
b′. 두려워 말라: 구원의 날이 오리라(6b절)
c′. 하나님이 응답하심(7절)

샀을 뿐만 아니라, 하나님의 분노도 초래했다(Oswalt).

둘째, 히스기야는 세 대신들을 보내 아시리아 사람들과 타협하려 한 일을 회개한다. 평상시에는 여호와를 의지한다고 하면서도 위기에서 하나님을 의지하지 못하고 외교적인 방법으로 문제를 해결하려 한 자신의 불신을 고백하는 것이다. 원리적으로 생각해 보면, 문제는 히스기야의 불신에 있는데 그는 어째서 이 문제를 외교적 협상으로 해결하려 한 것일까? 이런 차원에서 히스기야도 아하스(cf. 7장)와 크게 다를 바가 없다(Blenkinsopp).

VI. 이사야, 히스기야, 예루살렘(36:1-39:8)
1장. 산헤립의 위협과 여호와의 응답(36:1-37:38)
2. 히스기야가 이사야에게 물음(37:1-7)

(2) 히스기야가 도움을 요청함(37:2-4)

[2] 왕궁 맡은 자 엘리아김과 서기관 셉나와 제사장 중 어른들도 굵은 베 옷을 입으니 라 왕이 그들을 아모스의 아들 선지자 이사야에게로 보내매 [3] 그들이 이사야에게 이르되 히스기야의 말씀에 오늘은 환난과 책벌과 능욕의 날이라 아이를 낳으려 하나 해산할 힘이 없음 같도다 [4] 당신의 하나님 여호와께서 랍사게의 말을 들으셨을 것이라 그가 그의 상전 앗수르 왕의 보냄을 받고 살아 계시는 하나님을 훼방하였은즉 당신의 하나님 여호와께서 혹시 그 말로 말미암아 견책하실까 하노라 그런즉 바라건대 당신은 이 남아 있는 자를 위하여 기도하라 하시더이다 하니라

히스기야는 성전으로 가서 하나님 앞에 회개하는 동시에 이사야에게 사람을 보내 하나님의 도움을 청하도록 한다. 그는 자신과 유다의 형편이 얼마나 어렵고 처절한지를 솔직하게 고백한다. 전혀 과장이 아니다. 히스기야는 "오늘은 환난과 책벌과 능욕의 날이라 아이를 낳으려 하나 해산할 힘이 없음 같도다"라고 고백한다(3절; cf. 호 13:13). 하나님 앞에 철저하게 깨어진 히스기야의 모습이 아름답다. 곤경에 처할 때도 우리는 자신에게 어느 정도 능력이 있으니 하나님이 도와주시기만 하면 문제가 해결될 수 있다고 생각한다. 그러나 우리에게는 그 어떠한 능력도 없으며 전적으로 무능하다는 것을 고백할 때 비로소 하나님이 우리를 위해 준비하신 것을 받을 수 있다(Oswalt).

지도자가 이렇게 겸손하게 하나님의 도움을 요청하는데 어찌 하나님이 침묵하시겠는가! 하나님의 도움의 손길이 기대되는 순간이다. 하나님은 인간에게 무엇을 요구하시는가? 특히 믿음의 공동체의 지도자들에게 요구하시는 것은 어떤 것일까? 백성들이 그분의 기적을 바라면서 할 수 있는 것은 어떤 것일까? 저자는 명백한 답을 제시한다. 하나님은 그분만을 신뢰하는 믿음을 요구하실 뿐이다. 히스기야와 아하스의 이야기가 비교되는 것도 바로 이런 차원에서다. 히스기야는 하나님께 겸손하게 도움을 청함으로써 풍전등화(風前燈火)와 같은 상황에서 자신과 유다의 운명을 구한다. 반면에 아하스는 믿음이 없어 별로 심각한 일도 아닌데 떨지 않았던가!

히스기야는 사건의 핵심을 정확히 보는 안목을 지닌 사람이다. 그래서 그는 아시리아의 왕이 자기와 이스라엘을 모욕한 것보다 하나님의 명예를 훼손한 것에 더 마음 아파한다(4절). 아시리아가 무력을 앞세워 살아 계신 하나님을 무능한 우상으로 취급했기 때문에 여호와를 신뢰하는 자로서 마음이 아팠던 것이다. 또한 히스기야는 자신과 백성이 침략자들의 손에서 벗어날 수 있는 유일한 방법은 아시리아에 명예를 훼손당하신 하나님이 명예 회복을 위해 아시리아를 치시는 것임을 잘 알았다(4절). 명예를 훼손당하신 하나님이 이 일에 대해 마음 아파하는 주의 백성과 주님의 명예를 훼손한 자들을 그대로 두지 않으실 것이기 때문이다.

VI. 이사야, 히스기야, 예루살렘(36:1-39:8)
1장. 산헤립의 위협과 여호와의 응답(36:1-37:38)
2. 히스기야가 이사야에게 물음(37:1-7)

(3) 히스기야의 구원(37:5-7)

5 그리하여 히스기야 왕의 신하들이 이사야에게 나아가매 6 이사야가 그들에게 이르
되 너희는 너희 주에게 이렇게 말하라 여호와께서 이같이 말씀하시되 너희가 들은
바 앗수르 왕의 종들이 나를 능욕한 말로 말미암아 두려워하지 말라 7 보라 내가 영
을 그의 속에 두리니 그가 소문을 듣고 그의 고국으로 돌아갈 것이며 또 내가 그를
그의 고국에서 칼에 죽게 하리라 하셨느니라 하니라

왕의 대신들로부터 메시지를 전해 들은 이사야는 하나님의 말씀을 히스기야에게 주었다. 바로 "두려워하지 말라"(אַל־תִּירָא)로 시작하는 구원 신탁(salvation oracle)이었다(6-7절). 이 신탁은 본문에서 성전(聖戰)을 뜻한다(Tucker; cf. 수 11:6). 하나님이 아시리아의 왕이 한 말을 모두 들으셨으므로 자신의 명예를 걸고 그를 상대로 싸우실 것이니 결코 걱정하지 말라는 뜻이다. 아시리아의 망언은 히스기야로 하여금 치욕감을 느끼게 했을 뿐만 아니라 하나님의 자존심에도 큰 손상을 입힐 수 있는 상황을 만들었던 것이다. 그들은 "여호와가 다른 열방의 신들과 다를 게 뭐냐?"라고 떠들어 댔다. 하나님이 제일 싫어하시는 말이다.

하나님은 거룩하신 분으로, 세상의 그 어떤 신들과도 구별된다는 것이 성경의 가르침 아닌가? 그러므로 여호와께서 이 순간에 침묵하신다면 그분의 명예도 훼손되는 것이다. 즉, 이 문제는 조금씩 히스기야의 손을 떠나고 있다. 더 이상 히스기야와 산헤립의 문제가 아니라 하나님과 산헤립의 문제로 확대된 것이다. 그러므로 선지자는 전혀 걱정할 것이 없다며 산헤립의 비참한 종말을 예언했다. "보라 내가 영을 그의 속에 두리니 그가 소문을 듣고 그의 고국으로 돌아갈 것이며 또 내가 그를 그의 고국에서 칼에 죽게 하리라"(7절).

이 말씀은 유다의 어두운 역사가 펼쳐지는 순간에도 여호와께서 역사와 인류의 모든 것을 지휘하고 계심을 드러낸다. 그렇다면 어떠한 문제가 닥쳐와도 이분께 도움을 청하는 것이 당연한 일 아니겠는가! 여기서 "영"(רוח)은 우리가 이해하는 성령과 별로 상관이 없으며, 단순히 한 개인의 감정이나 결정을 좌우할 수 있는 영향력 정도로 해석하는 것이 바람직하다(cf. Smith; 사 19:14; 민 5:14; 호 4:12; 슥 13:2; 딤후 1:7).

이 예언은 이 공략 작전에서 산헤립이 실패할 것을 선언한다. 실제로 산헤립의 원통비문(Cylinder)을 살펴보면, 그가 히스기야를 예루살렘 성에 "새장에 새를 가두듯 가두었다"는 기록은 있지만, 그가 예루살렘에 입성했다는 말은 피한다(ANET). 그 당시 고대 근동 왕들의 역대기는 과장이 매우 심했음을 감안할 때, 산헤립이 결코 예루살렘에 입성하지 못했다는 것이 학자들의 일반적인 해석이다. 이 예언은 38절에서 그대로 성취된다.

VI. 이사야, 히스기야, 예루살렘(36:1-39:8)
1장. 산헤립의 위협과 여호와의 응답(36:1-37:38)

3. 산헤립의 메시지(37:8-13)

8 앗수르 왕이 라기스를 떠났다 함을 듣고 랍사게가 돌아가다가 그 왕을 만나니 립나
를 치고 있더라 9 그 때에 앗수르 왕이 구스 왕 디르하가의 일에 관하여 들은즉 사람
들이 이르기를 그가 나와서 왕과 싸우려 한다 하는지라 이 말을 듣고 사자들을 히스
기야에게 보내며 이르되 10 너희는 유다의 히스기야 왕에게 이같이 말하여 이르기를
너는 네가 신뢰하는 하나님이 예루살렘이 앗수르 왕의 손에 넘어가지 아니하리라 하
는 말에 속지 말라 11 앗수르 왕들이 모든 나라에 어떤 일을 행하였으며 그것을 어떻
게 멸절시켰는지 네가 들었으리니 네가 구원을 받겠느냐 12 나의 조상들이 멸하신 열
방 고산과 하란과 레셉과 및 들라살에 있는 에덴 자손을 그 나라들의 신들이 건졌더
냐 13 하맛 왕과 아르밧 왕과 스발와임 성의 왕과 헤나 왕과 이와 왕이 어디 있느냐
하라 하였더라

하나님이 말씀하신 대로 산헤립이 군대를 이동해야 하는 상황이 벌어졌다. 산헤립이 남쪽에서 구스(에티오피아) 왕이 군대를 이끌고 진군해 온다는 정보를 입수한 것이다. 예루살렘을 포위하고 있는 군대를 빼서 구스 군대를 맞아 싸워야 하지만, 그는 결코 조용히 예루살렘에서 물러서려 하지 않는다. 떠나면서 다시 한번 히스기야와 유다를 위협한다. 그러나 그것이 자신의 죽음을 재촉하게 될 줄 누가 알았겠는가!

산헤립은 구스 왕 디르하가가 대군을 이끌고 몰려온다는 소식을 듣고(8-9a절) 급히 라기스를 떠나 립나에서 그를 맞이할 준비를 했다. 립나는 라기스에서 약 15킬로미터 북쪽에 위치한 도시였다. 이 전쟁을 끝내면 아마 그는 군대를 다시 예루살렘으로 돌리지 않고 본국으로 이끌고 가야 할 것이다. 산헤립의 입장에서는 결코 가나안 전쟁이 장기화되어서는 안 되는 상황이다. 2년 전에 바빌론의 므로닥발라단을 제거했지만 언제 다시 바빌론이 군대를 일으켜 서쪽으로 진군해 올지 모르기 때문이다. 그러므로 그가 가나안 지역에 머무르는 시간이 길어질수록 정국은 불안해질 수밖에 없다. 그가 예루살렘으로부터 군대를 이동시킨 것은 이러한 점들을 고려해서였을 것이다.

그는 예루살렘 지역에서 군대를 빼내면서 히스기야에게 편지를 보내 다시 한번 망언을 했다(10-13절). 이는 이미 선포했던 말이다. "감히 그 어느 신이 이 나라를 아시리아의 왕의 손에서 구해낼 수 있겠느냐?" 이미 아시리아 왕의 손에 멸망당한 나라들의 신들이 증거하는 바를 생각해 보라는 것이다.

그가 히스기야에게 하는 말의 의미는 여호와께 속지 말라는 것이다. 그는 여호와 하나님을 사기꾼 취급한다. 히스기야는 과연 이 문제를 어떻게 해결할 것인가? 열왕기 기자는 히스기야의 믿음이 유다 역사상 전무후무(前無後無)하다고 했는데, 이러한 믿음을 소유한 히스기야는 이 문제를 과연 어떻게 해결할 것인가?

4. 히스기야의 기도(37:14-20)

14 히스기야가 그 사자들의 손에서 글을 받아 보고 여호와의 전에 올라가서 그 글을
여호와 앞에 펴 놓고 15 여호와께 기도하여 이르되

16 그룹 사이에 계신 이스라엘 하나님 만군의 여호와여
주는 천하 만국에 유일하신 하나님이시라
주께서 천지를 만드셨나이다
17 여호와여 귀를 기울여 들으시옵소서
여호와여 눈을 뜨고 보시옵소서
산헤립이 사람을 보내어
살아 계시는 하나님을 훼방한 모든 말을 들으시옵소서
18 여호와여 앗수르 왕들이
과연 열국과 그들의 땅을 황폐하게 하였고
19 그들의 신들을 불에 던졌사오나
그들은 신이 아니라
사람의 손으로 만든 것일 뿐이요
나무와 돌이라
그러므로 멸망을 당하였나이다
20 우리 하나님 여호와여
이제 우리를 그의 손에서 구원하사
천하 만국이 주만이 여호와이신 줄을 알게 하옵소서 하니라

히스기야는 자신의 기도를 통해 왜 성경 저자들이 그의 신앙을 극찬했는지 잘 보여 준다. 그는 무엇보다 자신과 하나님 사이에 존재하는 한계선을 분명히 인식하고, 이러한 상황에서도 산헤립 문제가 자신의 손을 떠난 것임을 깨닫고 인정하는 영적인 안목을 가졌다. 본문의 구조는

다음과 같다.

서론(14-15절)
A. 당신만이 하나님이십니다(16절)
B. 온 땅의 열방(16절)
C. 하나님께 간청(17a절)
D. 살아 계신 하나님(17b절)
D'. 인간의 작품(18-19절)
C'. 하나님께 간청(20a절)
B'. 온 땅의 열방(20b절)
A'. 당신만이 하나님이십니다(20c절)

히스기야는 산헤립의 편지를 받아드는 순간 속으로 쾌재를 불렀을 것이다. '이제 됐다!' 산헤립이 하나님께 어떤 망언을 했는지 증명할 수 있는 물증을 입수했으니 이제 일은 끝났다고 생각했을 것이다. 히스기야 같은 믿음을 가진 사람이라면 충분히 그럴 수 있다(cf. Childs). 그는 흥분되어 떨리는 손으로 편지를 들고 성전을 향했다. 그러고는 보란 듯이 편지를 펼쳐 놓고 여호와께 기도하기 시작했다. 하나님의 명예가 훼손되었으니, 이 문제는 더 이상 자신과 산헤립의 문제가 아니라 하나님과 산헤립의 문제라는 사실을 직감했던 것이다. 그는 어떻게 해서든 이스라엘의 하나님 여호와와 그분의 명예를 훼손한 아시리아 왕 산헤립 사이에 싸움을 붙이려 한다!(Motyer)

이것이 바로 성경 저자들이 높게 평가하는 히스기야의 믿음의 본질이다. 그는 어디까지가 자신이 염려해야 할 영역이고 어디서부터가 하나님께 속한 것인가를 확실히 알고 행동했던 사람이다. 즉, 자신의 한계와 능력을 인식하고 하나님을 신뢰하는 것이 바로 진정한 믿음이요 하나님이 귀하게 여기시는 믿음이다.

히스기야의 기도는 아주 매끄러운 흐름을 타고 전개된다. 그는 먼저 이 세상에 그 누구도 여호와와 같은 분은 없으며 그분만이 세상을 창조하고 통치하기에 합당하신 분이라고 찬양한다(16절). 이렇게 하나님에 대한 진리를 천명한 다음, 이러한 사실을 위협하는 일이 생겼음을 탄원한다. 산헤립이 망언을 했다는 것이다(17절). 연후에 아시리아 왕이 이렇게 말할 만한 동기를 가지고 있었음을 상기시킴으로써 하나님의 자존심을 살짝 자극한다(18절).

히스기야는 "그러나 나는 여호와를 바라고 신뢰할 뿐"이라는 사실을 확인한다. 열방의 신들은 신이 아니기 때문(viz., 여호와 같지 않다는 뜻)이라고 선언한다(19절). 그래서 그는 이렇게 여호와께 간구한다. "주님, 주님은 열방의 신들과 전혀 다르십니다. 그 다른 점을 아시리아의 왕과 온 열방에 보여 주십시오."

어떻게? 당신의 백성인 우리를 구원하심으로써!(20절) 그는 결코 하나님께 "살려 주십시오!"라고 외치는 것이 아니라, "당신의 훼손된 명예를 회복하소서. 그리고 그 과정에서 우리를 살짝 구원하소서"라고 기도하는 것이다. 얼마나 멋진 기도인가! 하나님은 이날 도저히 히스기야의 기도에 응답하지 않을 수 없는 상황에 처하셨을 것이다!

VI. 이사야, 히스기야, 예루살렘(36:1-39:8)
1장. 산헤립의 위협과 여호와의 응답(36:1-37:38)

5. 하나님의 구속(37:21-38)

21 아모스의 아들 이사야가 사람을 보내어 히스기야에게 이르되 이스라엘의 하나님
여호와께서 말씀하시되 네가 앗수르의 산헤립 왕의 일로 내게 기도하였도다 하시고
22 여호와께서 그에 대하여 이같이 이르시되

처녀 딸 시온이 너를 멸시하며 조소하였고
딸 예루살렘이 너를 향하여 머리를 흔들었느니라

23 네가 훼방하며 능욕한 것은 누구에게냐
네가 소리를 높이며 눈을 높이 들어 향한 것은 누구에게냐
곧 이스라엘의 거룩하신 이에게니라
24 네가 네 종을 통해서 내 주를 훼방하여 이르기를
내가 나의 허다한 병거를 거느리고
산들의 꼭대기에 올라가며 레바논의 깊은 곳에 이르렀으니
높은 백향목과 아름다운 향나무를 베고
또 그 제일 높은 곳에 들어가 살진 땅의 수풀에 이를 것이며
25 내가 우물을 파서 물을 마셨으니
내 발바닥으로 애굽의 모든 하수를 말리리라 하였도다
26 네가 어찌하여 듣지 못하였느냐
이 일들은 내가 태초부터 행한 바요
상고부터 정한 바로서 이제 내가 이루어
네가 견고한 성읍들을 헐어 돌무더기가 되게 하였노라
27 그러므로 그 주민들이 힘이 약하여 놀라며
수치를 당하여 들의 풀 같이, 푸른 나물 같이,
지붕의 풀 같이, 자라지 못한 곡초 같이 되었느니라
28 네 거처와 네 출입과
네가 나를 거슬러 분노함을 내가 아노라
29 네가 나를 거슬러 분노함과
네 오만함이 내 귀에 들렸으므로
내가 갈고리로 네 코를 꿰며 재갈을 네 입에 물려
너를 오던 길로 돌아가게 하리라 하셨나이다
30 왕이여 이것이 왕에게 징조가 되리니 올해는 스스로 난 것을 먹을 것이요 둘째 해
에는 또 거기에서 난 것을 먹을 것이요 셋째 해에는 심고 거두며 포도나무를 심고 그
열매를 먹을 것이니이다 31 유다 족속 중에 피하여 남은 자는 다시 아래로 뿌리를 박
고 위로 열매를 맺으리니

32 이는 남은 자가 예루살렘에서 나오며
피하는 자가 시온 산에서 나올 것임이라
만군의 여호와의 열심이 이를 이루시리이다
33 그러므로 여호와께서 앗수르 왕에 대하여 이같이 이르시되
그가 이 성에 이르지 못하며
화살 하나도 이리로 쏘지 못하며
방패를 가지고 성에 가까이 오지도 못하며
흉벽을 쌓고 치지도 못할 것이요
34 그가 오던 길 곧 그 길로 돌아가고
이 성에 이르지 못하리라 나 여호와의 말이니라
35 대저 내가 나를 위하며 내 종 다윗을 위하여
이 성을 보호하며 구원하리라

하셨나이다 하니라 36 여호와의 사자가 나가서 앗수르 진중에서 십팔만 오천인을 쳤
으므로 아침에 일찍이 일어나 본즉 시체뿐이라 37 이에 앗수르의 산헤립 왕이 떠나
돌아가서 니느웨에 거주하더니 38 자기 신 니스록의 신전에서 경배할 때에 그의 아들
아드람멜렉과 사레셀이 그를 칼로 죽이고 아라랏 땅으로 도망하였으므로 그의 아들
에살핫돈이 이어 왕이 되니라

히스기야의 기도를 들으신 하나님이 선지자 이사야를 통해 말씀을 주셨다. 아시리아의 왕 산헤립은 하나님이 적절한 방법으로 제거하실 것이니 걱정하지 말라는 내용이었다. 실제로 하나님은 산헤립을 그의 아들들의 손을 통해 제거하신다. 본문의 구조는 다음과 같다. 비록 텍스트의 양은 상당히 많지만, 이미 선포된 메시지를 반복하고 있는 까닭에 한꺼번에 간략하게 주해하고자 한다.

A. 이사야를 통한 하나님의 메시지(37:21-22a)
 B. 하나님의 산헤립 협박(37:22b-29)

C. 여호와의 시온 방어(37:30-35)

B'. 산헤립이 시온에서 떠남(37:36-37)

A'. 산헤립의 죽음(37:38)

선지자는 먼저 산헤립의 방종과 교만을 지적한다(22-25절). 이는 기고만장해서 눈에 보이는 것이 없는 산헤립의 마음을 분명하게 보여 준다. 그러나 선지자는 산헤립에게 현실을 직시하라고 선언한다. 바로 누가 그에게 자랑하는 권세를 주셨고, 왜 주셨는가를 깨달으라는 것이다. 선지자는 하나님이 태초부터 산헤립을 유다를 치리하는 데 쓰려고 준비해 두셨다고 말한다(26절). 그런데 산헤립은 그것도 모르고 스스로 잘난 체한다. 그러므로 하나님은 그의 교만을 꺾으실 것이다(27-29절). 선지자는 산헤립이 얼마나 치욕스런 일을 당할지 적나라하게 묘사한다. 갈고리에 입이 꿰듯, 본인의 의지와 상관없이 하나님이 끄시는 대로 따라가는 처량한 신세가 되어 본국으로 돌아갈 것이다(29절).

이사야는 이 일이 하나님이 선언하신 대로 일어날 것이라는 확신의 징표를 준다(30절). 유다는 결코 끌려가지 않을 것이며, 해마다 이 땅의 소산을 먹을 것이고, 이러한 일이 일어나면 여호와께서 진실을 선언하셨음을 그들이 알게 될 것이라는 징표였다. 마치 나무의 뿌리가 완전히 뽑힌 처지가 되어 버린 유다가 다시 이 땅에 심겨져 뿌리를 내리고 열매를 맺을 것이다(31절). 여호와의 열심이 반드시 유다와 예루살렘을 보호하실 것이다(32절).

하나님이 시온을 보호하신다면 감히 누가 들어오겠는가! 그러므로 선지자는 단언한다. 산헤립은 결코 예루살렘에 입성하지 못할 것이다(33절). 앞에서 언급한 것처럼, 고고학적인 증거가 이러한 성경의 선언을 뒷받침한다. 산헤립은 예루살렘에 입성하지 못했다.

하나님은 왜 예루살렘과 히스기야를 구원하셨는가? 선지자는 히스기야가 기도한 대로, 첫째 하나님이 자신의 명예를 위해, 둘째 다윗을 위해 그들을 구원하실 것을 선언한다(35절). 다윗은 이미 죽은 지 오래지만, 아직도 이렇게 영향력을 미친다. 아하스 시대에 구원을 베푸신 것이 다윗과의 언약 때문이었던 것처럼, 이번에도 다윗 때문에 구원을 베푸신다는 하나님의 말씀이 우리에게 시사하는 바는 무엇인가? 다윗 한 사람과 하신 약속을 이렇게 많은 세월이 흘러도 잊지 않고 기억하시는 하나님의 은혜가 참으로 놀라울 뿐이다. 우리도 각자 하나님께 받은 약속이 있을 것이다. 이 약속들 중 몇 가지는 생전에 이루어지지 않을 수도 있다. 그러나 비록 우리가 이 세상에 없을지라도, 적절한 때가 되면 하나님은 그 약속들을 반드시 이루실 것이다.

산헤립은 과연 어떤 종말을 맞았을까? 선지자는 아주 짧게 그 후의 일을 기록한다. 선지자가 하나님의 말씀을 선포한 후 "여호와의 사자"(מַלְאַךְ יְהוָה)가 나아가 아시리아의 진중을 쳤다. 정확히 무엇을 의미하는지는 확실하지 않다. 급히 퍼지는 전염병일 수도 있고 전쟁일 수도 있다. 주전 5세기에 활동했던 그리스 역사가 헤로도투스(Herodotus)는 산헤립의 군대가 이집트의 델타 지역에 있던 펠루시움(Pelusium)에서 쥐떼의 습격을 받았다고 기록한다. 한 가지 확실한 것은 18만 5,000명에 달하는 많은 아시리아 사람이 죽었다는 사실이다(36절). 산헤립은 어쩔 수 없이 그곳을 떠나 니느웨로 돌아갔다. 그런데 그가 자신의 신 니스록의 신전에서 경배할 때 그의 아들 아드람멜렉과 사레셀이 그를 칼로 죽이고 도망하는 일이 발생했다. 그리고 에살핫돈이 그의 뒤를 이어 왕이 되었다(38절).

고대 근동 자료에 따르면, 산헤립은 예루살렘을 공략한 이후로도 20년을 더 통치했다. 그러나 다시는 가나안 지역으로 진군하지 않았다. 아마도 이때 몹시 혼이 났기 때문이었을 것이다. 선지자는 앞으로 상당한 시간이 흐른 뒤에 일어날 일을 여기서 언급한다. 이 사건에 일종의 결말을 주기 위함이다. 니스록, 사레셀, 아드람멜렉은 성경에서만 발견되는 이름이다. 그러나 바빌론 왕들의 역대기는 산헤립이 살해당했고 에살핫돈이 그 뒤를 이었다고 기록하고 있다.

한 가지 흥미로운 것은 선지자가 산헤립의 종말에 많은 공간을 할애하지 않는다는 점이다. 오늘날의 기준과 분위기로 볼 때, 우리에게 이러한 일이 생겼다면 매우 자세하고 극적으로 상황을 묘사하여 하나님을 찬양하고 성도들을 권면하는 간증을 전개해 나갔을 것이다. 그런데 선지자는 왜 이렇게 간단히 그의 죽음에 대해 요약하는 것일까?

선지자는 참으로 당연한 일이 일어난 것에 대해 뭐 그리 특별할 게 있느냐는 자세를 취한다. "하나님이 선포하신 것이 그대로 일어나는 것이 뭐가 새로운가?" 즉, 하나님의 예언이 성취되는 것은 지극히 당연하기 때문에 더 이상의 말이 필요 없다는 것이다. 그저 말만 많고 말초신경을 자극하는 간증이 최고인 줄 아는 우리에게 선지자의 이러한 입장 표명은 신선한 도전이 되어야 할 것이다.

서론에서 언급한 것처럼, 이 사건의 요지는 "하나님께 망언한 자는 세상 어디를 가도 결코 안전하지 못할 것"이라는 신학적인 경고를 발하는 데 있다. 산헤립을 생각해 보라. 그가 죽임을 당했을 때, 그는 자신이 섬기는 신의 신전에서 예배하고 있었다. 하나님을 모욕한 자들이 숨을 곳은 세상 어디에도 없다. 심지어 산헤립의 신은 자신의 신전에서조차 경배자 산헤립을 여호와의 손으로부터 구원하지 못했다. 이게 바로 여호와와 다른 신들의 차이점이다. 하나님의 진노를 산 자를 위한 도피성이나, 하나님이 들어가실 수 없는 이방 신들의 '거룩한 지역'은 존재하지 않는다.

2장. 히스기야의 병(38:1-22)

"그때"(בַּיָּמִים הָהֵם, 38:1)에 히스기야가 앓아눕는 일이 생겼다. 서론에서 언급한 것처럼, 히스기야가 앓아누운 사건은 늦어도 주전 704/3년에 있었던 일이다. 시대적으로 36-37장 사건보다 일찍 있었던 일인 것이다. 그래서 선지자는 "그때/그 무렵"이라는 애매한 말을 사용해 시대적인 순서와 연관되어 제시될 수 있는 문제들을 무마한다(cf. Oswalt; Motyer; Tucker). 그는 36-37장의 사건이 있은 후 38장의 일이 있었던 것처럼 읽히기를 원하는 것이다.

그렇다면 저자는 왜 사건의 시간적 순서를 바꾸었을까? 첫 번째 이유는 앞에서 언급한 것처럼 극적인 위기감을 조성하기 위해서다. 두 번째 이유는 하나님께 망언하여 자신의 신전에서도 안전하지 못했던 아시리아 왕 산헤립(36-37장)과 죽을 위기를 맞이했어도 믿음으로 살게 된 유다 왕 히스기야를 대조하기 위해서일 것이다(Blenkinsopp; Smith). 히스기야가 앓아누웠던 사건을 기술하는 본 텍스트와 산헤립의 몰락을 기술하는 37:9-32의 구조는 다음과 같은 유사성을 지닌다.

	산헤립의 침몰	히스기야의 병
서론	37:9a	38:1a
히스기야에게 온 사자	37:9b-13	38:1b
히스기야의 반응	37:14	38:2
히스기야의 기도	37:15-20	38:3
기도의 응답	37:21-29	38:4-6
표적을 주심	37:30-32	38:7-8, 22

본 텍스트는 다음과 같이 구분될 수 있다.

A. 히스기야의 슬픔(38:1-3)
B. 하나님의 구속(38:4-8)
A'. 히스기야의 찬양(38:9-22)

1. 히스기야의 슬픔(38:1-3)

1 그 때에 히스기야가 병들어 죽게 되니 아모스의 아들 선지자 이사야가 나아가 그
에게 이르되 여호와께서 이같이 말씀하시기를 너는 네 집에 유언하라 네가 죽고 살
지 못하리라 하셨나이다 하니 2 히스기야가 얼굴을 벽으로 향하고 여호와께 기도하여
3 이르되 여호와여 구하오니 내가 주 앞에서 진실과 전심으로 행하며 주의 목전에서
선하게 행한 것을 기억하옵소서 하고 히스기야가 심히 통곡하니

저자는 히스기야가 마치 산헤립의 침략으로 커다란 스트레스를 받아 몸져누운 것처럼 이야기를 시작한다. 문제는 히스기야가 어느 정도 아픈 것이 아니라 죽도록 아팠다는 데 있다. 히스기야가 앓는 동안 선지자에게 하나님의 말씀이 임했다. 왕은 결코 회복될 수 없으니 죽음을 준비하도록 권고하라는 내용이었다. 그래서 선지자는 히스기야를 찾아가 그야말로 '사형 선고'를 전했다.

이때 히스기야의 나이는 얼마나 되었을까? 정확히 알 수는 없지만, 아직 그의 대를 이어 왕이 될 므낫세가 태어나지 않은 것은 확실하다. 한 학자는 이때 그의 나이를 39세라고 한다(Oswalt). 구약은 사람이 장수하는 것도 하나님의 축복이라고 하는데, 나름 열심히 그리고 신실하게 살아온 사람이 39세에 죽음을 맞이한다는 것은 받아들이기 쉽지 않다. 물론 히스기야도 쉽게 받아들였을 리 없다. 세상에 누가 자신의 죽음을 쉽게 받아들일 수 있겠는가?

선지자로부터 죽음을 선고받은 히스기야는 참으로 슬펐다. 그래서 그는 벽을 향해 누워 울며 기도했다. "하나님 제가 주님 앞에서 진실로, 전심으로 행하며 선하게 행한 것을 기억해 주십시오. 살고 싶습니다"(3절). 히스기야는 하나님이 자신의 신앙적 노력과 업적을 기억해 주시기를 바란다. 구약의 기도에서 진실(בֶּאֱמֶת)과 전심(בְּלֵב שָׁלֵם)은 하나님 앞에서의 순결한 삶을 상징한다(Wildberger). 또한 구약 성경에서 "기억하다"(זכר)가 하나님과 연관되어 사용될 때는 은혜를 바라는 것이며, 하나님이 사람을 기억하시면 항상 은혜가 뒤따른다. 히스기야는 하나님의 구원을 구하는 것이다. 다음 섹션에서 관찰하겠지만, 이 순간 히스기야가 죽으면 유다의 운명도 막을 내리게 된다. 무슨 일이 있어도 히스기야는 살아야 한다. 일단 그가 살려는 의지가 강한 사람이었기에 소망이 있다.

히스기야는 떳떳하게 하나님께 말할 수 있었다. "제가 진실과 전심으로 하나님을 섬겨왔다는 것을 그 누구보다 하나님이 잘 아시지 않습니까?" 환난이 임하면 우리는 하나님께 어떤 말을 할 수 있을까? 우리도 히스기야처럼 말할 수 있을까? 우리는 히스기야의 믿음에 삶에 대한 열심과 진실이 동반했음을 기억해야 할 것이다.

VI. 이사야, 히스기야, 예루살렘(36:1-39:8)
2장. 히스기야의 병(38:1-22)

2. 하나님의 구속(38:4-8)

4 이에 여호와의 말씀이 이사야에게 임하여 이르시되 5 너는 가서 히스기야에게 이르
기를 네 조상 다윗의 하나님 여호와께서 이같이 말씀하시기를 내가 네 기도를 들었
고 네 눈물을 보았노라 내가 네 수한에 십오 년을 더하고 6 너와 이 성을 앗수르 왕의
손에서 건져내겠고 내가 또 이 성을 보호하리라 7 이는 여호와께로 말미암는 너를 위
한 징조이니 곧 여호와께서 하신 말씀을 그가 이루신다는 증거이니라 8 보라 아하스

의 해시계에 나아갔던 해 그림자를 뒤로 십 도를 물러가게 하리라 하셨다 하라 하시더니 이에 해시계에 나아갔던 해의 그림자가 십 도를 물러가니라

통곡하는 히스기야에게 이사야를 통해 두 번째 말씀이 임했다. 죽지 않을 것이라는 선언이었다. 그뿐만 아니라 아시리아 왕의 손에서 예루살렘을 구원하시겠다는 '부록'까지 추가된 선언이었다. 히스기야는 눈물어린 기도의 응답으로 15년 동안 생명을 연장받는다(5절). "내가 너의 기도를 들었다"라는 말씀이 시사하는 바는 크다. 하나님은 우리의 연약함을 그 누구보다 잘 아시고, 우리의 통곡과 마음의 신음 소리까지도 듣는 분이다. 그러므로 어떠한 역경에서도 좌절할 필요가 없다. 심지어 기도도 할 수 없고 눈물만 하염없이 볼을 적실 때도, 하나님은 우리의 고통과 쓰라린 심정을 헤아리시는 분이다.

그런데 왜 굳이 15년일까? 간단히 "너는 죽지 않을 것이다"라고 선언하면 될 텐데 말이다. 선지자가 구체적으로 15년을 말한 데는 이유가 있다. 15년은 제한된 시간이다. 즉, 히스기야가 이 말을 듣는 순간부터 15년이란 시간은 줄어들기 시작하는 것이며, 이 15년이 지나면 그는 죽어야 한다. 이러한 히스기야의 운명은 유다의 운명과도 같다. 히스기야와 유다의 운명이 하나로 묶여 있는 것이다(Seitz). 따라서 히스기야가 죽는다면 유다도 막을 내려야 한다.

아모스가 처음 글을 남긴 선지자로 활약하던 주전 760년대부터 선지자들은 하나같이 이스라엘과 유다가 돌이킬 수 없는 심판의 길로 치닫고 있음을 선언해 왔다. 이러한 상황에서 사실 유다는 이번 사건(산헤립의 침략)을 통해 막을 내려야 했다. 그러나 하나님이 히스기야의 기도를 들으시고 그의 생명을 연장해 주신 것처럼 유다의 생명도 연장해 주신 것이다. 물론 이것은 시한부 인생이다. 히스기야가 15년을 연장받은 것처럼, 유다도 제한된 시간만큼만 국가로 존재할 수 있는 것이다.

유다에 임할 심판이 제한된 시간 안에서 지연되는 것은 이적으로 주시는 해시계의 변화에서도 볼 수 있다. 해시계의 그림자가 잠깐은 되돌아갔지만, 그 순간부터 해는 다시 서쪽을 향해 움직인다. 이 제한된 시간이 지나면 유다는 하나님의 심판을 받아야 한다. 이 점을 강조하기 위해 하나님은 구체적으로 제한된 범위 안에서 히스기야의 생명을 연장해 주신 것이다.

저자는 또한 아하스 이야기와 연관시키기 위해 하나님을 "다윗의 하나님 여호와"(יְהוָה אֱלֹהֵי דָּוִד, 5절)로 기술한다. 그는 아하스에게 하나님을 전하면서 꾸준히 "다윗의 집안"(בֵּית דָּוִד)이란 용어를 사용했다. 아하스를 위기에서 구한 것은 하나님이 그를 귀하게 여기셨기 때문이 아니라, 다윗과의 언약 때문이었음을 암시하는 표현이다. 본문에서 다시 한번 다윗이 언급되는 것은, 유다가 이 순간 멸망하지 않은 이유도 다윗 때문임을 암시한다. 다윗과의 언약 때문에 끊임없이 은혜를 베푸시는 하나님을 보면 어떤 생각이 드는가? 우리는 잊을지라도, 하나님은 결코 우리에게 약속하신 축복을 잊지 않으시는 분이다. 심지어 우리가 죽은 후에라도 잊지 않으신다.

하나님은 아시리아 왕의 손에서 예루살렘도 건져내겠다고 약속하신다(6절). 히스기야는 자신의 목숨을 위해 기도했는데, 하나님은 놀랍게도 '부록'을 곁들여 주신다. 이미 언급한 것처럼, 예루살렘의 운명과 히스기야의 운명은 하나로 묶여 있다. 하나가 죽으면 다른 하나도 자연적으로 죽고, 하나가 살면 다른 하나도 산다. 히스기야가 시한부 인생으로 생명을 연장받은 것처럼, 예루살렘에 대한 심판도 당분간 보류될 것이다.

하나님은 모든 일이 자신이 선언한 대로 이루어질 것을 확신하는 징표로 해시계의 그림자를 10도 돌리는 기적을 주셨다(7-8절). "해시계"(מַעֲלָה)의 원래 뜻은 계단이며, 계단을 덮는 그림자의 위치를 보고 시간을 측정했던 것으로 생각된다. 1도는 한 시간을 상징한다 하여 열 시간 분량의 그림자가 되돌아갔다고 주장하는 사람들도 있지만(cf. Smith), 그

당시 해시계가 어떻게 생겼는지 아직까지 알려지지 않았기 때문에 10도가 어느 정도의 시간을 의미하는지는 정확하지 않다. 또한 이 현상은 주전 700년 8월 6일 현지 시각 오후 5:30에 시작해 해질 때까지 가나안 지역에 임했던 일식(solar eclipse)이라고 주장하는 학자도 있다(Barker). 그러나 이 사건은 주전 700년이 아니라 늦어도 704년 정도에 일어나야 한다. 그래서 학자들은 이 기적을 주전 700년에 일어난 자연적인 현상으로 설명하는 것을 거부한다(cf. Clements). 한 가지 확실한 것은 그림자가 되돌아가는 기적이 실현되고 있다는 사실이다. 물론 해가 오던 길을 되돌아간다는 개념을 과학적으로 설명하는 것은 불가능한 일이다. 이 이야기는 성경의 여러 다른 이야기처럼 기적으로 받아들여져야 한다.

우리가 깨달아야 할 중요한 포인트는 이 해시계가 아하스 왕과 연관되어 있다는 점이다. 이사야서의 구조에서 아하스 내러티브(7장)와 히스기야 내러티브(36-39장)는 매우 중요한 역할을 한다. 히스기야는 메시아를 방불케 할 정도로 믿음이 좋고 하나님을 경외하는 이상적인 왕으로, 반면에 아하스는 이사야가 상상할 수 있는 가장 세속적인 왕의 상징으로 묘사된다. 이곳에서 아하스의 시계가 되돌아간다는 것은 아하스처럼 하나님을 경외하지 않았던 왕들과 유다의 지도자들이 범한 죄 때문에 유다에 임박했던 심판을 히스기야와 같은 참신한 왕의 노력과 기도가 잠시나마 보류하는 역할을 했음을 강조하는 것 같다.

히스기야 이야기는 우리에게 큰 교훈을 준다. 일부 개혁주의 진영에서는 기도의 의미와 효력을 하나님의 뜻을 분별하는 것으로 규정한다. 그러나 그렇게 결론짓는 데는 상당히 무리가 있다는 것이 본문의 입장인 듯하다. 사실 기도가 예정된 하나님의 뜻을 밝히는 것으로만 제한된다면, 대부분 사람은 기도할 의욕을 잃을 것이다. 히스기야는 기도를 통해 하나님이 계획을 '수정'하시는 역사를 이루어 냈다. 이것이 진정한 기도의 힘 아니겠는가! 기도는 우리가 알고 있는, 그리고 가지고 있는 하나님의 마음을 움직일 수 있는 유일한 도구다.

VI. 이사야, 히스기야, 예루살렘(36:1–39:8)
2장. 히스기야의 병(38:1–22)

3. 히스기야의 찬양(38:9-22)

9 유다 왕 히스기야가 병들었다가 그의 병이 나은 때에 기록한 글이 이러하니라

10 내가 말하기를
나의 중년에 스올의 문에 들어가고
나의 여생을 빼앗기게 되리라 하였도다
11 내가 또 말하기를
내가 다시는 여호와를 뵈옵지 못하리니
산 자의 땅에서 다시는 여호와를 뵈옵지 못하겠고
내가 세상의 거민 중에서 한 사람도 다시는 보지 못하리라 하였도다
12 나의 거처는 목자의 장막을 걷음 같이 나를 떠나 옮겨졌고
직공이 베를 걷어 말음 같이 내가 내 생명을 말았도다
주께서 나를 틀에서 끊으시리니
조석간에 나를 끝내시리라
13 내가 아침까지 견디었사오나
주께서 사자 같이 나의 모든 뼈를 꺾으시오니
조석간에 나를 끝내시리라
14 나는 제비 같이, 학 같이 지저귀며 비둘기 같이 슬피 울며
내 눈이 쇠하도록 앙망하나이다
여호와여 내가 압제를 받사오니
나의 중보가 되옵소서
15 주께서 내게 말씀하시고
또 친히 이루셨사오니
내가 무슨 말씀을 하오리이까
내 영혼의 고통으로 말미암아
내가 종신토록 방황하리이다

16 주여 사람이 사는 것이 이에 있고
내 심령의 생명도 온전히 거기에 있사오니
원하건대 나를 치료하시며
나를 살려 주옵소서
17 보옵소서 내게 큰 고통을 더하신 것은
내게 평안을 주려 하심이라
주께서 내 영혼을 사랑하사
멸망의 구덩이에서 건지셨고
내 모든 죄를 주의 등 뒤에 던지셨나이다
18 스올이 주께 감사하지 못하며
사망이 주를 찬양하지 못하며
구덩이에 들어간 자가 주의 신실을 바라지 못하되
19 오직 산 자 곧 산 자는
오늘 내가 하는 것과 같이 주께 감사하며
주의 신실을 아버지가 그의 자녀에게 알게 하리이다
20 여호와께서 나를 구원하시리니
우리가 종신토록 여호와의 전에서
수금으로 나의 노래를 노래하리로다
21 이사야가 이르기를 한 뭉치 무화과를 가져다가 종처에 붙이면 왕이 나으리라 하였
고 22 히스기야도 말하기를 내가 여호와의 전에 올라갈 징조가 무엇이냐 하였더라

수명 연장을 약속받은 히스기야는 가만히 있을 수 없었다. 그는 감격하고 흥분하여 하나님께 노래를 지어 찬송했다. 내용을 살펴보면 자신이 얼마나 죽음에 가까이 다가갔는지 그리고 하나님이 어떻게 그를 극적으로 구원하셨는지 묘사한다. 어떤 학자들은 이 노래가 바빌론에 존재하던 유다 공동체가 얼마나 멸망에 가까이 다가갔다가 구사일생으로 회복되었는가를 묘사하는 것으로 해석하기도 한다(Ackroyd). 하나님의

구원을 체험한 백성의 본분은 그분을 끊임없이 찬양하는 것이다.

이사야는 히스기야에게 무화과 으깬 것을 상처에 붙이면 나으리라고 했다. 여기서 우리는 히스기야의 병이 속병이 아니고, 피부에 드러나는 종기 형태를 띠었음을 알 수 있다. 무화과가 의약적인 효과가 있다는 말인가? 꼭 그렇게 생각할 필요는 없다. 이 상황에서 히스기야가 무엇을 바르든 바르지 않든 그의 병은 완쾌될 것이다. 그러므로 이 일은 단순히 히스기야만의 상황에 대한 적절한 징조라고 해석하는 것이 바람직하다.

그런데 이사야의 말을 들은 히스기야가 다시 "징조"(אוֹת)를 구한다(22절). 하나님의 말씀을 믿을 수 없다는 불신의 표현인가? 하나님이 징조를 주신다는데도 아하스가 거부하여 하나님이 일방적으로 징조를 주셨던 점과 히스기야가 이사야서에서 매우 이상적으로 묘사된다는 점을 감안할 때, 히스기야의 이러한 요구는 믿음의 표현으로 해석되어야 한다(Seitz). 이사야서에서는 징조를 많이 구할수록 믿음이 좋은 사람이다.

그렇다면 예수님이 징조(표적)를 구하는 사람들을 보고 탄식하시며 "요나의 징조(표적)"밖에는 보여 줄 것이 없다고 하신 것(마 12:39; 16:4; 눅 11:29-30)은 어떻게 이해해야 하는가? 히스기야와 예수님 당시의 사람들이 징조를 요구한 이유와 근거는 근본적으로 다르다. 예수님 당시의 사람들은 예수님이 메시아이며 하나님의 아들이라는 사실을 믿지 못하겠다며 징조를 구했다. 그들이 징조를 구한 것은 불신에서 비롯된 것이다. 반면에 히스기야가 징조를 구하는 것은 하나님의 무한한 능력에 대한 믿음에서 비롯된 것이다. 그는 하나님이 세상의 그 어떠한 것도 주실 수 있는 능력이 있다는 확신 속에서 징조를 구한다. 그가 이렇듯 확신과 믿음을 가지고 징조를 구했기 때문에, 하나님이 그의 믿음을 귀하게 여기신 것이다.

3장. 바빌론 사절단(39:1-8)

히스기야가 죽음이 임박할 정도로 병을 앓다가 극적으로 회복되었다는 소식을 듣고 바빌론의 왕 므로닥발라단이[4] 축하 사절단을 보냈다. 물론 그가 사절단을 파견한 목적은 다른 데 있었을 것이다. 바빌론에서 온 사절단을 영접하는 히스기야의 행동은 유다의 미래에 매우 부정적인 결과를 초래한다. 이사야서의 전개에 있어서 이 내러티브의 중요성은 유다를 괴롭히며 결국 망하게 하는 이방 국가가 더 이상 아시리아가 아니라 바빌론임을 밝히고 있다는 점이다. 앞으로 40장에서부터 전개될 예언은 모두 바빌론의 압박을 전제하고 선포될 것이다. 본 텍스트는 다음과 같이 구분될 수 있다.

A. 바빌론에서 찾아옴(39:1-2)
　B. 이사야가 히스기야에게 물음(39:3-4)
A'. 바빌론으로 가게 될 것(39:5-8)

1. 바빌론에서 찾아옴(39:1-2)

1 그 때에 발라단의 아들 바벨론 왕 므로닥발라단이 히스기야가 병 들었다가 나았다

---

4 므로닥발라단은 빗야킨(Bit-Yakin) 족에 속한 왕자였으며, 주전 722-710년 사이에 바빌론을 통치한 기록이 남아 있다. 그는 또한 주전 704-703년에 잠시 바빌론을 통치했다고 한다. 그러나 다른 문헌에 의하면 그가 주전 706년에도 바빌론에 의해 쫓겨났다는 기록이 남아 있다(cf. Brinkman; Oswalt; Blenkinsopp).

함을 듣고 히스기야에게 글과 예물을 보낸지라 [2] 히스기야가 사자들로 말미암아 기뻐하여 그들에게 보물 창고 곧 은금과 향료와 보배로운 기름과 모든 무기고에 있는 것을 다 보여 주었으니 히스기야가 궁중의 소유와 전 국내의 소유를 보이지 아니한 것이 없은지라

히스기야가 죽음의 문턱까지 갔다가 기적적으로 건강을 되찾았다는 소식을 듣고 바빌론 왕이 보낸 사절단이 유다를 찾아왔다. 사절단은 약 1,500킬로미터에 달하는 먼 길을 왔다. 오는 데만 상당한 시간이 걸렸을 것이다. 그들은 바빌론 왕이 보낸 친서와 예물을 가지고 왔다. 이미 언급한 대로, 이때는 아무리 늦어도 주전 703년이다. 아시리아 왕 산헤립은 주전 705/706년경에 왕권을 차지한 후 제일 먼저 반역한 바빌론의 므로닥발라단을 제압했다. 그 후 다시 주전 703년에 그를 완전히 바빌론의 왕 자리에서 몰아냈기 때문에 므로닥발라단이 바빌론 왕의 자격으로 사절단을 보낼 수 있는 해는 이때인 것이다.

므로닥발라단은 왜 가나안의 작은 나라의 왕에게 건강 회복을 구실로 축하 사절단을 보낸 것일까? 별로 신비스럽게 생각할 필요는 없다. 바빌론은 지금 절박한 상황에 놓여 있다. 아시리아 왕 산헤립에게 사정없이 당하고 있다. 이러한 상황에서 다시 반역을 계획하는 바빌론으로서는 가나안 지역의 나라들이 아시리아를 상대로 반역해 준다면, 자신들이 꿈꾸는 반역도 그만큼 성공 가능성이 높아질 것이기 때문이다. 그러므로 그는 지금 유다의 환심을 살 필요가 있다. 거기에다 이집트만 합세해 준다면 아시리아의 통치도 물리칠 수 있을 거라고 생각했을 것이다. 실제로 바빌론과 유다는 주전 705-703년 사이에 아시리아를 상대로 반역을 일으켰다(Clements; Sweeney).

바빌론과 같이 큰 나라의 왕이 자신의 병에 관심을 쏟아주는 데 감격한 히스기야는 자신이 소유하던 모든 것을 사절단에게 보여 주었다. 얼마나 많이 보여 주었는지, 저자는 "전 국내의 소유를 보이지 아니한 것이 없은지라"(2절)라고 묘사한다. 이날 히스기야의 교만과 허세가 하늘을 찔렀던 것이다(cf. 대하 32:25). 바빌론 사절단의 모습을 상상해 보라. 교만과 허세로 가득 찬 히스기야는 유다의 보물을 모두 보여 주지만, 바빌론의 한 개 주(州)만도 못한 유다의 보물이 어찌 사절단 눈에 보물로 보이겠는가! 그래도 찾아온 목적을 이루기 위해 히스기야가 보여 주는 시시한 물건들을 보고 놀라는 척하며 그의 비위를 맞춰주어야 했으니, 사절단이 얼마나 힘들었겠는가! 또한 히스기야의 허세가 미래에 대한 불길한 예언을 유발할 줄 누가 알았으랴!

이 사건은 또한 왜 히스기야가 아시리아에 반역하게 되었는가를 부분적으로 설명해 준다. 그의 판단에 따르면, 바빌론은 강대국이다. 이러한 나라가 동쪽에서, 이집트가 중심이 된 세력이 서쪽에서 아시리아를 대적한다면 승산이 있는 싸움이라고 생각했을 것이다. 그러므로 그는 더 이상 아시리아가 존재하지 않는 미래를 상상하며 일종의 '투자'를 한 것이다. 다만 본전도 못 뽑은 투자가 되었을 뿐. 유다는 믿음의 공동체였다. 그들은 어떠한 상황에서도 여호와만을 의지해야 하는 의무가 있었는데, 히스기야와 같은 거룩한 왕도 순간적으로 이 의무를 잊고 있다.

VI. 이사야, 히스기야, 예루살렘(36:1-39:8)
3장. 바빌론 사절단(39:1-8)

2. 이사야가 히스기야에게 물음(39:3-4)

3 이에 선지자 이사야가 히스기야 왕에게 나아와 묻되 그 사람들이 무슨 말을 하였으며 어디서 왕에게 왔나이까 하니 히스기야가 이르되 그들이 원방 곧 바벨론에서 내게 왔나이다 하니라 4 이사야가 이르되 그들이 왕의 궁전에서 무엇을 보았나이까 하니 히스기야가 대답하되 그들이 내 궁전에 있는 것을 다 보았나이다 내 창고에 있는 것으로 보이지 아니한 보물이 하나도 없나이다 하니라

이사야 선지자가 히스기야를 찾았다. 이는 산헤립 사건 때 히스기야가 자청해서 이사야를 찾던 모습과 완전히 대조적이다. 물론 이 사건은 시대적으로 36장 사건보다 먼저 일어났다. 그러나 선지자는 마치 이 사건이 36장 사건 이후에 일어난 것처럼 읽히기를 원한다. 즉, '화장실 가기 전과 갔다 온 후'의 히스기야 모습을 대조하고자 한다. 때로는 우리에게 환난도 유익하다. 환난 자체는 큰 대가와 시련을 요구하지만, 환난을 통해 얻는 순수성과 순결함은 우리로 하여금 다시 하나님만을 의지하도록 하는 힘이 있기 때문이다.

이사야는 히스기야에게 두 가지 질문을 했다. 첫째, "이 사람들이 무슨 말을 했으며, 어디서 온 사람들입니까?"(3절). 사절단에 대해 몰라서 물은 것일까? 아니다. 이사야가 하나님의 계시를 받고 온 상황이라는 점을 감안하면 모두 다 알고 왔던 것이 확실하다. 설령 하나님이 말씀해 주시지 않았다 할지라도, 온 장안이 이미 바빌론에서 온 사절단 이야기로 가득 찼을 테니 모를 리가 없다. 그렇다면 왜 선지자는 이렇게 질문하는 것인가? 사실 선지자의 질문은 하나가 아니라 두 부분으로 구성되어 있다. 첫째, "그들이 무슨 말을 했습니까?"이다. 이는 사절단이 어떤 목적으로 왔는지 선지자가 이미 알고 있음을 암시한다. 그들이 가나안 국가들과 연합해 아시리아를 상대로 반역을 꾀하기 위해 왔다는 것을 눈치챈 것이다. 둘째, "이 사람들은 어디서 온 사람들입니까?" 선지자는 이들이 바빌론에서 왔다는 것도 알고 있다. 그러므로 이 질문은, 히스기야가 그들과 연합할 가치가 있다고 생각하는지 묻는 것이다.

히스기야는 선지자의 두 가지 질문 중 하나에만 답한다. "바빌론에서 왔습니다." 이는 "바빌론과 연합할 가치가 있다고 생각하느냐?"는 선지자의 질문에 그럴 만한 가치가 있다고 답하는 것이다. 그러나 첫 번째 질문(viz., "그들이 무슨 말을 했습니까?")에 대한 답을 회피하여 두 나라가 은밀히 협조해 아시리아를 상대로 반역을 계획하기로 했다는 사실에 대해서는 말하지 않는다.

이어 이사야는 히스기야에게 바빌론 사절단에게 얼마나 보여 주었는지 질문한다. 선지자는 히스기야가 바빌론과 동맹을 맺기로 결정한 상황에서 과연 어느 정도 수준의 동맹을 생각하는지를 묻는 것이다. 히스기야는 "하나도 남김없이 다 보여 주었다"라고 말함으로써, 최고 수준의 동맹을 맺을 것이라는 사실을 드러냈다. 아시리아의 폭력에 시달려 온 그로서는 바빌론의 제안이 숨통을 트여 주는 일이었을 것이다. 강대국 바빌론이 동쪽에서 아시리아를 공격하고, 이집트와 가나안 국가들이 서쪽에서 아시리아를 압박하면, 충분히 승산 있는 싸움이라고 생각했던 것이다. 그러나 문제는 히스기야가 먼저 이스라엘의 왕이신 하나님께 물었어야 한다는 것이다. 그는 선지자를 피해 이런 결정을 내렸고 결국 그렇게 하지 못한 것이 화근으로 남게 된다.

VI. 이사야, 히스기야, 예루살렘(36:1-39:8)
3장. 바빌론 사절단(39:1-8)

3. 바빌론으로 가게 될 것(39:5-8)

**5 이사야가 히스기야에게 이르되 왕은 만군의 여호와의 말씀을 들으소서 6 보라 날이
이르리니 네 집에 있는 모든 소유와 네 조상들이 오늘까지 쌓아 둔 것이 모두 바벨론
으로 옮긴 바 되고 남을 것이 없으리라 여호와의 말이니라 7 또 네게서 태어날 자손
중에서 몇이 사로잡혀 바벨론 왕궁의 환관이 되리라 하셨나이다 하니 8 히스기야가
이사야에게 이르되 당신이 이른 바 여호와의 말씀이 좋소이다 하고 또 이르되 내 생
전에는 평안과 견고함이 있으리로다 하니라**

히스기야의 말을 들은 선지자는 그 자리에서 왕에게 하나님의 말씀을 선포했다. 그는 왕을 찾아오기 전에 이미 선포할 신탁을 받았던 것이다. 지금 히스기야가 바빌론 사절단에게 보여 주었던 모든 것이 훗날

노획물이 되어 바빌론으로 옮겨가게 될 것이라는 예언이었다. 이는 두 가지 의미를 지닌다. 첫째, 오늘은 비록 바빌론이 유다를 동맹군으로 대접해 주지만, 때가 되면 유다는 바빌론의 버림을 받을 것이라는 경고다. 둘째, 오늘의 아군이 내일의 적군이 될 것이라는 경고다. 우리는 이미 이러한 원리를 아하스 이야기에서도 접한 적이 있다. 아하스는 시리아-에브라임 연합군이 침략해 왔을 때 아시리아를 우방국으로 여기고 그들에게 도움을 청했다. 그러나 겨우 30년밖에 안 지나서 아시리아는 유다의 생존을 위협하는 나라로 돌변했다. 옛적부터 세상에 믿을 수 없는 것이 정치인들인가 보다!

일단 바빌론이 아시리아를 상대로 원하는 것을 얻으면, 유다는 더 이상 이용 가치가 없는 나라로 전락한다. 그때 바빌론은 전혀 거리낌 없이 유다를 집어삼키고 유다의 모든 것을 빼앗아갈 것이다(6절). 그뿐만 아니라 선지자는 히스기야의 자손들이 바빌론으로 끌려가 환관이 될 것이라는 경고도 곁들였다(7절). 바빌론의 도움으로 산헤립과 아시리아의 손에서 벗어났다고 생각했던 히스기야에게 이 경고는 유다가 아시리아가 아닌 바빌론의 손에 망할 것이라는 '산 넘어 산' 격의 아주 혹독한 심판 선언이었다.

일부 학자들은 하나님이 히스기야의 행동에 대해 내리신 벌이 정당한가 하는 문제를 이슈화한다. 왕이 교만했기 때문에 이같이 큰 벌을 받는 것이라고 말하는 학자가 있다(Kaiser). 어떤 이는 '보는 것'은 곧 '소유하는 것'을 상징하기 때문에 히스기야가 바빌론 사람들에게 보여준 모든 것이 바빌론으로 실려갈 것이라는 예언을 받은 것이라고 풀이하기도 한다(cf. Childs). 그러나 이러한 이유라기보다는 문맥을 고려해서 해석할 때 다음과 같이 말할 수 있다. 이미 선지자는 하나님이 유다를 치는 데 사용하신 "진노의 막대기" 아시리아가 유다를 위협하기는 하겠지만, 죽이지는 못할 것이라고 하셨다(cf. 8:8). 그렇다면 누가 유다에게 마지막 일격을 가할 것인가? 저자는 바빌론이 될 것이라고 말한다.

하나님의 마지막 "막대기"가 바빌론이 될 것임을 선언하는 것이다.

히스기야의 "당신이 이른 바 여호와의 말씀이 좋소이다. 내 생전에는 평안과 견고함이 있으리로다"(8절)라는 발언은 어떻게 이해해야 하는가? 이사야서에서 히스기야의 역할을 어떻게 보느냐에 따라 학자들의 견해가 다르다. 첫째, 히스기야는 자신의 시대만 평안하면 되고, 미래는 자기 소관이 아니라는 자세를 취하고 있다(Goldingay). 둘째, 히스기야는 자신의 시대만이라도 재앙이 임하지 않도록 간절히 기도하고 있다(cf. Oswalt). 셋째, 히스기야는 이미 하나님이 그에게 약속하신 대로 자신의 시대에는 평안이 있을 것을 감사하고 있다(Sweeney; cf. Seitz). 문맥을 고려할 때 본문에 가장 잘 어울리는 해석은 첫 번째다. 히스기야는 이 순간 선지자의 신탁에 매우 이기적인 반응을 보인다.

그러므로 하나님의 심판도 심각하지만, 더 심각한 문제는 히스기야의 이처럼 이기적인 반응이다(cf. Smith). 선지자의 신탁을 들은 후 히스기야는 마땅히 옷을 찢으며 바빌론과의 동맹 문제로 이스라엘의 왕이신 하나님을 찾지 않은 것과 자신의 오만방자한 태도에 대해 탄식해야 한다. 그런데 그는 지금 뭐라 하는가? "내 시대만 평안하고 견고하면 만사 오케이!" 혹은 요즘 말로 "나만 아니면 돼!"라는 자세를 취하고 있지 않은가! 이것이 히스기야의 한계였다.

1장에서 선지자는 썩어 빠진 유다의 리더들을 보며 독자로 하여금 이런 질문을 던지게 했다. "만일 잘못된 리더들이 나라를 멸망에 이르게 한 것이라면, 훌륭한 리더가 올 경우 유다가 망하지 않을 수도 있는가?" 저자가 제시하는 답은 다음과 같다. "불가능하다. 히스기야는 유다 역사 속에 길이 빛날 매우 이상적인 왕이다. 그러나 히스기야마저도 자신의 욕심이나 챙기는 속물이었다. 그러니 어찌 유다가 화를 면할 수 있겠는가!"

우리가 오늘 이 순간 진실하게 하나님의 뜻대로 살아간다면, 우리 노력의 열매는 누가 누릴까? 우리인가? 부분적으로는 맞는 말이다. 그러나 우리의 신앙의 열매는 다음 세대가 즐기게 된다. 그렇다면 우리가 지금 누리는 축복은 어디서 비롯된 것인가? 바로 신앙의 선배들의 희생과 헌신의 열매들이 아닌가! 만에 하나라도 우리가 잘 했기 때문에, 신앙의 열매를 누리고 있다는 착각은 하지 말자. 신앙생활이란 것은 이러한 연결성이 있다. 오늘 우리가 하나님 앞에 진실하게 살면, 우리가 아닌 다음 세대가 우리 믿음의 열매를 누리게 되는 것이다.

미국의 복음성가 가수 스티브 그린(Steve Green)의 노래에는 이러한 가사가 들어 있다. "우리를 뒤따르는 사람들이 우리가 신실했던 것으로 평가할 수 있기를"(May those who follow us find us faithful). 히스기야는 이런 면에서 철저하게 실패한다. 결국 그의 안일한 사고에 대한 열매를 그의 후손들이 거두어 바빌론으로 끌려가게 된 것이다. 그러므로 선지자는 히스기야가 아주 이상적인 왕이었지만 이미 예정된 하나님의 유다에 대한 심판을 돌이키기에는 역부족이었음을 선언하고 있는 것이다.

Ⅶ. 귀향과 회복

(40:1-31)

40장 이후의 핵심 메시지는 그동안 책의 전반부에서 이스라엘을 징계하셨던 하나님의 강한 손이 이제부터 주의 백성을 회복하시리라는 것이다. 이러한 차원에서 40장 이후로는 1-39장을 통해 선포되었던 심판 예언이 모두 성취되었음을 전제한다. 구체적으로 히스기야 이야기의 마지막 부분(39장)이 시사했던 바빌론을 통한 징계 예언이 이제 역사적 사실이 되어 모두 성취되었음을 전제로 메시지가 선포되는 것이다.

그래서 둠(Duhm) 이후 대부분의 학자는 40장부터 새로운 저자에 의해 저작된 새로운 책이 시작된다고 생각해 이사야서를 1-39, 40-55, 56-66장의 세 권으로 혹은 40-66장을 하나로 묶어 두 권으로 간주했다. 그러나 서론에서 언급한 것처럼, 최근 들어 많은 사람이 1-33, 34-66장의 두 부분으로 구성된 통일성 있는 한 권의 책으로 간주한다(Brownlee; Gileadi; Watts; Harrison).

저자는 책의 전반부를 읽어 가던 독자들로 하여금 여러 가지 질문을 하게 했고, 40장 이후에 이러한 질문들에 하나하나 답해 나간다. 독자들이 선지자의 메시지에 대해 제시할 수 있는 몇 가지 중요한 질문들을 생각해 보자. 이스라엘을 아시리아의 손에서 구원하신 하나님이 어찌

하여 바빌론의 손에서는 구원하지 않으시는가? 여호와가 바빌론의 신 마르둑에게 무릎 꿇었단 말인가? 바빌론에게 자신의 백성을 내어준 여호와는 아직도 이스라엘의 유일한 신인가? 자신의 몫을 감당하지 못해 약속의 땅에서 내쫓긴 이스라엘은 아직도 하나님의 계획의 한 부분에 속해 있는가? 정녕 하나님은 자신의 백성을 구원할 능력이 없으신 것인가? 하나님이 구원할 능력을 지니고 계시다면, 구원할 의지도 갖고 계신가? 이 질문들은 모두 하나님의 성품에 관한 것이라는 공통점을 지니고 있다. 즉, 40장부터는 무엇보다 이스라엘의 하나님 여호와가 어떤 분인가에 초점을 맞추고 있다. 이사야 선지자는 책의 후반부에서 하나님은 우리의 상상을 뛰어넘는 멋진 분이며, 기대를 초월한 놀라운 구원을 자신의 백성에게 베푸실 분이라고 선언한다.

그렇다면 40장에서부터 선포될 구원의 메시지는 과연 어떤 것이며, 이 메시지가 시사하는 놀라움은 어느 정도인가? 한 예를 생각해 보자. 크리스마스 시즌이면 울려 퍼지는 헨델(George F. Handel)의 오라토리오 "메시아"(Mesiah)를 한 번쯤은 들어보았을 것이다. 장장 3시간 동안 진행되는 이 오라토리오는 예수 그리스도의 일생을 묘사하는 걸작이다. 이 대작(大作)의 막을 올리는 첫 테너 영창의 가사가 어떤 성경 구절로 되어 있는가? 바로 이사야 40:1이다. "위로하라! 내 백성을 위로하라!" (Comfort ye! Comfort ye my people!) "메시아"를 작사한 사람이 예수 그리스도가 이 세상에 오신 것을 선지서—특히 이사야서—의 예언과 연관시키는 것도 의미심장하지만, 무엇보다 그가 이사야 40장 이후를 하나님이 메시아를 세상에 보내셔서 온 인류를 위로하고 구원하시는 것으로 이해했다는 점이 더욱 의미심장하다. 앞으로 자주 접하겠지만, 이사야 40장 이후의 메시지는 위로와 회복을 중심으로 선포된다. 선지자는 드디어 여호와께서 직접 우리의 눈물을 닦아 주시고 슬픔을 위로하시고 아픔을 치유해 주실 바로 그 순간이 임박했음을 선언한다.

1-39장은 이스라엘 역사의 한 시대를 배경으로 선포되었다. 특히 주

전 8세기 말의 아하스(7장)－히스기야(36-39장) 통치 시대가 역사적 배경의 기둥을 형성하고 있다. 그렇다면 40장 이후의 메시지도 이 시대를 배경으로 선포되는가? 아니다. 이사야서 후반부는 전반부에서 경고했던 이스라엘과 유다의 멸망이 이미 역사적 사실이 된 상황을 전제로 선포된다. 그러나 40장 이후의 메시지가 예루살렘의 멸망을 전제한다고 해서, 이 예언들을 포로 시대 이후에 기록된 것으로 생각할 필요는 없다. 사람이 미래에 대해 예언할 수 있다고 믿는다면, 40장 이후에 기록된 내용은 주전 8세기에 사역했던 이사야 선지자가 먼 훗날 바빌론 포로생활이 끝나갈 무렵에 주의 백성에게 선포될 것을 기대하며 남겨 둔 예언이라고 할 수 있다.

선지자는 미래에 있을 일에 대한 메시지를 봉인해서 제자들에게 주었다고 하는데(8:16), 이것이 바로 40장 이후에 기록된 메시지라고 할 수 있다. 그렇다면 왜 그는 메시지를 봉인해서 제자들에게 주었을까? 선지자가 살던 시대에 이 메시지들이 선포되었더라도 당시 사람들과 직접적인 관련이 없었기 때문에 별 의미를 갖지 못했을 것이다. 반면에 봉인해서 적절한 때가 이를 때까지 두었다가 꺼내 보면, 이사야의 메시지가 참으로 하나님의 말씀이었다는 사실이 다시 한번 입증되는 효과를 발휘할 수 있다. 또한 봉인해 둔다면 오랫동안 메시지를 보존하기가 훨씬 쉽다. 이런 이유들로 인해 선지자는 40장 이후의 메시지를 정한 때까지 봉인해서 보존하라고 했을 것이다.

그렇다면 선지자가 자신의 메시지가 읽히기를 원한 시대, 곧 이 본문의 역사적 배경은 과연 언제일까? 기록에 따르면, 북왕국은 주전 722년에, 남왕국은 주전 586년에 멸망했다. 그렇다면 이사야서 후반부는 주전 539년 이후에 시작된 이스라엘의 회복을 전제하는가? 꼭 그런 것만은 아니다. 비록 후반부가 바빌론에서의 포로생활이 거의 끝나 가는 것을 기본적인 역사적 틀로 삼고 있지만, 이 구원과 자유의 메시지는 속박과 억압으로 괴로워하는 모든 하나님의 백성에게 시대와 장소를 초월해(timeless) 자유와 위로의 메시지를 선포한다.

저자는 자신의 메시지가 이렇게 받아들여지고 적용될 수 있도록 역사적인 배경을 그려줄 만한 모든 힌트를 제거해 버렸다. 40-66장에서 역사적 정보라고 할 수 있는 것은 페르시아 왕 고레스에 대한 언급뿐이다(44:28; 45:1). 그러나 이마저도 일부 학자들은 원래 이사야가 메시지를 선포했을 때는 없던 이름을 훗날 다른 사람이 삽입한 것이라고 주장한다(cf. 44:28 주해). 즉, 이사야서 후반부는 영원토록 유효한 구원과 자유의 메시지를 선포하는 것이다. 이 섹션은 다음과 같이 두 부분으로 구분될 수 있다. (1) 하나님의 큰 길(40:1-11), (2) 회복 보장(40:12-31).

1장. 하나님의 큰 길(40:1-11)

선지자는 7-39장을 통해 "너희는 과연 누구를 의지할 것이냐? 열방 아니면 여호와?"라는 질문으로 독자들에게 꾸준히 도전해 왔다. 여호와는 어려운 상황 속에서도 믿고 신뢰할 수 있는 분이며 최고의 선이심을 그는 거듭 강조했다. 이제 선지자는 인간의 죄가 결코 창조주이시자 역사의 주인이신 하나님의 선하심과 신실하심을 멈추게 할 수 없으며, 주께서 그분을 의지하고 신뢰하는 백성을 구원하실 것이라고 선언한다. 그러므로 이 본문은 포로로 끌려온 이스라엘 백성의 질문, "하나님은 과연 자기 백성을 구원하실 능력과 의지를 지니신 분인가?"에 대한 답인 것이다.

본문의 독특한 점은 저자가 구체적으로 "누가 말했다"를 기록한다는 것이다. 본문에서 "말하다"와 연관된 단어가 11회 사용되는데, 이중 3회는 하나님을 언급하는 데, 나머지는 "음성들", 선지자, 그리고 예루살렘의 "말"과 연관되어 사용되었다. 우리는 이미 6장에서 선지자가 "누가 어떤 말을 했는가?"를 아주 자세하게 묘사하는 것을 보았다. 그뿐만 아니라 학자들은 본문이 6장과 여러 가지 공통점을 지니고 있다고 본다.

"외침"(קוֹרֵא, 40:3)은 스랍들의 "외침"(קָרָא, 6:3)을 연상케 한다. 모든 사람이 주의 "영광"(כָּבוֹד)을 보게 될 것이라는 말씀(40:5)은 온 세상이 주의 "영광"(כָּבוֹד)으로 가득하다고 한 말씀(6:3)을 생각나게 한다. 또한 선지자의 "내가 무엇이라 외칠까요?"(40:6)는 "어느 때까지요?"(6:11)와 연관이 있으며, 유다의 "성읍들(עָרִים)에 좋은 소식을 전하라"(40:9)는 것은 6장에서 "성읍들(עָרִים)이 텅 빌 때까지 사역을 계속하라"는 말씀의 반전이라 할 수 있다. 이러한 현상들에 기초하여 학자들은 본문을 새로운 사람을 선지자로 부르는 또 하나의 소명장으로 간주한다(Whybray; cf. Seitz; Sweeney). 즉, 40장 이후부터 기록된 메시지는 이사야가 아닌 다른 사람의 작품이라는 것이다.

그러나 본문을 소명으로 보기는 어렵다. 선지서에서, 선지자들은 자신의 소명을 회상할 때는 소명을 받은 상황에 대해 구체적인 시간, 장소, 동기 등을 기술한다(cf. 사 6장; 렘 1장; 겔 1장; 단 1장; 호 1장). 그러나 본문은 이러한 여건을 전혀 충족시키지 않는다. 또한 6장의 구체적이고 확실한 환상에 비해, 본문은 희미한 그림만 제시할 뿐이다. 그렇다면 본문과 6장의 공통점과 차이점은 무엇을 의미하는가? 저자는 본문에서 6장을 연상시키는 분위기를 조성함과 동시에 현저한 차이를 보임으로써, 6장에서 소명을 받았던 바로 그 선지자가 이제 6장에서 받았던 소명과 전혀 다른 성향의 사역을 위임받았음을 암시하려 한다(cf. 사 49:6). 본문은 다음과 같은 구조로 구성되어 있다.

A. 심판이 아닌 구원의 메시지(40:1-2)
    B. 하나님이 구원하심(40:3-5)
A'. 누구도 구원을 방해하지 못함(40:6-8)
    B'. 하나님의 능력과 자비(40:9-11)

VII. 귀향과 회복(40:1–31)
1장. 하나님의 큰 길(40:1–11)

1. 심판이 아닌 구원의 메시지(40:1-2)

1 너희의 하나님이 이르시되
너희는 위로하라
내 백성을 위로하라

[2] 너희는 예루살렘의 마음에 닿도록 말하며
그것에게 외치라
그 노역의 때가 끝났고
그 죄악이 사함을 받았느니라
그의 모든 죄로 말미암아
여호와의 손에서 벌을 배나 받았느니라 할지니라 하시니라

본문을 구성하는 두 구절이 40-66장의 전체적인 분위기를 조성한다. 주의 백성의 앞날에 어떤 일이 놓여 있든지, 그들을 향한 여호와의 궁극적인 계획은 파멸이 아니라 구속이며, 죽음이 아니라 생명이라는 것이다. 한때 시온을 창녀로 여기시고(1:21), 이스라엘 백성을 귀머거리와 소경으로 만드셨던 일(6:10)을 생각하면 참으로 놀랍고 위대한 반전이다. 하나님은 매우 따스하고 사랑스러운 음성으로 말씀을 시작하신다.

오늘날 이사야서를 읽고 있는 우리에게, 아무런 소개나 서론도 없이 "위로하라 위로하라"(נַחֲמוּ נַחֲמוּ)라는 명령문이 반복되면서 시작하는 메시지는 매우 극적으로 들린다. 그렇다면 이 메시지를 처음 들었던 사람들에게는 얼마나 더 극적인 효과를 발휘했을까? 39장이 끝나면서 그들은 미래에 대한 소망을 접었을 것이다. 히스기야와 같이 위대한 신앙인이자 왕이었던 사람도 유다의 운명을 바꿀 수 없었다면, 모든 것을 체념하는 편이 낫다고 결론지었을 것이다. 미래가 불투명하고 비관적으로만 보였을 것이다. 그런데 바로 그 순간, 곧 절망이 그들을 지배하려는 순간, 하나님의 구원의 종소리가 온 천하에 울려 퍼지기 시작한다! 물론 위로는 지속적으로 행해져야 한다(Seitz). 하지만 중요한 것은 하나님의 위로가 주의 백성 가운데 임하기 시작했다는 사실이다. 우리의 삶에서도, 가장 포기하고 싶을 때가 하나님의 은혜를 기대하기에 가장 합당한 때다.

선지자는 먼저 여호와를 "너희의 하나님"(אֱלֹהֵיכֶם)이라며 본문을 시

작한다. 한때는 이스라엘의 원수가 되셨던 분이(1:24) 그들의 하나님이 되어 그들을 찾으셨다. 참으로 놀라운 반전이다. 이스라엘의 하나님이 자기 백성에게 들려주시는 음성은 매우 인자하고 따뜻하다. "위로하다"(נחם)는 가족의 죽음을 슬퍼하는 자들을 위로하는 데 자주 사용되는 단어다(창 24:67; 37:35; 삼하 10:2; 렘 16:7). 또한 "내 백성"(עַמִּי)과 "너희의 하나님"(אֱלֹהֵיכֶם)은 언약을 연상시키는 표현들이다(출 6:7; 19:5; 레 26:12; 신 26:17-18). 하나님은 이스라엘을 "이 백성"(עַם הַזֶּה)이라 부르며 그들과 거리를 두셨다(6:9; 8:6). 하지만 이제 그 거리는 모두 사라졌고, 이스라엘은 다시 하나님의 백성이 되었다. 자식을 대하는 부모처럼, 하나님은 이스라엘을 따뜻하게 대하신다.

하나님이 "말씀하신다"(יֹאמַר)는 '지속적으로 말씀하신다'는 의미로 해석될 수 있다(Motyer). 위로의 메시지가 반복적으로 선포되는 것이다. 위로는 한순간에 이루어지는 것이 아니다(Seitz). 고통 속에 있는 자들에게 가장 큰 상처를 주는 것이 신학적/신앙적 정죄일 것이다. 반면에 그들이 가장 필요로 하는 것은 부모의 품과 같은 안식과 위로다. 또한 그들은 누군가로부터 자신을 사랑한다는 말을 계속 들어야 한다. 우리가 바로 그 말을 해주는 하나님의 도구가 되어야 한다.

"예루살렘의 주민을 격려하고"(דַּבְּרוּ עַל־לֵב יְרוּשָׁלַםִ, 2절, 새번역)를 문자적으로 번역하면 "예루살렘의 마음에 말하라"가 된다. 이 표현은 '위로하다'의 뉘앙스를 지니고 있으며, 때로는 경고를(대하 30:22), 때로는 애정을(창 34:3; 50:21; 룻 2:13), 때로는 축하를(삼하 19:7) 목적으로 남에게 말하는 것을 뜻하지만, 한 가지 공통점은 자신이 처한 상황에 갇혀 있다는 느낌을 받는 사람들의 마음을 격려하는 의미로 사용된다는 것이다. 절망과 좌절만으로 자신들의 삶을 가득 채우고 자신들은 도저히 이러한 상황을 벗어날 수 없다고 체념해 버린 하나님의 백성에게 마음 자세를 가다듬으라는 하나님의 권고이자 격려인 것이다.

예루살렘은 하나님의 연인이었다. 그런데 하나님과의 특별한 관계에 아랑곳하지 않고 계속 죄를 지음으로써 남편 하나님께 버림받았고, 거주민들은 바빌론으로 끌려갔다. 그러나 선지자는 이것이 전부가 아니라고 선포한다. 하나님이 예루살렘을 위로하기 위해, 그를 다시 아내로 회복시키기 위해 오셨다! 삶에서 우리가 싸워야 할 가장 커다란 적이 바로 좌절감에 빠진 자신일 때가 있지 않은가? 우리는 자신을 포기할지 몰라도, 하나님은 결코 우리를 포기하지 않으신다. 여기에 우리의 모든 소망을 두어야 한다.

선포되는 메시지의 골자는 간단하다. "죄에 대한 대가가 만족할 만큼 치러졌다"(2절). 상당수의 주석가들은 "지은 죄에 비해 갑절의 벌을 받았다"는 표현에서 너무 많은 것을 읽어 낸다. 마치 이스라엘이 자신의 죄에 비해 지나치게 커다란 대가를 치렀고, 이 때문에 하나님이 일종의 보상책으로 그들을 구원하기로 작정하신 것처럼 해석한다(McKenzie; Walker). 그러나 저자는 세 가지 비유를 통해 같은 점을 강조하는 것뿐이다. 그뿐만 아니라 그동안 이사야 선지자는 이스라엘이 포로로 끌려간 것은 아시리아나 바빌론이 강했기 때문이 아니라 그들이 하나님의 율법을 제대로 준수하지 않았기 때문이라고 강조해 왔다. 즉, 그들은 이방인에게 억울하게 당한 것이 아니라 자신들의 죄에 대한 대가를 치렀던 것이다(Seitz). 그러므로 여기서 하나님이 주시는 '위로'도 결코 이스라엘의 억울한 고통에 대한 보상이 아니라 일방적으로 주어지는 하나님의 용서와 은혜의 결과다(Westermann; Koole).

그런데 이스라엘에게 위로의 말씀을 전하라고 명령을 받은 자들은 누구인가? 명령문을 구성하는 동사들이 복수지만 이렇다 할 주어는 주어지지 않는다. 칠십인역은 "너희 제사장들아…"로 번역함으로써 제사장들에게 명령한 말씀으로 해석한다. 시리아어 번역본인 탈굼(Targum)은 "오 선지자들아…"로 시작함으로써 선지자들을 그 대상으로 간주한다. 1950년대에 와서 크로스(Cross)는 천상어전회의(divine council)에 참여하는 자들을 대상으로 하는 것이라고 주장했다. 즉, 본문이 열왕기상

22:19-21, 욥기 1:6 등에 묘사된 천상어전회의를 배경으로 한다는 것이다(cf. Seitz).

그러나 천상어전회의 개념은 이스라엘의 신학 체계에서 활성화된 적이 없으며, 이사야서에서 본문이 천상어전회의를 암시한다는 어떠한 힌트도 없다(Oswalt). 이사야서에서 천상어전회의에 가장 가까운 상황은 6장이다. 그러나 6장에 등장하는 스랍들을 천상어전회의의 대신들로 간주하기에는 너무나 빈약해 보인다. 또한 구약 성경에서 천상어전회의라고 하면 욥기 1-2장과 열왕기상 22장에 기술된 일들이라고 할 수 있는데, 본문과 이 두 사건은 공통점보다 차이점을 더 많이 지니고 있다(Blenkinsopp).

본문이 이사야의 제자들이 모여서 대화하는 장면을 묘사한다는 견해도 있지만(Wilson), 그저 이 메시지를 듣는 사람은 누구나 이스라엘에게 위로의 메시지를 선포하라는 권면이라 생각된다. 특히 열방이 이 역할을 감당하기에 적합하다. 이미 2:2-5에서, 열방이 이스라엘의 회복에 있어서 특별한 역할을 감당할 것이라는 점이 암시되었다. 그뿐만 아니라 이스라엘이 열방을 하나같이 자신들을 괴롭히는 나쁜 민족으로만 생각해 온 상황에서 그들의 입술을 통해 선포되는 위로의 메시지는 더욱더 극적인 효과를 가져올 것이다. 이처럼 극적인 분위기는 이미 1절에서부터 조성되어 오지 않았던가! 한때는 주의 백성을 질투하고 미워하던 민족들이 어느덧 그들을 위로하고 격려하는 자들로 변해 있다. 이것이 우리가 꿈꾸는 유토피아가 아니겠는가!

VII. 귀향과 회복(40:1-31)
1장. 하나님의 큰 길(40:1-11)

2. 하나님이 구원하심(40:3-5)

3 외치는 자의 소리여 이르되

너희는 광야에서 여호와의 길을 예비하라
사막에서 우리 하나님의 대로를 평탄하게 하라
4 골짜기마다 돋우어지며
산마다, 언덕마다 낮아지며
고르지 아니한 곳이 평탄하게 되며
험한 곳이 평지가 될 것이요
5 여호와의 영광이 나타나고
모든 육체가 그것을 함께 보리라
이는 여호와의 입이 말씀하셨느니라

1-2절에서 선포된 하나님의 위로는 과연 어떤 형태로 이스라엘에게 임할 것인가? 선지자는 하나님이 백성의 삶에 직접 간섭하심으로써 그들을 위로하실 것이라고 선포한다. 35장에서 사용했던 회복된 광야의 이미지를 다시 사용하여 곧 임할 하나님의 구원을 노래한다. 이사야의 메시지에 따르면, 하나님이 인류의 역사에 직접 개입하셔야만 회복이 가능하다. 이 같은 하나님의 개입을 주의 백성도 환영한다. 그래서 선지자가 "너희의 하나님"(1절)이 말씀하셨다고 했는데, 여기서는 "우리 하나님의 길"을 준비한다(3절).

마치 소명장(6장)에서의 스랍들의 소리를 연상시키는 듯한 소리가 울려 퍼진다. "광야에 주께서 오실 길을 닦아라…"(3절, 새번역). 선지자는 이 목소리 주인의 정체가 중요한 것이 아니라 메시지의 내용이 중요하다는 것을 강조하기 위해 선포자의 정체를 밝히지 않는 것 같다. 메시지의 내용은 "주의 길을 예비하라"로 요약될 수 있다. 이는 곧 하나님이 임하실 것을 암시한다. 이러한 면에서 이 외침은 세례 요한의 외침과 비슷하다(cf. 요 3:30).

하나님의 길을 어떻게 예비하라는 것인가? 광야에 대로를 건설하라고 하신다. 광야는 주의 백성을 그들의 땅으로부터 떼어놓은 곳이다

(Westermann). 그러므로 하나님은 자신의 백성을 회복시키려면 광야 문제를 먼저 극복하셔야 한다. 낮은 곳은 돋우고, 높은 곳은 평탄케 하여 하나님의 영광이 백성에게 임하도록 해야 한다. 상당수의 학자들이 본문이 출애굽(Exodus) 테마를 연상시키며 앞으로 하나님이 바빌론으로부터 자신의 백성을 인도해 내실 것을 뜻한다고 해석한다. 그래서 주의 백성이 예루살렘으로 돌아가는 데 필요한 이 광야 길을 예비하라는 명령이 페르시아 왕 고레스에게 내려진 것이라는 해석도 있다(Calvin).

그러나 이렇게 해석하기에는 몇 가지 문제가 있다. 첫째, 이스라엘 사람들이 바빌론에서 돌아올 때, 그들은 광야/사막을 통과해서 온 것이 아니라 돌아서 왔다. 둘째, 백성에 대한 언급이 없다. 그뿐만 아니라 선지자는 이스라엘이 고국으로 돌아갈 때 걷게 될 길은 이미 예비된 길이지 그들 스스로 개척해야 할 길이 아니라는 것을 여러 차례 선포한다(35:8; 42:16; 43:16-19; 48:17-21; 55:12). 또한 본문은 단순히 하나님의 임재에 초점을 맞추고 있다(cf. 63:1-6). 그렇다면 이사야가 강조하고자 하는 메시지는 무엇인가? 여기에 나타나는 하나님의 모습은 역경 속에 있는 자신의 백성을 구하기 위해 먼 곳—아마도 그분의 거처지로 여겨지던 시내 산—으로부터 오시는 모습이다(cf. 신 33:2; 삿 5:4; 시 68:5, 8; Motyer, Oswalt; cf. Goldingay). 선지자는 백성에게 귀빈을 맞을 만반의 준비를 하라고 권면하는 것이다.

주의 백성은 어떻게 하나님을 맞을 준비를 해야 하는가? 일부 주석가들은 길을 평탄케 하라는 말씀을 실제로 광야에 대로를 놓으라는 것으로 해석하지만(North), 선지자는 이들에게 믿음을 촉구하는 것이다. 영적인 걸림돌을 제거하라는 의미다(cf. Smith). 그들은 왕이신 하나님이 오시는 것을 아직 눈으로 보지 못했다. 선지자가 요구하는 준비가 모두 마무리된 다음에 비로소 그분이 오실 것이기 때문이다. 그러므로 선지자는 주의 백성에게 여호와께서 오실 것을 믿고 확신하며 준비 작업을 시작하라고 당부한다. 선지자의 이 같은 권면은 실의에 빠져 있던 백성에게 매우 감당하기 어려운 요구였을 것이다. 포로생활을 하고 있는 이스라엘은 지금 신앙적으로 방황하고 있으며, 여호와에 대해서도 많은 질문을 제기하고 있다.

이러한 상황에서 선지자는 믿음의 결단을 촉구하면서 이 결단을 삶 가운데 이행하라고 권면한다. 선지자는 그들의 삶에서 모든 "패이고 높은 것"을 평탄케 하라고 한다. 즉, 하나님의 영광을 맞이하기에 합당한 마음 자세를 가다듬으라는 것이다. 오늘날도 가끔 우리는 이러한 믿음의 결단을 요구받지 않는가!

모든 것이 완벽하게 준비될 때, 비로소 하나님의 영광이 그들에게 임할 것이다(5절). "여호와의 영광"(כְּבוֹד יְהוָה)이 주의 백성에게 임하는 것은 이사야에게 매우 중요한 이슈다. 선지자는 "영광"(כָּבוֹד)이란 단어를 37회(1-39장에서 20회, 40-66장에서 17회)나 사용한다. 이 중 66장에서만 5회나 등장한다. 아마도 하나님의 영광으로 가득한 곳에서 소명을 받았던 경험(6장)이 그에게 이러한 영향을 미친 것 같다. 하나님의 영광을 직접 체험한 그에게 여호와의 영광은 그분의 존재를 가장 현실감 있게 입증하는 증거였다.

본문은 일차적으로 곧 바빌론을 떠날 사람들에게 전하는 메시지인 것 같은 인상을 주지만, 동시에 종말에 이 일이 완전히 성취될 것을 암시하는 듯한 인상도 준다. 저자는 "모든 사람"(כָּל־בָּשָׂר)이 함께 여호와의 영광을 보게 될 것이라고 하는데, 그는 "모든 사람"을 49:26; 66:16, 23 등에서 다시 사용하며 종말을 암시한다(Young). 언젠가는 세상의 모든 사람이 여호와만이 하나님이심을 목격하고 인정하게 될 것이다. 우리는 모두 이날이 속히 오기를 염원하고 있다.

VII. 귀향과 회복(40:1-31)
1장. 하나님의 큰 길(40:1-11)

3. 누구도 구원을 방해하지 못함(40:6-8)

6 말하는 자의 소리여 이르되 외치라
대답하되 내가 무엇이라 외치리이까 하니
이르되 모든 육체는 풀이요
그의 모든 아름다움은 들의 꽃과 같으니
7 풀은 마르고 꽃이 시듦은
여호와의 기운이 그 위에 붊이라
이 백성은 실로 풀이로다
8 풀은 마르고 꽃은 시드나
우리 하나님의 말씀은 영원히 서리라 하라

저자는 이 섹션에서 또 하나의 이미지를 구상하면서, 바로 앞(3-5절)에 묘사된 하나님의 절대성과 그분의 임재를 그 누구도 방해할 수 없다는 사실을 강조한다. 그는 하나님이 왕으로 오셔서 자신의 백성과 함께하시는 것을 세상 모든 사람이 보게 될 거라고 선언했다. 그렇다면 선지자가 사실을 말하는지, 아니면 거짓을 말하는지 어떻게 알 수 있는가? 저자는 자신이 선포하는 것이 모두 하나님의 말씀이기에 믿어도 된다고 한다.

3절에서는 "한 음성"(קוֹל)이 소리치더니 이제 그 음성이 누군가에게 "외치라!"고 명령한다. 상당수의 번역본들이 쿰란 사본과 칠십인역을 근거로 그다음 문장을 "내가 '무엇이라고 외쳐야 합니까?'"(NIV; NRS; 새번역; 개역개정)로 번역하지만, 마소라 사본은 단순히 "그가 말하기를 '무엇이라 외쳐야 합니까?'"(cf. NAS; TNK)로 번역한다. 즉, 전자는 이 명령이 선지자에게 임한 것으로 해석하며, 후자는 누군가가 서로 주고받던 말을 선지자가 듣고 기록한 것으로 혹은 선지자에게 이 명령이 주어졌더라도 자신의 정체성을 의도적으로 가림으로써 메신저보다 메시지 자체에 초점을 맞추려는 저자의 의도를 반영한 것으로 해석한 것이다. 본 담론의 분위기를 감안할 때 후자가 설득력 있어 보이기 때문에, 미소라 사본을 유지하는 것이 좋다.

외칠 메시지는 "모든 육체는 풀이요 그의 모든 아름다움은 들의 풀과 같다. 여호와께서 그 위에 입김을 부시면, 풀은 마르고 꽃은 시든다"(cf. 6-7절). "영화/아름다움"(כָּל־חַסְדּוֹ, 새번역)의 어원은 "신실, 사랑, 자비"로 번역될 수 있는 매우 폭넓은 개념이다. 본문에서는 "선함"(TNK)보다 "신뢰성"(Snaith; Oswalt; Motyer)으로 해석하는 것이 맞다. 이 말씀은 선지자의 "구원의 외침"을 듣고 난 백성이 "하나님이 어떻게 우리를 바빌론과 같은 두렵고 강한 세력의 손아귀에서 건져내실 수 있단 말인가?"하는 반문을 제기할 것을 예측하고 그들이 두려워하는 인간 세력의 실체를 드러내고자 선포한 말씀이다. 선지자는 주의 백성의 비관과 좌절을 의식하고 있다(Muilenburg).

하나님이 구원을 위해 자신의 백성을 찾아오시는 것을 아무리 험준한 광야도 막을 수 없으며, 온 세상은 그분의 영광을 보게 될 것이다(3-5절). 반면에 하나님의 구원과 임재를 반대할 것으로 예측되는 세상 권세의 실체는 어느 정도인가? 영존하시는 하나님에 비할 때, 그분을 방해하겠다고 나서는 권세는 오늘 있다 내일 사라질 들꽃의 생명력과 같다. 게다가 이들 위에 "여호와의 바람"(רוּחַ יְהוָה)이 불면 그들은 순식간에 말라 버릴 것이다(7절). 선지자는 여기서 고대 근동 지방에 잘 알려진 이미지를 사용한다. 5월이 되면 동쪽에서 불어오는 함신(Hamsin)이라는 매우 건조한 사막의 바람이 있다. 이 바람은 불기 시작하면 48시간 이내에 모든 풀을 말려 갈색으로 변하게 하는 엄청난 파괴력을 지녔다(Oswalt). 이스라엘과 그들이 두려워하는 적들은 바로 이 사막 바람 앞에 놓인 풀과 같다는 것이다.

반면에 하나님의 말씀은—특히 자신의 백성을 구원하시겠다는 의지를 선포하신 말씀은—"영원히 서 있다"(8절, 새번역). "영원히 서 있다"(יָקוּם לְעוֹלָם)의 의미는 하나님이 하신 모든 말씀은 '성취된다'(fulfilled)라는 의미다(TNK). 그러므로 이스라엘은 세상의 어떠한 권세도 그들의 하나님 앞에서는 아무런 힘이 없음을 인정해야 할 뿐만 아니라, 자신들의 노력으로는 아무것도 이룰 수 없음을 고백해야 할 것이다. 그저 잠잠히 여호와의 놀라우신 은총을 바라며 기다리라는 당부다. 그러나 모든 사람이 하나님의 구원의 은총을 입는 것은 아니다. 선지자는 시드는 꽃처럼 말라 버릴 사람이 있고, 하나님의 말씀을 믿고 의지할 사람도 있을 것이라는 사실을 암시하면서 사람들을 두 부류로 구분한다(Whybray; Hanson).

이것이 이사야서가 거듭 강조하는 역설이다. "인간이 뭔가를 하겠다고 나서면 아무것도 이루어지지 않는다. 그러나 인간이 아무것도 할 수 없다고 체념하면 모든 것이 이루어질 것이다"(Oswalt). 선지자의 이러한 가르침은 우리의 신앙에 대한 도전이기도 하다. "신뢰하기 어려운 상황에서도 그분을 신뢰하라!" 하나님의 역사는 세상의 그 어떠한 것도 막을 수 없으며, 하나님은 자신이 약속하신 것이 모두 이루어질 때까지 결코 쉬지 않으실 것이다. 하나님의 열심이 이 모든 일을 보장한다.

4. 하나님의 능력과 자비(40:9-11)

9 아름다운 소식을 시온에 전하는 자여
너는 높은 산에 오르라
아름다운 소식을 예루살렘에 전하는 자여
너는 힘써 소리를 높이라
두려워하지 말고 소리를 높여

유다의 성읍들에게 이르기를
너희의 하나님을 보라 하라
10 보라
주 여호와께서 장차 강한 자로 임하실 것이요
친히 그의 팔로 다스리실 것이라
보라
상급이 그에게 있고 보응이 그의 앞에 있으며
11 그는 목자 같이 양 떼를 먹이시며
어린 양을 그 팔로 모아 품에 안으시며
젖먹이는 암컷들을 온순히 인도하시리로다

하나님은 전속력으로 진군하는 왕이며 또한 그분의 앞을 가로막을 세력은 이 세상에 존재하지 않는다는 사실을 선언한 선지자는, 이제 하나님의 백성에게 마지막으로 권고한다. "놀라우신 주의 사역의 한 부분이 되라!" 9절이 마치 시온과 예루살렘에 좋은 소식을 전하는 사람을 뜻하는 것으로 번역되기도 하지만(새번역 각주; TNK; NIV), 문법상으로는 예루살렘과 시온이 좋은 소식을 전하는 전령으로 묘사된다(NRS; NAS; Oswalt). 이 말씀은 시온과 예루살렘에 좋은 소식을 선포하라는 것이 아니라, 여호와의 구원을 온 세상에 알리라는, 시온과 예루살렘을 향한 권면이다. 선지자는 여호와께서 이루실 구원이 결코 예루살렘과 시온만을 위한 것도, 그들만이 즐길 수 있는 것도 아니며, 온 세상을 위한 것이라는 점을 강조한다(cf. 2:2-5; 66:18-19). 즉, 구원의 대상자들에게 하나님이 그들을 향해 베풀어 주신 구원에 대해 유다의 성읍들을 포함한 온 세상에 외치라고 권고하는 것이다.

이러한 권고는 의도적으로 혹은 무의식적으로 구원을 개인화하려는 우리에게도 도전이 되어야 할 것이다. 하나님의 놀라우신 구원을 혼자만 간직하고 즐긴다면, 그것은 마치 하나님의 등불을 말 아래에 두는 것과 같은 행위다. 우리는 하나님 나라의 대사들이다. 대사들은 자신의 나라를 홍보하고 알리는 사명을 받은 자들이다. 많은 사람이 하나님의 일에 동참하는 것에 대해 부담을 갖는다. 자신이 마치 대단한 희생을 하는 것으로 생각한다.

물론 하나님의 일에 동참하는 것이 어렵다는 점은 인정해야 한다. 그러나 하나님의 나라를 위해 쓰임 받는 것은 성도가 누릴 수 있는 최고의 특권이다. 그러므로 봉사가 즐겁지 않으면 잠시 봉사를 내려놓는 것도 좋다. 이때는 아마도 영육이 지친 상태일 것이다. 이럴 때는 잠시 모든 일을 내려놓고 쉼을 취하는 것도 좋은 대안이다. 혹시 교회 일에 너무 바빠 전도할 시간이 없는가? 그렇다면 교회 일을 줄이라!

하나님이 자기 백성에게 구원을 베푸셨다는 것은 무엇을 의미하는가? 바로 하나님이 큰 권세와 능력을 가지고 임하신 것을 뜻한다(10절). 하나님의 "팔"(זְרוֹעַ, 10절)은 주님의 무한한 능력의 상징으로, 이미 여러 곳에서 언급되었다(30:30; 33:2; 48:14). 그리고 후반부에서는 하나님의 구원 능력과 연결되어 자주 사용되는 중요한 개념으로 자리 잡는다(50:2; 51:5, 9; 52:10; 53:1). 많은 성도가 하나님의 능력의 실체를 경험하기 원하며 하나님이 자신들의 삶에 기적을 베푸시면 그것이 하나님의 능력의 절정이라고 생각한다. 그러나 하나님의 능력이 절정에 달한 사건은 우리 주변에서 일어나는 어떤 이적이 아니라, 우리 같은 사람이 구원을 받고 그분을 인정하게 된 것이다. 과연 무엇이—어떤 논리가, 어떤 이론이, 어떤 능력이—나로 하여금 하나님의 주권에 머리를 숙이고 그분을 경배하도록 할 수 있단 말인가! 그러므로 우리의 구원이야말로 하나님의 능력의 절정이다. 여호와의 능력이 주의 백성을 찾을 때, 모든 사람이 자신의 행위에 따라 적절한 보상을 받게 될 것이다(10절).

선지자는 자신의 백성에게 임하시는 하나님을 어린 양을 가슴에 품은 선한 목자의 모습으로 묘사하면서 이 섹션의 결론을 맺고 있다(11절). 하나님이 과거에는 범죄자를 소송하고 그에게 형을 선고하는 판결

관처럼 잘못된 자녀에게 채찍을 가하는 아버지로 오셨다면, 이제는 어린 양을 품에 안고 어미 양을 부드럽게 인도하는 목자로 오신다. 10절과 11절에 묘사된 하나님의 팔의 차이를 생각해 보라. 10절은 이 세상의 그 무엇도 꺾을 수 없는 하나님의 능력의 팔을 의미했지만, 11절에서는 그 강인한 팔이 보살피는 부드러운 팔로 변해 있다. "승자의 치켜 올려진 손이 자비를 위해 낮아지는 것이다"(Muilenburg).

하나님은 이처럼 강하면서도 부드러운 분이다. 또한 과거에는 하나님이 그의 종들을 통해 백성을 위로하고 치료하셨다면, 이제는 스스로 오셔서 이 일을 감당하실 것이다. 그러므로 이스라엘은 "보라 너희의 하나님이 직접 오셨다"라고 외칠 수 있는 것이다(10절). 본문에 묘사된 선한 목자상과 예수님의 사역이 깊은 연관성을 지닌 것은 두말할 필요도 없다(cf. 요 10장).

2장. 회복 보장(40:12-31)

선지자는 40장을 시작하면서 여호와 하나님이 강한 팔로 이스라엘을 구원하실 것을 선언했으며, 세상의 그 어떠한 세력도 그분의 사역을 막을 수 없으니 그분만을 믿고 신뢰할 것을 호소했다. 이스라엘이 두려워하는 적들은 오늘 있다 내일 없어질 풀과 같은 존재에 불과하지만, 여호와의 말씀은 꼭 성취될 것을 단언했다. 그러므로 그는 실의에 빠진 백성이 자비로운 목자로 오실 여호와를 맞이할 만반의 준비를 다 하도록 권고했던 것이다.

이제부터 선지자는 하나님의 성품과 그분이 이 순간 세상에 펼치시는 사역을 근거로 자신의 주장을 뒷받침하기 시작한다. 선지자는 여호와와 비교할 자는 이 세상에 존재하지 않는다는 것을 강조한다. 그분은 창조주이시자 역사의 주인이시며, 이스라엘의 구원자이시다. 그뿐만 아니라 그분은 이미 이스라엘의 회복을 오래전부터 계획하셨으며, 이 일을 위해 필요에 따라서는 열방까지 사용하고 통치하시는 분이다. 이스라엘의 하나님이 이런 분이기에, 이스라엘 백성은 구원에 대해 확신할 수 있다는 것이다.

본문은 전반적으로 논쟁(disputation)양식을 바탕으로 구성되었다(Schoors; Hanson). 논쟁 양식은 주로 어떠한 입장이나 관점을 반박하거나 이에 대한 반론을 제기할 때 사용되는 양식이다. 본문이 반론을 제기하는 관점이 27절에 암시되어 있다. 그러나 본문을 논쟁으로 간주하기에는 논쟁 양식이 지녀야 할 요소들이 너무 많이 누락되어 있다는 주장도 있다(Seitz). 본문이 순수하게 논쟁 형태는 띠고 있지 않지만, 선지자는 이 본문을 통해 백성을 설득하려고 한다. 주의 백성은 걷잡을 수 없이 실의에 빠져 있으며, 하나님에 대한 모든 기대를 포기해 버렸다. 그러므로 선지자는 이스라엘이 결코 좌절할 이유가 없다는 논리를 펼쳐 나간다.

선지자는 절망의 어둠 속에서 헤매는 주의 백성에게 하나님은 결코 그들을 포기할 수도, 포기하지도 않았을 뿐만 아니라 여전히 그들을 하나님의 백성으로 생각하고 계심을 밝힌다. 또한 40:1-11이 "하나님은 우리를 구원하기를 원하시는가?"라는 질문에 대한 답이라면, 본문은 "그렇다면 여호와께서는 우리를 구원하실 능력도 가지고 계시는가?"라는 질문에 답하고 있다. 저자는 "창조주이신 하나님과 그의 능력을 누구에게 비교하겠는가?"라는 수사학적인 질문으로 그들의 질문에 답한다. 그는 온 세상에서(12-14, 22, 25-26절), 인류의 역사 속에서(15-17, 23-24절) 하나님과 같은 분은 찾아볼 수 없으며, 그분은 세상 그 누구와도 비교할 수 없는 분이며(18, 25절), 특히 우상들과는 차원이 다른 분이라는 주장을 펼쳐 나간다(19-20, 25-26절). 여호와는 이러한 분이기에 그분이 계획한 일은 반드시 성취될 것이라는 선언이다. 본문은 다음과 같은 구조로 구성되어 있다.

A. 논제: 온 세상을 홀로 창조하신 여호와(40:12-14)
B. 적용: 창조주와 세상의 권세(40:15-17)
A'. 논제: 우상숭배의 어리석음(40:18-20)
B'. 적용: 여호와를 누구에게 비기랴!(40:21-26)
C. 결론: 신앙의 현실적 의미(40:27-31)

VII. 귀향과 회복(40:1-31)
2장. 회복 보장(40:12-31)

1. 논제: 온 세상을 홀로 창조하신 여호와(40:12-14)

12 누가 손바닥으로 바닷물을 헤아렸으며
뼘으로 하늘을 쟀으며
땅의 티끌을 되에 담아 보았으며
접시 저울로 산들을,
막대 저울로 언덕들을 달아 보았으랴
13 누가 여호와의 영을 지도하였으며
그의 모사가 되어 그를 가르쳤으랴
14 그가 누구와 더불어 의논하셨으며
누가 그를 교훈하였으며
그에게 정의의 길로 가르쳤으며
지식을 가르쳤으며
통달의 도를 보여 주었느냐

선지자는 청중에게 여러 개의 수사학적인 질문(rhetorical question)을 던지고 있다. 수사학적인 질문은 답이 분명하거나 정해져 있다(cf. Kuntz). 선지자들은 자주 수사학적인 질문을 통해 자신들이 전하고자 하는 진리를 강조한다. 본문도 예외는 아니다. 이사야는 수사학적인 질문들을 통해 이스라엘의 하나님은 이 세상의 그 누구와도, 무엇과도 비교할 수 없는 분명히 다른 분임을 강조한다. 여호와는 한 분이시며 유일한 창조주시라는 것이 선지자의 외침이다.

누가 세상에 대해 모든 것을 알고 있는가?(12절) 여호와밖에 없다. 어떻게? 그분은 '바닷물을 손바닥으로 떠서 헤아려 보셨고, 뼘으로 하늘을 재어 보신 분이다. 온 땅의 티끌도 되로 되어 보고, 산들을 어깨저울로 달아 보시고 언덕들을 손저울로 달아 보신 분'이다. "물과 하늘" 그리고 "티끌과 산"은 대조를 이루는 한 쌍이다. 이 세상의 가장 높은 곳에서 낮은 곳에 이르기까지, 가장 작은 것에서 큰 것에 이르기까지 모두 다 하나님의 헤아림 아래 있다는 의미다. 마치 우리의 머리카락을 모두 세고 계신 것처럼 말이다. 물론 이는 은유적 표현이다.

저자가 이렇게 묘사하는 것은, 그만큼 여호와께서 세상 만물에 대해 확고한 지식을 가지고 계신다는 것을 강조하기 위함이다. 여호와께서는 어떻게 세상에 대해 이렇게 방대하고 포괄적인 지식을 갖게 되셨는가? 그분이 이 모든 것을 자신의 계획대로 정확하게 창조하여 가장 적절한 곳에 배치하셨기 때문이다. 세상을 창조하신 분이니 세상에 대해 가장 잘 아시는 것이 당연하지 않겠는가?

간혹 우리는 '하나님은 세상의 모든 것을 가장 아름답게, 가장 적절하게 창조하셨다'는 사실에 전적으로 동의하면서도 정작 자신에 대해서는 그렇게 생각하지 않는다. 부족하고 무능한 자신의 모습을 남과 비교하며 상대적인 박탈감 내지는 자격지심에 시달리기도 한다. 그러나 우리는 결코 하나님의 실패작이 아니다. 우리는 모두 하나님의 걸작품이다. 그리스도인에게 가장 큰 믿음을 요구하는 것이 바로 하나님의 말씀에 기초한 건강한 자아상의 형성일 것이다. 건강한 자아상에서 진정한 봉사와 사랑이 흘러나온다는 것을 기억하자.

누가 이 세상에서 가장 지혜로운가?(13-14절) 저자는 계속 수사학적인 질문들을 통해 자신의 논리를 제시한다. "이 세상에서 하나님의 마음(רוּחַ)을 헤아릴 수 있는 자는 누구인가? 여호와께 조언할 수 있는 자는 누구인가? 누가 하나님을 가르칠 수 있는가? 누가 그를 깨우칠 수 있는가? 누가 그를 가르칠 수 있는가?" 일부 번역본들은 "마음"(רוּחַ)을 "성령"으로 해석하지만(개역개정; 리빙바이블; NAS), 본문에서 이 단어의 뜻은 하나님의 사고와 계획 등과 연관되어 있는 "마음"이다(공동; NIV; TNK; cf. LXX; Oswalt). 하나님의 지혜는 무궁무진하기 때문에 그 아무도 주님께 도움을 줄 수 없다는 것이 저자의 단호한 선언이다. 비록 이스라엘은 지혜가 없어서 포로로 끌려갔지만(cf. 5:13), 그들의 하나님은 무한한 지혜를 소유하신 분이다. 그래서 일부 학자들은 본문이 바빌론 신들에 동경을 표하는 이스라엘 포로민들에게 바빌론 신들의 무능함을 드러내 보인다고 생각한다(Brueggemann). 비록 이스라엘이 바빌론에 패했지만, 하나님이 패하신 것은 아니다.

하나님이 이 세상에서 하시는 모든 일이 바로 이 같은 무한한 지혜에서 비롯되었다는 사실을 인정하는가? 때로는 하나님의 섭리와 계획이 납득되지 않을 때가 있다. 어떤 때는 마치 하나님이 실수를 하신 것처럼 느껴질 때도 있다. 특히 신앙생활 잘 하고, 하나님을 위해 많은 일을 할 수 있는 사람들이 예기치 않은 어려움을 당하거나 죽게 될 때 이러한 혼란을 겪는다. 왜? 우리가 볼 때는, 이 모든 일이 하나님께 손해이기 때문이다.

그러나 본문을 통해 바로 이러한 순간에도 여전히 그분의 지혜와 계획을 신뢰해야 한다는 것을 깨달아야 한다. 이것이 바로 믿음이다. 무조건 "덮어놓고 믿으라"는 것이 아니다. 아무리 생각해도 도저히 이해가 안 되지만, 하나님의 주권을 신뢰하기에, 그분이 세상의 모든 것을 주장하시고 우리는 그분의 무한한 지혜를 다 헤아릴 수 없다는 것을 시인하기에, 그분의 통치에 문제를 맡기려는 의지(will)가 바로 믿음이다. 세상에는 우리가 이해할 수 없는 일이 얼마나 많은가? 또한 모든 것을 알려고 하는 그 자체가 우리를 당혹하게 만들 수 있다.

2. 적용: 창조주와 세상의 권세(40:15-17)

15 보라

그에게는 열방이 통의 한 방울 물과 같고

저울의 작은 티끌 같으며
섬들은 떠오르는 먼지 같으리니
16 레바논은 땔감에도 부족하겠고
그 짐승들은 번제에도 부족할 것이라
17 그의 앞에는 모든 열방이 아무것도 아니라
그는 그들을 없는 것 같이,
빈 것 같이 여기시느니라

선지자는 12-14절을 통해서 창조주이신 이스라엘의 하나님 여호와께서는 이 세상의 모든 것을 낱낱이 알고 계시며, 그분의 지혜에는 끝이 없다고 했다. 이제 이사야는 하나님에 대한 가르침을 혹독한 현실을 살아가며 좌절하고 있는 이스라엘의 삶에 적용하고자 한다. "너희가 가장 두려워하는 세상의 권세들도 너희 하나님께는 아무런 힘을 발휘하지 못한다. 그러니 그들을 두려워하지 말고 구원의 하나님을 믿으라."

포로로 끌려온 이스라엘 사람들에게 가장 두려운 적은 바빌론과 같은 막강한 열방 세력이었다. 그러므로 이스라엘이 회복되기 위해서는 먼저 열방 문제가 해결되어야 한다. 선지자는 매우 강한 이미지를 구상하면서 이 문제에 대해 명쾌한 답을 제시한다. 이스라엘이 두려워하는 열방은 하나님이 계획하신 이스라엘의 구원에 과연 어느 정도의 영향력을 미칠 수 있을까?

저자는 열방을 통에 떨어지는 한 방울의 물에 불과하다고 선언한다(15절). 그는 이미 하나님은 바닷물을 손바닥으로 떠서 헤아려 보신 분이라 선포했다(12절). 그렇다면 바닷물을 손바닥으로 떠 헤아리시는 분께 한 방울의 물이 과연 얼마나 영향력을 행사할 수 있겠는가? 전혀 없다! 이와 같이 이스라엘에게는 가장 두려운 적인 열방이 하나님께는 존재하지 않는 것과 같으니, 그들은 절대로 하나님의 구원 사역을 반대할 수 없다.

선지자는 열방을 "저울 위의 티끌"로도 묘사한다(15절). 이미 저울로 세상에서 가장 높고 큰 산들을 재어 보신 하나님께(12절) 저울의 눈금도 움직이지 못하는 티끌은 어떤 영향력을 미칠 수 있을까? 아무런 영향력을 미칠 수 없다. 하나님의 계획은 이 세상의 그 어떠한 세력에 의해서도 방해받을 수 없다. 먼 미지의 나라를 상징하는 섬들 역시 하나님께는 가볍게 들어 올릴 수 있는 티끌에 불과하다(15절). 가까운 나라든 먼 미지의 나라든 결코 하나님을 대적할 수 없다.

17절은 15절의 내용을 재정리한다. 하나님께 열방은 "아무것도 아니며"(אַיִן), 그 나라들의 백성들은 "없는 것"(תֹהוּ)과 같고 "빈 것"(חשׁב)에 불과하다(17절). 여호와만이 유일한 하나님이다. 물론 창조주 하나님께 피조물인 열방이 무의미하다는 것은 아니다(Oswalt). 다만 비슷한 개념을 세 차례나 반복함으로써, 그들은 결코 하나님이 계획하신 주의 백성의 구원을 방해할 수 없다는 사실을 강조하는 것뿐이다. 인간은 주님 앞에서 아무것도 할 수가 없다. 하나님이 우리와 완전히 다른 차원에서 활동하시는 분이기 때문이다. 우리는 어떤 문제로 고민하는가? 하나님의 능력으로 해결할 수 없을 정도로 큰 문제인가? 그게 아니라면 주님께 맡기고 그분의 평안을 누리도록 노력하자.

15절과 17절 사이에 예배에 대한 언급을 포함함으로써, 선지자는 하나님이 얼마나 위대하신지 이 세상의 어떠한 규모의 예배와 제물도 그 분이 받기에는 미흡하다고 선언한다(16절). 여호와는 이 세상의 그 어떠한 세력에 의해서도 저해될 수 없는 절대적이고 전능하신 분이기에, 레바논 숲에 사는 모든 짐승을 제물 삼고, 레바논 숲의 모든 나무를 장작 삼아 하나님께 예배드려도 결코 그분을 제대로 경배할 수 없다. 이스라엘의 하나님 여호와는 바로 이런 분이다. 그렇기 때문에 때로 우리가 현실을 보면 낙심이 되어도 하나님을 바라보면 힘을 얻게 되는 것이다. 어려움이 닥칠 때, 우리는 과연 어떤 하나님을 섬기고 있는지 깊이 묵상해 봐야 한다.

3. 논제: 우상숭배의 어리석음(40:18-20)

18 그런즉 너희가 하나님을 누구와 같다 하겠으며
무슨 형상을 그에게 비기겠느냐
19 우상은 장인이 부어 만들었고
장색이 금으로 입혔고
또 은 사슬을 만든 것이니라
20 궁핍한 자는 거제를 드릴 때에
썩지 아니하는 나무를 택하고
지혜로운 장인을 구하여 우상을 만들어
흔들리지 아니하도록 세우느니라

이렇게 위대하신 여호와를 누구와 비교하겠는가?(18절) 사람들은 여호와를 다른 신들과 비교할지도 모른다. 그러므로 선지자는 소위 "다른 신들"의 허영과 실체를 본문에서 폭로한다. 우상숭배에 대한 언급은 이사야서의 전반부에서부터 꾸준히 발견된다. 후반부에서는 매우 노골적으로 그리고 적나라하게 우상숭배의 어리석음을 파헤친다(41:6-7; 44:9-20; 46:5-7; cf. 45, 48, 66장). 이 중 가장 중요한 것은 44:9-20이다. 또한 44:18은 40:13과 같은 동사들을 사용한다.

선지자의 주장은, 우상은 인간의 손재주에 의해 조각되어 세워진 것에 불과하다는 것이다. 특히 "넘어지지 않는 우상을 만들려고 숙련된 기술자를 찾는다"(20절, 새번역)는 우상숭배의 어리석음을 적나라하게 지적하는 말이다. 선지자가 2장에서 지적했듯이, 결코 우상이 인간을 타락하게 만드는 것이 아니라, 타락한 인간이 우상을 만드는 것이다. 그러므로 어찌 사람을 창조하신 여호와를 사람이 만들어 낸 "신들"에게 비교할 수 있겠는가! 하나님이 자존심 상해 하신다!

저자가 강조하고자 하는 차이점들을 더 생각해 보자. 우상들은 한 곳에 고정되어 있지만, 하나님은 온 우주를 운행하시는 분이다. 우상은 인간이 만들지만, 그 인간은 하나님이 만드셨다. 우상은 아무 말도 할 수 없지만, 하나님은 자신의 의사를 인간에게 선포하신다. 우상은 무능력하지만, 하나님은 모든 창조 능력을 가지고 계신 분이다.

학자들 중에는 이사야 선지자가 이러한 논리를 펼치는 것은 선지자의 "바빌론 사람들이 신상과 그 신상들이 상징하고 있는 신을 구분하지 못하는 것으로 간주하는 무식함"에서 비롯된 것이라고 주장한다 (Whybray). 그러나 고대 사람들이 끊임없이 우상들에게 절하고 우상들을 매우 소중하게 여겼던 점을 감안하면 그들이 결코 우상과 우상이 상징하는 신을 구분 지었던 것으로 보이지 않는다. 즉, 이들의 주장은 별로 설득력이 없는 것이다. 그뿐만 아니라 성경은 이 우상들 뒤에는 영적인 존재가 서 있음을 밝히고 있다(cf. 고전 8:4-7). 그리스도인은 우상숭배로부터 안전한가? 꼭 그렇지만은 않은 것이 현실이다. 오늘날 하나님을 믿는 성도들에게 우상은 어떤 모습으로 다가오는지 생각해 보자.

VII. 귀향과 회복(40:1-31)
2장. 회복 보장(40:12-31)

4. 적용: 여호와를 누구에게 비기랴!(40:21-26)

21 너희가 알지 못하였느냐
너희가 듣지 못하였느냐
태초부터 너희에게 전하지 아니하였느냐
땅의 기초가 창조될 때부터 너희가 깨닫지 못하였느냐
22 그는 둥근 땅 위에 앉으시나니
땅에 사는 사람들은 메뚜기 같으니라
그가 하늘을 차일 같이 펴셨으며

거주할 천막 같이 치셨고

[23] 귀인들을 폐하시며

세상의 사사들을 헛되게 하시나니

[24] 그들은 겨우 심기고 겨우 뿌려졌으며

그 줄기가 겨우 땅에 뿌리를 박자

곧 하나님이 입김을 부시니

그들은 말라 회오리바람에 불려 가는 초개 같도다

[25] 거룩하신 이가 이르시되

그런즉 너희가 나를 누구에게 비교하여

나를 그와 동등하게 하겠느냐 하시니라

[26] 너희는 눈을 높이 들어

누가 이 모든 것을 창조하였나 보라

주께서는 수효대로 만상을 이끌어 내시고

그들의 모든 이름을 부르시나니

그의 권세가 크고 그의 능력이 강하므로

하나도 빠짐이 없느니라

선지자는 우상의 한계를 폭로한 다음 다시 12-20절에서 선포했던 내용과 비슷한 맥락의 메시지를 선포한다. "여호와 하나님은 결코 이 세상의 그 어떤 것이나 존재에게 비교될 수 없는 절대적인 분이다!" 하나님은 온 세상 만물의 한계(21-22절)와 인류의 역사(23-24절)를 초월한 분이다. 그러므로 여호와를 누구에게 비교하랴!(25절) 하늘의 별들도 하나님의 헤아림을 받는 피조물에 불과한 것을!(26절) 선지자가 하나님을 하늘의 별을 하나도 빠짐없이 모두 헤아리는 분이라고 하는 것은 다음 섹션에서 "세상 만물에 이처럼 관심이 많으신 분이 어찌 너희를 잊었겠느냐?"는 주장을 펼치기 위한 준비이기도 하다. 이스라엘의 문제는 하나님이 그들을 잊으신 데 있는 것이 아니라, 그들이 하나님을 믿지 못하는 데 있다(Seitz).

선지자는 하나님의 창조 사역에 대해 전수되어 온 가르침을 수사학적인 질문을 통해 청중에게 역설한다. 즉 하나님은 결코 이 세상의 한 부분이 아니며, 이 세상은 또한 하나님의 연장선(extension)상에 있는 것이 아님을 명백하게 선언한다. 그분은 이 세상과 비교할 때 전적으로 다른(wholly other) 분이다. 세상을 감싸고 있는 궁창 위에 앉아 계신 그분에게 세상의 모든 것은 지극히 작을 수밖에 없다(21-22절).

이렇게 위대하신 하나님께 세상에서 사는 사람들은 메뚜기같이 연약하고 작기만 한 존재다. 이 말은 인간이 무가치한 존재라는 뜻이 아니다. 우리에게 삶이란 대단한 도전이고 의미가 있다. 가치도 있다. 그러나 아무리 우리의 삶에 대해 높이 평가한다 해도 하나님께는 지극히 작은 일일 뿐이다. 마치 하나님 앞에서 우리가 메뚜기와 같은 것처럼, 우리의 삶도 지극히 작다. 그런데 우리는 이 보잘것없고 미약한 인생을 살면서 왜 그리 많은 갈등을 빚고 서로 미워하고 시기하는 것일까! 서로에게 좀 더 관대해지고 너그러워졌으면 좋겠다. 우주적인 관점에서 볼 때, 우리의 인생은 일장춘몽(一場春夢)에 지나지 않는 무상(無常)한 것이 아니던가! 그렇다면 그렇게 아옹다옹할 필요가 있을까?

인류 역사의 모든 것도 하나님께는 지극히 작은 일이다(23-24절). 세상의 권세자들과 통치자들도 하나님 앞에서는 "아무것도 아니다"(אָיִן, 23절). 저자는 이미 15절에서 같은 단어를 사용하여 이스라엘이 두려워하는 열방이 "아무것도 아니다"라고 선언했다. 또한 하나님은 땅의 지배자들을 "쓸모없는"(תהו) 사람으로 만드신다(23절). 이 단어 역시 15절에서 열방과 연관되어 이미 사용된 적이 있다.

하나의 아이러니가 형성되고 있다. 세상의 중요한 위치에 있는 사람들이 하는 일은 사실 하나님의 권위와 사역에 비하면 아무것도 아니다. 그러나 "아무것도 아닌 것"을 손에 쥔 정치인들이나 권세자들은 마치 자신들이 절대적으로 그리고 영원히 통치할 것처럼 착각한다. 또한 하나님의 말씀에 의하면 세상에서 가장 덧없는 것이 권세다. 만일 우리의 인생이 오늘 있다가 내일 사라질 들풀과 같다면, 하물며 그 인생 안에서 잠시 누리게 되는 권세는 얼마나 허무하고 일시적인 것이겠는가! 이 진리를 깨닫는 권세자들은 복 있는 자들이다!

이 말씀은 인류의 역사가 결코 어떠한 모양으로도 하나님께 영향을 미칠 수 없으며, 오히려 하나님이 역사에 절대적인 영향을 미친다는 것을 선언한다. 하나님은 마치 사막에서 불어오는 건조한 바람이 순식간에 풀을 말려버리는 것처럼(cf. 7절), 이 세상의 어떠한 권세도 마음만 먹으면 쉽게 제거할 수 있는 능력을 가진 분이다(24절). 그러므로 이러한 하나님을 누구와 비교하겠는가!(25절)

25절을 시작하는 수사학적인 질문의 내용은 18절의 것과 같다. 그러나 18절에서는 선지자가, 본 구절에서는 하나님이 직접 이 질문을 하신다. 우상도 세상의 권세도 결코 하나님 앞에서 당당할 수 없다. 그러므로 이 세상에는 여호와와 비교할 자가 없는 것이다. 저자는 하나님을 "거룩하신 분"(קָדוֹשׁ)—이 세상의 그 무엇과도, 세상의 어떤 신들과도 비교할 수 없는, 모든 것에서 구분되신 분으로—부르고 있다. 혹 어떤 사람들은 하나님을 하늘에 펼쳐진 별들에 비교할지도 모른다. 고대 근동에서 별과 행성은 흔히 신으로 간주되었다. 그러나 선지자는 하늘의 모든 것도 그분의 피조물에 불과하며, 하나님은 이 별들의 형편을 모두 헤아리고 그것들을 유지하신다는 것을 강조한다(26절). 우리는 이런 하나님을 섬기고 있다. 우리의 삶에서 이러한 사실이 어떻게 드러나는가? 우리는 주님의 사도로서 어떤 자세로 이 세상을 살아가는가에 대해 깊은 반성과 묵상이 필요하다.

VII. 귀향과 회복(40:1–31)
2장. 회복 보장(40:12–31)

5. 결론: 신앙의 현실적 의미(40:27-31)

27 야곱아 어찌하여 네가 말하며
이스라엘아 네가 이르기를
내 길은 여호와께 숨겨졌으며
내 송사는 내 하나님에게서 벗어난다 하느냐
28 너는 알지 못하였느냐
듣지 못하였느냐
영원하신 하나님 여호와,
땅 끝까지 창조하신 이는 피곤하지 않으시며
곤비하지 않으시며 명철이 한이 없으시며
29 피곤한 자에게는 능력을 주시며
무능한 자에게는 힘을 더하시나니
30 소년이라도 피곤하며 곤비하며
장정이라도 넘어지며 쓰러지되
31 오직 여호와를 앙망하는 자는 새 힘을 얻으리니
독수리가 날개치며 올라감 같을 것이요
달음박질하여도 곤비하지 아니하겠고
걸어가도 피곤하지 아니하리로다

지금까지 선지자는 아주 고상하면서도 설득력 있는 말로 하나님의 유일성과 절대적인 능력을 선포해 왔다. 이제 그는 지금까지 선포된 메시지를 바탕으로 이스라엘이 당면한 문제를 지적한다. 선지자는 이 섹션에서 백성을 설득할 논리 전개를 위해 12-26절을 선언한 것이다. 이사야는 좌절과 절망의 구렁텅이에서 헤어나지 못하는 하나님의 백성에게 그들의 관점과 마음 자세를 점검하라고 권면한다. 어떤 사람들은 선지자가 메시지를 전하는 대상이 바빌론에 끌려가지 않은 유다 사람들이라고 하고(Watts), 또 어떤 사람들은 바빌론으로 끌려가 사는 유다 사람들이라고 한다(Goldingay). 그러나 이미 언급한 것처럼 선지자가 역사적 배경을 제공할 만한 정보들을 의도적으로 제거한 상황에서 굳이 구체적인 대상으로 제한할 필요는 없다. 그냥 고통당하는 주의 백성으로 남겨 두는 것이 좋다.

낙담한 이스라엘은 하나님을 원망한다. 그들은 여호와가 백성에 대해 무관심한 분이기에 그들에게 어떠한 일이 일어나도 별로 개의치 않으신다고 비관한다. 그래서 여호와께서는 심지어 자신들의 기도도 들어주지 않으시고 억울함의 표출도 그분의 관심을 끌지 못한다는 결론에 도달한다(27절). 이 같은 이스라엘의 좌절은 탄식시(lament psalms)에서 자주 목격된다(Melugin).

그러나 선지자는 이들에게 하나님은 옛적부터 지금까지 변하신 적이 없고, 창조주로서 무한한 능력을 지니신 분이며, 결코 지치거나 포기하는 일이 없는 분임을 선포한다. 또한 그분은 인간이 헤아릴 수 없는 지혜를 가진 분이다(28절). 그렇다면 백성의 좌절은 여호와가 무능력하거나 백성에게 관심이 없어서가 아니라, 그들이 여호와의 지혜를 헤아리지 못해서 빚어진 것이다. 하나님은 인간의 이성과 논리를 초월하여 운행하시는 분이며, 우리의 논리로 이해하지 못한다 해서 그분이 어떠하다고 쉽게 단정하는 것은 결코 바람직하지 않다. 아니 어리석기까지 하다.

과연 누가 하나님의 심중을 헤아릴 수 있단 말인가! 인간이 빚어내는 가장 큰 비극 중 하나는, 인간의 논리로 이해할 수 없는 것을 너무 쉽게 정리하고 자신의 체험에 근거해 결론짓는다는 것이다. 선지자들은 우리가 체험하고 보는 세상은 실체의 지극히 제한된 부분에 불과하다는 사실을 끊임없이 선포한다. 그러므로 우리의 경험과 감정에 근거해 결론을 내리는 것은 많은 경우 시기상조이거나 잘못될 확률이 많다.

여호와는 지친 자들에게 새 힘을 주시는 분이다(29절). 선지자는 28

절에서부터 "지침/피곤함"을 반복적으로 언급한다(28, 29, 30, 31절). 이스라엘의 낙심이 그만큼 크다는 사실을 의식한 것이다. 그러나 동시에 이러한 절대적인 곤고함은 여호와만이 회복하실 수 있음을 암시한다. 젊은 사람도 지쳐 넘어지지만, 여호와를 의지하고 바라는 자들(קֹוֵי יְהוָה)은 독수리가 창공을 나는 듯한 힘을, 결코 지치지 않는 힘을 얻게 될 것이라고 선지자는 확신한다(30-31절). 선지자가 지쳐 넘어질 것이라고 한 "젊은 사람들"이 특별히 훈련을 받은 정예군을 의미한다는 해석도 있다(Goldingay). 쉽게 넘어지지 않도록 훈련을 받은 사람들도 지쳐서 넘어지는 상황을 묘사한다는 것이다.

"바라다"(קָוָה)는 실의에 빠져 모든 것을 체념하고 기다린다는 뜻이 아니다. 성경에서, 특히 시편에서 자주 사용되는 이 단어의 가장 기본적인 개념은 "갈망하다"의 의미다. 처한 상황이 불리하고 주변에서 일어나는 모든 일이 비관적으로 보일지라도, 끝까지 여호와의 주권과 선하심에 대한 기대를 포기하지 않고 주님의 임재를 간절히 기다리는 신뢰/믿음을 전제로 하는 신앙의 행위를 말한다. 하나님을 끝까지 포기하지 않는 자들만이 가진 믿음인 것이다. 이러한 사실이 우리에게 큰 도전이 되어야 할 것이다. 특히 모든 것이 즉석에서 해결되는 인스턴트 시대를 살아가는 우리에게는 하나님과의 관계에서 많은 인내와 신뢰가 필요하다.

그렇다면 이스라엘이 살길은 무엇인가? 하나님의 백성이 살길은 단 한 가지다. 마음이 내키지 않더라도, 현실이 하나님과의 언약관계를 부인하는 듯해도, 하나님께 버림받았다는 느낌이 압도적일지라도, 한 번 더 하나님을 신뢰하고 그분의 주권과 능력에 자신의 문제를 맡겨야 한다. 이게 바로 신앙의 역설(paradox)이다. 가장 믿기 어려울 때 우리는 믿음을 요구받는다. 그러나 이러한 상황에서의 유일한 해결책은 오직 여호와만을 신뢰하는 것이다. 우리도 신앙생활에서 몇 번쯤은 이러한 원리를 체험한 적이 있을 것이다.

VIII. 소송과 판결

(41:1-48:22)

선지자는 40장에서 이스라엘의 하나님 여호와만이 지혜와 능력이 무한하신 창조주라는 메시지를 선포했다. 이를 위해 이러한 분을 "누구에게 비교하겠는가?"라는 질문을 반복적으로 사용함으로써 하나님의 절대성을 부각시켰다. 앞으로도 그는 "여호와와 같은 분은 없다"는 논리를 펼쳐 나갈 것이다. 그러나 그가 강조하고자 하는 초점은 조금씩 바뀐다.

이 섹션에서는 여호와가 인류 역사의 모든 것을 자신의 뜻대로 계획하고 진행하는 주인이시며, 이런 점에서 무능력한 열방의 우상들과는 모든 면에서 다르다는 것을 강조한다. 선지자는 이스라엘의 하나님과 열방의 신들 사이에 누가 진정한 신인가에 대한 일종의 소송과 판결을 진행하는 것이다. 물론 판결은 세상에 여호와와 같은 분이 없다는 사실을 인정하는 쪽으로 기운다. 그러므로 여호와를 섬기는 백성은 열방을 전혀 두려워할 필요가 없다는 적용에 이르게 된다. 그들의 하나님 여호와가 세상의 모든 역사를 주관하시는 분이기 때문이다. 선지자는 이스라엘이 세상을 바라보는 관점을 교정하고자 하는 것이다. 이 섹션은 다음과 같이 구분될 수 있다.

A. 유일하신 하나님(41:1-29)

B. 종의 소명(42:1-9)

C. 여호와의 구원(42:10-17)

D. 구원받는 어리석은 백성(42:18-25)

E. 출애굽 재현(43:1-28)

F. 창조주(44:1-23)

G. 고레스와 열방(44:24-48:22)

1장. 유일하신 하나님(41:1-29)

이제부터 선지자는 여러 가지 논리와 이성을 통해 이스라엘의 하나님 여호와가 열방의 우상들과 얼마나 다른가를 선언할 것이다. 이사야는 특히 하나님의 무한하신 능력을 우상들의 무능함과 대조하며 메시지를 전개할 것이다. 그는 자신 있게 여호와에 비교할 만한 신은 세상에 없다고 한다. 본 텍스트는 선지자가 이와 같이 하나님의 거룩하심을 선포하는 메시지들 중 첫 번째 것이며 다음과 같은 구조로 이루어졌다.

A. 여호와와 역사(41:1-7)
  B. 두려워 말라!(41:8-20)
A'. 여호와와 우상(41:21-29)

1. 여호와와 역사(41:1-7)

이 섹션에서도 법정에서 펼쳐지는 논쟁(disputation) 양식이 기본적인 틀을 제공한다. 먼저 법정이 열리고(1절), 하나님의 진술(2-4절)이 제시된 다음 열방이 여호와의 진술에 대해 두려움에 가득 찬 반응을 보이는 것으로 법정 드라마는 일단락된다(5-7절). 열방이 피고로 법정에 선 것은 아니고, 증인의 자리에 앉아 있는 모습이다(Schoors). 본 텍스트는 다음과 같은 구조로 이루어졌다.

A. 열방이 부름을 받음(41:1)
B. 하나님의 진술(41:2-4)
A'. 열방의 반응(41:5-7)

VIII. 소송과 판결(41:1–48:22)
1장. 유일하신 하나님(41:1–29)
1. 여호와와 역사(41:1–7)

(1) 열방이 부름을 받음(41:1)

1 섬들아 내 앞에 잠잠하라
민족들아 힘을 새롭게 하라
가까이 나아오라
그리고 말하라
우리가 서로 소송과 판결 자리에 가까이 나아가자

열방이 법정으로 소환되고 있다. "섬들"(אִיִּים)은 지중해에 떠 있는 크고 작은 섬들을 의미하며, 선지자가 세상 끝을 뜻하면서 자주 사용하는 단어다(cf. 40:15). 저자가 온 세상/열방에게 하나님이 재판장으로 앉아 계신 법정에 출두 명령을 내리는 것이다. 그러나 이들은 증인이나 피고인으로 출두하는 것이 아니라, 그동안 간접적으로 들었던 이스라엘의 하나님으로부터 직접 힘을 얻기 위해 법정으로 향한다(Smith).

"힘을 새롭게 하라"(יַחֲלִיפוּ כֹחַ)는 40:31의 "새 힘을 얻으리니"(יַחֲלִיפוּ כֹחַ)와 같은 문장이다. 같은 문장이 사용되는 것은 40장과 41장의 연결 고리를 만들어 준다. 또한 만일 열방이 이스라엘의 하나님으로부터 새 힘을 얻는 것을 원치 않는다면, 본인들이 생각할 수 있는 모든 곳에서 다른 방법으로 힘을 모아 보라는 뜻이다. 그러나 6-7절은 그들이 가지고 있는 유일한 힘의 원천은 자신들의 무능한 우상들임을 암시한다. 열방을 도울 만한 신들은 존재하지 않으며, 그들은 우상에 속고 있다.

(2) 하나님의 진술(41:2-4)

2 누가 동방에서 사람을 일깨워서
공의로 그를 불러 자기 발 앞에 이르게 하였느냐
열국을 그의 앞에 넘겨 주며
그가 왕들을 다스리게 하되
그들이 그의 칼에 티끌 같게,
그의 활에 불리는 초개 같게 하매
3 그가 그들을 쫓아가서
그의 발로 가 보지 못한 길을 안전히 지났나니
4 이 일을 누가 행하였느냐
누가 이루었느냐
누가 처음부터 만대를 불러내었느냐
나 여호와라 처음에도 나요
나중 있을 자에게도 내가 곧 그니라

온 열방을 법정으로 부르신 후에 하나님은 절대적인 인류 역사 통치를 증명할 만한 사건으로 동쪽에서부터 달려오는 정복자를 하나님 홀로 태초부터 부르셨다고 하신다. 이 정복자는 가는 곳마다 승리하며 모든 민족을 굴복시키는 자다(2절). 그의 무력 앞에 모든 세력이 무릎 꿇으며, 그의 앞길을 막을 자가 아무도 없다(3절). 누가 인류 역사의 흐름에 커다란 영향을 미치는 이 정복자를 보냈는가? 바로 여호와 하나님이다(4절).

그런데 이 정복자의 정체는 누구인가? 탈굼(Targum)과 초대교회 교부들 중 상당수는 아브라함이라고 말했다. 창세기 14장에는 아브라함이 롯을 구하기 위해 전쟁을 치르는 모습이 그려져 있다. 용사로서의 아브라함의 모습이 본문과 잘 어울린다고 생각했던 것이다. 그 후 칼뱅

(Calvin)과, 최근 학자로 토레이(Torrey)와 키샌(Kissane)이 이 해석을 따르지만 큰 설득력은 없다. 일부 학자들은 바빌론에서 고통받는 유다 사람들이라고 주장하거나(Snaith), 아시리아의 산헤립(Smith)이라고 주장하는데, 이 역시 설득력이 부족하다. 그래서 거의 모든 학자는 앞으로 선지자가 이름을 불러 언급할 페르시아의 고레스 왕(cf. 44:24-47:15)을 염두에 두고 선포한 것으로 여긴다(Childs; Seitz).

고레스 왕은 앞으로 이사야서에서 이스라엘의 구원을 완성하는 주의 종으로 몇 차례 언급된다. 그는 주전 539년에 메대-페르시아 연합군을 이끌고 바빌론 정복에 나섰던 사람이다. 고레스는 군사력으로는 함락시키기 매우 어려운 바빌론 성을 하룻밤 사이에, 그것도 피 한 방울 흘리지 않고 정복했다. 바빌론 정권의 부패에 염증을 느꼈던 시민들이 고레스가 온다는 소식을 듣고 몰래 성문을 열어 주었던 것이다. 그 후 고레스는 마치 메시아와 같은 모습으로 바빌론에 입성했고, 그 이듬해인 주전 538년에 바빌론으로 끌려와 살던 모든 족속에게 본국으로 돌아갈 수 있는 자유를 선포했다. 이사야서 후반부에서는 바로 이 고레스의 자유 선포가 매우 중요한 비중을 차지한다.

하나님의 주장에 열방과 그들의 신들은 잠잠할 수밖에 없다. 자신들은 이 정복자를 보낸 적이 없기 때문이다. 그뿐만 아니라 하나님이 고레스의 출현을 자신이 한 일이라고 선언하시는 것은 듣는 이들에게 상당한 충격과 도전을 주었을 것이다. 여호와는 보잘것없고 작은 유다의 수호신 정도로 생각되었기에, 이 작은 나라의 신이 온 세상의 통치자라는 선언은 받아들이기가 매우 어려웠을 것이다. 아이러니하지 않은가? 세상에서 가장 미미한 나라 유다의 신이 세상에서 가장 위대한 권세자를 사용해 세상을 자신이 원하는 대로 주관하시다니! 그러나 이것이 사실이다. 하나님의 주장을 반박할 수 있는 자가 아무도 없다.

하나님은 “나 여호와라 태초에도 나요 나중 있을 자에게도 내가 곧 그니라”(אֲנִי יְהוָה רִאשׁוֹן וְאֶת־אַחֲרֹנִים אֲנִי־הוּא, 4절)고 선언하시면서, 창조 이후 지금까지 그리고 앞으로도 영원히 세상을 다스리고 심판할 자는 자신이라고 하신다(cf. Williamson). 특히 마지막 문구 "내가 그니라"(אֲנִי־הוּא)는 출애굽기 3:14의 "나는 스스로 있는 자"와 요한계시록의 "처음과 나중/알파와 오메가"와 같은 뉘앙스를 지닌 말씀이다(Seitz; Harner). 인류 역사의 시작부터 끝까지 모두 총괄하고 진행하시는 분이 바로 여호와이시라는 의미다. 이러한 선언은 선지자가 선포하는 말씀에 권위와 힘을 실어 준다(Harner).

그렇다면 이스라엘이 당면한 문제는 그들의 하나님이 무력(無力)하거나 약한 신이어서 생긴 것이 아니다. 그들의 하나님은 세상에서 가장 위대하고 능력 있는 분이기 때문이다. 그들이 당면한 문제는 바로 이러한 하나님의 절대적인 능력을 신뢰하지 못하는 그들의 불신으로 야기된 것이다. 생각해 보면 얼마나 슬픈 일인가! 온 세상을 창조하신 하나님의 능력을 의지하지 못하는 주의 백성이 당면한 고통은 사실 그들 자신이 초래한 것이다! 우리는 어떤 하나님을 믿고 의지하는가?

(3) 열방의 반응(41:5-7)

5 섬들이 보고 두려워하며
땅 끝이 무서워 떨며
함께 모여 와서
6 각기 이웃을 도우며
그 형제에게 이르기를
너는 힘을 내라 하고
7 목공은 금장색을 격려하며
망치로 고르게 하는 자는 메질꾼을 격려하며
이르되 땜질이 잘 된다 하니

그가 못을 단단히 박아
우상을 흔들리지 아니하게 하는도다

여호와의 증언을 듣고 있던 열방이 심히 두려워한다(5절). 그동안 우상들과 놀아났기 때문이다. 여호와의 증언은 모두 사실이다. 그러나 그들은 숨소리를 가다듬고 최후 증언을 하기 위해 안간힘을 써 본다. 서로를 향해 "담대하라"(חֲזָק)고 권면도 해 보지만 다 부질없는 일이다(6절). 그들이 도움을 기대해 보는 존재가 바로 그들이 스스로 만든 무능한 우상이기 때문이다(7절).

이사야의 논리는 간단하다. 우상들은 사람의 도움이 있어야만 서 있을 수 있는 무능한 존재다. 목공은 "못을 단단히 박아 우상으로 흔들리지 않게 한다"(7절). 인간의 도움 없이는 홀로 설 수도 없는 우상이 어찌 그가 서 있도록 돕는 사람들을 도울 수 있겠는가? 선지자는 우상이란 죄인들이 만들어 낸 거짓 신이라는 사실을 다시 한 번 증언하고 있다.

그런데도 사람들은 우상을 만들며 "그가〔우상이〕 좋다"(טוֹב הוּא, 7절)고 한다. 마치 옛적에 하나님이 천지를 창조하시고 좋았더라(טוֹב)고 하신 것처럼 말이다. 선지자는 우상을 제작한 자들을 천지 만물을 지으신 하나님과 비교함으로써 그들의 어리석은 행동을 비꼬고 있다. 우리는 하나님이 만드신 것은 모두 아름답고 좋지만, 사람들이 만든 우상들은 절대 좋지 않다는 사실을 잘 안다. 하나님의 "좋으심"과 인간의 "좋음"이 극명한 대조를 이룬다.

VIII. 소송과 판결(41:1-48:22) 1장. 유일하신 하나님(41:1-29)

2. 두려워 말라!(41:8-20)

선지자는 이스라엘의 하나님 여호와는 결코 이스라엘만을 위한 수호신이 아니라 온 세상과 인류의 역사를 다스리시는 분이라고 선언했다. 이제 그는 이러한 사실이 주님을 섬기는 백성에게 시사하는 바가 무엇인가를 말한다. 한마디로 주의 백성은 세상의 어떠한 권세나 여건 때문에 좌절할 필요가 없다. 그들의 하나님 여호와가 역사의 모든 것을 주관하시는 분이기 때문이다. 이사야는 구체적으로 주의 백성은 사람들의 방해(8-13절), 개인적인 연약함(14-16절), 그리고 불리한 여건(17-20절) 때문에 두려워하거나 좌절할 필요가 없다는 것을 확인한다. 그래서 이 섹션은 다음과 같이 세 부분으로 나뉜다.

A. 두려워하지 말라(41:8-13)
B. 좌절하지 말라(41:14-16)
C. 낙심하지 말라(41:17-20)

Ⅷ. 소송과 판결(41:1–48:22)
1장. 유일하신 하나님(41:1–29)
2. 두려워 말라!(41:8–20)

(1) 두려워하지 말라(41:8-13)

8 그러나 나의 종 너 이스라엘아
내가 택한 야곱아
나의 벗 아브라함의 자손아
9 내가 땅 끝에서부터 너를 붙들며
땅 모퉁이에서부터 너를 부르고
네게 이르기를 너는 나의 종이라
내가 너를 택하고 싫어하여 버리지 아니하였다 하였노라
10 두려워하지 말라
내가 너와 함께 함이라
놀라지 말라
나는 네 하나님이 됨이라

내가 너를 굳세게 하리라
참으로 너를 도와 주리라
참으로 나의 의로운 오른손으로 너를 붙들리라
11 보라 네게 노하던 자들이
수치와 욕을 당할 것이요
너와 다투는 자들이 아무것도 아닌 것 같이 될 것이며
멸망할 것이라
12 네가 찾아도 너와 싸우던 자들을 만나지 못할 것이요
너를 치는 자들은 아무것도 아닌 것 같고
허무한 것 같이 되리니
13 이는 나 여호와 너의 하나님이 네 오른손을 붙들고
네게 이르기를 두려워하지 말라
내가 너를 도우리라 하실 것임이니라

열방은 우상을 만들어 세워 그것을 섬기느라 그 우상들의 종이 되었다는 것이 6-7절의 내용이었다. 그러나 하나님은 이스라엘을 만드시고 백성으로 삼으셨다. 하나님은 좌절한 이스라엘 백성에게 그들의 주인으로서 위로의 말씀을 주신다. "나의 종 너 이스라엘아 나의 택한 야곱아 나의 벗 아브라함의 자손아"(8절). 학자들은 "두려워 말라"(אַל־תִּירָא)를 핵심 메시지로 삼고 있는 본문을 구원 신탁(salvation oracle) 혹은 성전 신탁(holy war oracle)이라고 한다(Westermann; Conrad).

이스라엘을 "나의 종"(עַבְדִּי)이라 부르시는 것은 그들에게 위로와 친근감을 주기 위함이다. 하나님이 옛적에 아브라함, 모세, 다윗 등 이들의 조상을 종(하나님의 사역을 감당하는 자)으로 세우셨던 것처럼, 이스라엘을 자신의 사역에 동참시키고자 하시는 의지에 변함이 없음을 암시하는 애칭이다. 또한 이스라엘과 하나님의 언약관계의 원형(prototype)이 될 수 있는 아브라함을 "나의 벗"(אֹהֲבִי)으로 부르시는 것은, 이스라엘과 여호와 사이에 체결된 언약관계가 법률적이고 냉철한 조항들만을 준수해야 하는 계약(contract)에 의한 관계가 아니라 끈끈한 정이 있고 인간미가 넘치는 서약(covenant)에 의한 관계였음을 강조한다(Oswalt; Motyer).

이스라엘이 어떻게 느끼고 어떻게 생각하든지, 하나님은 한 번도 그들을 버리신 적이 없으며 그들은 여전히 하나님의 백성이다(9절). 죄가 결코 하나님이 그들을 버리게 만드는 요인이 될 수는 없었던 것이다. 선지자는 이미 여러 곳에서 이스라엘의 포로생활은 그들을 죄로부터 정결케 하고자 하는 하나님의 의지에서 비롯된 것이라고 선언했다. 그러므로 하나님이 정결케 하기 위해 잠시 열방으로 보낸 백성을 어찌 버리실 수 있겠는가! 이는 논리적으로 맞지 않는 말이다. 선지자는 이 사실을 다시 한번 확인한다(9절).

선지자는 하나님이 자기 백성을 버리지 않으셨을 뿐만 아니라 지금 이 순간에도 그들과 함께 계신다고 주장한다(10절). 그러므로 그들은 두려워할 필요가 없다. 하나님이 함께하시면 감히 누가 우리를 대적하리요! 설령 대적하는 자들이 나온다 하더라도, 그들은 하나님 앞에서 추풍낙엽(秋風落葉)일 수밖에 없다.

하나님은 이스라엘과 함께하시면서 그들의 방어벽이 되어주실 뿐만 아니라 그들을 강하게 하신다(10절). 그러므로 주의 백성을 대적할 자가 없다(10절). 전에 그들을 괴롭힌 자들은 모습을 감추었다. 두렵고 떨려 도망간 것이다. 간혹 대적하는 자들이 생긴다 해도 이스라엘은 그들을 쉽게 물리칠 것이다(11-12절). 이스라엘이 패배할 수 없는 이유는 바로 하나님의 오른팔이 그들을 돕기 때문이다(10, 13절). 주의 백성을 대적하는 자들은 도무지 승리할 수 없는 무모한 싸움이다. 세상의 그 어떤 민족이라도 이스라엘을 상대로 승리하지 못하고 패할 것이라는 본문의 메시지는, 40-66장이 바빌론 포로생활을 역사적 배경으로 삼고 있다고 주장하는 학자들에게 큰 걸림돌이 되어 왔다(Schoors). 바빌론은 이스라엘을 상대로 싸워서 패한 적이 없기 때문이다(Smith). 그러므로 이미 언급한 것처럼 이사야서 후반부의 역사적 배경에 대한 논의는 최소한으로 남겨 두어야 한다.

이처럼 놀라운 능력의 하나님이 함께하시는데, 주의 백성은 왜 자주 절망하고 실패하는 것일까? 사실 주의 백성이 세상에서 승리하는 삶을 사는 데 가장 큰 걸림돌이 되는 것은 대적들이 아니라 패배감과 좌절에 휩싸이기 쉬운 자기 자신인 경우가 많다. 건강한 자아상과 세계관은 신앙생활의 필수 조건들일 뿐만 아니라, 승리하는 삶의 원동력이다. 우리는 우리의 믿음만큼 긍정적이고 승리하는 삶을 살 수 있다.

VIII. 소송과 판결(41:1-48:22)
1장. 유일하신 하나님(41:1-29)
2. 두려워 말라!(41:8-20)

(2) 좌절하지 말라(41:14-16)

14 버러지 같은 너 야곱아,
너희 이스라엘 사람들아 두려워하지 말라
나 여호와가 말하노니 내가 너를 도울 것이라
네 구속자는 이스라엘의 거룩한 이이니라
15 보라 내가 너를 이가 날카로운 새 타작기로 삼으리니
네가 산들을 쳐서 부스러기를 만들 것이며
작은 산들을 겨 같이 만들 것이라
16 네가 그들을 까부른즉 바람이 그들을 날리겠고
회오리바람이 그들을 흩어 버릴 것이로되
너는 여호와로 말미암아 즐거워하겠고
이스라엘의 거룩한 이로 말미암아 자랑하리라

선지자가 외치는 메시지를 듣던 사람들 중 몇몇은 "듣기 좋은 소리요. 그러나 선지자 당신이 우리의 연약한 처지를 헤아린다면 결코 그렇게 간단하게 말하지는 못할 것이요"라고 빈정댔을 것이다. 이러한 상황을 아시는 하나님은 그들에게 이런 내용의 메시지를 선포하신다. "내가 연약한 지렁이(worm)와 같은 너희들을 그 누구도 당해낼 수 없는 '슈퍼 지렁이'(Super Worm)로 변화시켜 주겠다!" 그러므로 메시지는 이제 이스라엘의 방어력에서 공격력으로 초점이 옮겨진다.

비관하는 자들의 말처럼 하나님이 돕지 않으신다면 이스라엘은 지렁이, 벌레같이 하찮은 존재에 불과하다(14절). 이것이 주의 백성이 갖는 당연한 자화상이다(Brueggemann). 능력이 그들 안에 있는 것이 아니라 그들과 함께하시는 하나님께 있기 때문이다. 우리의 삶도 마찬가지 아닌가! 하나님의 능력이 빠져 버린 우리는 세상에서 홀로서기에 너무나도 연약한 존재다. 그러므로 날마다 하나님의 능력을 구해야 하는 것이다.

혼자서는 연약해서 남들에게 짓밟히기 일쑤인 지렁이, 벌레 같은 이스라엘이 그들의 구속자(גֹּאֵלֵךְ)이신 하나님의 손에 사로잡히면 대단한 파괴력을 지닌 무기로 변한다. 선지자는 "구속자"라는 개념을 13회나 사용하는데(41:14; 43:14; 44:6; 44:24; 47:4; 48:17; 49:7; 49:26; 54:5; 54:8; 59:20; 60:16; 63:16), 가장 기본적인 개념은 룻기에서 보아스가 나오미의 기업을 회복시켜 주는 기업 무를 자의 역할을 감당하는 것이다. 선지자는 이 단어를 하나님의 다른 성호들과 연관하여 사용함으로써 하나님의 무한한 능력을 선언한다. 선지자는 특히 하나님이 이스라엘의 구속자이심을 강조한다. 그러므로 이스라엘의 소망은 오직 하나님을 자신을 구속하시는 분으로 믿고 그분만을 의지하는 것이다. 여호와만이 그들을 구할 수 있는 유일한 구속자이시기 때문이다.

하나님은 이스라엘을 이가 날카로운 새 타작기(מוֹרַג)로 삼으실 것이다(15절). 고대 근동에는 두 종류의 타작 기계가 있었던 것으로 알려져 있다. 한 종류는 무거운 나무판의 밑 쪽에 날카로운 돌과 쇳 조각 등을 박아 곡식 위를 끌고 다니는 것이었고, 또 다른 종류는 두 개의 롤러에 날카로운 돌과 쇳 조각 등을 박아 곡식 위를 끌고 다니는 것이었다. 본문은 첫 번째 종류를 언급하고 있다(cf. NIV; TNK; NRS).

연약한 이스라엘이 하나님에 의해 변화되면 아주 날카로운 이를 가진 타작 기계로 변해 "산들을 쳐서 부스러기를 만들 것이며 작은 산들로 겨 같이 만들 것"이다(15절). 선지자는 이미 40장에서 열방을 산들에 비교한 적이 있다. 즉, 변화된 이스라엘은 세상의 어떤 나라도 타작 기계가 곡식을 짓밟듯 짓밟을 수 있다는 것이다. 당연하다. 온 세상의 바닷물을 손바닥으로 헤아리시는 그들의 하나님께 열방은 고작 통에 떨어지는 한 방울의 물에 불과하지 않은가!(40:15)

그러므로 이스라엘이 하나님을 의지하고 그분의 손에 붙들리기만 하면 그들이 두려워하는 적들은 바람에 이는 겨처럼 사라져 갈 것이다(16절). 원수들이 힘없이 사라져 가는 날, 이스라엘은 그들의 하나님 여호와와 함께 즐거워하며 주님만을 기뻐할 것이다. 드디어 자신들의 승리가 하나님의 능력에서 비롯된 것임을 깨달을 것이기 때문이다(16절). 우리 모두가 꿈꾸는 날이 바로 이런 날 아닌가?

VIII. 소송과 판결(41:1–48:22)
1장. 유일하신 하나님(41:1–29)
2. 두려워 말라!(41:8–20)

(3) 낙심하지 말라(41:17-20)

17 가련하고 가난한 자가 물을 구하되
물이 없어서 갈증으로 그들의 혀가 마를 때에
나 여호와가 그들에게 응답하겠고
나 이스라엘의 하나님이 그들을 버리지 아니할 것이라
18 내가 헐벗은 산에 강을 내며
골짜기 가운데에 샘이 나게 하며
광야가 못이 되게 하며
마른 땅이 샘 근원이 되게 할 것이며
19 내가 광야에는 백향목과 싯딤 나무와 화석류와 들감람나무를 심고

사막에는 잣나무와 소나무와 황양목을 함께 두리니
20 무리가 보고 여호와의 손이 지으신 바요
이스라엘의 거룩한 이가 이것을 창조하신 바인 줄 알며
함께 헤아리며 깨달으리라

선지자는 아직도 설득되지 않은 사람이 있을까 해서 한 번 더 하나님이 이스라엘에게 주실 수 있는 변화에 대해 선언한다. 여호와는 이스라엘을 변화시키실 뿐만 아니라(14-16절), 그들의 거주하는 땅의 자연적 환경도 변화시키실 것이다. 하나님은 메마르고 생산성이 없는 땅을 풍요롭고 기름진 땅으로 변하게 하여 주의 백성이 풍요를 누리고 살 수 있도록 하실 것이다.

저자는 매우 절박한 상황에 처한 사람과 환경을 묘사하면서 이 섹션을 시작한다. 사람들은 마실 것이 없어 혀가 타 들어가는 갈증에 시달리고 있다(17절). 산은 메말라서 생기가 없다(18절). 이런 상황에서 하나님이 이들에게 물을 주신다. 단순히 비를 내려 그들의 갈증을 해소해 주시는 것이 아니라, 그들의 타는 목마름을 영원히 해결할 수 있는 샘과 강을 주시는 것이다(18절).

그러므로 메말랐던 광야가 못이 되고 마른 땅이 샘의 근원으로 변한다. 자연히 광야는 꽃밭이 될 것이요, 마른 땅은 풍요로운 땅으로 변할 것이다. 인간의 필요를 완전히 회복해 주시겠다는 하나님의 의지의 표현이다. 선지자는 하나님이 광야에 심으실 나무를 일곱 가지로 말한다. "내가 광야에는 백향목과 싯딤 나무와 화석류와 들감람나무를 심고 사막에는 잣나무와 소나무와 황양목을 함께 두리니"(19절). 숫자 7이 사용되는 것은 하나님의 완벽하심을 강조하기 위함이다(Delitzsch). 또한 본문이 언급하는 나무들은 같은 장소에서 발견되는 것들이 아니다. 평소에는 같은 곳에 심기지 않는 나무들을 이곳에 함께 나열함으로써 이 일이 하나님이 하시는 것임을 강조한다(Alexander).

하나님은 결코 자기 백성을 버리지 않으실 것이다(17절). 이러한 의지는 백성 중 가장 연약한 자들—가련하고 빈궁한 사람들—까지도 구하시는 데서 역력히 드러난다(17절). 하나님은 잘나고 유능한 사람들만 구원하시는 것이 아니라, 가장 연약한 자들도 구원하신다. "가련한 자"(הָעֲנִיִּים)와 "가난한 자"(הָאֶבְיוֹנִים)는 구약 성경에서 자주 쌍(pair)으로 사용되는 개념으로(신 15:11; 24:14; 시 35:10; 37:14; 잠 31:20), 물질적 빈곤함뿐만 아니라 아무런 권세나 힘이 없는 사람들을 뜻한다. 하나님은 세상에서 가장 쉽게 무시되고 짓밟힐 수 있는 사람들의 필요까지도 채우시는 분이다.

선지자는 또한 하나님이 어떤 분인가를 암시하고 있다. 여호와는 기도에 응답하시는 분이며(17절), 창조주이시다(20절). 그렇기 때문에 선지자가 외치는 이스라엘의 모든 변화가 가능한 것이다. 주님은 백성의 기도를 들어주는 창조주이시기 때문이다.

하나님이 이 모든 변화를 이루시는 이유는 무엇인가? 사람들이 이 일들을 보고 그분을 인정하게 하기 위함이다(20절). 동사들의 사용을 관찰해 보자. "보고 알게 될 것이다(יִרְאוּ וְיֵדְעוּ)"는 체험을 통해 얻어지는 것들을 뜻한다. "헤아리며 깨달으리라"(יָשִׂימוּ וְיַשְׂכִּילוּ)는 체험을 통해 얻어진 지식을 묵상하고 적절한 행동으로 옮기는 것을 뜻한다(Oswalt). "보다"(ראה), "듣다"(שׂים), "알다"(ידע) "깨닫다"(שׂכל)는 모두 선지자의 소명과 관련하여 사용된 동사들이다(Clements; Seitz). 본문은 주의 백성이 하나님을 아는 지식을 완전히 회복하게 될 것을 암시하는 것이다.

하나님이 우리의 삶에 기적을 베푸시는 가장 기본적이고 최종적인 목적이 바로 여기에 있다. 우리로 하여금 그분에 대해 더욱더 깊이 알고 그분의 뜻에 순종하게 하기 위해 온갖 기적을 베풀어 주신다. 하나님이 우리의 삶에 기적을 주실 때는 우리의 영적 권위를 부각시키기 위해 주시는 것이 아니다. 이 사실을 잘 이해하지 못하면 기적을 행하는 자들이 나중에는 하나님의 권위에 버금가는 권위를 주장하는 오류를 범하게 된다. 또한 기적은 우리에게 남용하라고 주시는 것도 아니다. 우리를 더욱더 겸손케 하고, 그분을 더 인정함으로써 그분과의 더 깊은 교제를 통해 그분의 뜻대로 살게 하기 위해 허락하시는 것이다. 은사도 갈망해야겠지만, 자신은 십자가 뒤에 감추고 그 은사를 오직 하나님의 영광을 드러내는 일에 적절하게 사용할 수 있는 믿음과 겸손을 갈망해야 한다.

3. 여호와와 우상(41:21-29)

선지자가 지금까지 선포한 메시지가 언젠가는 주의 백성의 삶에 현실로 드러나리라는 근거는 무엇인가? 이사야는 무엇을 근거로 하나님이 이스라엘을 구원하실 것이며 그들을 대적할 상대가 없는 나라로 만드시겠다는 약속을 믿을 수 있다고 하는 것인가? 선지자는 다시 법정 논쟁 양식을 사용해 어떻게 이스라엘의 하나님 여호와가 열방의 신들과 다른지를 드러낸다.

저자의 말에 따르면, 하나님과 우상들 사이에 드러나는 가장 기본적인 차이는 여호와는 과거의 일뿐 아니라 앞으로 일어날 일에 대해서도 확실하게 말씀하실 수 있지만 우상들은 이러한 능력을 전혀 소유하고 있지 않다는 점이다. 이사야는 미래를 예언하는 일이 신들의 능력을 가늠하는 기준 중 하나로 생각했던 고대 근동의 종교적 정서에서 여호와와 견줄 만한 신은 결코 없다는 사실을 선언하고 있다(Westermann). 그러므로 이스라엘은 그 누구와도 비교할 수 없는 능력을 지니신 여호와의 말씀을 믿어도 되는 것이다. 본문은 두 섹션으로 나누어 우상들의 무능함과 하나님의 능력을 대조한다.

A. 우상들의 무능함(41:21-24)

B. 하나님의 능력(41:25-29)

VIII. 소송과 판결(41:1-48:22)
1장. 유일하신 하나님(41:1-29)
3. 여호와와 우상(41:21-29)

(1) 우상들의 무능함(41:21-24)

21 나 여호와가 말하노니
너희 우상들은 소송하라
야곱의 왕이 말하노니
너희는 확실한 증거를 보이라
22 장차 당할 일을 우리에게 진술하라
또 이전 일이 어떠한 것도 알게 하라
우리가 마음에 두고 그 결말을 알아보리라
혹 앞으로 올 일을 듣게 하며
23 뒤에 올 일을 알게 하라
그리하면 너희가 신들인 줄 우리가 알리라
또 복을 내리든지 재난을 내리든지 하라
우리가 함께 보고 놀라리라
24 보라 너희는 아무것도 아니며
너희 일은 허망하며
너희를 택한 자는 가증하니라

하나님은 열방의 신들에게 직접 도전장을 내셨다(21절). "민족의 신들아 소송을 제기해 보라." 지금까지 하나님이 많은 것을 선언하셨는데, 이 중 하나라도 사실과 다르다면 말해 보라는 것이다. 하나님은 열방의 신들의 무능함도 드러내신다. "너희들은 미래의 일에 대하여 예언하지도 못한다"(22-23절). 선지자는 하나님이 이미 행하신 심판을 "지난 일"이라 하고, 앞으로 임할 구원과 소망을 "미래 일"이라고 한다(Oswalt). 하나님은 좋은 일이든 나쁜 일이든 상관하지 않을 테니 미래에 대해 말해 보라고 우상들을 자극하신다(23절). 책의 여러 곳에서 여호와와 열방의 신을 비교할 때 선지자는 이 차이점을 가장 기본적인 주제로 부각시킨다. 이스라엘의 하나님 여호와는 세상의 시작부터 끝까지를 모두 헤아리시기 때문에, 미래를 예언하는 것은 그분에게 아무것도 아니다.

진보적인 성향을 띠는 학자들은 대부분 성경의 예언성을 전면 부인한다. 그들의 주장에 따르면, 인간은 결코 미래를 예측할 수 없다. 그러므로 그들은 성경에 기록된 예언의 대부분을 "예언처럼 기록한 역사" 내지는 먼 훗날 누군가에 의한 조작극에 불과하다고 주장한다. 그들이 이러한 주장을 제기하는 데는 아무런 역사적, 문화적 증거도 없다. 다만 그들의 전제와 선입견에 입각한 주장일 뿐이다.

성경이 단순히 인간이 만들어 낸 책이라면, 이들의 주장을 부분적으로라도 수용할 수밖에 없을 것이다. 그러나 성경은 하나님의 영감에 의해 제작된 책이며, 성경의 저자들을 감동시키신 분은 미래를 자신의 손바닥 들여다보듯 볼 수 있는 분이다. 그러므로 이런 분의 감동을 받아 정경을 남긴 인간 저자들이 어찌 예언을 하지 못했겠는가! 또한 사람은 결코 미래의 일을 예언할 수 없다는 입장을 고수하는 사람들의 말을 받아들이려면 선지자들이 전하는 메시지를 모두 거부해야 한다. 속임수를 써서 전하는 메시지를 어찌 신뢰할 수 있겠는가!

이사야는 지금 하나님과 이방 신들의 가장 기본적인 차이가 바로 예언의 능력에 있다고 선언한다. 누구의 말을 믿을 것인가? 평생 하나님과 동행하며 그분의 대변인으로 일생을 마쳤던 이사야의 말을 믿을 것인가? 아니면 인간의 이성을 지나치게 부각시켜 얻은 어정쩡한 지식을 앞세운 일부 학자들의 편견을 믿을 것인가? 이 학자들의 논리에 따르면, 이사야 역시 예언이 가능하다는 착각 속에서 헤매다 죽은 불쌍한 여호와주의자에 불과한 것이다.

하나님의 도전에 아랑곳하지 않고 법정은 찬물을 끼얹은 듯 고요하기만 하다. 그러므로 하나님은 열방의 신들에게 그들의 가치에 대해 선언하신다. "과연 너희는 아무것도 아니며(אַיִן) 너희 일은 허망하며(אֶפַע) 너희를 택한 자는 가증하니라"(24절). 일부 주석가들은 본문이 바빌론 신들의 무력함을 말한다고 하지만, 선지자는 구체적으로 한 나라의 신들을 지적하지 않고 전반적인 우상들에 대해 선언하는 것이다(Smith). 이사야는 이스라엘이 두려워하던 열방이 "아무것도 아니라"고 선언한 적이 있다(40:17). 하나님은 그들의 신도 "아무것도 아니라"고 선포하신다. 그러므로 이스라엘은 더욱이 열방을 두려워할 이유가 없다.

VIII. 소송과 판결(41:1-48:22)
1장. 유일하신 하나님(41:1-29)
3. 여호와와 우상(41:21-29)

(2) 하나님의 능력(41:25-29)

25 내가 한 사람을 일으켜 북방에서 오게 하며
내 이름을 부르는 자를 해 돋는 곳에서 오게 하였나니
그가 이르러 고관들을 석회 같이,
토기장이가 진흙을 밟음 같이 하리니
26 누가 처음부터 이 일을 알게 하여 우리가 알았느냐
누가 이전부터 알게 하여 우리가 옳다고 말하게 하였느냐
알게 하는 자도 없고 들려 주는 자도 없고
너희 말을 듣는 자도 없도다
27 내가 비로소 시온에게 너희는 이제 그들을 보라 하였노라
내가 기쁜 소식을 전할 자를 예루살렘에 주리라
28 내가 본즉 한 사람도 없으며
내가 물어도 그들 가운데에 한 말도 대답할 조언자가 없도다
29 보라 그들은 다 헛되며

그들의 행사는 허무하며
그들이 부어 만든 우상들은 바람이요 공허한 것뿐이니라

그렇다면 열방의 신들이 무용지물이라는 결론을 내리시는 하나님은 어떤 분인가? 여호와는 예언을 하실 수 있는 분이며 인류 역사의 모든 것을 계획하고 진행하시는 분이다. 이사야는 여호와께서 어떻게 인류 역사에 관여하시는가에 대한 하나의 예로 하나님이 페르시아 왕 고레스가 고대 근동의 역사에서 감당할 역할을 오래전부터 계획하셨고 그대로 진행해 오셨다는 사실을 언급한다(25절).

선지자의 논리는 내용 면에서 2-3절과 비슷하다. 선지자가 하나님이 북쪽에서 부르신 자가 누구인지 밝히지 않아 이에 대한 여러 가지 해석이 제시되었다. 유태인들은 오래전부터 메시아로 풀이했다(Lev. Rab. 9:6). 산헤립이라는 해석도 있지만(Smith), 고레스가 확실하다(Watts; Oswalt). 고레스의 등장에 대해 어떤 신(들)이 미리 알려주었는가?(26절) 아무도 없다. 그러나 여호와는 처음부터 이 일을 예언하셨다(27절). 예언은 고사하고 입으로 말할 수 있는 신은 하나도 없다(28절). 그러므로 이 신들을 상징하는 우상은 모두 아무런 쓸모가 없다. "부어 만든 우상은 바람일 뿐이요, 공허한 것일 뿐이다"(29절). 선지자의 논리는 명백하다. 열방의 신들이 우상을 통해 상징되기 때문에 거짓이라는 것이 아니라, 아무리 아름답고 유능해 보이는 우상이라도 그 우상이 상징하는 신들이 아무것도 아니기에 거짓이라는 것이다. 오직 하나님만이 진정한 신이시며, 그 누구도 여호와와 견줄 수 없다.

2장. 종의 소명(42:1-9)

일부 학자들에 따르면 본문은 이사야서 후반부에 등장하는 일명 "종의 노래들" 중 첫 번째 노래를 포함한다. 1892년에 주석을 출판하여 그 후 100여 년 동안 이사야서 비평학계의 흐름을 좌우했던 독일학자 둠(Duhm)은 이사야 40-55장에서 42:1-4, 49:1-6, 50:4-9, 52:13-53:12 등 네 섹션을 구분하여 "종의 노래"라는 이름을 붙였다(cf. Childs). 둠(Duhm)은 이 섹션들이 이사야서에서 따로 구분되어야 할 뿐만 아니라 문맥과 상관없이 다르게 해석되어야 한다고 주장했다. 그의 주장에 따르면 이 노래들은 이사야 40-55장이 최종 정리된 지 약 100년 후에 누군가에 의해 임의적으로 본문에 삽입된 것들이기 때문이다.

그 후 비평학계는 둠(Duhm)의 이 같은 주장을 수용했고, 이 섹션들의 출처를 찾는 데 많은 에너지와 시간을 투자했다. 그중 가장 두드러지는 설 중의 하나는 이튼(Eaton)이 주장하는 바빌론 신화와 연관된 설이다. 이튼의 주장에 따르면, 종의 노래들은 바빌론 신화에서 한 왕/신이 남을 위해 고통을 받고 죽었다가 부활하는 이야기를 근거로 매년 봄마다 재현된 바빌론의 축제에 기초를 둔 것이었다.[1] 그러나 이튼의 주장을 긍정적으로 평가하기 어려운 것은, 유일신을 믿는 유태인들이 이방 신과 관련된 전설을 성경에 삽입한다는 것 자체가 이해될 수 없기 때문이다.

최근에 와서는 비평학자들까지도 둠의 주장이 불행한 결과를 초래했으며 그가 주장한 만큼의 근거 있는 이야기가 아니라는 것을 인정하기에 이르렀다. 둠의 학설에 문제를 제기하자면 다음과 같은 것이다. 예를 들어 왜 "종의 노래"에 61:1-3과 같은 섹션이 포함되지 않았는가?

1 이튼은 이 축제를 부활절과 연결하기도 했다.

61:1-3의 양식이나 내용이 다른 종의 노래들과 매우 비슷한데도 말이다. 물론 이유는 간단하다. 둠은 이사야서가 1-39, 40-55, 56-66장 등 세 권의 독립된 책으로 순환되다가 어느 순간 우연히 특별한 편집 작업을 거치지 않고 한 권으로 묶였다고 주장했다. 따라서 만일 그가 61:1-3을 종의 노래에 포함시킨다면 자신의 주장을 스스로 무너뜨리는 결과가 초래될 것이기 때문이다.

종의 노래의 범위에 대해서도 상당한 논란이 있었다. 예를 들면 둠은 첫 번째 노래를 42:1-4에서 끊는데, 42:1-9이 아니고 4절에서 끊어야 하는 이유는 무엇인가? 이 이슈에 대하여 둠은 이렇다 할 설명을 남기지 않았다. 그리고 만일 이 노래들이 이사야 40-55장이 한 권의 책으로 완성된 지 100년이 지나 임의로 삽입되었다면 앞뒤에 있는 말씀과 조화를 이루기가 쉽지 않을 텐데, 앞뒤뿐 아니라 전체적인 구조에 있어서도 전혀 문제없이 조화를 이룬다는 사실, 곧 문맥상 전혀 문제가 없다는 사실이 둠의 구분을 부정적으로 평가하게 했다. 그러므로 오늘날 거의 모든 비평학자는 둠의 주장을 수용하지 않는다. 사이츠(Seitz)는 둠의 종의 노래 구분을 "매우 불행한 일"로, 차일즈(Childs)는 "종의 노래는 잘못 주어진 이름(misnomer)"이라고 말한다.

오늘날 "종의 노래들"을 따로 분리하고 해석하는 것이 옛날처럼 매력적으로 여겨지지는 않지만, 학자들은 당분간 이 용어를 계속 사용할 것이다. 그러므로 성경에서 "종" 혹은 "여호와의 종"이라는 용어가 어떤 의미로 사용되는지를 연구하는 것은 바람직한 일이다. 잠시 구약 성경과 신약 성경에서 이 용어들이 어떻게 사용되는지를 점검해 보자.

먼저, "종"(עֶבֶד)이란 단어는 이사야 40-53장에서 20회 사용된다. 이사야서에서 종은 하나님을 대신하며, 이 중 8회는 소위 말하는 "종의 노래들"에서 발견된다. 종은 노예(출 21:20-21), 종속국의 왕(삼하 10:19), 한 개인(창 21:25), 혹은 종속국(대상 18:2, 6, 13)을 가리키는 개념이다. 종은 주인을 의존하고 섬기는 자다.

또한 종은 왕을 대표하는 왕족들이나 대사들을 일컫기도 한다(창 40:20; 삼상 19:1; 왕하 22:12). 그래서 때로 종에게는 주인의 특권과 권위가 주어지기도 했다. 창세기 24장에 나타나는 아브라함의 종 이야기에서 종에게 주어졌던 것들을 보면, 아브라함을 대신해서 이삭의 아내를 찾아 아람 지역으로 여행했던 종은 아브라함의 절대적인 신임(trust), 권위(honor), 보호(protection)를 받았음을 알 수 있다.

"여호와의 종"(עֶבֶד יְהוָה)이란 표현은 구약에서 22회 사용되는데, 이 중 모세를 가리키는 데 17회, 여호수아에게 2회, 다윗에게 2회, 이스라엘 백성에게 1회 사용됐다(사 42:19). 그 외 "하나님의 종"(עֶבֶד הָאֱלֹהִים)이란 표현이 모세에게 4회 사용된다. 하나님과 연결되어 "그의 종"(his servant)이나 "나의 종"(my servant)이라는 말은 매우 흔한 표현이었으며, 많은 사람에게 적용된다.

많은 사람이 여호와의 종 혹은 하나님의 종으로 일컬음을 받는다. 이 표현은 아브라함, 이삭, 야곱 등 이스라엘의 선조들에게 자주 적용되며, 하나님이 아브라함과 맺으신 언약을 전제하여 이들에게 사용된다. 사무엘하 3:18은 다윗을 포함한 그의 후손들이 하나님의 종으로서 해야 할 일을 밝히고 있다. 하나님이 대변인으로 세워 자신의 뜻을 선포하고 펼쳐 나가시는 선지자들도 여호와의 종들이다. 갖가지 예식과 제사를 통해 희미하고 불안정하나마 하나님과 백성 사이의 수직 관계를 유지해 나가는 역할을 감당했던 제사장들, 그리고 성전에서 찬양으로 그들을 도와 함께 사역했던 찬양대도 종이라 불린다. 심지어 하나님의 뜻을 행하는 천사들까지도 그분의 종으로 칭함 받는다.

현대적 사고에서는 "종"이란 별로 달갑지 않은 신분이다. 그러나 구약 성경에서는 하나님의 종이 되는 것이 인간에게 주어지는 가장 커다란 영광이요 명예였다. 구체적으로 하나님의 종이 되는 것은 다음 사항을 전제로 한다. (1) 의지할 주인이 있는 것(security), (2) 신뢰할 주인이 있는 것(trust), (3) 보호할 주인이 있는 것(protection). 실제로 주-종 관계가 형성되면 "주"가 행해야 할 책임이 더 큰 비중을 차지한다. 주인은 종의 의식주를 해결해 주어야 한다. 그는 또한 종에게 무슨 사역/일을 맡기기 전에 먼저 그를 훈련/교육해야 한다. 종의 잘못으로 발생하는 결과는 모두 주인이 책임져야 한다. 반면에 종은 주인이 하라는 대로만 하면 되며, 주인이 하라는 대로 해서 빚어지는 결과에 대해서도 개인적인 책임이 없다. 그러므로 종이 되는 것은 생활이 보장되는 축복으로 생각될 수 있다. 이 시점에서 잠시 우리 자신을 돌아보자. "하나님의 종"인 우리는 어떠한 삶을 살고 있는가? 종이 누리는 특권에 대해 감사해 본 적이 있는가?

이제 신약 성경의 관점에서 종을 생각해 보자. 신약 성경에서 하나님의 종으로 가장 자주 불린 대상은 예수 그리스도이시다. 또한 예수님은 구약 성경에 기록되어 있는 여호와의 종에 대한 예언을 자신에게 적용하신다. (1) 남을 위해 죽으셔야 하는 것(막 10:45), (2) 다가오는 수난과 죽음(마 16:21; 17:22-23; 20:17-19; 26:12, 28, 31).

그렇다면 예수님은 자신의 수난과 죽음의 근거를 구약 성경의 어느 부분에서 찾으셨을까? 대부분의 학자가 이사야 53장이라고 주장한다. 예수님이 누가복음 22:37에서 자신이 죄인처럼 취급되는 것에 대해 하시는 말씀은 이사야 53:12을 반영한 것이다. 또한 마가복음 10:45에 기록된 예수님의 말씀은 이사야 53장을 완벽하게 요약해 놓은 것으로 이해된다(R. T. France). 또한 "언약"(cf. 막 14:24)은 원래 예레미야 31:31을 상기시키지만, 종의 노래에서도 종이 두 차례나 언약으로서 열방에 주어진다(사 42:6; 49:8). 그러므로 "초대교회 시대의 기독론은 근본적으로 '여호와의 종' 형태였다"(O. Cullmann). 베드로는 이사야 52:13을 배경으로 예수님에 대해 선포한다(행 3:13). 그는 사도행전 3:26에서 예수님을 "그 〔하나님〕의 종"이라 칭하고, 사도행전 4:27에서는 예수님을 "당신의 거룩한 종"으로 표현한다. 또한 베드로전서 2:21-25 역시 예수님을 고난받는 여호와의 종으로 이해한다.

바울은 예수님에 대해 이사야서의 "고난받는 종" 개념을 직접적으로는 사용하지 않지만, 많은 곳에서 암시한다(고후 5:21과 사 53:6; 롬 5:19과 사 53:11; 롬 4:25과 사 53:12). 또한 그의 대속 개념(롬 5:12-21; 고전 15:3; 빌 2:7)도 이사야서로부터 비롯된 것으로 여겨진다. 다만 바울이 예수님에 대해 "종"의 개념을 강조하지 않은 것은, 그의 기독론이 "주"(κυριος)에 바탕을 두고 있으며 예수 그리스도의 영광에 강조점을 두고 있기 때문이다. 요한은 예수님을 "세상 죄를 지고 가는 하나님의 어린양"(요 1:29)으로 묘사함으로써 이사야 53장의 종의 수난을 전제로 한다. 또한 요한복음 12:3과 사도행전 53:1도 깊은 연관이 있다는 것이 일반적인 견해다.

그러나 모든 사람이 이사야의 "종"을 예수님으로 보는 것은 아니다. 전통적으로 종의 정체에 대해 세 가지가 제시되어 왔다. 한 개인, 단체, 예식/사상(cultic). 첫째, 종이 한 개인을 의미한다는 입장을 고수하는 사람들의 주장에 따르면, 선지자의 관점에서 볼 때 이 종은 과거, 현재, 혹은 미래의 특정한 사람이다. 이 해석은 종의 노래들이 "종"에 대해 말할 때 한 개인으로 말하는 것을 부각시킨다. 가능한 종으로는 모세, 요시야, 히스기야, 웃시야, 이사야, 예레미야, 에스겔, 여호야긴, 고레스, 스룹바벨, 제2이사야 시대의 이름 모를 사람, 제2이사야 자신 등이 제시되어 왔다.

둘째, "종"이 한 단체를 의미한다는 주장에 따르면, 종은 의인화된 한 그룹의 사람들을 뜻한다. 이들은 이사야서에 이스라엘이 열한 차례나 종으로 불리다는 점에 근거를 둔다. 종이 뜻할 수 있는 그룹으로는 이스라엘, 이상화된 이스라엘, 남은 자, 다윗 왕조, 선지자들, 제사장들 등이 있다.

셋째, "종"이 사상이나 예식 제도를 의미한다고 주장하는 사람들은 종이 신화적인 상징으로서 종교 예식에서 비롯됐다고 말한다. 또 이 종은 죽었다가 다시 살아난다는 바빌론 신화의 주인공 다무즈(Tammuz) 신이라고 생각한다. "여호와의 종"은 사상, 신앙, 혹은 책의 주제이지

실존하는 인물이 아니라는 것이다(Pidoux). 어떤 이는 "주의 종은 의인화된 선지 제도다"(Roth)라고 말하기도 하고, "새 이삭이다"(Rosenberg, Hillyer)라고 말하기도 한다. 심지어 종의 사역은 "누구라도 할 수 있는 임무이며 하나님의 백성들이 끝까지 추구해 나가야 할 그런 사명이다"(Ward)라고 말하는 사람도 있다. 이 외에 로빈슨(Robinson)은 "단체적 개인"(corporate personality)을 주장한다. 이는 종이 이스라엘이 될 수도 있고 한 개인이 될 수도 있다는 주장이다.

최근 들어 대부분의 사람은 종이 이스라엘이라는 생각을 버렸다. 아무리 역사를 살펴보아도 남의 죄를 대신해서 이스라엘이 수난을 당한 적이 없기 때문이다. 이사야가 제시하는 종의 모습에는 부인할 수 없는 인물화가 담겨 있다. 그러나 많은 학자가 이 인물이 역사상의 인물이었다는 사실은 부인하려는 모순을 저지른다. 일부 학자들은 저자가 종의 정체를 일부러 익명에 부쳤다고 한다. "종의 정체는 맨 처음 이 예언을 들었던 사람들에게도 가려져 있었을 것이다"(Westermann).

이사야서에서 본 텍스트 바로 전에 중요한 디스코스들이 등장했다. 40:1-11은 하나님이 스스로 오심으로써 자기 백성들을 위로하실 것을 선언했다. 40:12-31은 여호와 하나님의 위로와 치유에 대한 약속을 믿고 의지할 수 있는 이유를 말했다. 그분은 온 우주를 창조한 창조주이시며, 세상의 그 어떤 권세도 그분 앞에서는 아무것도 아니다. 41:1-29은 오직 여호와만이 인류의 역사를 주장하시는 분이며 열방의 신들과는 전적으로 다른 분임을 강조했다. 선지자는 여호와와 이방 신들의 가장 기본적인 차이를 예언 능력의 유무에 있다는 점을 부각시켰다. 예언의 능력 강조는 종의 노래를 통해서도 암시되고 있다. 오직 여호와만이 종이 열방을 향해 베풀 놀라운 구원의 사역을 예언하실 수 있다.

본문을 묵상하며 질문해 볼 문제들에 다음 질문이 포함되어야 할 것이다. 종은 누구인가? 종은 어떤 일을 하는가? "종"이란 용어가 어떤 상황에서 사용되는가? 그러나 너무 자신 있게 대답하지 않는 것이 지혜롭다. 저자가 일부러 종을 신비스럽게 베일로 가렸을 수도 있기 때문이다. "비밀스러운, 베일에 가려진 언어 사용은 저자의 의도라고 보아야 한다"(Westermann). 여호와의 종의 소명에 대해 노래하는 본문은 다음과 같이 구분된다.

A. 종의 성공(42:1-4)
B. 종의 능력의 근원(42:5)
C. 종의 소명 확인(42:6-7)
D. 하나님의 영광(42:8-9)

VIII. 소송과 판결(41:1-48:22)
2장. 종의 소명(42:1-9)

1. 종의 성공(42:1-4)

세상이 거짓 신들에 의해 잘못 인도되어 가고 있다면, 이 문제를 과연 누가 어떻게 해결할 것인가? 여호와 하나님은 그들의 창조주가 아니신가? 그러므로 열방을 그대로 내버려 두는 것은 하나님의 성품에 어울리지 않는 일이다. 선지자는 여호와께서 자신의 종을 통해 열방의 구원 사역을 시작하실 것을 선포한다. 종은 하나님의 소명을 받아 이스라엘뿐만 아니라 세상의 모든 백성의 빛이 될 것이다. 지극히 작은 규모로 시작되었던 이사야의 이상(1:1)이 온 세상 만민을 대상으로 하는 사역으로 넓혀지고 있는 것이다.

본문은 양식상 하나님이 사울(삼상 9:17)과 다윗(삼상 16:12-13)을 왕으로 세우실 때 사용했던 것과 비슷한 형태를 취하고 있다(Beuken). 하나님이 왕을 세우실 때는 다음과 같은 공통점이 있다. (1) 여호와가 세우시며, 흔히 "보라"라는 말로 시작된다. (2) 여호와께서 세우신 자에게 자신의 영을 주신다. (3) 정의(מִשְׁפָּט)를 세우는 것이 왕의 사명이다. 하나님이 종에게 소명을 주시는 것을 묘사하는 본문은 다음과 같이 구분된다.

A. 종의 소명(42:1)
B. 종의 사역(42:2-3)
C. 종의 성공(42:4)

Ⅷ. 소송과 판결(41:1–48:22)
2장. 종의 소명(42:1–9)
1. 종의 성공(42:1–4)

(1) 종의 소명(42:1)

[1] 내가 붙드는 나의 종,
내 마음에 기뻐하는 자
곧 내가 택한 사람을 보라
내가 나의 영을 그에게 주었은즉
그가 이방에 정의를 베풀리라

많은 주석가들이 "내 종을 보라"가 왕족에 관한 노래에서 유래한 것이라고 주장한다(Westermnn; Kaiser). 이 짧은 구절은 종의 소명에 대해 최소한 세 가지 정보를 제공한다. (1) 종의 선택(1a절), (2) 종에게 수여된 능력(1b절), (3) 종의 임무(1c절). 첫째, 종의 선택에 대해 생각해 보자. 하나님은 제일 먼저 종과 자신의 관계에 대해 말씀하신다. "내가 붙드는 자"(אֶתְמָךְ־בּוֹ), "나의 종"(עַבְדִּי), "내 마음에 기뻐하는 자"(רָצְתָה נַפְשִׁי), "나의 택한 자"(בְּחִירִי). 하나님과 종의 관계가 매우 강조된다. 즉, "이 종은 바로 나의 종이다. 그러므로 세상의 그 어떤 권세도 내 종을 이길 수 없다"고 경고하신다. 하나님의 종이 가장 중시하고 열심히 노력해야 할 것은 바로 주인과의 관계다. 주변에서 "하나님의 일"을 하느라 너무 바빠서 하나님과의 관계를 소홀히 하거나 무시하는 사람들을 종종 목격한다. 불행한 일이다. 우리가 어떻게 하나님을 기쁘게 해 드릴 수 있는가? 세상에 있는 모든 것을 소유하시고 세상만사를 자신의 계획대로 운행해 가시는 분께 우리가 과연 어떤 제물을 드려 그분을 기쁘게 할 수 있다는 말인가? 그 어떤 예물보다도 하나님은 우리를 원하시고, 우리와의 관계를 기뻐하신다. 그러므로 우리는 종종 우리가 누구/무엇의 종으로 살아가고 있는지 돌아보아야 한다. 말로는 하나님의 종이라고 하지만, 개인적인 욕심이나 야망, 하나님이 기뻐하시지 않는 목적을 위해 분주한 종은 아닌지 생각해 보아야 한다.

둘째, 하나님은 종에게 능력을 부어 주신다(1b절). 자신과 종의 관계를 확인하신 다음 하나님은 "나의 영"(רוּחִי)을 종에게 주신다. 평범한 능력이 아니라 하나님의 영이 그에게 주어진 것이다(cf. 11:2-4; 61:1-3). 이것이 바로 그가 성공하게 될 확실한 증거다. 하나님의 사역이란 근본적으로 주님이 주시는 능력으로 하는 것이다. 그러므로 내가 그분을 위해 무엇을 한다는 것보다 더 중요한 것은 그분으로부터 능력을 받는 것이다. 또한 우리는 그분의 능력으로 사역할 때 제대로 하는 것이기 때문에 사역이 끝나면 모든 영광을 그분께 돌려야 한다. 이 또한 일종의 신앙생활의 역설(paradox)이다. 우리가 열심히 노력하지만, 이 모든 노력이 하나님께로부터 온 것이며, 그러므로 성취한 모든 것도 하나님이 하신 일이라고 고백하는 것이다.

셋째, 종의 임무에 대해 생각해 보자(1c절). 종은 이방에 "공의"를 베풀기 위해 선택받았다. 종이 열방에 공의를 베풀기 위해 하나님의 임명을 받았다는 것은 본문을 이해하는 데 가장 중요한 요소다(North). 본문은 종의 사역과 연결하여 공의에 대해 세 차례 언급한다(1, 3, 4절). 그런데 종이 열방에 베풀어야 할 "공의"(מִשְׁפָּט)가 무엇인가? 대체로 구약성경에서 공의는 법적인 판결과 관련이 있다(민 27:21; 신 16:18; 왕상 3:28; 20:40). 그렇다면 이러한 이해가 본문을 해석하는 데 어떻게 적용될 수 있는가? 먼저, 본문에서 "공의"는 "열방"과 연결되어 있다. 또한 41장과 42장 후반부에서 우상에 대해 언급하면서 이 말이 나오는데, 이는 이방 사람들이 신으로 숭배하는 것들은 결코 신이 아니라고 밝히는 것이 바로 이 "공의"를 이행하는 것이라는 점을 시사한다(Westermann).

그러므로 하나님의 말씀을 세상에 선포함으로써 여호와만이 유일한 하나님이라는 것을 선포하는 것이 바로 이 "공의를 베푸는 것"이다. 하나님에 대해 알지 못하는 자들에게 참하나님을 전하여 그들로 하여금 더 이상 거짓 신들에게 넘어가지 않도록 하는 것이 공의를 행하는 일이다. 또한 그들에게 이스라엘의 하나님 여호와를 자신들의 신으로 섬길 수 있도록 기회를 주는 것이 바로 공의를 행하는 일이다. 우리는 이처럼 세상에서 공의를 행하는 사역에 얼마나 충실하게 임하고 있는가? 혹시 지나치게 교회생활에 집착하느라 믿지 않는 자들을 만나 전도할 수 없는 것은 아닌가? 각자 잘 돌아보자.

하나님의 부르심을 받은 종은 누구일까? 정확히 알 수는 없지만, 이스라엘이 결코 이 종이 될 수 없는 이유는 42:18-22에 기록되어 있다. 18-22절에 언급된 이스라엘은 결코 42:1-4에 나오는 종이 될 수 없기 때문이다. 그뿐만 아니라 종의 노래를 제외한 40-55장의 내용을 살펴보면 "종"이란 개념이 사용될 때 거의 하나같이 두려워하는 나라 이스라엘을 의미한다. 그리고 종으로서 그들의 유일한 "행위"는 하나님의 구원 사역에 대한 증인 역할을 하는 것이다. 그러나 이 "종의 노래"들은 세상을 향한 종의 구원 행위에 초점을 맞추고 있다. 같은 언어를 사용하지만, 근본적으로 다른 역할을 하는 다른 종류의 사람들을 뜻하는 것이다.

Ⅷ. 소송과 판결(41:1-48:22)
2장. 종의 소명(42:1-9)
1. 종의 성공(42:1-4)

(2) 종의 사역(42:2-3)

2 그는 외치지 아니하며
목소리를 높이지 아니하며
그 소리를 거리에 들리게 하지 아니하며

[3]상한 갈대를 꺾지 아니하며
꺼져가는 등불을 끄지 아니하고
진실로 정의를 시행할 것이며

하나님이 선택하신 종은 열방에 공의를 베푸는 소명을 받았다. 그렇다면 종은 과연 어떻게 이 일을 완수할 것인가? 저자는 구체적으로 종의 사역 방식에 대해 다섯 개의 “부정사+동사”로 구성된 문장을 통해 설명한다(4절은 이러한 구조의 문장을 두 개 더 추가한다). 외치지 아니한다(לֹא יִצְעַק), 높이지 아니한다(וְלֹא יִשָּׂא), 들리게 하지 아니한다(לֹא־יַשְׁמִיעַ), 꺾지 아니한다(לֹא יִשְׁבּוֹר), 끄지 아니한다(לֹא יְכַבֶּנָּה). 무엇보다도 종의 사역은 은밀하게 진행되며 세상 사람들이 전혀 의식하지 못하는 상황에서 전개된다는 것이다.

외치지 아니한다(לֹא יִצְעַק)와 들리게 하지 아니한다(לֹא־יַשְׁמִיעַ)를 생각해 보자. 이 말씀은 종이 매우 겸손하여 최대한 자신을 알리지 않으며 사역해 갈 것을 암시한다. “외치는 것”은 소리를 지름으로 남을 위축시키고 자신의 지배권을 행사하려는 행위를 뜻한다(Motyer). 이는 오늘날 일부 교회의 목회 방법과 현저한 차이를 보인다. 자신을 ‘피 터지게’ 알리는 ‘피알’(PR)이 하나의 고상한 도덕이 되어 버린 이 시대에 이 말씀이 무엇을 시사하는지 묵상해 볼 필요가 있다.

종이 말하는 “상한 갈대를 꺾지 아니하며”(לֹא יִשְׁבּוֹר)는 고통당하는 자들에게 매우 부드럽게 대할 것을 암시한다. 종의 사역은 치유와 회복에 초점을 맞추기 때문이다. 갈대는 애초부터 연약한 것이다. 본문이 언급하는 것은 그나마 부서지거나 꺾어진 갈대다(cf. 36:6). 종은 이런 쓸모없는 갈대까지도 조심스럽게, 소중하게 다루고 조심스럽게 대한다.

“꺼져가는 등불”(פִּשְׁתָּה כֵהָה)은 사실상 거의 꺼져 버린 불꽃을 말한다. 7장의 “연기 나는 부지깽이”(זַנְבוֹת הָאוּדִים הָעֲשֵׁנִים)와 비슷한 표현이다. 등불은 빛을 발해서 주변을 밝히는 것이 임무다. 그러나 거의 꺼져 버린 불은 이 임무를 제대로 수행할 수 없다. 종은 이처럼 제구실을 못하는 등불을 버리지 않고 다시 활활 타오르게 하여 본래의 사명을 감당하게 할 것이다.

갈대와 등불의 비유는 예수님이 실패한 제자들을 회복시켜 사도로 삼으신 것을 생각나게 한다. 예수님은 이 세상에 공동체를 만드셨다. 한 공동체는 가장 연약한 멤버만큼 강하다. 한 공동체의 강도(強度)는 가장 연약한 멤버의 강도(強度)와 같다. 영어에 이런 말이 있다. "고리로 연결된 쇠사슬은 가장 약한 고리만큼 강하다"(A chain is as strong as the weakest link). 그러므로 공동체에서 연약한 사람을 무시하거나 버려두는 것은 공동체 전체의 약점으로 남게 된다. 약한 지체들을 강건하게 하는 것이 우리 모두의 공동체를 향한 사명이다. 우리는 어떤 사역을 하고 있는지 생각해 보자. 연약한 지체를 회복시키고 세워 나가는 사역을 해야 한다.

종의 사역은 세상에 "공의"를 베푸는 일이다(1절). 종이 이 사역을 성공적으로 하리라는 확신이 반복된다. 그는 세상에 "공의"(מִשְׁפָּט)를 베푸는 사역을 "진리"(אֱמֶת)로 성공시킨다. 하나님은 결과보다 과정을 더 중시하는 분이다. 한국과 한국 교회는 현재 심각한 윤리적 문제들을 가지고 있다. 과정보다 결과와 실적을 중시하는 가치관을 갖고 있기 때문이다. 우리가 자녀를 대하는 태도에서 그 한 예를 생각해 보자. 대체로 그리스도인 부모도 자식이 좋은 성적표만 가져오면 그들의 어떤 잘못과 부도덕한 행위들을 덮어 주고 모른 체 한다. 반면에 성적이 좋지 않을 때는 자녀들이 하고자 하는 일이 좋은 일이라 할지라도 제한한다. 이러한 사고가 진정한 기독교 가치관에 부합하는 것이라 말할 수 있는가? 또한 종은 진리로 자신의 사역을 하고 있다. 우리의 사역 방법이 공의롭고 진실한지 생각해 보자.

VIII. 소송과 판결(41:1-48:22)
2장. 종의 소명(42:1-9)
1. 종의 성공(42:1-4)

(3) 종의 성공(42:4)

[4] 그는 쇠하지 아니하며
낙담하지 아니하고
세상에 정의를 세우기에 이르리니
섬들이 그 교훈을 앙망하리라

저자는 종이 하나님에 의해 세움 받았기 때문에 그의 사역이 무조건 쉬울 것이라고 생각하지 않는다. 오히려 그의 사역이 엄청난 고난과 시련을 동반할 것을 암시한다. 종은 상하고 연약한 것을 회복하고 치유하는 사역을 할 것이라고 했다(2-3절). 그는 이 치유 사역을 위해 자신의 각오를 새롭게 해야 한다. 그래야만 그가 모든 사역을 마치는 순간까지 쇠하지 않을 것이며(לֹא יִכְהֶה), 낙담하지 않을 것이기 때문이다(וְלֹא יָרוּץ). "쇠하다"(כהה)는 "희미해지다, 〔색깔이〕 바래다"라는 뜻이다(cf. HALOT). 3절의 "꺼져 가는 등불"을 연상시키는 표현이다. "낙담하다"(רצץ)는 "부서지다, 꺾어지다"를 의미하며(cf. HALOT), 3절의 "상한 갈대"를 상기시킨다. 남을 세우고 치유하는 사역을 감당할 종이 오히려 꺾이고 상처받을 수 있는 상황에 놓일 것을 암시하는 것이다. 그러나 종은 아무리 어려운 일이 닥쳐와도 꺾이거나 꺼지지 않을 것이다. 그는 온 세상에 공의가 세워질 때까지 각오를 새롭게 하며 사역을 계속할 것이다.

이 말씀은 이 노래에서 그의 성공이 결코 쉽지 않을 것이라는 암시를 주는 유일한 구절이기도 하다. 우리는 자주 착각에 빠진다. 하나님이 주시는 소명이 실천하기 쉽다고 생각하는 것이다. 하나님이 능력도 주실 것이기 때문이다. 하나님의 능력으로 일을 한다면 어려운 일이 어디 있겠는가! 그러나 저자는 본문에서 다른 가르침을 준다. 본문이 노래하는 종처럼 하나님의 소명을 확실하게 받은 사람도 없다. 더군다나 하나님의 영(능력)이 직접 그의 사역을 돕고 있다. 그럼에도 불구하고 이를 악물어야 하는 시련과 연단이 종의 사역에 함께할 것이라는 경고는 우리에게 무엇을 시사하는가? 하나님이 함께하시기 때문에 모든 것이 순조로우리라는 생각은 착각이다. 그러나 한 가지 확실한 것은, 가는 길이 험할지라도 주님이 동행하시며 모든 역경을 이길 힘을 주신다는 사실이다.

2. 종의 능력의 근원(42:5)

5 하늘을 창조하여 펴시고
땅과 그 소산을 내시며
땅 위의 백성에게 호흡을 주시며
땅에 행하는 자에게 영을 주시는
하나님 여호와께서 이같이 말씀하시되

종이 비록 어려운 상황을 맞을지라도 끝까지 승리하는 것은 하나님의 능력이 그와 함께하기 때문이다. 그렇다면 그에게 이러한 능력을 주신 하나님은 어떤 분인가? 저자는 종과 능력으로 함께하시는 하나님은 우주 만물을 창조하신 분, 우주 만물을 다스리시는 분, 인간의 생명을 주장하시는 분으로 노래한다. 종의 사역에 대해 설명하다가 갑자기 그를 보내신 하나님을 찬양한다.

하나님을 찬양할 때 자주 사용되는 찬양적 분사들(hymnic participles)이 본문에서 사용된다는 점이 이 사실을 입증한다. 우주 만물의 통치자께서 종의 능력의 근거가 되신 것에 무한한 경의를 표하는 것이다. 그만큼 종과 하나님의 관계가 범상치 않음을 암시한다. 하나님의 능력을 강조하기 위해 이사야는 선지서에서 단 한 번 발견되는 "하나님 여호와"(הָאֵל יְהוָה)라는 성호를 이곳에서 사용한다.

VIII. 소송과 판결(41:1-48:22)
2장. 종의 소명(42:1-9)

3. 종의 소명 확인(42:6-7)

6 나 여호와가 의로 너를 불렀은즉
내가 네 손을 잡아 너를 보호하며
너를 세워 백성의 언약과 이방의 빛이 되게 하리니
7 네가 눈먼 자들의 눈을 밝히며
갇힌 자를 감옥에서 이끌어 내며
흑암에 앉은 자를 감방에서 나오게 하리라

"나 여호와"(אֲנִי יְהוָה: I, YHWH)라는 문구는 누가 종을 불렀는지를 강조한다. 하나님은 "의"(צֶדֶק)로 종을 세우셨다. 하나님은 고레스를 부르실 때도 "의"로 부르셨다(41:2; 45:13). "의"(צֶדֶק)와 "공의"(מִשְׁפָּט)는 종과 하나님의 성품에 매우 중요한 개념들이다(cf. Beuken). 여호와께서는 의로 부르신 종과의 관계를 다시 한번 확인하신다. "내가 네 손을 잡아", "너를 보호하며", "너를 세워." 구조적으로 41:9-10과 비슷하다. "내가 너를 택했고…내가 너를 불렀고…내가 너를 굳세게 하고 도와주리라. 내가 너를 나의 의로운 오른손으로 붙잡으리라." 하나님과 종의 친밀한 관계의 중요성을 다시 한번 부각시킨다.

"백성의 언약"(6b절)은 무엇을 뜻하는가? 세 가지 해석이 있다(North). (1) 한 민족의 언약이며 이스라엘이 종이다. (2) 한 민족의 언약이며 이 민족은 이스라엘이다. (3) 여러 민족의 언약이며 세상의 모든 민족을 의미한다. 이 중 두 번째 해석이 가장 설득력 있다. 구약 성경에서 "백성"(עָם)은 자주 이스라엘을 나타내고 열방(גּוֹיִם)은 이방을 뜻하기 때문이다. "백성과 열방이 평행을 이룰 때 백성은 항상 이스라엘이다"(Delitzsch). 49:8(cf. 49:6)을 살펴보면 이 점이 더 확실해진다.

"이방의 빛"(6b절)이라는 말씀에서 종은 빛이 아니라 빛을 가지고 오는 자로 해석되기도 한다. 그러나 종 자신이 빛이 될 수도 있다(cf. 말 3:1; 렘 31:31-34). 또한 그가 영적인 빛과 구원을 가지고 오는 것으로 해석할 수도 있다. 49:6에서는 빛이 구원과 비슷한 말로 사용된다.

종은 구체적으로 어떤 사역을 하게 될 것인가?(7절) 그는 소외되고 고통받는 자들을 구원하는 사역에 중점을 두게 될 것이다. "소경의 눈을 밝히라", "갇힌 자를 옥에서 이끌어 내라", "흑암에 처한 자를 거기에서 나오게 하라." 그런데 소경, 갇힌 자들은 누구를 뜻하는가? 문맥상 분명히 이스라엘, 이방인들을 포함하고 있음을 알게 된다. 소경, 갇힌 자, 흑암에 처한 자는 육체적 장애를 겪고 있는 자들로 해석될 수도 있고, 영적인 어둠과 속박을 비유로 표현한 것으로 해석될 수도 있다(Young). 이스라엘은 심판을 받아 바빌론이라는 흑암에 갇혔고, 열방은 우상숭배 때문에 소경이 되었다(cf. 42:18-20).

4. 하나님의 영광(42:8-9)

8 나는 여호와이니 이는 내 이름이라
나는 내 영광을 다른 자에게,
내 찬송을 우상에게 주지 아니하리라
9 보라
전에 예언한 일이 이미 이루어졌느니라

이제 내가 새 일을 알리노라

그 일이 시작되기 전에라도 너희에게 이르노라

하나님은 결코 영광을 다른 사람들/신들에게 주지 않으신다(cf. 48:9-11). 이 세상의 많은 사람이 엉뚱하게 우상들을 찬양하지만, 하나님은 자신이 받으실 찬송을 우상에게 주시지 않을 것이다. 앞으로 세상 모든 사람의 영광과 찬송이 오직 여호와께만 드려지게 함으로써 우상숭배를 종결시킬 의지를 밝히신다. 선지자는 다시 한번 하나님을 예언하실 수 있는 능력의 소유자로 묘사함으로써 이 모든 일이 그대로 성취될 것을 단언한다(9절).

학자들은 이 구절을 이 시의 절정으로 여기기도 한다(Lindsey). 그런데 여호와께서 "전에 예언한 일"은 무엇인가? 이에 대해 출애굽(43:14-20), 바빌론의 멸망(13:17-22), 고레스를 통한 회복(41:25) 등의 해석이 있다. 그렇다면 "새 일"은 무엇을 뜻하는가? 하나님이 종을 통해 온 세상에 공의를 베푸실 것을 의미한다.

이 노래는 종을 소개한다. 그의 사역은 성공적이겠지만 많은 고통이 따를 것이다. 하나님이 그를 세우셨으며 하나님의 영이 그의 사역의 기초가 될 것이다. 그는 하나님이 주신 소명에 따라 온 세상에 공의를 세울 것이다. 우리의 목회 철학과 사역에 임하는 각오는 종과 비교해 볼 때 어떤 부분에서 더욱 분발이 필요한가?

3장. 여호와의 구원(42:10-17)

상당수의 학자들은 42:10-13과 42:14-17을 두 개의 독립적인 디스코스로, 혹은 하나는 바로 앞에 등장했던 것에 속한 것으로, 뒷부분은 18절 이후에 등장하는 디스코스의 첫 부분으로 간주한다. 무엇보다도 말하는 자가 3인칭(10-13절)에서 하나님의 신적(神的) 1인칭(14-17절)으로 바뀌는 것이 자연스럽지 못하다고 생각하기 때문이다.

그러나 42:10-17을 하나의 디스코스로 보는 것이 바람직하다. 본문과 같은 성향의 노래가 시편에도 자주 등장하는데 그 시편들은 이 노래와 흡사한 변화를 포함한다(시 33; 40; 96; 98편 등, North). 13절의 소란스러움도 14절의 요란함과 잘 연결된다. 13절에서 시작되는 하나님의 주권적인 이미지가 16절까지 계속된다(Oswalt). 본문은 바로 앞에서 선포된 종의 사역에 대해 온 세상이 찬양하기를 권면한다. 이 텍스트는 두 부분으로 나뉠 수 있다.

A. 구원을 이루실 여호와 찬양(42:10-12)
B. 전사(戰士)이신 여호와(42:13-17)

1. 구원을 이루실 여호와 찬양(42:10-12)

10 항해하는 자들과 바다 가운데의 만물과
섬들과 거기에 사는 사람들아

여호와께 새 노래로 노래하며
땅 끝에서부터 찬송하라
11 광야와 거기에 있는 성읍들과
게달 사람이 사는 마을들은 소리를 높이라
셀라의 주민들은 노래하며
산 꼭대기에서 즐거이 부르라
12 여호와께 영광을 돌리며
섬들 중에서 그의 찬송을 전할지어다

저자는 바로 앞부분에서 여호와의 종이 온 세상에 하나님의 공의를 가져올 것(1-3절)과 그가 여호와의 은혜(6-7절)와 영광(42:8)을 우리가 예전에 알지 못했던 놀라운 규모로 드러낼 것을 선언한 바 있다. 이제 그는 종을 통한 하나님의 이 놀라운 구원 사역에 대해 인간이 보여야 할 적절한 반응을 유도한다. 온 땅이 여호와께 새 노래로 찬양하기를 권고하는 것이다. 이스라엘뿐만 아니라 온 세상이 여호와를 찬양해야 한다. 종이 이루어 나갈 구원 사역의 범위에 그들이 포함되어 있기 때문이다.

10-11절에는 일종의 흐름이 있다. "땅 끝"(10절)에서 시작된 찬송은 가나안의 내륙지역에서 절정에 달한다(11절, Delitzsch). "게달"(קֵדָר)은 이스마엘의 둘째 아들의 이름으로(창 25:13), 사막지역에 거주하는 사람들을 뜻한다(cf. 21:16-17). "셀라"(סֶלַע)는 "바위"라는 일반명사이며, 훗날 '페트라'라고 알려지는 에돔의 도시명이기도 하다. 이사야는 그의 청중이 알고 있는 세상 끝에서부터 그들이 살고 있는 가나안 지역까지 모두 여호와를 찬양할 것을 권고한다.

중요한 것은 게달과 셀라는 모두 가나안 지역에 위치한 이방인들의 도시라는 점이다. 이들을 이스라엘과 혈연관계에 있는 자들이라고 볼 수도 있지만, 실제 이들은 상대를 가장 의식하던 경쟁자들이요 시기의 대상들이었다. 선지자는 주의 백성이 아닌 열방에게 여호와를 찬양하라고 선포한다. 아마도 선지자가 종의 사역의 가장 큰 적용과 의미를 이방인들의 구원에서 보았기 때문일 것이다.

선지자는 "바다에 거하는 자"(10절)에서 "산에 거하는 자"(11절)까지 함께 찬양할 것을 권면한다. 이는 사람이 어디에 있든지 모두 종의 사역에 의해 영향받게 될 것임을 암시한다. 종의 사역이 그만큼 위대한 효과를 초래할 것이라는 확신에서 비롯된 권면이다. 온 세상이 부를 "새 노래"(שִׁיר חָדָשׁ)는 여호와께서 앞으로 하실 "새 일"과 일치한다(Oswalt). 즉, 종을 통한 세상 구원이 바로 하나님이 곧 이룩하실 새 일인 것이다.

VIII. 소송과 판결(41:1-48:22)
3장. 여호와의 구원(42:10-17)

2. 전사(戰士)이신 여호와(42:13-17)

13 여호와께서 용사 같이 나가시며
전사 같이 분발하여
외쳐 크게 부르시며
그 대적을 크게 치시리로다
14 내가 오랫동안 조용하며 잠잠하고 참았으나
내가 해산하는 여인 같이 부르짖으리니
숨이 차서 심히 헐떡일 것이라
15 내가 산들과 언덕들을 황폐하게 하며
그 모든 초목들을 마르게 하며
강들이 섬이 되게 하며
못들을 마르게 할 것이며
16 내가 맹인들을 그들이 알지 못하는 길로 이끌며
그들이 알지 못하는 지름길로 인도하며

암흑이 그 앞에서 광명이 되게 하며
굽은 데를 곧게 할 것이라
내가 이 일을 행하여 그들을 버리지 아니하리니
17 조각한 우상을 의지하며
부어 만든 우상을 향하여
너희는 우리의 신이라 하는 자는
물리침을 받아 크게 수치를 당하리라

이사야는 열방이 왜 여호와를 노래해야 하는지 가르쳐 준다. 첫째, 여호와께서 만반의 전투 준비를 갖추고 전속력으로 돌진하는 전사로 오셨다(13절). 선지자는 그동안 여호와의 전능하심을 누차 강조해 왔다. 이제 그분이 완벽하게 싸울 준비를 갖추고 전속력으로 달려오고 있다. 그렇다면 누가 그의 앞에 설 수 있겠는가!

둘째, 여호와께서 더 이상 침묵을 지키시지 않을 것이다(14절). 그동안 하나님은 침묵하면서 적절한 때를 기다려 오셨다. 이제 그때가 왔다. 그러므로 하나님은 더 이상 침묵하실 필요도, 침묵하실 수도 없다. 이제부터는 하나님의 함께하심(presence)이 마치 고통을 참지 못하고 부르짖는 산모의 함께함(presence)처럼 느껴질 것이다. 이는 그분의 존재가 결코 무시될 수 없도록 확실히 드러나리라는 점을 강조하는 것이다.

셋째, 여호와께서 영적 소경들을 구원하실 것이다(15-17절). 선지자는 지금까지 창조주 하나님이 자연을 회복하실 것이라고 여러 차례 선언해 왔다. 그러나 본문에서는 자연을 파괴하는 이미지를 구상한다. 하나님이 "산들과 언덕들을 황폐하게 하며 그 모든 초목을 마르게 하며 강들이 섬이 되게 하며 못들을 마르게 할 것"이다. 하나님이 산을 파괴하고 못을 뭍으로 변화시키시는 것은 소경들이 걸을 길을 만들기 위함이다(15-16절). 이렇게 해서 소경들은 전혀 알지 못했던 새 길로 인도함을 받을 것이다.

소경들은 매우 힘이 없고 자신조차 돌볼 수 없는 사람들을 의미하기도 한다(Alexander). 이것은 하나님이 반드시 지키실 약속이다(16절). 그러나 우상을 버리지 못한 자들은 끝까지 수치를 당할 것이다(17절). 구원을 받을 자들과 구원을 받지 못할 자들이 구분된다. 한때는 우상을 섬겼더라도 마음을 돌이키면 구원을 받지만, 그 길을 계속 고집하면 구원의 대상에서 제외된다. 스스로 자신을 제외시키는 것이다.

4장. 구원받는 어리석은 백성(42:18-25)

18 너희 못 듣는 자들아 들으라
너희 맹인들아 밝히 보라
19 맹인이 누구냐 내 종이 아니냐
누가 내가 보내는 내 사자 같이 못 듣는 자겠느냐
누가 내게 충성된 자 같이 맹인이겠느냐
누가 여호와의 종 같이 맹인이겠느냐
20 네가 많은 것을 볼지라도 유의하지 아니하며
귀가 열려 있을지라도 듣지 아니하는도다
21 여호와께서 그의 의로 말미암아
기쁨으로 교훈을 크게 하며 존귀하게 하려 하셨으나
22 이 백성이 도둑 맞으며 탈취를 당하며
다 굴 속에 잡히며 옥에 갇히도다
노략을 당하되 구할 자가 없고
탈취를 당하되 되돌려 주라 말할 자가 없도다
23 너희 중에 누가 이 일에 귀를 기울이겠느냐
누가 뒤에 올 일을 삼가 듣겠느냐
24 야곱이 탈취를 당하게 하신 자가 누구냐
이스라엘을 약탈자들에게 넘기신 자가 누구냐
여호와가 아니시냐
우리가 그에게 범죄하였도다
그들이 그의 길로 다니기를 원하지 아니하며
그의 교훈을 순종하지 아니하였도다

25 그러므로 여호와께서 맹렬한 진노와 전쟁의 위력을
이스라엘에게 쏟아 부으시매
그 사방에서 불타오르나 깨닫지 못하며
몸이 타나 마음에 두지 아니하는도다

앞에서 선지자는 하나님이 세상의 영적 소경들을 그들이 가야 할 길로 인도하실 것이라는 매우 긍정적인 메시지를 선포했다. 그러나 그는 암울하고 죄로 얼룩진 주의 백성의 현실로 다시 눈을 돌린다. 그의 결론은 간단하다. 하나님이 세상의 영적 소경들을 구원하시겠지만, 현실적으로 생각해 볼 때 이스라엘처럼 영적인 눈이 어두운 자들은 세상에 없다는 것이다. 선지자는 이스라엘 사회의 죄를 들추어 가면서 그들의 눈이 멀었음을 지적한다. 즉, 영적으로 눈이 어둡다는 것은 하나님의 가르침과 교훈대로 살아가지 못하고 있음을 말하는 것이다.

이스라엘은 하나님의 종으로 택함 받았다(18-19절). 그러나 그들은 귀가 있어도 듣지 못하고, 눈이 있어도 보지 못하는 자들이다(20절). 소경이고 귀머거리인 종이 주인에게 무엇이 그리 유익하며 맡은 일은 또 얼마나 잘 감당하겠는가? 별로 유익하지도 않고 임무 완수도 어렵다. 이러한 평가는 이사야 선지자에게 주어졌던 소명장(cf. 6장)이 잘 이행되었음을 반영한다.

본문에서 하나의 아이러니가 형성된다. 이스라엘의 하나님 여호와께서 온 세상의 소경들을 구원하겠다고 선언하셨다. 그런데 그분의 구원이 가장 필요한 사람들은 다름 아닌 그분의 백성들이다! 그러므로 하나님은 "귀머거리들"에게 들으라 하고, "소경들"에게 보라고 명령하신다(18절). 그동안 이스라엘은 하나님이 자신들의 삶에 대해서는 관심도 없다고 원망했다. 그런데 하나님은 그들이 여호와를 보지 못하고 그분의 말씀을 듣지 못한 것은 그들의 눈이 멀고 귀가 들리지 않았기 때문이라고 말씀하신다.

하나님은 이러한 문제를 예방하기 위해 이스라엘에서 "율법"(תּוֹרָה)이 크고 존귀케 되도록 하셨다(21절). 모든 사람이 말씀을 깨닫고 준수하도록 하기 위함이었다. 그러나 그들은 하나님의 이러한 기대에 미치지 못했다(24c절). 이스라엘의 가장 큰 문제는 하나님의 말씀으로부터 얻을 수 있는 지혜와 깨달음이 없다는 것이었다.

그러므로 하나님이 직접 이스라엘을 노략자들의 손에 붙이셨다(24절). 그들이 약탈을 당하고 혹사를 당해도 구해 줄 자가 없었다(22절). 오히려 하나님 스스로 자신의 백성들에게 진노를 쏟으셨다(25절). 이러한 일이 반복되어 급기야 이스라엘이 바빌론으로 끌려온 것이다. 그러나 정작 이스라엘은 이러한 일이 왜, 누구에게서 온 것인가를 깨닫지 못한다(26절). 즉, 이스라엘은 자신들의 역사의 흐름에 대한 이해나 의식이 없다. 역사는 우연히 일어나는 사건들의 연속이 아니다. 의식이 있는 자들에게는 역사의 흐름이 보일 뿐만 아니라 이 역사를 주장하시는 하나님의 섭리가 보일 것이다.

5장. 출애굽 재현(43:1-28)

선지자는 바로 앞부분(42:18-25)에서 이스라엘처럼 눈멀고 귀먼 자들은 없다고 했다. 그리고 하나님이 그들의 영적 어리석음과 무지 때문에 그들을 징계하시고 이방인들의 손에 붙이셨지만, 그들은 끝까지 깨닫지 못했다고 했다. 그렇다면 주의 백성들에게 소망이 있는 것인가? 그들 자신에게는 없다. 그들의 소망은 그들의 하나님 여호와께 있다. 하나님은 이스라엘이 눈멀고 귀먹어도 그들을 구원할 것을 선언하신다. 본 텍스트는 다음과 같은 구조로 이루어졌다.

A. 하나님이 백성을 구원하심(43:1-7)
　B. 백성이 증인이 됨(43:8-13)
　B'. 증인들이 목격할 새 일(43:14-21)
A'. 하나님의 자비가 백성을 구원하심(43:22-28)

Ⅷ. 소송과 판결(41:1-48:22)
　5장. 출애굽 재현(43:1-28)

1. 하나님이 백성을 구원하심(43:1-7)

하나님이 자기 백성을 구원하기로 결정하신 것은 이스라엘이 그동안 하나님께 더 신실해졌기 때문이 아니다. 그저 하나님이 아무런 조건 없이 일방적으로 구원을 선포하신 결과일 뿐이다. 저자는 하나님의 일방적인 사랑과 계획에 의해 구원이 이스라엘에게 임했음을 강조하기 위해 1절의 내용을 7절에서 비슷한 형태로 한 번 더 선포한다(Pieper). 이

섹션은 다음과 같이 나뉠 수 있다.[2]

A. 백성을 보호하시는 하나님(43:1-2)
B. 백성을 귀하게 여기시는 하나님(43:3-4)
C. 백성을 모으시는 하나님(43:5-7)

(1) 백성을 보호하시는 하나님(43:1-2)

1 야곱아 너를 창조하신 여호와께서 지금 말씀하시느니라
이스라엘아 너를 지으신 이가 말씀하시느니라
너는 두려워하지 말라
내가 너를 구속하였고
내가 너를 지명하여 불렀나니
너는 내 것이라
2 네가 물 가운데로 지날 때에 내가 너와 함께 할 것이라
강을 건널 때에 물이 너를 침몰하지 못할 것이며
네가 불 가운데로 지날 때에 타지도 아니할 것이요
불꽃이 너를 사르지도 못하리니

---

2 주석가들은 다음과 같은 구조를 제시하기도 했다(Goldingay & Payne).
1 Yhwh as one who creates, calls, shapes("fear not")
2 Yhwh's promise regarding a journey("I am with you")
3a Yhwh in relationship with Israel
3b Yhwh as one who gave up people for Israel
4a Yhwh as Israel's lover
4b Yhwh as one who will give up people for Israel
5a Yhwh in relationship with Israel("fear not, I am with you")
5b-6 Yhwh's promise regarding a journey
7 Yhwh as one who calls, creates, shapes

비록 이스라엘이 하나님을 보지 못하고 그분의 말씀을 듣지 못했지만 좌절할 필요는 없다. 하나님의 구원을 기대하는 일에 있어서 그들의 능력이나 무능력은 큰 영향을 미치지 않기 때문이다. 반면에 그들의 능력이나 무능함이 자신들의 정체성을 확립하는 데는 매우 큰 영향을 미칠 수밖에 없다. 그러므로 선지자는 스스로 무능하다며 좌절하는 이스라엘에게 그들의 과거를 생각하며 절망하지 말 것이며, 오히려 자신이 누구인가를 생각하며 하나님의 구원을 기대하라고 권면한다. 그들은 다름 아닌 하나님이 창조하시고 선택하신 백성이기 때문이다.

선지자는 창세기 1-2장에 기록된 창조 섭리를 연상시키며 하나님이 온 세상을 창조하신 것처럼 이스라엘을 창조하시고 선택하셨다는 점을 부각한다. "창조하다"(ברא)와 "만들다"(יצר)는 하나님이 천지를 창조하신 일을 묘사하면서 사용된 동사들이다(cf. 창 1장). 선지자는 이 동사들을 사용해 하나님이 아담과 하와를 창조하셨던 것처럼 야곱(viz., 이스라엘)을 창조하셨다고 한다. 무슨 의미인가? 이스라엘이 민족으로 혹은 국가로 존재하지 않는 상황에서 출애굽 사건과 시내 산 언약을 통해 그들이 민족으로 탄생할 수 있도록 하셨음을 암시한다(Seitz). 또한 이 과정에서 하나님이 이스라엘에게 베푸신 구원의 은혜를 새로운 창조로 표현한다(Westermann).

선지자는 2절에서 출애굽에 대해 회상하며 하나님의 "야곱 창조"를 기념한다. 본문이 묘사하는 물은 당연히 이스라엘이 건넌 홍해를 떠올리며, 불은 광야에서 그들의 길을 인도한 하나님의 불기둥을 생각나게 한다. 이사야는 출애굽 이미지에 강물을 더하고(cf. 8:7-8) 불꽃과 불 사이를 지나는 경험을 더해 출애굽 후 이날까지 지속되어 온 하나님의 보호와 인도하심을 기념한다. 심지어 이스라엘이 바빌론으로 끌려와 있는 상황에서도 하나님은 그들을 지키셨음을 회상한다(Goldingay).

하나님은 앞으로도 주의 백성을 동일한 은혜로 보호하실 것이다. 그들이 어떠한 죄를 지어도 절대 버리시지 않을 것이다. 백성들이 어리석다고 해서 왕이 백성들을 완전히 버리는 것을 보았는가? 세상의 왕들도 그렇게 하지 않는다면, 왕의 왕이신 여호와께서 어찌 이스라엘을 버리시겠는가! 그러므로 하나님은 공포와 좌절감에서 헤어나지 못하는 자신의 백성들에게 "두려워 말라"(אַל־תִּירָא)라며 따뜻하게 다가오신다. "두려워 말라"(cf. 41:10, 13, 14; 43:1, 5; 44:1, 8)는 구원 양식의 대표적 요소 중 하나다.

하나님은 자신의 백성에게 무엇을 두려워 말라고 하시는 것일까? 이는 하나님이 그들을 버리셨다는 생각이나 애초부터 자신들이 여호와의 백성이 아니었다는 생각을 버리라는 의미다(Oswalt). 하나님은 아직도 이스라엘을 사랑하시고 귀하게 여기시며, 한 번도 그들을 버리신 적이 없다. 하나님이 이스라엘을 선택하셨고 그들을 결코 버리지 않으시리라는 것은 시간을 초월한 영원한 진리다. 이 점을 강조하기 위해 선지자는 완료형 동사들을 사용한다(Pieper). 하나님과 이스라엘의 관계는 어떠한 상황에서도 변하지 않는다. 우리와 하나님의 관계도 마찬가지다. 한 번 구원, 영원한 구원! 다만 우리에게 구원받은 자답게 살아야 할 의무와 책임이 있다는 사실을 인식해야 한다.

하나님이 이스라엘을 창조하시고 선택하셨다는 것이 그들의 삶에 시사하는 바는 무엇인가? "무슨 일을 만나든지 만사형통하리라"를 보장하는 것인가? 결코 아니다. 하나님의 선택은 그분의 끊임없는 동행을 보장하는 것이지 결코 "만사형통"을 보장하는 것이 아니라고 본문은 가르친다. 하나님의 택함을 받은 백성들도 때로는 인생의 "물 가운데로 건너가야 하며", "불 속을 걸어야 한다." 다만 한 가지 보장된 것은 그들이 이러한 곳을 지날 때, 하나님이 그들과 함께하신다는 점이다. 그러므로 "임마누엘"의 복을 누리는 그들은 해(害)를 두려워할 필요가 없다. "하나님은 향락과 사치를 즐기라고 우리를 택하신 것이 아니다.…오히려 세상의 갖은 악과 고통에 대해 만반의 준비를 하라고 택하신 것이다"(Calvin).

(2) 백성을 귀하게 여기시는 하나님(43:3-4)

3 대저 나는 여호와 네 하나님이요
이스라엘의 거룩한 이요 네 구원자임이라
내가 애굽을 너의 속량물로,
구스와 스바를 너를 대신하여 주었노라
4 네가 내 눈에 보배롭고 존귀하며
내가 너를 사랑하였은즉
내가 네 대신 사람들을 내어 주며
백성들이 네 생명을 대신하리니

하나님은 이스라엘을 구원하실 뿐만 아니라 귀하게 여기신다. 그래서 하나님은 결코 이스라엘을 포기하실 수 없다. 무엇 때문에 하나님이 주의 백성을 귀하게 여기신단 말인가? 저자는 바로 오래전에 하나님과 이스라엘 사이에 맺어진 특별한 관계에서 그 이유를 찾고 있다. 3절 전반부에서 "너의 하나님"(אֱלֹהֶיךָ), "이스라엘의 거룩하신 분"(קְדוֹשׁ יִשְׂרָאֵל), "너의 구원자"(מוֹשִׁיעֶךָ)라는 표현들을 사용하여 하나님과 이스라엘의 특별한 관계를 강조한다. 우리는 하나님과의 관계를 얼마나 특별한 것으로 여기는가? 하나님은 우리와의 관계를 매우 특별하게 여기신다. 이 세상의 그 무엇도, 어떠한 상황도 결코 당신을 포기하게 할 수 없을 만큼 아주 특별한 관계다.

이스라엘을 구원하기 위해서라면 하나님은 세상 끝까지 가서라도 적절한 대속물을 찾으실 것이요, 이 세상의 그 무엇이라도 자신의 백성들의 죗값으로 내놓을 용의가 있으시다(3b절). 이집트처럼 큰 나라일지라도, 에티오피아와 스바와 같이 먼 곳에 있는 나라일지라도, 이스라엘의 대속물로 내놓을 각오를 하셨다. 한 주석가는 본문이 아프리카 나라들을 언급하는 것은 하나님이 고레스에게 이 나라들을 넘겨주신 경위(viz., 이스라엘의 구원을 위해 값으로 치름)를 설명하는 것이라고 하지만(Duhm), 지나치게 구체적인 해석은 비유의 의미를 오히려 손상시킨다(Childs). 이집트에 대한 언급은 본문의 배경이 되고 있는 출애굽 모티프를 지속시키는 역할을 한다(Seitz).

이스라엘의 구속을 위해 왜 대속물이 필요한가? 그들의 죄 때문이다. 하나님의 공의가 이스라엘의 죗값을 요구하신다. 예수님도 죄인들을 위해 자신의 생명을 대속물로 내놓으시지 않았는가! 어떤 사람들의 생각과 달리, 구원은 결코 싸구려가 아니다. 하나님이 비싼 값을 치르고 이루신 일이다. 따라서 우리에게는 그 구원에 합당한 삶을 살아갈 의무가 있다.

선지자는 혼인의 언어를 빌려 하나님이 이스라엘을 버리실 수 없고 반드시 구원하시고자 하는 이유가 무엇인지 다시 한번 설명한다(4절). 하나님이 이스라엘을 바라보시는 눈은 마치 결혼식을 앞둔 남편이 아내를 바라보는 것과 같다. "내가 너를 보배롭고(יָקַרְתָּ בְעֵינַי), 존귀하게 여겨(נִכְבַּדְתָּ), 내가 너를 사랑하였다(וַאֲנִי אֲהַבְתִּיךָ)." 특히 "너를 사랑하였다"의 앞에 붙는 "내가"(אֲנִי)는 문법상 필요 없지만 삽입된 강조형이다. 하나님은 "바로 내가 너를 사랑하기 때문에 이 모든 일이 가능하다"는 사실을 강조하신다. 그러므로 세상 끝까지 가서라도 이스라엘을 대속할 제물을 찾아낼 의지를 지니셨다. 우리를 바라보는 눈이 애절하다 못해 시리기까지 한 하나님의 마음이 느껴지는가? 하나님의 사랑에 마음이 녹아내려 본 사람, 그분의 사랑에 감동해서 울어 본 사람은 행복하다.

VIII. 소송과 판결(41:1-48:22)
5장. 출애굽 재현(43:1-28)
1. 하나님이 백성을 구원하심(43:1-7)

(3) 백성을 모으시는 하나님(43:5-7)

5 두려워하지 말라

내가 너와 함께 하여
네 자손을 동방에서부터 오게 하며
서방에서부터 너를 모을 것이며
6 내가 북방에게 이르기를 내놓으라
남방에게 이르기를 가두어 두지 말라
내 아들들을 먼 곳에서 이끌며
내 딸들을 땅 끝에서 오게 하며
7 내 이름으로 불려지는 모든 자
곧 내가 내 영광을 위하여 창조한 자를 오게 하라
그를 내가 지었고 그를 내가 만들었느니라

선지자는 하나님이 이스라엘을 이처럼 적극적으로 사랑하시기에 전혀 걱정할 것이 없다고 위로한다. 그렇다면 이스라엘이 당면한 현실적인 문제는 어떻게 해결될 것인가? 하나님이 이스라엘을 회복하시는 것은 좋은데, 이스라엘은 이미 세상 여러 곳에 흩어져 버리지 않았는가? 이 문제를 어떻게 해결하시겠단 말인가?

선지자는 전혀 염려할 것이 없다고 확신한다. 하나님이 흩어진 모든 사람을 다시 모으실 것이기 때문이다. 선지자는 이미 하나님은 온 세상의 통치자이시고 열방과 그들의 신들은 여호와의 주권 앞에 아무것도 아님을 거듭 강조해 왔다. 그러므로 여기서는 더 이상 설명이 필요 없이, 하나님의 열방을 향한 명령 한 마디로 문제가 해결된다. "내 백성들을 내놓아라!" 선지자는 동서남북을 모두 언급하여 하나님이 온 세상에서 한 사람도 빠짐없이 모두 모으실 것을 선언한다(Motyer).

하나님은 열방에 흩어진 자신의 백성들을 마치 부모가 흩어진 자식들을 모으는 것처럼 강한 열정을 가지고 찾으실 것이다. "내 아들들(בָּנַי)을 먼 곳에서 이끌며, 내 딸들(בְּנוֹתַי)을 땅 끝에서 오게 하라"(6절). 그렇다면 하나님은 이스라엘에 속한 사람들이라면 무조건 다 부르실 것인가? 저자는 조심스럽게 하나님이 구원하실 자들을 제한하고 있음을 밝힌다(7절).

하나님의 이름을 부르는 백성, 즉 그분의 주권을 인정하고 순종을 다짐하는 사람만이 그분의 백성이 될 것이다. 이들은 하나님께 "영광을 돌리게 하기 위하여" 하나님이 직접 창조하신 자들이다. 하나님의 백성으로서 우리의 삶의 목적은 바로 하나님의 영광을 드러내는 데 있다. 하나님이 우리를 구원하신 것도 바로 이런 이유에서다. 즉, 우리의 구원은 결코 죄를 짓는 면허증이나 대충 살아가는 삶에 대한 허가증이 아니다. 구원받은 자들은 오히려 더 도덕적으로, 더 열심히 살아감으로써 자신을 구원하신 하나님께 모든 영광을 돌려야 한다. 우리는 이 사명을 얼마나 잘 감당하고 있는지 곰곰이 생각해 보아야 할 것이다.

VIII. 소송과 판결(41:1-48:22)
5장. 출애굽 재현(43:1-28)

2. 백성이 증인이 됨(43:8-13)

이 섹션은 논쟁 양식(disputation-form)을 취한 법정 드라마로, 42장에서 이미 시작된 여호와의 구원의 능력과 의지가 여기서 다시 확인된다. 이 논쟁의 근본 목적은 누구와 다투려는 것이 아니라, 낙심한 주의 백성에게 하나님에 대한 믿음을 갖도록 도전하려는 것이다(Melugin; cf. 10절). 그들에게 믿음이 있어야 하나님이 계획하신 새로운 출애굽을 경험할 것이기 때문이다(Schoors). 이 과정에서 새로운 요소가 추가된다. 바로 "증인"이라는 주제다. 하나님은 열방과 그들의 신들에게 자신의 능력에 대해 증언할 수 있는 증인들을 세우라고 명령하신다.

열방과 그들의 신들이 할 말을 잊어 온 법정이 잠잠할 때, 하나님은 자신의 능력에 대한 증인으로 이스라엘을 부르신다. 바벨론에 의해 만신창이가 되어 있는 이스라엘, 그것도 그 누구보다 어두운 귀와 눈을 가진 자들이 어떻게 여호와의 능력의 증인이 될 수 있단 말인가! 하나님의 역사는 그저 신비함의 연속인 것이다. 본 텍스트는 다음과 같이 구분될 수 있다.

A. 이스라엘과 열방 소환(43:8-9)
B. 이스라엘이 증인이 됨(43:10)
C. 태초부터 유일하신 하나님(43:10-13)

VIII. 소송과 판결(41:1-48:22)
5장. 출애굽 재현(43:1-28)
2. 백성이 증인이 됨(43:8-13)

(1) 이스라엘과 열방 소환(43:8-9)

8 눈이 있어도 보지 못하고
귀가 있어도 듣지 못하는 백성을 이끌어 내라
9 열방은 모였으며 민족들이 회집하였는데
그들 중에 누가 이 일을 알려 주며
이전 일들을 우리에게 들려 주겠느냐
그들이 그들의 증인을 세워서
자기들의 옳음을 나타내고
듣는 자들이 옳다고 말하게 하여 보라

여호와께서 재판관 자리에 앉으신 법정에 "눈이 있어도 보지 못하고 귀가 있어도 듣지 못하는" 이스라엘이 먼저 출두 명령을 받는다(8절). 선지자가 사용하는 이미지는 너무 오랫동안 어두운 감옥에 감금되어 시력을 거의 잃은 사람의 모습이다(North). 선지자의 소명에서 언급된 "소경" 주제가 계속된다. 이스라엘이 구원에 이르렀지만, 이는 하나님이 그들을 일방적으로 구원하셨기에 가능한 일이지 결코 그들이 영적으로 더 나아져서가 아니다. 이스라엘은 여전히 눈이 있어도 보지 못하며, 귀가 있어도 듣지 못하는 죄인들로 남아 있다. 이스라엘의 근본 문제는 하나님의 무능함이나 무관심에 있지 않고 이스라엘이 이미 그들의 삶에서 사역하시는 능력의 하나님을 보지 못하는 데 있다. 그러므로 본문이 전제하는 이스라엘의 하나님에 대한 불만은 근거가 없으며, 착각에서 비롯된 것이다(Melugin; Schoors).

이스라엘이 법정에서 증언해야 할 것은 두 가지다(Seitz). 첫째, 이스라엘은 열방이 알지 못하는 옛일을 알고 있다. 눈이 있어도 보지 못하고 귀가 있어도 듣지 못하기 전에, 그들은 하나님이 어떻게 천지를 창조하셨고 자신들을 이집트의 손에서 구원하셨는가 등에 대해 알고 있었다. 그러므로 그들은 이 사실을 증언해야 한다. 둘째, 이스라엘은 하나님에 대해 증언해야 한다. 그분이 얼마나 위대하고 유일한 창조주이신지 증언함으로써 열방의 동의를 이끌어 내야 한다.

그다음 모든 열방과 민족들이 호명을 받는다(9a절). 하나님이 이스라엘이 지켜보는 가운데 열방에게 명령하신다. "너희 신들 중에서 미래에 대해 예언할 수 있는 신이 하나라도 있다면 증인들을 세워서 증명하라!"(9b절) 혹시 열방이 숭배하는 신들 중에서 이미 일어난 일에 대해 미리 알려 주었거나 앞으로 있을 일에 대해 예언할 수 있는 신이 있으면 호출하여 증언을 하도록 하라는 것이다. 물론 그 어떠한 신도 하나님 앞에 나서지 못한다. 모두 참신이 아니라 거짓 신이기 때문이다. 하나님은 이스라엘로 하여금 오직 자신들의 하나님만이 미래에 대해 예언할 수 있는 분임을 깨닫게 하고자 하신다.

VIII. 소송과 판결(41:1–48:22)
5장. 출애굽 재현(43:1–28)
2. 백성이 증인이 됨(43:8–13)

(2) 이스라엘이 증인이 됨(43:10)

10 나 여호와가 말하노라
너희는 나의 증인,

나의 종으로 택함을 입었나니
이는 너희가 나를 알고 믿으며
내가 그인 줄 깨닫게 하려 함이라
나의 전에 지음을 받은 신이 없었느니라
나의 후에도 없으리라

그동안 하나님은 이스라엘의 어리석음과 무지함에 대해 여러 가지로 지적하셨다. 심지어 이스라엘은 세상에서 가장 눈먼 소경들이요, 가장 듣지 못하는 귀머거리들이라고 하셨다. 그런데 이 순간, 온 열방이 모두 집결해 있는 법정에서 하나님은 이스라엘을 자신의 예언 능력에 대한 증인으로 세우신다. 뭔가 석연치 않은 부분이 있다고 생각할 수도 있다. 그러나 한편 이러한 하나님의 행동은 그만큼 자신이 있으심을 암시하는 것이다. 하나님의 예언 능력은 그만큼 확실하고 널리 알려진 기정사실이며, 심지어 귀머거리도 소경도 익히 알고 있다는 것이다. 우리는 여기서 다시 한번 열방의 신들과 하나님의 능력이 대조되는 것을 본다.

또한 본문은 하나님의 종이 무엇을 하는 자인지 설명한다. "나의 증인//나의 종" 구조는 증인 역할을 감당하는 것이 그들 사명의 일부임을 증거한다. 무엇에 대해 증인이 되라는 말인가? 온 세상 사람들 앞에서 각자 체험한 하나님의 놀라우신 능력과 사랑에 대해 증인이 되라는 것이다. 우리는 이 사명을 잘 감당하고 있는가? 많은 그리스도인이 이 사역은 마치 교회에서만 하는 것으로 착각한다. 그러나 가장 의미 있는 사역은 교회 밖에서 이루어진다. 믿지 않는 자들에게 하나님에 대해 증거하는 것보다 아름답고 고귀한 사역이 있을까?

하나님이 우리를 종으로, 증인으로 택하신 것은 바로 우리가 그분을 알고 믿게 하기 위함이다(10b절). 일종의 진행형이 형성된다. "알다(ידע)…믿다(אמן)…깨닫다(בין)." 이러한 구성이 신앙생활의 단계를 표현하는 것으로 해석되기도 한다(Calvin). 이처럼 고상한 지식을 통해 오직 여호와만이 하나님이심을 깨닫게 하기 위함이다. 하나님은 처음이자 나중이신 유일한 분이다. 하나님 외에 인간의 역사를 주관하는 신은 없다. 이 진리는 우리의 삶에 어떤 영향을 미치고 있는가? 단순히 지식으로 머리에 남아 있는 것은 아닌지 꾸준한 반성과 묵상이 있어야 할 것이다. 머리에 있는 지식을 뜨거운 가슴으로 끌어내릴 때, 비로소 우리가 사는 세상은 변화될 것이다.

VIII. 소송과 판결(41:1-48:22)
5장. 출애굽 재현(43:1-28)
2. 백성이 증인이 됨(43:8-13)

(3) 태초부터 유일하신 하나님(43:11-13)

11 나 곧 나는 여호와라
나 외에 구원자가 없느니라
12 내가 알려 주었으며 구원하였으며 보였고
너희 중에 다른 신이 없었나니
그러므로 너희는 나의 증인이요
나는 하나님이니라
여호와의 말씀이니라
13 과연 태초로부터 나는 그이니
내 손에서 건질 자가 없도다
내가 행하리니 누가 막으리요

본문을 구성하는 29개의 단어 중에서 12개가 1인칭 단수로 서술되어 있다. 그만큼 본문은 여호와만이 유일하신 신(monotheism)이심을 강조하고 있다(Muilenburg). 본문은 하나님의 유일하심을 크게 세 가지로 정의한다. 여호와만이 유일한 구세주이시고(11-12절), 유일한 예언자이시며(12절), 온 세상을 통치하시는 유일한 주권자이시다(13절).

첫째, 여호와만이 유일한 구세주이시다(11-12절). 포스트모던 시대를 살아가는 사람들은 더 이상 절대적인 것을 믿지 않는다. 모든 것이 상대적이다. 종교적으로는 다원주의(pluralism)를 지향하고 다양성을 추구하기에 이르렀다. 그러나 세상이 무어라 해도 결코 변할 수 없는 사실 한 가지가 있다. 오직 여호와만이 진정한 신이기에 그분만이 우리의 소망이라는 사실이다. 이사야는 하나님만이 이스라엘을 포함한 세상 모든 민족의 구세주이심을 선포한다. 사람들이 이 사실을 받아들이든 거부하든 상관없이 진실은 변하지 않는다. 오직 여호와만이 세상의 구원자이시다.

둘째, 여호와만이 유일한 예언자이시다(12절). 선지자는 한 증거로 여호와가 태초부터 선포해 오신 예언 중에서 하나라도 성취되지 않았던 것이 있었는지를 살펴보라고 한다. 하나님이 예언하셨던 구원이 이미 성취되었다고 주장한다. 그러나 이스라엘은 아직도 바빌론에 있다. 그렇다면 선지자는 무엇을 염두에 두고 이런 말을 하는가? 대부분의 학자는 선지자가 출애굽 사건을 염두에 두고 한 말이라고 해석한다. 하나님은 보잘것없는 백성을 이집트의 손에서 구하겠다고 오래전에 말씀하셨고 그대로 이루셨다. 이스라엘 사람들의 생각 속에서 과거는 미래에 대한 불확실성을 없애는 역할을 한다. 그러므로 과거에 베풀어 주신 출애굽의 은혜는 머지않아 그들을 확실히 구원하실 것을 보장해 준다.

셋째, 여호와만이 온 세상을 통치하시는 유일한 주권자이시다(13절). 이런 일이 가능한 것은 여호와께서 태초부터 역사를 주관해 오신 분이기 때문이다. 역사가 하나님이 계획하셨던 곳으로 흘러가고 있는 것이다. 하나님은 자신의 유일성을 "내 손에서 건질 자가 없도다 내가 행하리니 누가 막으리요"라는 말씀으로 강조하신다. 우리가 하나님의 유일성에 대해 신학적으로 혹은 철학적으로 정의하는 것도 신앙에 도움이 될 것이다. 그러나 우리의 삶을 뒤돌아보면 과거의 체험이 하나님의 유일성을 그대로 드러내는 것을 깨닫게 된다. "하나님이 행하시는 것을 누가 막을 수 있었던가!"

3. 증인들이 목격할 새 일(43:14-21)

선지자는 바로 앞부분(43:8-13)에서 머지않아 이스라엘에 임할 하나님의 구원은 이스라엘이 과거에 체험했던 이집트로부터의 구원이 보장한다고 했다. 이제 그는 하나님의 구원 사역을 보장하는 것이 또 하나 있음을 선언한다. 바로 언제든지 새로운 일을 하실 수 있는 하나님의 능력이다.

하나님은 이스라엘을 구원하시는 과정에서 세상 사람들이 전에 들어보지도 알지도 못했던 새로운 방법을 취하실 것을 선언한다. 본 텍스트는 다음과 같은 구조로 구분된다.

A. 이스라엘의 구세주가 바빌론을 파괴하심(43:14-15)
B. 역사적 예: 출애굽 사건(43:16-17)
A'. 이스라엘의 구세주가 새 일을 행하심(43:18-21)

(1) 이스라엘의 구세주가 바빌론을 파괴하심(43:14-15)

14 너희의 구속자요
이스라엘의 거룩한 이
여호와가 말하노라
너희를 위하여 내가 바빌론에 사람을 보내어
모든 갈대아 사람에게
자기들이 연락하던 배를 타고
도망하여 내려가게 하리라
15 나는 여호와

너희의 거룩한 이요
이스라엘의 창조자요
너희의 왕이니라

이스라엘의 거룩하신 분이 군대를 보내어 바빌론을 파괴할 것을 선언하신다. 역사는 바빌론을 침략해 취한 자가 고레스가 이끌던 메대-페르시아 연합군이었음을 증명한다. 그러나 선지자는 바빌론을 멸망에 이르게 했던 메대-페르시아 군대를 보낸 자가 누구인지에 초점을 맞춘다. 바로 여호와가 하신 일이라는 것이다.

하나님은 무엇 때문에 바빌론과 같은 국제적인 대국을 멸하시는가? 선지자는 여호와께서 "너희를 위하여"(לְמַעַנְכֶם) 바빌론을 파괴하실 것이라고 선언한다. 하나님은 이스라엘을 위해서라면 이집트나 에티오피아와 같은 나라도 기꺼이 제물로 삼겠다고 선언하셨다(43:3). 그러므로 이스라엘을 괴롭히는 바빌론을 심판하시는 것은 이스라엘의 창조주이시자 그들의 왕이신 하나님이 당연히 행사할 수 있는 권력이라고 말씀하신다(15절). 하나님이 이렇게 말씀하시는 것은 이스라엘의 구원이 임박했음을 암시한다(Muilenburg).

선지자의 가르침은 우리로 하여금 한 가지 중요한 사실을 깨닫게 한다. 세상의 모든 권세와 나라들은 오직 한 가지 목적을 위해 존재한다는 사실이다. 그들은 하나님의 백성이 하나님을 더욱 사랑하고 의지하도록 훈련받는 데 사용된다. 하나님을 믿지 않는 자들에게는 억지스럽고 이기적인 발상으로 들리겠지만, 이것이 진실인 것을 어찌하랴!

Ⅷ. 소송과 판결(41:1-48:22)
5장. 출애굽 재현(43:1-28)
3. 증인들이 목격할 새 일(43:14-21)

(2) 역사적 예: 출애굽 사건(43:16-17)

16 나 여호와가 이같이 말하노라

바다 가운데에 길을,
큰 물 가운데에 지름길을 내고
[17] 병거와 말과 군대의 용사를 이끌어 내어
그들이 일시에 엎드러져 일어나지 못하고
소멸하기를 꺼져가는 등불 같게 하였느니라

선지자는 하나님이 자신의 백성을 위해 바빌론을 치실 것을 보장하는 증거를 이스라엘의 역사에서 찾는다. 바로 출애굽 사건이다. 본문은 출애굽 때 속박의 땅을 떠나는 이스라엘과 그들의 뒤를 쫓았던 이집트 군 사이에 있었던 일을 요약한다. 하나님은 홍해에 길을 내셨고, 백성은 그 길을 걸어 나옴으로써 노예의 신분에서 벗어났다. 반면에 그들의 뒤를 쫓던 이집트 군은 소멸된 등과 같은 신세가 되어 다시는 세상을 보지 못했다(17절).

선지자는 과거에 하나님이 하신 일을 미래에 있을 주님의 구원을 보장하는 증거로 삼음으로써, 과거에 놀라운 은혜를 베푸셨던 하나님이 어찌 다시 이런 일을 못 하시겠냐며 반문한다. 특히 38장에 기록된 대로 산헤립의 군대 18만 5천 명이 한순간에 죽임을 당한 일은 예나 지금이나 건재하신 하나님의 능력을 증언한다. 미래에 대한 확신이 없을 때 가장 좋은 권면은 과거에서 온다. 오늘 이 순간 하나님의 인도하시는 손길이 보이지 않는다고 절망할 필요는 없다. 확신이 없다면 과거를 회상하라.

가장 고통스러웠고 하나님이 멀리 계신 것처럼 느껴졌던 순간을 떠올려 보라. 그리고 그 후의 일을 생각해 보라. 하나님이 멀리 계신다고, 나를 버렸다고 원망했던 순간에 그분은 어디 계셨는가? 바로 우리 곁에 계시지 않았던가! 과거의 추억들은 향수를 자아낼 뿐만 아니라, 오늘의 불신과 불안감을 치유하는 데 특효를 발휘하는 주님이 주신 약이다.

(3) 이스라엘의 구세주가 새 일을 행하심(43:18-21)

18 너희는 이전 일을 기억하지 말며
옛날 일을 생각하지 말라
19 보라 내가 새 일을 행하리니
이제 나타낼 것이라
너희가 그것을 알지 못하겠느냐
반드시 내가 광야에 길을 사막에 강을 내리니
20 장차 들짐승 곧 승냥이와 타조도 나를 존경할 것은
내가 광야에 물을, 사막에 강들을 내어
내 백성, 내가 택한 자에게 마시게 할 것임이라
21 이 백성은 내가 나를 위하여 지었나니
나를 찬송하게 하려 함이니라

선지자는 주의 백성에게 그들의 선조들이 옛적에 이집트의 손에서 벗어나게 되었던 사건을 되새기며 하나님이 다시 그와 같은 일을 하실 것을 기대하라고 했다. 그러나 그는 주의 백성들이 과거에 묻혀서 사는 것을 원하지 않는다. 하나님이 곧 새 일을 하실 것이기 때문이다. 그러므로 그는 "너희는 지나간 일을 기억하려 하지 말며, 옛일을 생각하지 말라"라고 당부한다.

사실 하나님은 이미 새 일을 시작하셨다. 다만 눈이 어두운 이스라엘이 그것을 보지 못하는 것뿐이다(19절). 그렇다면 이미 하나님이 시작하신 새 일은 어떤 것인가? 옛적에 하나님이 바다에 길을 내셨다면, 이번에는 광야에 길을 내신다(19절; cf. 35장). 옛적에 하나님이 바닷물을 말리셨다면, 이번에는 메마른 사막에 강을 내신다(19절). 모두 자신의 백성에게 물을 마시게 하기 위해서다(20절).

옛적에 하나님이 이집트의 손아귀에서 이스라엘을 구원하실 때는, 주의 백성 이스라엘과 그들과 함께하던 일부 잡족들만 주님의 구원을 누렸다. 그러나 앞으로 하나님이 이스라엘에게 구원을 베푸실 때는, 주의 백성들에게 제한되지 않는다. 이리와 타조를 포함한 들짐승까지도 하나님의 구원 사역의 덕을 본다(20절). 온 세상이 풍요로움과 흡족함으로 하모니를 이룰 것이다. 하나님이 시작하신 새 일은 이런 면에서 옛일과 다르다. 바로 메시아의 나라에 대한 기대감이다(cf. 11:5-9).

VIII. 소송과 판결(41:1-48:22)
5장. 출애굽 재현(43:1-28)

4. 하나님의 자비가 백성을 구원하심(43:22-28)

22 그러나 야곱아 너는 나를 부르지 아니하였고
이스라엘아 너는 나를 괴롭게 여겼으며
23 네 번제의 양을 내게로 가져오지 아니하였고
네 제물로 나를 공경하지 아니하였느니라
나는 제물로 말미암아 너를 수고롭게 하지 아니하였고
유향으로 말미암아 너를 괴롭게 하지 아니하였거늘
24 너는 나를 위하여 돈으로 향품을 사지 아니하며
희생의 기름으로 나를 흡족하게 하지 아니하고
네 죄짐으로 나를 수고롭게 하며
네 죄악으로 나를 괴롭게 하였느니라
25 나 곧 나는 나를 위하여 네 허물을 도말하는 자니
네 죄를 기억하지 아니하리라
26 너는 나에게 기억이 나게 하라
우리가 함께 변론하자
너는 말하여 네가 의로움을 나타내라

[27] 네 시조가 범죄하였고
너의 교사들이 나를 배반하였나니
[28] 그러므로 내가 성소의 어른들에게 욕되게 하며
야곱이 진멸 당하도록 내어 주며
이스라엘이 비방 거리가 되게 하리라

본문은 이사야가 사용하는 여러 개의 소송 양식(trial speech) 중 유일하게 하나님이 이스라엘을 피고인석에 세우고 비난하시는 내용이다(Westermann; Childs). 이스라엘이 사실을 인정하지 않고 계속 하나님을 원망하기 때문이다(cf. 40:27). 주의 백성은 자신들이 하나님을 찾을 때 하나님이 그들을 만나주시지 않았다고 원망하는데, 사실은 이스라엘이 하나님을 찾지 않았다는 것이 하나님의 주장이다(Koole; Goldingay).

하나님은 이스라엘의 불신과 원망에 괘념치 않으시고 "새 일"을 통해 그들을 구원하실 것이다. 하나님의 "새 일"을 통해 구원받게 될 이스라엘은 어떤 사람들인가? 조금이라도 구원을 기대할 만한 삶을 살아온 자들인가? 선지자가 지적하는 불신이 증언하듯이, 이스라엘은 결코 하나님의 구원을 받을 만한 자격이 없는 사람들이다. 여호와의 구원이 결코 그동안 이스라엘이 살아온 삶의 방식과 상관없음이 명백히 드러난다. 모든 것이 하나님의 일방적인 은혜다.

하나님은 이스라엘이 당연히 예배를 통해 가져와야 할 예물을 가져오지 않았으며 오히려 하나님을 부담스럽게 느꼈다고 회고하신다(22-24절). 물론 이 말씀의 첫째 대상이 포로 시대를 살아가는 이스라엘이라는 점을 들어, 하나님이 성전이 없고 제물을 드릴 수 없는 땅 바빌론에 거하는 자들에게 무리한 요구를 하신다고 해석할 수도 있다. 그러나 저자는 이스라엘 역사 속에서 보여 준 전체적인 성향을 지적하는 것이다. 그들이 하나님을 찾도록 선택받았는데도 하나님을 찾지 않는다는 것이다(22절). 이스라엘은 끊임없이 하나님께 제물을 드렸다. 심지어 이방

신들을 따를 때도 여호와께 꼬박꼬박 제물을 드렸다. 그렇다면 선지자는 무엇을 문제삼는 것인가?

비록 이스라엘이 예배를 통해 하나님께 꾸준히 제물을 드렸지만, 이러한 것들은 오히려 하나님을 괴롭게 할 뿐이었다(22절). 하나님은 이스라엘이 예배를 드리러 모일 때마다 괴로워하셨다(1:10-15; 66:3; 호 6:6; 암 4:4-6; 미 6:3-8). 무엇이 문제였는가? 그들의 예배는 형식적이 되어 버렸기 때문에, 예배를 드리는 자들도 힘들어했다. 만일 예배하는 자들이 지겨워했다면 그들의 예배를 받아야 하는 하나님은 얼마나 더 괴로우셨겠는가! 그러므로 그들의 예물은 아무런 효과를 발휘하지 못했다. 오히려 드리지 않는 것보다 못했다. 주의 백성들이 제물을 드리면 드릴수록 하나님은 괴로워하셨기 때문이다. 오늘날도 많은 예배가 성도들의 발목을 잡는다. 그러나 진정한 예배는 참자유를 알고 누리게 하는 것이다.

비록 이스라엘의 역사가 실패의 연속이었지만, 하나님은 결코 이 점을 문제 삼지 않으실 것이다. 그들의 죄를 모두 용서하실 것이다(25절). 하나님은 자신이 바로 이스라엘이 갈망하고 기다리는 용서의 하나님이신 점을 강조하기 위해 "나 곧 나"(אָנֹכִי אָנֹכִי הוּא)라는 문구를 사용하시면서 "바로 나, 내가 너희가 바라는 용서의 하나님이다"라고 선포하신다. 이스라엘의 죄도 하나님으로 하여금 결코 이스라엘을 포기하시게 하진 못했던 것이다.

하나님이 이스라엘을 용서하시는 것은 그들이 불쌍해서겠지만, 무엇보다 자신의 명예를 위해 용서하신다. 또한 하나님이 한 번 용서하시면, 다시는 그 일을 기억하시어 문제 삼지 않으실 것이다. 코리 탠 붐(Cori Tan Boom)은 이 점을 이렇게 설명한다. "하나님이 우리를 용서하실 때, 자신의 머릿속에서 그 죄에 대한 기억을 완전히 제거하여 용서의 호수에 던져 바닥에 가라앉게 하신다. 그러고는 그 호수에 이런 팻말을 세우신다. '낚시 금지!'" 하나님은 한 번 용서하시면 다시는 그 죄를 기억하지 않으신다. 물론 그 죄의 대가는 우리에게 평생 상처로 남을 수 있다. 그러나 이미 하나님의 기억 속에서 사라져 버린 죄를 자꾸 회상하면서 그것으로부터 지나친 영향을 받는 것은 하나님이 우리를 겸손케 하시는 사역이 아니라 사탄의 짓이다.

선지자는 지금까지 하나님이 하신 말씀에 이의가 있으면 제기해 보라고 선언한다(26절). 하나님이 하신 말씀에 조금이라도 오차가 있고, 이스라엘이 당당하고 떳떳하다면 증거를 대 보라는 것이다. 그러나 그들은 하나님 앞에 잠잠할 수밖에 없다. 잠잠한 그들에게 하나님은 다시 한번 그들의 반역한 역사를 정리하신다(27-28절). 이스라엘이 처음부터 끊임없이 죄를 지어 왔기에(27절), 결국 하나님은 그들의 나라와 종교가 폐하도록 바라만 보셨던 것이다(28절).

물론 하나님이 이스라엘의 멸망을 즐기신 것은 아니다. 선지자는 "진멸"(חֵרֶם)이란 단어를 사용해 하나님의 괴로움을 표현한다. "진멸"은 가나안을 정복하던 이스라엘이 가나안 사람들에게 행하던 것이요, 사울 시대에 이스라엘을 괴롭히던 아말렉 족에게 선포되었던 혹독한 심판이다. 그런데 이스라엘이 진멸당해야 하는 운명에 처했다. 이스라엘에 대한 하나님의 모든 계획이 수포로 돌아간 것이다. 그럼에도 불구하고 백성들이 진멸당하는 것을 즐거워하는 왕이 세상에 어디 있겠는가? 하나님은 괴로우셨다. 그러나 이미 앞 디스코스에서 선포하신 것처럼, 하나님은 이스라엘을 포기하시지 않을 것이다. 이것이 주의 백성이 자랑할 수 있는 유일한 소망이다.

6장. 창조주(44:1-23)

선지자는 40장에서부터 여호와만이 창조주이시고 역사의 주인이시라는 사실을 강조해 왔다. 중간에 오직 하나님만이 이스라엘을 구할 수 있는 분임을 직간접적으로 선언해 왔지만, 이제부터는 이점을 가장 중요한 논제로 부각시킨다. 학자들은 본문이 구원 신탁의 일원인 "두려워 말라"("fear-not")양식을 취하고 있는 것으로 판단한다(Goldingay; Conrad). 선지자는 여러 가지로 하나님은 누구시며 어떤 능력을 지닌 분인가를 조명하는데, 본문에서는 여호와의 여러 가지 성품과 능력 중 그 분의 창조주 되심과 창조의 능력을 선포한다. 온 세상의 창조주인 여호와께서 주의 백성을 구원하실 것이라는 논지의 말씀을 담고 있는 이 섹션은 다음과 같은 구조로 구분된다.

A. 하나님의 영이 함께한 구원(44:1-5)
B. 우상은 이룰 수 없는 구원(44:6-20)
A'. 하나님의 능력이 함께한 구원(44:21-23)

1. 하나님의 영이 함께한 구원(44:1-5)

선지자는 43장에서, 이스라엘이 결코 구원을 보상으로 받을 만한 삶을 살지 못했지만 하나님은 자신의 명예 때문에 일방적으로 구원을 베푸실 것을 선언했다. 그리고 이번에 이스라엘이 체험할 구원은 옛날 그들의 조상들이 체험했던 것과는 전혀 새로운 것이 될 것이라고 예언했다. 이사야는 이제 하나님의 애정 어린 구원을 다시 한번 강조하면서 새로운 요소를 더한다. 이스라엘의 구원이 이루어지는 날, 하나님의 영이 그들에게 부어질 것이라는 사실이다. 본문은 세 부분으로 구분될 수 있다. (1) 변함없는 하나님의 사랑(44:1-2), (2) 마른 땅에 단비처럼 임하는 영(44:3-4), (3) 이스라엘의 특권(44:5).

VIII. 소송과 판결(41:1–48:22)
6장. 창조주(44:1–23)
1. 하나님의 영이 함께한 구원(44:1–5)

(1) 변함없는 하나님의 사랑(44:1-2)

1 나의 종 야곱, 내가 택한 이스라엘아
이제 들으라
2 너를 만들고 너를 모태에서부터 지어 낸
너를 도와 줄 여호와가 이같이 말하노라
나의 종 야곱, 내가 택한 여수룬아
두려워하지 말라

본문은 "그러나 이제"(וְעַתָּה)라는 대조를 형성하는 문구로 시작한다(1절). 이는 43장 후반부의 내용과 본문을 직접 연관시키라는 지시어다. 그뿐만 아니라 43:28의 "야곱//이스라엘"이 1절에서 다시 사용된다. 본문을 앞부분과 연관시켜 읽으라는 또 하나의 신호인 것이다. 내용은 간단하다. "하나님이 두려워 말라며 너를 위로하신다."

이스라엘에게 이러한 위로를 하시는 하나님은 어떤 분인가? 그분은 이스라엘을 지은 분이며(2절), 태어날 때부터 그들을 도와주신 분이다(2절). 그분은 그동안 변함없이 이스라엘을 사랑해 오셨다. 다만 이스라엘이 주님의 사랑을 깨닫지 못했고 거부했을 뿐이다. 여호와께서는 이스라엘을 향해 "내가 택한 여수룬(יְשֻׁרוּן)"(개역)이라 부르신다.

여수룬(יְשֻׁרוּן)이란 이름이 어떤 의미인지는 확실하지 않다. 다만 "바르다/옳다"(ישׁר)라는 동사의 파생어라는 것이 학자들의 일반적인 견해다(cf. HALOT). 그러한 뉘앙스는 명확하다. 하나님이 자신의 백성을 부르시는 애칭인 것이다. 마치 엄마가 자녀에게 "내 아가야!"라고 부르는 것처럼 애정이 담긴 표현이다. 그렇다면 이것은 하나의 아이러니다. 하나님은 타락하고 추한 이스라엘, 하나님을 멀리하려는 이스라엘을 향해 "내 착한 아가야!"라고 부르시는 것이다. 하나님과 우리의 관계가 이러하다. 우리가 결코 주님 앞에 설 수 없는 죄를 저질렀을지라도, 하나님이 우리를 바라보시는 마음은 여전히 애정으로 가득하다.

VIII. 소송과 판결(41:1-48:22)
6장. 창조주(44:1-23)
1. 하나님의 영이 함께한 구원(44:1-5)

(2) 마른 땅에 단비처럼 임하는 영(44:3-4)

3 나는 목마른 자에게 물을 주며
마른 땅에 시내가 흐르게 하며
나의 영을 네 자손에게,
나의 복을 네 후손에게 부어 주리니
4 그들이 풀 가운데에서 솟아나기를
시냇가의 버들 같이 할 것이라

많은 후손을 거느리는 것은 고대 사람들이 삶에서 바랄 수 있었던 최고의 축복이었다. 이사야서에서도 자녀가 있고 없고는 매우 중요한 주제로 전개된다(cf. 7:14; 8:3, 18; 9:6; 23:4; 26:16-18; 29:23; 37:3; 49:20-22; 51:17-20; 54:1; 56:3-5; 60:4, 9; 66:8-9). 선지자의 메시지를 읽어 내려가는 주의 백성은 아마도 "우리는 매우 작은 수라서 위축되었다. 하나님이 아브라함에게 약속하셨던 '많은 자손'은 어떻게 된 것인가?"라는 질문을 할 것이다. 선지자는 전혀 염려할 필요가 없다고 말한다. 하나님이 풍요의 영을 그들의 후손들에게 부어 주실 것이기 때문이다. 선지자는 42:1에서 하나님의 영을 공의와 정의의 실현과 관련하여 언급했다. 본문에서는 하나님의 영이 이스라엘 자손에게 축복으로 임한다(3절).

하나님이 부어 주시는 풍요의 영이 얼마나 생명력으로 가득한지 이미지를 연상해 보자. 수분이 없어 모든 생명이 타 버린 메마른 땅에 단비가 내리듯, 말라 타 들어가는 땅에 다시 시내가 흐를 만큼 흡족하게 내리는 비처럼 하나님의 영이 이스라엘의 후손들에게 부어질 것이다(3절). 본문이 물을 언급한다고 해서 출애굽이나 바빌론에서의 귀향과 연관시킬 필요는 없다(North). 여기서는 하나님이 앞으로 주의 백성에게 어떤 복을 내리실 것인가를 선포할 뿐이다. 메마른 광야와 같이 생명력을 잃어가는 이스라엘이 다시 생명의 푸르름을 회복하는 옥토처럼 변한다. 매우 아름다운 반전 이미지가 사용되고 있다. 또한 하나님의 "영"(רוּחַ)이 부어진다는 것은 이스라엘의 죄 문제가 근본적으로 해결될 것을 기대하게 한다(cf. 32:15). 즉, 이스라엘은 더 이상 죄를 짓지 않고 살게 될 것이다.

하나님의 영이 이스라엘에게 임하니 그들이 한 민족으로서 왕성하게 번성한다. 그들의 영적인 문제가 해결되었으니 더 이상 그들의 숫자를 줄이는 하나님의 징계가 필요 없을 것이요, 주의 영이 메마른 땅의 생산력을 회복해 주는 단비와 같이 이스라엘을 번성케 하니 무한정 그 수가 늘어날 것이다. 마치 시냇가의 버들처럼, 풀처럼 무성하게 자랄 것이다(4절).

VIII. 소송과 판결(41:1-48:22)
6장. 창조주(44:1-23)
1. 하나님의 영이 함께한 구원(44:1-5)

(3) 이스라엘의 특권(44:5)

5 한 사람은 이르기를
나는 여호와께 속하였다 할 것이며

또 한 사람은 야곱의 이름으로
자기를 부를 것이며
또 다른 사람은 자기가 여호와께 속하였음을
그의 손으로 기록하고
이스라엘의 이름으로 존귀히 여김을 받으리라

이 모든 은혜를 체험한 이스라엘이 드디어 자신이 하나님의 백성이라는 것이 얼마나 특별한 것인지를 깨닫게 된다. 이스라엘의 역사 속에서, 그들은 하나님이 자신을 선택하신 것을 특권으로 생각한 적이 별로 없었다. 오히려 그들은 자신의 신분이 걸림돌이 되고 자신을 구속한다고 생각하기 일쑤였다. 그러나 하나님의 영이 그들에게 부어지니 모든 것이 달라진다.

하나님의 놀라운 은혜를 체험하고 나니 드디어 자신들의 신분이 얼마나 큰 축복인지 깨닫게 되었다. 그러므로 그들은 스스로 "나는 여호와의 것이다"(לַיהוָה אֲנִי)라고 말하기도 하고 자신의 팔목에 "여호와의 것"(לַיהוָה)이라고 새기기도 한다. 그뿐만 아니라 야곱의 자손으로 부름받고 이스라엘 사람이라고 칭함을 받는 것을 영광으로 생각하게 될 것이다.

선지자의 선언이 바빌론에 끌려와 있는 유다 사람에게만 적용되어야 한다는 해석이 있지만(Watts), 이방인들에게도 적용될 수 있다. 실제로 본문이 언급하는 사람들이 이스라엘 사람들이 아니라 개종한 이방인들이라고 해석하는 학자도 있다(Whybray). 그래서 그들이 "나는 여호와께 속했다" "나는 야곱의 자손이다"라고 선언하는 것이라고 주장한다. 그러나 본문의 가장 자연스러운 해석은 어느 한 부류만이 아니라 이스라엘 사람들 중 하나님을 경외하는 사람들과 이방인들 중 여호와를 섬기게 된 자들을 모두 포함한다고 보는 것이다. 본문의 핵심 이슈가 이들의 인종적 배경이 아니라 이들의 선택이기 때문이다(Smith). 우리는 예수님을 믿는다는 것에 대해 얼마나 자부심을 느끼며 살고 있는가? 하나님의 자녀라는 신분에 얼마나 감격하고 있는가? 놀라운 구원을 이루시어 우리에게 새로운 신분을 주신 은혜를 곰곰이 묵상하며 주님께 감사의 제단을 쌓아야 할 것이다.

2. 우상은 이룰 수 없는 구원(44:6-20)

선지자는 다시 우상으로 주제를 바꾼다. 여호와는 지금까지 선포한 것처럼 놀라운 구원의 새 일을 이루시는 분인데 열방의 신들은 어떤 능력을 가지고 있느냐는 것이다. 즉, 구원은 오직 여호와께 속한 것이니 주의 백성은 아예 다른 곳은 쳐다보지도 말고 오직 여호와만을 바라보라는 것이 이사야의 권면이다.

선지자가 주의 백성들에게 오직 여호와만을 바라보라고 외치는 본 텍스트는 우상들과 여호와를 다양한 각도에서 대조한다. 우상을 섬기는 자들은 하나같이 깨달음이 없는 어리석고 혼란스러우며 앞을 보지 못하는 자들에 불과하다. 다음 표는 이사야가 본문에서 우상에 대해 선언하는 것과 대조적으로 여호와에 대해 암시하는 것들을 정리한 것이다(Smith).

	우상에 대한 선언	암시된 여호와와의 대조
1	사람이 우상을 만듦(44:9)	하나님이 세상과 백성을 창조하심
2	우상은 도움을 주지 못함(44:9)	하나님은 백성에게 힘과 용기를 주심
3	증인들이 보지 못하고 알지 못함(44:9)	증인들이 보고 앎
4	우상을 만드는 자들이 두려워 떪(44:11)	주의 백성은 두려워할 필요가 없음
5	우상을 만드는 자들이 수치를 당함 (44:11)	주의 백성은 수치를 당하지 않음

	우상에 대한 선언	암시된 여호와와의 대조
6	우상을 만드는 자들은 피곤하고 지침(44:22)	하나님은 자신의 백성이 피곤치 않도록 하심
7	우상을 만드는 자들은 나무에 표시를 함(44:13)	하나님은 하늘을 손으로 재심
8	우상은 사람이 만든 이미지임(44:13)	주님이 인간을 자신의 이미지로 만드심
9	우상은 돌과 나무에 불과함(44:14)	하나님이 돌과 나무를 만드심
10	사람이 자기가 만든 것을 예배함(44:15)	창조주가 예배를 받아야 함
11	사람들이 신들의 구원을 구함(44:17)	오직 하나님만이 구원하실 수 있음
12	우상은 사람들의 눈을 가림(44:18)	하나님이 사람들의 눈을 뜨게 하심
13	우상은 지식을 주지 못함(44:19)	하나님은 지혜와 지식을 주심
14	우상은 속이는 거짓임(44:20)	하나님은 진실을 계시하심
15	우상은 사람을 멸망하게 함(44:20)	하나님은 거짓에서 돌아서게 하심

본 텍스트는 다음과 같이 구분될 수 있다.

A. 여호와 외에 신은 없다!(44:6-8)

B. 우상숭배자는 수치를 당함(44:9-11)

B'. 우상숭배자는 어리석음(44:12-17)

B''. 우상숭배자는 눈이 어두움(44:18-20)

VIII. 소송과 판결(41:1–48:22)
6장. 창조주(44:1–23)
2. 우상은 이룰 수 없는 구원(44:6–20)

(1) 여호와 외에 신은 없다!(44:6-8)

6 이스라엘의 왕인 여호와,

이스라엘의 구원자인 만군의 여호와가 이같이 말하노라

나는 처음이요 나는 마지막이라

나 외에 다른 신이 없느니라

[7] 내가 영원한 백성을 세운 이후로
나처럼 외치며 알리며
나에게 설명할 자가 누구냐
있거든 될 일과 장차 올 일을 그들에게 알릴지어다
[8] 너희는 두려워하지 말며 겁내지 말라
내가 예로부터 너희에게 듣게 하지 아니하였느냐
알리지 아니하였느냐
너희는 나의 증인이라
나 외에 신이 있겠느냐
과연 반석은 없나니
다른 신이 있음을 내가 알지 못하노라

하나님은 이스라엘의 왕으로, 이스라엘의 구원자의 자격으로 선포하신다. "나 외에는 신이 없다. 내가 시작이요 마지막이다." 즉, 여호와 외에 어떤 존재라도 신으로 숭배하는 자는 매우 어리석은 선택을 하는 것이다. 그 증거로 미래를 예언할 수 있는 신이 있으면 나와 보라는 것이 선지자의 주장이다(7절).

반면에 여호와는 어떠한가? 그분은 미래의 일에 대해 끊임없이 예언해 오셨으며, 이스라엘이 바로 이러한 사실에 대한 증인들이다(8절). 인류의 역사가 하나님의 손안에 펼쳐져 있으며, 역사는 하나님의 예언 능력을 입증하는 자료다. 그래서 유태인들은 역사를 예언적으로 보았다. 그들에게 역사는 하나님이 계획하고 예언하신 것이 적절한 때에 성취되어 가는 성취된 예언이었다. 하나님의 최종 선언은 이렇다. "나 밖에 다른 신이 또 있느냐? 다른 반석은 없다. 내가 전혀 아는 바 없다"(8절).

하나님은 그분을 사모하고 그분의 뜻대로 살아가려고 노력하는 자들이 어려움을 당할 때 피할 수 있는 반석이시다(8절; cf. 32:4, 15, 18, 30, 31, 37). 그러므로 하나님 외에 다른 신을 찾는 자는 스스로 멸망하는 길을 찾는 것과 같다. 오늘도 많은 사람이 죽음을 향해 걸어가고 있다. 교회는 그들의 발걸음 소리를 들을 수 있어야 한다. 그리고 어떻게 해서든 그들이 가던 발걸음을 돌릴 수 있도록 노력해야 한다.

(2) 우상숭배자는 수치를 당함(44:9-11)

9 우상을 만드는 자는 다 허망하도다
그들이 원하는 것들은 무익한 것이거늘
그것들의 증인들은 보지도 못하며 알지도 못하니
그러므로 수치를 당하리라
10 신상을 만들며
무익한 우상을 부어 만든 자가 누구냐
11 보라 그와 같은 무리들이 다 수치를 당할 것이라
그 대장장이들은 사람일 뿐이라
그들이 다 모여 서서 두려워하며
함께 수치를 당할 것이니라

여호와는 눈이 멀고 귀가 들리지 않는 이스라엘이라도 증거할 수 있는 능력의 신이시다. 그렇다면 열방의 신들과 우상들은 어떠한가? 선지자는 이제 우상들과 그들의 "증인들"(우상숭배자들)에게 초점을 맞춘다(9절). 이사야는 우상들이 만들어지는 과정을 상세하게 묘사함으로써 이성이 있는 사람들이라면 어찌 이런 것들을 신이라 할 수 있는지 도저히 이해가 되지 않는다는 입장을 표명한다. 선지자는 먼저 우상숭배자들이 모두 수치를 당할 것에 대해 경고한다.

비록 이스라엘이 어리석고 많은 죄를 지어 왔지만, 그들에게는 소망이 있다. 그들은 영원한 반석의 증인들로서 주님 위에 서 있기 때문이다(8절). 그러나 우상을 섬기는 자들은 어떠한가? 그들은 "허망한 자들"(תֹהוּ)이다. 선지자는 40장에서 이스라엘이 두려워하던 열방은 아무것도 아니라고 말하면서 이 단어를 사용한 적이 있다. 그들이 "아무 쓸모가 없는 것들"(בַּל־יוֹעִילוּ)을 신으로 섬기기 때문이다.

우상을 섬기고 우상에 대해 증언하는 자들은 모두 "눈먼 자들이요, 무지한 자들"(בַּל־יִרְאוּ וּבַל־יֵדְעוּ)이다. 그동안 선지자는 여호와를 섬기는 이스라엘의 눈먼 것을 한탄해 왔다. 이제 그는 우상을 섬기는 열방의 눈도 멀었다고 선언한다. 그러나 여기에는 현저한 차이가 있다. 이스라엘은 놀라우신 하나님의 섭리와 능력를 보지 못하는 눈멂에 시달리고, 열방의 눈멂은 자신들의 신이 아무런 능력도 발휘하지 못하는 데도 발휘했다고 우기는 눈멂이다.

그러므로 우상의 증인들로 나선 사람들이 수치를 당하게 될 것은 시간문제다(9c-11절). 하지 않았는데 했다고 증언하는 그들의 망상이 허위로 드러나는 날이 머지않아 올 것이기 때문이다. 그뿐만 아니라 우상을 누가 만드는가? 바로 사람들이다(11절). 즉, 열방이 지향하는 우상숭배는 모두 속임수에 불과한 조작극이라는 것이 선지자의 평가다. 이렇게 인간은 자신들의 종말을 모른 채 아무런 유익도 없는 우상을 만들고 무익한 신상을 꾸준히 만들어 가는 것이다. 실제로 고대 사회에서 우상을 만드는 것은 상당한 규모의 '알짜 사업'이었다. 만일 믿을 수 없다면 그들을 법정에 세우라는 것이 하나님의 제안이다(11절). 우상을 만드는 모든 사람이 한꺼번에 몰려와도 그들은 할 말이 없을 것이며, 오히려 떨며 수치만 당할 것이다. 마음속 깊은 곳을 살피면 자신들의 진심이 드러나기 때문일까?

(3) 우상숭배자는 어리석음(44:12-17)

12 철공은 철로 연장을 만들고 숯불로 일하며
망치를 가지고 그것을 만들며 그의 힘센 팔로 그 일을 하나
배가 고프면 기운이 없고 물을 마시지 아니하면 피로하니라
13 목공은 줄을 늘여 재고 붓으로 긋고 대패로 밀고 곡선자로 그어
사람의 아름다움을 따라 사람의 모양을 만들어 집에 두게 하며
14 그는 자기를 위하여 백향목을 베며
디르사 나무와 상수리나무를 취하며
숲의 나무들 가운데에서 자기를 위하여 한 나무를 정하며
나무를 심고 비를 맞고 자라게도 하느니라
15 이 나무는 사람이 땔감을 삼는 것이거늘
그가 그것을 가지고 자기 몸을 덥게도 하고
불을 피워 떡을 굽기도 하고
신상을 만들어 경배하며
우상을 만들고 그 앞에 엎드리기도 하는구나
16 그 중의 절반은 불에 사르고
그 절반으로는 고기를 구워 먹고 배불리며
또 몸을 덥게 하여 이르기를
아하 따뜻하다 내가 불을 보았구나 하면서
17 그 나머지로 신상 곧 자기의 우상을 만들고
그 앞에 엎드려 경배하며 그것에게 기도하여 이르기를
너는 나의 신이니 나를 구원하라 하는도다

선지자는 대장장이가 철을 다루며 우상 만들기의 마지막 작업을 하는 모습으로 이야기를 시작한다(12절). 그리고 바로 나무 우상들이 어

떻게 만들어지는지 설명하며 그 우상들을 만드는 자들의 이해하기 힘든 논리를 폭로한다. "어떻게 같은 목재의 반은 땔감으로 쓰고 반은 우상 만드는 데 써서 신으로 섬길 수 있단 말인가?"(13-17절)

철공이 심혈을 기울여 우상을 만든다(12절). 그러나 어떠한 신상이 나와도 결국에는 그의 "힘센 팔과 연장"에 의해 생산되는 물건에 불과하다. 우상을 만들고 나서 그가 먹고 마시며 휴식을 취해야 하는 것은 다른 물건을 만들 때와 같다. 초점은 인간이 우상을 만드는 데 맞춰져 있다.

반면에 이스라엘과 여호와의 관계는 어떠한가? 이스라엘은 여호와를 만드느라 피곤한 적이 없다. 오히려 여호와가 이스라엘을 만드셨기 때문에 그들이 피곤해할 이유가 없다는 것이다(40:28-31). 그들이 여호와를 지고 다니는 것이 아니라 여호와께서 그들을 지고 다니시기에(45:20; 46:3) 그들이 배고프고 목마를 이유가 없다(43:19-20). 이와 같이 열방과 이스라엘 사이에 매우 극명한 대조가 형성된다.

대장간에서 성행하는 '우상 만들기'의 한계점을 지적한 선지자가 이번에는 목공소의 '우상 생산'을 거론하며 목수들의 행위를 아주 강도 높게 비웃는다(13-17절). 논리는 간단하다. 우상들이 인간의 생각에 의해 설계되고 제작되어 세워진다면 도대체 그 우상들은 어떠한 능력을 발휘할 수 있느냐는 것이다. 즉, 우상의 능력은 인간의 능력보다 못할 뿐만 아니라 우상의 모습과 능력이 인간의 계획과 생각에 의해 정의되는 것이다.

우상이 만들어진 과정을 살펴보자. 목수가 산에 가서 나무 하나를 자른다. 그 나무를 목공소로 가져와 일부는 장작 삼아 요리를 하고 연료로 사용한다. 그리고 나머지 부분으로는 우상을 설계하고 조각한다. 그리고 그 우상을 세워놓고 그 앞에 넙죽 절하며 "나의 신이여 이제 나를 구원하소서!" 하고 기도한다.

우상의 재료인 나무는 땔감으로 사용했던 나무와 차이가 없다. 우상은 또한 목수에 의해 세상에 드러났다. 인간의 결정과 능력에 의해 우상들이 세상에 드러난 것이다. 즉, 인간의 능력이 우상의 모습과 크기를 좌우한다. 그럼에도 불구하고 인간은 그 앞에 절하면서 신으로 섬긴다. 얼마나 어리석은 일인가!

본문에 묘사된 우상 만들기를 살펴보며 가장 안타깝게 여겨지는 것은, 철과 나무는 하나님이 인간에게 내려주신 복된 것인데 인간은 그 창조주의 복으로 그분을 섬기는 것이 아니라 외려 그분이 가장 싫어하는 우상을 만들어 섬긴다는 점이다. 하나님 보시기에 얼마나 인간이 어리석을까!

VIII. 소송과 판결(41:1–48:22)
6장. 창조주(44:1–23)
2. 우상은 이룰 수 없는 구원(44:6–20)

(4) 우상숭배자는 눈이 어두움(44:18-20)

18 그들이 알지도 못하고 깨닫지도 못함은
그들의 눈이 가려서 보지 못하며
그들의 마음이 어두워져서 깨닫지 못함이니라
19 마음에 생각도 없고 지식도 없고 총명도 없으므로
내가 그것의 절반을 불 사르고
또한 그 숯불 위에서 떡도 굽고 고기도 구워 먹었거늘
내가 어찌 그 나머지로 가증한 물건을 만들겠으며
내가 어찌 그 나무 토막 앞에 굴복하리요
말하지 아니하니
20 그는 재를 먹고 허탄한 마음에 미혹되어
자기의 영혼을 구원하지 못하며
나의 오른손에 거짓 것이 있지 아니하냐
하지도 못하느니라

하던 일을 멈추고 잠시만 생각해도 이러한 사실을 쉽게 깨달을 수 있을 텐데, 그들은 깨닫지 못한다. 왜? 그들의 눈이 가려져서 볼 수 없고 마음이 어두워져서 깨달을 수 없기 때문이다(18-19절). 이게 영적 세계의 현실이다. 주변에서도 매우 똑똑하고 사회적으로 상당한 지위에 있는 사람들이 이단이나 어리석은 종교 집단에 많이 빠져 있는 것을 보게 된다. 이러한 현상을 어떻게 설명할 것인가?

비록 우리에게 '화끈한 신앙'은 없더라도 우상숭배의 어리석음을 볼 수 있는 분별력을 가지고 있다면, 그것만으로도 엄청난 축복이라는 것을 깨닫고 감사해야 할 것이다. 우상숭배자들의 모든 노력은 한마디로 "타고 남은 재로 배를 채우려는 행위"에 불과하다(20절). 이 말씀은 14-18절을 연상시키면서 동시에 우상숭배의 허무함을 말한다. 재로 어떻게 배고픔을 달랠 수 있을 것인가? 우상들은 결코 그들을 만족시키지 못할 것이다.

3. 하나님의 능력이 함께한 구원(44:21-23)

21 야곱아 이스라엘아 이 일을 기억하라
너는 내 종이니라
내가 너를 지었으니 너는 내 종이니라
이스라엘아 너는 나에게 잊혀지지 아니하리라
22 내가 네 허물을 빽빽한 구름 같이,
네 죄를 안개 같이 없이하였으니
너는 내게로 돌아오라
내가 너를 구속하였음이니라
23 여호와께서 이 일을 행하셨으니

하늘아 노래할지어다
땅의 깊은 곳들아 높이 부를지어다
산들아 숲과 그 가운데의 모든 나무들아 소리내어 노래할지어다
여호와께서 야곱을 구속하셨으니
이스라엘 중에 자기의 영광을 나타내실 것임이로다

우상숭배의 어리석음을 노골적으로 드러낸 선지자는 이스라엘을 향해 다시 권면하기 시작한다. “그러나 기억하라! 너희 하나님은 우상들과 질적으로 다른 분이라는 점을!” “기억하라”(זְכָר)는 명령은 출애굽 사건과 연관이 깊은 개념이다. 하나님은 이스라엘이 출애굽 때 경험했던 모든 기적과 일들을 낱낱이 기억하고 자손 대대로 가르치고 기념할 것을 명령하셨다. 이제 하나님은 그의 백성들이 또 다른 사실을 영원히 기억하기를 원하신다.

우상숭배자들은 자신들의 신을 만드는 일에 열심을 내지만(9-10, 12절), 이스라엘은 자신들이 여호와에 의해 만들어졌다는 것을 기억해야 한다. 우상숭배자들은 우상의 노예로 살고 있다(18-20절). 그러나 이스라엘은 하나님의 종이라는 것을 기억해야 한다. 우상숭배자들은 자신들이 만든 우상에게 “나를 구하소서”라는 어리석은 기도를 한다(17절). 그러나 이스라엘은 하나님이 그들에게 “내가 너를 구했다”라고 선포하심을 기억해야 한다(22-23절). 우상숭배자들은 “나무 조각”을 향해 절을 한다(19절). 그러나 이스라엘은 세상의 모든 나무가 여호와를 기뻐하고 즐거워하도록 창조되었음을 기억해야 한다(23절).

본 텍스트에서 선지자는 일종의 흐름 있는 순서대로 말씀을 선포한다. 첫째, 이스라엘의 미래는 과거가 보장한다(21절). 이스라엘이 여호와께서 택하신 종이라는 사실이 그들의 복된 미래를 보장한다(Smith). 하나님이 결코 그들을 잊지 않으실 것이기 때문이다. 이스라엘이 하나님을 기억하지 못하는 일은 있어도 하나님이 그들을 기억하지 못하시는 일은 없다. 그뿐만 아니라 구약 성경에서 하나님이 인간을 기억하신다는 것은 구원과 은혜의 시작을 뜻한다.

둘째, 이스라엘은 더 이상 과거의 죄 때문에 괴로워하지 않아도 된다(22절). 실제로 이스라엘이 갈망해야 할 가장 커다란 자유는 바빌론의 손아귀에서 벗어나는 것이 아니다. 죄의 올무로부터 자유롭게 되는 것이다. 선지자가 그동안 여러 차례 바빌론에서의 자유를 선포해 왔지만, 그들의 구원을 죄사함과 연관시킨 것은 처음이다. 하나님은 마치 짙은 구름이 바람에 날려 순간적으로 사라지듯, 짙은 안개가 해가 뜨자 순식간에 자취를 감추듯, 그들의 죄를 없애실 것이다. 그러므로 이스라엘은 다른 곳을 바라볼 필요가 없다. 여호와께 돌아오기만 하면 된다.

셋째, 주의 백성의 구원은 온 세상에 영향을 미친다(23절). 하나님이 이스라엘을 구원하시는 것은 온 세상에 자신의 영광을 드러내는 사건이다. 그러므로 여호와의 영광을 본 자연 만물이 소리를 높여 놀라운 하나님을 찬양한다. 여기에 사람들이 우상을 만들 때 재료로 사용하는 나무도 포함되어 있다. 나무도 우상의 형태를 취하는 것보다 하나님을 찬양하는 것을 원한다. 선지자는 "하늘아 노래할지어다(רָנּוּ)…땅의 깊은 곳들아 부를지어다(הָרִיעוּ)…산들아 소리 내어 노래할지어다(פִּצְחוּ)…삼림아 노래할지어다(רִנָּה)!"라고 외친다. 하늘과 땅의 가장 깊은 곳에 있는 것들과 그 사이에 있는 모든 것, 즉 온 세상 만물이 여호와를 찬양하는 일에 동참하는 것이 당연하다. 그는 또한 네 번이나 "찬양하라"고 명령한다. 여호와께서 자신의 백성을 구원하시는 것은 이렇게 범우주적인 행사인 것이다. 하나님이 우리를 구원하셨을 때도 온 우주가 주님의 능력을 찬양했다.

7장. 고레스와 열방(44:24-48:22)

선지자는 여호와께서 이스라엘의 구속자로서 그들을 구원하기를 원하실 뿐만 아니라 구원할 능력도 지닌 분임을 거듭 강조해 왔다. 선지자의 말에 따르면, 여호와는 온 세상을 창조하신 전능하신 하나님이며 인류의 역사에 개입하고 관여하는 역사의 주인이시다. 그분은 모든 면에서 열방의 신들과 다르며 우상과 비교될 수 없다. 무엇보다도 우상들과 신들은 미래에 대해 예언할 수 없지만 여호와께서는 미래의 모든 일을 예언하실 수 있다. 하나님이 역사의 흐름을 주관하실 뿐만 아니라 계획하고 진행하시기 때문이다.

이제 선지자는 역사를 자신의 뜻대로 계획하고 진행하는 분이 어떻게 인류 역사를 보이지 않는 손으로 조종하시는지 보여 주는 한 역사적 예에 초점을 맞추고자 한다. 바로 이스라엘의 거룩하신 이가 어떻게 페르시아의 황제 고레스를 도구로 삼아 자기 백성을 바빌론에서 이끌어 내시는지 주목한다. 한 주석가는 본문이 고레스가 고대 근동에서 군주로 부각될 조짐을 보인 주전 540년대에 저작된 것이라고 하지만(McKenzie; cf. Whybray), 어떠한 증거에 근거한 것이 아니라 사람은 예언할 수 없다는 전제에서 비롯된 주장이기 때문에 귀담아들을 필요는 없다. 대체로 학자들은 이사야서 원본에 이미 고레스의 이름이 기록되어 있었거나(Motyer), 원래 고레스의 이름은 없었는데, 훗날 이 예언이 고레스를 염두에 둔 것임을 깨달은 사람이 독자들의 이해를 돕기 위해 삽입한 것이라고 한다(Harrison; Torrey; Baltzer). 선지자가 여호와는 다른 신들과 전혀 다르다고 주장하면서 가장 중요하게 제시하는 증거가 하나님의 예언 능력이라는 점을 감안할 때, 원래부터 고레스의 이름이 기록되었을 것이라는 추측이 설득력을 얻는다. 본 텍스트는 다음과 같은 구조로 구분된다.

A. 여호와께서 고레스를 부르심(44:24-28)
B. 여호와께서 고레스에게 능력을 주심(45:1-8)
C. 여호와의 계획(45:9-13)
C'. 여호와의 주권(45:14-46:13)
B'. 고레스가 바빌론을 멸망시킴(47:1-15)
A'. 여호와께서 새 일을 약속하심(48:1-22)

1. 여호와께서 고레스를 부르심(44:24-28)

이사야는 이미 여호와께서 세상의 나라들을 토기장이가 진흙을 밟아 이기듯 "내가 한 사람을 일으켜 북방에서 오게 하며…해 돋는 곳에서 오게 하였다"라고 선언했다(41:25). 이미 언급한 것처럼 이 말씀은 고레스 왕을 두고 하신 말씀이다. 본문에서 처음으로 그의 이름이 언급된다. 지난 100여 년 동안 상당수의 학자들이 이사야서가 고레스 왕의 이름을 기록하고 있다는 것에 대해 매우 부정적인 반응을 보여 왔다. 그들은 고레스 왕의 이름이 이사야서에 언급된 것을 선지자의 예언 능력을 입증하는 증거가 아니라, 오히려 이사야서 전체가 주전 8세기에 예루살렘에서 살았던 아모스의 아들 이사야가 저작한 것이 아님을 입증하는 증거로 간주했다. 이사야서 40장 이후는 모두 바빌론 포로 시대 이후에 저작되었다는 것이다. 왜냐하면 사람은 미래에 대해 예언을 할 수 없는데 이사야는 예언이라 하기에는 도가 지나칠 정도로 한 개인의 이름까지 지명하고 있기 때문이다. 그러므로 고레스에 대한 구체적인 언급이 40장 이후에서 발견된 것은 이 섹션이 먼 훗날 누군가에 의해 첨부되었음을 입증하는 것이라고 보았다.

그러나 우리가 지금까지 이사야가 제시해 온 하나님의 능력에 대한 가르침을 생각하면, 이 시점에서 고레스의 이름이 밝혀지는 것은 매우 당연한 일이다. 더 나아가 이사야서는 그의 이름이 밝혀지는 것을 필요로 한다. 그동안 선지자는 여러 차례 여호와와 우상들을 포함한 이방 신들의 가장 근본적이고 큰 차이점은 바로 예언의 능력 유무에 있다고 강조했다. 그러므로 하나님의 예언 능력을 부각시킴에 있어서 먼 훗날(약 150-200년 후)에 세상을 지배할 열방의 왕, 그것도 이스라엘이 일반적으로 동쪽 끝의 나라로 여기던 바빌론의 동편에 위치했던 나라의 왕의 이름을 구체적으로 밝히는 것보다 더 좋은 예가 있을까!

그뿐만 아니라 만일 고레스의 이름이 예언될 수 없다고 단정한다면, 열왕기에 기록된 요시아 왕의 탄생 예언도, 심지어 예수님이 태어나시기 전에 예언되었던 그분의 이름도 모두 허위라는 결론을 내릴 수밖에 없다. 우리는 다시 한번 선택해야 한다. 하나님과 선지자들의 능력을 신뢰할 것인가, 아니면 최근 학자들의 연구를 신뢰할 것인가?

선지자는 자신이 선포할 구원의 메시지가 하나님께로부터 온 것이기에 믿고 신뢰할 수 있다는 것을 강조하기 위해 "여호와께서 이렇게 말씀하신다"(כֹּה־אָמַר יְהוָה)라는 문구로 시작한다. 그뿐만 아니라 선지자는 "여호와는 이런 분이다"라는 주제에 초점을 맞추어 24-27절의 말씀을 선포한다. 즉, 이 섹션을 구성하는 다섯 절 중에서 하나님이 이스라엘을 구원하는 도구로 고레스를 사용하실 것이라는 선언은 한 절(28절)에 불과하다. 선지자도 자신이 예언하려는 것이 얼마나 믿기 어려운 것인지 잘 알고 있다. 그래서 그는 메시지의 5분의 4를 이 예언을 주신 여호와 하나님이 어떤 분인지 설명하는 데 할애한다.

선지자가 노래하는 하나님은 어떤 분인가? 그분은 인류의 과거, 현재, 그리고 미래를 주관하시는 분이다. 본문은 다음과 같이 세 부분으로 구분된다.

A. 과거를 주관하시는 하나님(44:24)
B. 현재를 주관하시는 하나님(44:25-27)
C. 미래를 주관하시는 하나님(44:28)

Ⅷ. 소송과 판결(41:1-48:22)
7장. 고레스와 열방(44:24-48:22)
1. 여호와께서 고레스를 부르심(44:24-28)

(1) 과거를 주관하시는 하나님(44:24)

24 네 구속자요
모태에서 너를 지은
나 여호와가 이같이 말하노라
나는 만물을 지은 여호와라
홀로 하늘을 폈으며
나와 함께 한 자 없이 땅을 펼쳤고

이사야가 40장 이후에 누누이 강조해 왔던 창조주 주제가 다시 한번 강조된다. 이스라엘의 구원자 여호와는 온 우주를 창조하신 분이다. 그분은 천지를 창조하실 때 누군가의 도움을 받지 않고 홀로 하셨다. 하나님의 비교할 수 없는 능력과 지혜를 강조하는 대목이다. 바로 이 창조주께서 주의 백성을 "모태에서부터" 만드셨다. 하나님이 이스라엘을 포함한 세상의 모든 생명체에게 생명을 주셨던 것이다.

하나님은 주의 백성을 창조하셨을 뿐만 아니라 그들을 구속하셨다. 신학자들은 하나님의 창조 사역이 구속 사역을 위한 전(前) 단계라고 하기도 하고, 창조론이 구원론의 서론이라고 하기도 한다. 하나님이 천지를 창조하신 목적은 자기 백성을 구원하기 위해서다. 본문도 이 같은 사실을 전제한다. 불행히도 대부분의 사람은 이 사실을 인정하지 않는다. 그러나 그들이 인정하든 인정하지 않든, 진리는 바뀌지 않는다. 우리는 창조주 하나님께 우리의 구원에 대해 지속적으로 감사해야 한다.

VIII. 소송과 판결(41:1-48:22)
7장. 고레스와 열방(44:24-48:22)
1. 여호와께서 고레스를 부르심(44:24-28)

(2) 현재를 주관하시는 하나님(44:25-27)

25 헛된 말을 하는 자들의 징표를 폐하며
점 치는 자들을 미치게 하며
지혜로운 자들을 물리쳐 그들의 지식을 어리석게 하며
26 그의 종의 말을 세워 주며
그의 사자들의 계획을 성취하게 하며
예루살렘에 대하여는 이르기를
거기에 사람이 살리라 하며
유다 성읍들에 대하여는 중건될 것이라
내가 그 황폐한 곳들을 복구시키리라 하며
27 깊음에 대하여는 이르기를 마르라
내가 네 강물들을 마르게 하리라 하며

과거에 활동하셨던 여호와께서는 현재에도 운행하신다. 특히 그분은 이 세상의 지혜와 가치관을 인정하지 않으시며 오직 자신의 종들의 진실성을 드러내는 데 주력하신다. 사람들은 점술가들(בַּדִּים), 점쟁이들(קֹסְמִים), 지혜자들(חֲכָמִים)에게 미래에 관한 가르침을 구하지만, 하나님은 이들의 지식을 어리석게 하신다(25절).

반면에 하나님은 자신의 종이 예언한 것은 모두 이루어지게 하신다(26절). 그런데 하나님의 "종"(עֶבֶד)은 누구를 의미하는가? 학자들은 나라 이스라엘이라고 하기도 하고(Muilenburg), 42:1에서 언급된 여호와의 종이라고도 한다(cf. Koole). 내용을 감안할 때, 이는 선지자들을 의미하는 것이 확실하다(Oswalt; Young). "내 종의 말을 응하게 하며 내 사자의 모략을 성취하게 하며"(개역), "나는 내 종들의 말을 세워 주고 내 사명을 띤 자의 계획을 이루어 준다"(공동번역)는 종들이 어떠한 말과 계획을 해도 이루어 주신다는 뜻이 아니라, 그들이 하나님께로부터 받아 전한 예언이 사실이고 성취될 것을 확인해 주신다는 뜻이다(NRS; cf. TNK).

하나님은 예루살렘이 재건될 것이라는 선지자들의 예언이 사실임을 확인해 주신다(26절). 그뿐만 아니라 하나님은 과거에 천지창조를 통해 자신의 능력을 유감없이 발휘하셨던 것처럼, 현재에도 자연을 다스리심으로써 어떠한 변화라도 즉흥적으로 유도하실 수 있다(27절). 그 예로 아무리 "깊은 물"(צוּלָה; 예를 들어, 바다, 27절)이라도 하나님이 "마르라!" 하고 명령하시면 마르는 것이다. 하나님은 과거에 역사하셨을 뿐만 아니라, 이 순간에도 세상을 주관하신다. 학자들은 하나님이 물을 말리시는 일이 고레스가 바빌론을 정복할 때 유프라테스 강에 둑을 만들어 물길을 돌린 다음에 그 마른 물줄기를 따라 입성한 것을 염두에 둔 것이라고 해석하기도 하고(Goldingay), 노아의 홍수를 "말리신 일"을 배경으로 한다고 해석하기도 하며(Gunn), 출애굽 때 홍해를 말리신 일을 의미한다고 해석하기도 한다(Childs). 탈굼은 "깊은 물"이 바빌론을 은유하는 것으로 풀이한다. 어떤 해석을 선호하든지, 본문이 강조하는 것은 하나님의 무한하신 능력이다.

VIII. 소송과 판결(41:1-48:22)
7장. 고레스와 열방(44:24-48:22)
1. 여호와께서 고레스를 부르심(44:24-28)

(3) 미래를 주관하시는 하나님(44:28)

28 고레스에 대하여는 이르기를
내 목자라
그가 나의 모든 기쁨을 성취하리라 하며
예루살렘에 대하여는 이르기를

중건되리라 하며
성전에 대하여는
네 기초가 놓여지리라 하는 자니라

여호와께서는 아직 태어나지도 않은 미래의 통치자 고레스에게 사명을 주시는 분이다. 그는 예루살렘을 재건하는 임무를 받을 것이다. 하나님은 이 일을 위해 고레스를 "나의 목자"(רֹעִי)로 세우실 것이다. 이 표현은 다윗 왕조를 연상시킨다. 즉, 선지자는 고레스를 다윗 왕조의 한 모형(type)으로 간주하는 것이다. 앞으로 오실 메시아가 다윗 왕조의 모형인 것을 감안할 때, 고레스 역시 메시아의 모형이다(Oswalt). 그렇다고 해서 고레스가 여호와를 섬겼다는 뜻은 아니다. 기록에 따르면, 고레스는 미트라(Mithra)라는 신을 숭배했다(Yamauchi). 선지자가 그를 여호와의 종이라고 하는 것은 하나님이 자기 목적을 성취하기 위해 옛적에 다윗을 사용하신 것처럼 사용하실 것이라는 점을 의미할 뿐이다.

이스라엘 사람들 중 상당수가 이방인이 다윗 왕조의 모형이 된다는 것을 받아들이지 못했다. 그러나 이게 바로 하나님이 선포하셨던 "새 일"(43:19)이다. 이스라엘의 생각으로는 도저히 상상도 할 수 없는 일이 약속되고 있다. "이방 왕을 통해 이스라엘이 재건된다!" 그러나 하나님은 이 일을 성취하시지 않았던가! 주전 538년 고레스는 자신이 큰 어려움 없이 정복한 바빌론에 끌려와 살던 모든 족속에게 종교의 자유를 선포함으로써 이 예언을 성취했다. 자칫하면 이성주의에 빠질 위험 속에 사는 우리는 하나님의 역사가 경우에 따라서는 이렇게 인간의 모든 상상력을 초월할 수도 있다는 사실을 기억해야 할 것이다.

2. 여호와께서 고레스에게 능력을 주심(45:1-8)

고레스를 종으로 지명하신 하나님이 그에게 직접 말씀하신다. 어떤 학자들은 본문이 하나님이 고레스를 왕으로 세우시는 일(Westermann) 또는 그에게 소명을 주시는 일(commissioning)을 묘사한다고 하는데(Melugin), 하나님이 고레스에게 그가 해야 할 일에 대해 지시하시는 것으로 이해하는 것이 바람직하다(cf. Seitz; Smith). 본문에 왕위 즉위식 혹은 소명과 연관된 용어나 이미지가 없기 때문이다. 이스라엘의 회복을 위해 고레스를 도구로 사용하실 것이기 때문에, 하나님은 그에게 절대적인 승리, 부와 명예를 약속하신다. 상당수의 학자들이 본문의 내용과 그의 업적을 기록한 고레스왕의 원통 비문(Cyrus Cylinder)의 내용을 비교한다.

그러나 고레스왕의 원통 비문은 바빌론을 정복한 고레스의 재능, 능력, 지혜 등을 부각시키는 선전(propaganda)의 성향을 띠지만, 본문은 아예 이런 것들을 언급하지 않을 뿐 아니라 고레스의 성공이 그를 도구로 사용하시는 여호와로부터 비롯되었다는 점에 초점을 맞추고 있다(cf. 3, 4, 6절, Smith). 본문은 다음과 같이 두 부분으로 구분된다.

A. 여호와와 그의 종 고레스(45:1-3)
B. 고레스를 통한 이스라엘 재건(45:4-8)

(1) 여호와와 그의 종 고레스(45:1-3)

1 여호와께서 그의 기름 부음을 받은 고레스에게 이같이 말씀하시되
내가 그의 오른손을 붙들고

그 앞에 열국을 항복하게 하며
내가 왕들의 허리를 풀어
그 앞에 문들을 열고
성문들이 닫히지 못하게 하리라
2 내가 너보다 앞서 가서
험한 곳을 평탄하게 하며
놋문을 쳐서 부수며 쇠빗장을 꺾고
3 네게 흑암 중의 보화와
은밀한 곳에 숨은 재물을 주어
네 이름을 부르는 자가
나 여호와 이스라엘의 하나님인 줄을 네가 알게 하리라

이스라엘에게 고레스가 '다윗 왕조'의 모형으로 언급된 것이 충격이었다면, 본문은 그들에게 더 커다란 충격을 안겨준다. 고레스가 다름 아닌 여호와께서 이스라엘에게 보내신 메시아(מָשִׁיחַ, 1절)라는 사실이다! 이 단어는 그동안 이스라엘의 제사장들, 선지자들, 그리고 왕들에게만 사용되었던 표현이다. 하나님은 이스라엘이 원하고 기대하는 대로 그들 중 한 사람을 사용하여 구원 사역을 이루실 수 있다.

그러나 이사야는 지금까지 하나님의 예상을 벗어나는 사역 방식에 대해 그의 백성들을 가르치고자 했다. 여호와는 이스라엘의 하나님일 뿐만 아니라 온 열방의 하나님이다. 그러므로 그분은 이스라엘 사람을 사용하실 수도 있지만 꼭 그렇게 하실 필요가 없고, 자신의 절대적인 주권을 온 세상에 드러내기 위해 열방의 왕을 사용하기로 결정하셨다.

고레스를 종으로 사용하기로 결정하신 하나님은 그에게 절대적인 승리를 주신다. 한 주석가는 2절에 기록된 일은 고레스가 주전 539년에 바빌론을 정복한 일을 뜻하는 것으로, 3절에 기록된 승리는 그가 주전 546년에 살디스(Sardis)를 정복한 일을 뜻하는 것으로 이해한다

(Whybray). 열방이 고레스 앞에 굴복하고 왕들의 허리띠가 풀린다. 고레스의 승리도 하나님의 능력이 이루신 것이다. 우리가 하나님의 능력을 힘입으면 엄청난 일을 할 수 있다. 스스로 하려 하지 않고 그분의 능력을 힘입으려 하는 사람이 지혜로운 사람이다.

선지자는 1절에서 이미 고레스의 승리는 하나님이 하시는 일임을 명백히 한다. 그는 2-3절에서 출애굽을 연상시키는 어휘를 구사하여 하나님이 고레스의 앞에 가시면서 그의 승리의 길을 준비하실 것을 선언한다. 본문은 또한 하나님이 고레스에게 승리를 주시는 이유를 말한다. "내가 주인 줄을 알고 내가 너를 지명하여 불렀다는 것을 깨닫게 하기 위함이다"(3절, 새번역).

하나님은 고레스의 앞에 가시면서 그가 결코 어려움을 당하지 않도록 탄탄대로를 만들어 주신다. 즉, 고레스의 전쟁은 '땅 짚고 헤엄치기'가 될 것이다. 그리고 그는 이 전쟁들에서 많은 노획물을 얻을 것이다. 하나님은 심지어 감추어 둔 보물까지도 찾아내어 그에게 주신다. 이 모든 일이 고레스로 하여금 여호와가 하나님이심을 알게 하기 위함이다(3절). 출애굽 때 하나님의 능력을 본 이집트의 바로는 여호와가 하나님이심을 인정했다. 이와 같이 고레스도 자신의 신앙과 상관없이 여호와가 하나님이심을 인정하게 될 것이다(cf. 스 1:2-4).

Ⅷ. 소송과 판결(41:1-48:22)
7장. 고레스와 열방(44:24-48:22)
2. 여호와께서 고레스에게 능력을 주심(45:1-8)

(2) 고레스를 통한 이스라엘 재건(45:4-8)

4 내가 나의 종 야곱,
내가 택한 자 이스라엘 곧 너를 위하여 네 이름을 불러
너는 나를 알지 못하였을지라도 네게 칭호를 주었노라
5 나는 여호와라
나 외에 다른 이가 없나니

나 밖에 신이 없느니라
너는 나를 알지 못하였을지라도 나는 네 띠를 동일 것이요
6 해 뜨는 곳에서든지 지는 곳에서든지
나 밖에 다른 이가 없는 줄을 알게 하리라
나는 여호와라 다른 이가 없느니라
7 나는 빛도 짓고 어둠도 창조하며
나는 평안도 짓고 환난도 창조하나니
나는 여호와라
이 모든 일들을 행하는 자니라 하였노라
8 하늘이여 위로부터 공의를 뿌리며
구름이여 의를 부을지어다
땅이여 열려서 구원을 싹트게 하고
공의도 함께 움돋게 할지어다
나 여호와가 이 일을 창조하였느니라

하나님이 고레스에게 승리를 주시는 두 번째 이유를 말씀하신다. 고레스로 하여금 이스라엘을 돕게 하기 위함이다. 고레스는 여호와를 알지 못한다. 그럼에도 불구하고 창조주 하나님이 그를 위대하게 만드셨다. 그를 통해 이스라엘을 회복하시고자 해서다. 이 일이 성취되면, 고레스는 의식하지 못할 지라도 이스라엘은 고레스를 통해 그들에게 임한 구원이 바로 여호와의 사역이라는 것을 깨닫게 될 것이다. 오늘날도 많은 불신자가 하나님의 백성을 위해 자신도 모르게 사용되고 있다. 눈을 뜨고 주변을 보라. 허다한 증거를 발견하게 될 것이다.

세상의 유일하신 하나님 여호와께서 고레스에게 능력을 주시는(5절) 또 다른 이유는 온 세상이 여호와만이 참하나님이라는 것을 알게 하기 위함이다. 하나의 발전(progression)이 연출되고 있다. 하나님이 고레스를 도우시는 것은, 첫째 그가 여호와를 알게 하기 위해(3절), 둘째 간접

적으로나마 이스라엘이 여호와를 알게 하기 위해(4절), 셋째 이제는 온 세상이 여호와를 알게 하기 위함이다. 물론 이 말씀은 온 세상이 여호와를 인격적/개인적으로 알고 주로 섬길 것을 의미하는 것이 아니다. 다만 과거에 이집트를 치고 이스라엘을 구원하셨던 분이 다시 역사하셔서 그의 백성들을 바빌론에서부터 이끌어 내셨음을 인정하게 될 것이라는 의미다.

세상 사람들은 여호와만이 참하나님이며 하나님은 "빛도 만들고 어둠도 창조하시며, 평안도 주시고 재앙도 주신다"는 것을 알게 될 것이다. 이 말씀은 하나님이 우리에게 일어나는 모든 악한 일을 주신다는 뜻이 아니다. 여기서는 빛과 어둠이 극과 극을 뜻하는 쌍(pair)으로 사용되면서 세상의 모든 일이 주님의 주권에 의해 간섭받는다는 것을 의미한다. 선지자는 창세기 1장에 기록된 천지창조 사건에서 드러난 하나님의 능력을 염두에 두고 이 말씀을 선포한다(Westermann). 이는 창조주 하나님의 능력이 밤낮을 가리지 않고 온 세상에 드러난다는 뜻으로 해석될 수 있고(Koole), 빛은 구원을 어둠은 포로생활을 의미하는 것으로 해석될 수 있다(Oswalt).

백성들에게 구원을 베푸시기 위해 고레스를 사용하시는 하나님이 하늘과 땅에 명령하신다. "구원을 싹트게 하고 공의도 함께 움돋게 하라!"(8절) 하나님이 고레스를 염두에 두고 계획하신 모든 것이 그대로 이루어질 것이다. 세상은 하나님의 섭리와 계획이 펼쳐지는 공연장에 불과하기 때문이다.

VIII. 소송과 판결(41:1-48:22)
7장. 고레스와 열방(44:24-48:22)

3. 여호와의 계획(45:9-13)

9 질그릇 조각 중 한 조각 같은 자가

자기를 지으신 이와 더불어 다툴진대
화 있을진저
진흙이 토기장이에게 너는 무엇을 만드느냐
또는 네가 만든 것이 그는 손이 없다 말할 수 있겠느냐
10 아버지에게는 무엇을 낳았소 하고 묻고
어머니에게는 무엇을 낳으려고
해산의 수고를 하였소 하고 묻는 자는 화 있을진저
11 이스라엘의 거룩하신 이
곧 이스라엘을 지으신 여호와께서 이같이 이르시되
너희가 장래 일을 내게 물으며
또 내 아들들과 내 손으로 한 일에 관하여 내게 명령하려느냐
12 내가 땅을 만들고 그 위에 사람을 창조하였으며
내가 내 손으로 하늘을 펴고 하늘의 모든 군대에게 명령하였노라
13 내가 공의로 그를 일으킨지라
그의 모든 길을 곧게 하리니
그가 나의 성읍을 건축할 것이며
사로잡힌 내 백성을 값이나 갚음이 없이 놓으리라
만군의 여호와의 말이니라 하셨느니라

학자들은 본문이 논쟁 양식을 바탕으로 구성되었다고 한다(Seitz; cf. Blenkinsopp). 이 텍스트는 여호와께서 창조하신 열방은 무시하고 이스라엘만 특별하게 대우하시느냐는 열방의 질문에 답하고 있다(Westermann). 열방은 하나님이 불공평하다는 것을 문제 삼고, 하나님은 이스라엘만 사랑한 것은 창조주의 고유 권한이라며 반론을 제기하신다.

만일 이스라엘 사람들 중에도 여호와께서 고레스를 도구로 사용하셔서 자신의 백성을 구하신다는 것을 믿기 어려워하는 사람이 있었다면(Koole), 이방인들은 얼마나 더 이해가 가지 않겠는가! 그러나 창조주

하나님이 이 순간 이스라엘을 포함한 모든 사람에게 요구하시는 것은 이해가 아니라 순복이다. 우리는 간혹 하나님의 섭리나 통치 방식이 도저히 이해될 수 없는 때가 있음을 알고 있다. 이런 때는 그저 그분의 주권에 우리의 연약한 믿음을 내려놓고 순복하는 것 외에 선택의 여지가 없다. 하나님은 자신의 권위의 절대성에 대해 두 가지 예를 들어 설명하시면서 동시에 결코 이 일에 대해 마음을 바꾸지 않으실 것도 선언하신다.

첫째, 토기장이와 질그릇의 비유다(45:9). 선지자의 논리는 매우 간단하다. 질그릇, 그것도 지극히 작고 보잘것없는 조각에 불과한 것이 자기를 빚은 이에게 "왜 이렇게 만들었소?" 하고 대드는 것은 매우 어처구니없는 일이다. 진흙이 토기장이에게 "나를 왜 이 모양으로 만들었소?" 하고 대드는 것도 납득이 가지 않는 일이다. 토기장이에게는 진흙을 가지고 무엇이든 자신이 원하는 대로 만들 수 있는 권리가 있다.

둘째, 부모와 아들의 비유다(45:10). 어느 사회에서든, 자식이 아버지에게 "나를 자식이라고 낳았습니까?"라고 비난하고 어머니에게 "나를 낳으면서 무슨 고생을 했다고 그러십니까?"라고 빈정대는 것은 용납될 수 없는 일이다. 이런 일이 당연한 것으로 여겨지는 사회에서는 아마도 인간이 여호와의 주권에 도전하려 할 것이다. 그러나 도전한다 해도 하나님 앞에서 망가지기는 마찬가지다.

토기장이에게 대드는 질그릇이나 부모에게 대드는 자식이나 둘 다 심판을 받게 된다. 이와 같이 하나님의 권위와 권력 행사에 반항하는 사람들 역시 심판을 피할 수 없다. 여호와는 바로 이스라엘을 지으신 분이요(11절), 온 세상을 창조하신 분이다(12절). 그러므로 세상과 그 위에 거하는 모든 생명을 지으신 분이 한 나라의 왕을 사용해 자신의 백성을 구하겠다는 데 누가 감히 "이렇게 하라, 저렇게 하라", "그건 된다, 저건 안 된다" 할 수 있겠는가!(11절) 모두 부질없는 일이며, 오히려 하나님의 진노만 살 뿐이다. 우리도 하나님께 "이렇게 하세요, 저렇게 하셔야 됩니다" 하고 있지는 않은지 돌아보아야 한다.

이러한 절대적인 권위의 주인이신 여호와께서 고레스를 부르셨다(13절). 그러므로 고레스의 선택에 대해서는 아무도 도전할 수 없다. 그뿐만 아니라 여호와께서는 고레스에게 이미 말씀하신 대로 승승장구하도록 하실 것이다. 마치 자신에게 임한 하나님의 축복의 손길을 의식이나 한 것처럼 고레스는 포로된 여호와의 백성을 아무런 대가 없이, 보상도 받지 않고 놓아줄 것이다(13절). 고대 근동 지역에 고레스가 실력자로 등장한 것은 결코 우연이 아니며, 그가 대단한 성공을 누린 것도 자신에게서 비롯된 것이 아니다. 모든 것이 창조주 하나님 여호와께서 계획하신 대로 일어난 일이다. 그러므로 그는 "의롭게"(צֶדֶק) 행할 것이다.

본문에서 의로움은 그가 도덕적으로 행할 것을 뜻하는 것이 아니라, "해야 할 일을 제대로 하는 것"을 뜻한다(Whitley; Oswalt). 즉, 자신의 임무를 잘 수행할 것이라는 뜻이다. 이스라엘의 구원은 꼭 이렇게 성취될 것이다. 만군의 여호와께서 말씀하셨기 때문이다.

VIII. 소송과 판결(41:1–48:22)
7장. 고레스와 열방(44:24–48:22)

4. 여호와의 주권(45:14-46:13)

이 세상의 그 누구도 질문할 수 없는 절대적인 여호와의 권위에 대해 선포한 선지자는 같은 주제에 대한 가르침을 계속한다. 여호와의 주권을 이스라엘만 인정해야 하는 것이 아니라, 세상의 모든 나라와 그들의 신들까지도 인정해야 한다는 것이다. 이 섹션은 다음과 같이 구분된다.

A. 구원하시는 창조주(45:14-19)

A'. 여호와의 구원(45:20-25)

B. 여호와와 우상(46:1-7)

B'. 유일하신 여호와(46:8-13)

(1) 구원하시는 창조주(45:14-19)

14 여호와께서 이같이 말씀하시되
애굽의 소득과 구스가 무역한 것과
스바의 장대한 남자들이 네게로 건너와서 네게 속할 것이요
그들이 너를 따를 것이라
사슬에 매여 건너와서 네게 굴복하고
간구하기를 하나님이 과연 네게 계시고
그 외에는 다른 하나님이 없다 하리라 하시니라
15 구원자 이스라엘의 하나님이여
진실로 주는 스스로 숨어 계시는 하나님이시니이다
16 우상을 만드는 자는 부끄러움을 당하며 욕을 받아
다 함께 수욕 중에 들어갈 것이로되
17 이스라엘은 여호와께 구원을 받아 영원한 구원을 얻으리니
너희가 영원히 부끄러움을 당하거나 욕을 받지 아니하리로다
18 대저 여호와께서 이같이 말씀하시되
하늘을 창조하신 이 그는 하나님이시니
그가 땅을 지으시고 그것을 만드셨으며
그것을 견고하게 하시되 혼돈하게 창조하지 아니하시고
사람이 거주하게 그것을 지으셨으니
나는 여호와라 나 외에 다른 이가 없느니라 하시니라
19 나는 감추어진 곳과 캄캄한 땅에서 말하지 아니하였으며
야곱 자손에게 너희가 나를 혼돈 중에서 찾으라고 이르지 아니하였노라
나 여호와는 의를 말하고 정직한 것을 알리느니라

본문의 구조에 대해 학자들 간에 논쟁이 분분하다. 하나의 매끈한

디스코스를 형성하고 있다는 입장을 취하는 학자(Gitay)로부터 여러 개의 작은 메시지가 모인 것이라는 입장을 취하는 학자(Melugin)에 이르기까지 다양하다. 그러나 내용을 파악하는 것은 쉽다. 선지자는 본문에서 새로운 사실을 언급하는 것이 아니라 그동안 선포했던 내용을 요약적으로 정리한다. (1) 유일하신 여호와, (2) 우상과 비교했을 때 드러나는 여호와의 우월성, (3) 이스라엘에 대한 하나님의 상상을 초월하는 관심, (4) 여호와께서 선포하셨던 예언의 진실성, (5) 현실의 어려움 속에서 여호와를 의지하라는 권면.

때가 되면 온 세상이 이스라엘의 하나님을 경배할 것이다(14절). 본문이 마치 여호와께서 고레스 왕에게 하신 말씀의 연속으로 여겨질 수도 있지만, 히브리어는 하나같이 2인칭 여성 대명사를 사용한다. 즉, 하나님이 이스라엘에게 하시는 말씀이다. 또한 고레스가 이집트와 에티오피아를 정복한다는 내용이 아닌 그들이 자발적으로 이스라엘에 많은 재물을 바치고 스스로 사슬에 묶여 그들의 종이 될 것이라는 내용이다.

이집트와 에티오피아에서 온 사람들은 이스라엘 앞에 엎드려 고백한다. "과연 하나님이 당신과 함께 계십니다. 그밖에 다른 이가 없습니다. 다른 신은 없습니다." 이집트, 에티오피아, 스바 등은 '땅끝'을 상징하는 의미로 사용된다(Oswalt). 선지자는 언젠가 온 세상이—이스라엘과의 거리에 상관없이—여호와를 인정하고 그분을 경배할 날이 올 것임을 선언하고 있다. 또한 신약 성경에 비추어 보았을 때, 이 예언이 비유가 아님을 분명히 알 수 있다(Calvin). 신약 성경이 에티오피아에서 온 내시가 개종한 일(행 8:26-40), 복음이 여러 나라 사람들에게 선포된 일(행 2:6-12) 등을 기록하기 때문이다.

15절에서 화자가 선지자로 바뀌었다고 생각하는 사람들도 있지만(Childs), 열방의 발언이 계속되는 것이다(Duhm; Koole; Oswalt). 그들은 여호와는 "구세주"(מוֹשִׁיעַ)이시지만 "자신을 숨기시는 하나님"(אֵל מִסְתַּתֵּר)이라고 한다. 이 말에는 복합적인 의미가 부여되어 있다. 첫째, 온 세상의 구세주 하나님이 이스라엘과 같은 작은 나라의 신이었다는 점은 결코 '알려지지 않았던 사실'이다. 열방이 새로운 지식을 접하고 그 지식의 진실성을 인정하는 것이다(Childs). 둘째, 이 고백은 또한 하나님의 계시를 받아들이지 못하는 자들의 고백일 것이다. 도무지 하나님의 뜻을 깨달을 수 없다는 것이다. 셋째, 여호와께서 고레스를 통해 역사하신다는 사실을 깨달은 사람들의 긍정적인 발언이다(Westermann). 세상 사람들이 고레스 안에서 하나님의 손길을 보고 찬양하는 것이다. 넷째, 이 말씀은 또한 신학적 진리를 포함하고 있다. 비록 자연이 여호와 손에 의해 창조되었고 하나님에 대해 상당 부분을 가르쳐 주지만, 하나님을 아는 지식에 도달하기에는 부족하다는 것이다(Seitz). 15절은 이러한 의미들이 복합적으로 함축된 고백이다(Oswalt).

우리도 신학과 성경 연구의 한계를 인정해야 한다. 최선을 다하고, 성령님의 인도 하에 하나님의 뜻을 탐구하고 정리하되, 독선은 피해야 한다. 다른 가능성에 대해 항상 열린 마음을 지녀야 한다. 우리는 완전하지 않으며, 하나님에 대한 완벽한 지식을 가질 수도 없기 때문이다.

선지자는 이스라엘과 열방의 대조되는 운명에 대해 말한다(16-17절). 본문은 15절에 대한 결론이다. 이스라엘의 하나님이 세상 모든 사람의 상상력과 추리력을 초월하여 운행하신다면, 결국 그분의 백성 이스라엘은 구원을 받지만 우상들과 자신의 능력을 믿는 열방은 모두 수치를 당할 것이다. 열방의 권세가 하늘을 찌를 듯하고, 그들의 신들이 막강해 보이지만, 결국 그들은 신비스럽게 운행하시는 여호와 하나님 앞에서 수치를 당할 것이다(16절).

반면에 세상이 볼 때 지극히 연약하고 때로 한심해 보이는 이스라엘은 여호와 안에서 안전할 것이며 영원한 구원을 누릴 것이다. 우리는 마치 우리 눈에 보이는 것이 전부인 양 착각한다. 그러나 선지자는 우리 눈에 보이지 않고, 어떤 면에서는 보이는 것보다 더 중요한 실체가 있다는 사실을 확인해 준다. 바로 신비스러운 여호와의 통치다. 선지자가 강조하는 것은 그들이 "여호와 안에"(בַּיהוָה) 거할 때 이러한 구원을 맛보게 될 것이라는 점이다. 이스라엘도 여호와 안에 거할 때만 보호받고 구원을 누릴 수 있다. 그들이 여호와 안에 거할 때는 수치를 당하지 않는다. 우리도 마찬가지 아닌가!

선지자는 이어서 여호와가 꾸준히 말씀하시는 하나님이라고 선포한다(18-19절). 주석가들은 18-19절을 '논쟁'이라고도 하고(Whybray), 소송이라고도 한다(Melugin). 그러나 이 구절들의 가장 기본적인 기능은 여호와가 하나님이라는 증거를 제시하는 것이다. 열방은 여호와는 자신을 숨기시는 분이라고 고백했다(15절). 그렇다면 인간은 하나님을 알 수 없다는 말인가? 자연과 세상을 보고 하나님에 대한 모든 정보를 구한다는 것은 불가능한 일이다. 그러나 하나님은 우리에게 필요한 만큼은 보여 주시고 가르쳐 주신다. 창조주 하나님이 인간에게 자신을 계시하시는 것이다.

여호와께서는 세상을 창조하실 때 결코 "혼돈"(תֹּהוּ)을 창조하지 않으셨다(18절). 하나님은 사람들이 살 수 있도록 세상을 창조하신 분이다. 결코 우리가 하나님에 대해 아는 일에 있어서 혼돈에 빠지게 하실 분이 아니다. 그러므로 여호와에 대해 알고자 하는 자는 결단코 어둠 속을 헤매듯 혼돈 가운데 있을 수 없다. 그분은 자신을 찾는 자들에게 충분한 지식과 확신으로 "옳은 것을 말하고 바른 것을 알려주는 분"이기 때문이다. 그렇기 때문에 우리는 하나님을 아는 것을 포기할 필요도, 포기할 수도 없는 것이다.

(2) 여호와의 구원(45:20-25)

[20] 열방 중에서 피난한 자들아 너희는 모여 오라
함께 가까이 나아오라

나무 우상을 가지고 다니며
구원하지 못하는 신에게 기도하는 자들은 무지한 자들이니라
21 너희는 알리며 진술하고 또 함께 의논하여 보라
이 일을 옛부터 듣게 한 자가 누구냐
이전부터 그것을 알게 한 자가 누구냐
나 여호와가 아니냐
나 외에 다른 신이 없나니
나는 공의를 행하며 구원을 베푸는 하나님이라
나 외에 다른 이가 없느니라
22 땅의 모든 끝이여 내게로 돌이켜 구원을 받으라
나는 하나님이라 다른 이가 없느니라
23 내가 나를 두고 맹세하기를
내 입에서 공의로운 말이 나갔은즉 돌아오지 아니하나니
내게 모든 무릎이 꿇겠고 모든 혀가 맹세하리라 하였노라
24 내게 대한 어떤 자의 말에 공의와 힘은 여호와께만 있나니
사람들이 그에게로 나아갈 것이라
무릇 그에게 노하는 자는 부끄러움을 당하리라 그러나
25 이스라엘 자손은 다 여호와로 말미암아
의롭다 함을 얻고 자랑하리라 하느니라

선지자는 더 이상 소송 양식(trial speech)을 사용하지 않고 설득력 있고 호소력 있게 이스라엘의 하나님이 유일한 창조주시자 구원자시라는 사실을 선언한다(Smith). 창조주요 자신에 대한 모든 필요한 지식을 계시하는 분이 세상을 향해 구원의 초청장을 보내신다. 이 초청이 이스라엘에게만 제한된다고 주장하는 사람들도 있지만(Snaith; Whybray), 대부분의 학자는 세상 모든 민족에게 주어진 것으로 해석한다. 앞뒤 문맥이 이 말씀이 온 세상 사람들을 염두에 두고 있음을 암시하기 때문이다.

온 세상을 창조하신 하나님이 세상 사람들에게 우상을 버리고 자신에게 오라고 권면하신다. 일부 학자들은 이 말씀이 열방에 흩어져 있는 숨겨진 이스라엘 사람들(crypto-Israelites)만을 대상으로 한다고 말하지만(Hollenberg), 그렇게 제한할 필요는 전혀 없다(cf. 22절). 오직 여호와만 하나님이시고 세상 모든 사람의 구원자이시기 때문이다. 따라서 본문은 모든 열방을 상대로 선포된 것임을 확신할 수 있다(Clements). 세상은 더 이상 우상숭배에 빠질 필요가 없다. 바로 세상의 구원자가 직접 오셔서 말씀하시기 때문이다. 설령 사람들이 여호와 경배하기를 거부하더라도 그들은 결국 여호와의 주권 앞에 무릎을 꿇어야 할 것이며, 여호와께 대항했던 모든 자가 수치를 당하게 될 것이다. 우상들이 자신을 숭배하는 자들의 기도에 응답할 수 없는 이유는 그들이 응답하는 것을 잠시 깜빡해서가 아니라 응답할 능력이 없기 때문이다(Motyer).

(3) 여호와와 우상(46:1-7)

본문에서도 여호와와 우상의 대조가 계속된다. 특히 45:20에서 선포된 "사람들의 손에 들려 다니는 나무 우상" 주제가 확대된다. 여호와께서는 자신의 백성을 품에 안고 다니시지만, 우상들은 사람들의 품에 안겨 다닌다. 여호와는 백성을 보호하시는 분이지만, 우상들이 상징하는 이방 신들은 추종자들의 보호를 받아야 한다.

그렇다면 과연 누가 참신인지 쉽게 판단할 수 있지 않겠는가! 본문은 사람들의 품에 안겨 다니는 우상(1-2절) – 백성을 품에 안고 다니시는 하나님(3-5절) – 사람들의 품에 안겨 다니는 우상(6-7절)의 A-B-A'의 구조로 형성되어 있다. 본문은 다음과 같이 구분될 수 있다.

A. 우상들과 숭배자들(46:1-2)

B. 백성을 가슴에 품으신 여호와(46:3-4)

A'. 우상들과 여호와(46:5-7)

Ⅷ. 소송과 판결(41:1–48:22)
7장. 고레스와 열방(44:24–48:22)
4. 여호와의 주권(45:14–46:13)
(3) 여호와와 우상(46:1–7)

① 우상들과 숭배자들(46:1–2)

1 벨은 엎드러졌고 느보는 구부러졌도다
그들의 우상들은 짐승과 가축에게 실렸으니
너희가 떠메고 다니던 그것들이
피곤한 짐승의 무거운 짐이 되었도다
2 그들은 구부러졌고
그들은 일제히 엎드러졌으므로
그 짐을 구하여 내지 못하고
자기들도 잡혀 갔느니라

"벨"(בֵּל)과 "느보"(נְבוֹ)는 바빌론의 대표적인 신이다. "벨"을 문자적으로 풀이하면 "주/주인"(lord)이라는 뜻이며, 처음에는 모든 신의 아버지로 여겨졌던 엔릴(Enlil)에게 주어진 이름이다. 그러나 주전 1800년경에 에누마 엘리쉬(*Enuma Elish*) 안에 등장하는 바빌론 창조신화의 주인공이자 바빌론 성의 수호신으로 알려진 마르둑(Marduk)에게 이 이름이 주어졌다(Smith). 에누마 엘리쉬에 따르면, 마르둑은 메소포타미아의 어린 신들을 위협한 바다의 괴물 티아맛(Tiamat)과 싸워 승리함으로써 그들을 구하고 모든 신의 왕이 되었다(ANET). 느보(혹은 나부)는 마르둑의 아들로 지혜와 글의 신이었으며, 사람들이 다음 해에 무슨 일이 있을지 예언한다고 믿었던 "운명의 타블렛"(Tablets of Destiny)을 주관하는 신으로 여겨졌다. 또한 느보는 바빌론에서 12킬로미터 남서쪽으로 떨어진 곳에 위치한 보르시파(Borsippa)의 수호신이었다. 신(新)바빌론 제국의 문헌에서 느보가 왕들의 이름의 일부로 자주 등장하는 것을 보면(Nabopolassar, Nebuchadrezzar, Nabonidus), 그는 제국의 공식 수호신이었던 것 같다(Oswalt).

이 신들이 무너져 내린다는 것을 바벨론의 멸망을 예언하는 것으로 해석하기도 하지만(North), 이는 단순히 우상들은 추종자들이 끌려가면 같이 끌려가는 신세가 된다는 것을 강조하는 것이다. 바벨론에 입성했을 때, 고레스는 자신이 마르둑과 느보의 명령을 받고 왔다고 선언했다(Motyer). 그러므로 그는 결코 마르둑과 느보의 신상들을 훼손할 수 없었다. 이사야는 단순히 우상이 얼마나 사람들에게 의존하는 것인가를 강조하고자 한다. 추종자들이 포로로 끌려가면 우상들도 함께 끌려가야 한다.

반면에 이스라엘의 역사 속에서 매우 대조적인 사건을 찾아볼 수 있다. 사무엘상 4-5장에 기록된 사건을 생각해 보자. 블레셋과 전쟁을 치르던 이스라엘이 고전했다. 불리한 전세를 평가하며 전투에 대한 계획을 세우던 장로들이 여호와의 법궤가 전쟁에 나오지 않았기 때문에 이스라엘이 승리하지 못하고 있다는 결론을 내렸다. 그들은 급히 여호와의 장막이 있던 실로에 사람을 보내 법궤를 가져오도록 했다. 그러나 하나님은 법궤가 액운이나 때우는 '부적'으로 사용되는 것에 분노하셨다. 결국 이스라엘은 패하고 법궤는 블레셋의 손으로 넘어갔다. 사람들은 여호와의 법궤가 포로가 된 것을 여호와의 실패로 간주했다. 그러나 하나님은 적군의 진영에서, 이스라엘 사람들의 도움 없이 승리하시기 시작했고 결국 그의 진노를 견디지 못한 블레셋 사람들이 자발적으로 법궤를 돌려보내기에 이르렀다. 이스라엘은 패했지만 여호와께서는 승리하셨던 것이다. 여호와는 본문에 묘사된 이방 신들의 모습과 극명한 대조를 이룬다.

Ⅷ. 소송과 판결(41:1-48:22)
7장. 고레스와 열방(44:24-48:22)
4. 여호와의 주권(45:14-46:13)
(3) 여호와와 우상(46:1-7)

② 백성을 가슴에 품으신 여호와(46:3-4)

3 야곱의 집이여
이스라엘 집에 남은 모든 자여
내게 들을지어다
배에서 태어남으로부터 내게 안겼고
태에서 남으로부터 내게 업힌 너희여
4 너희가 노년에 이르기까지 내가 그리하겠고
백발이 되기까지 내가 너희를 품을 것이라
내가 지었은즉 내가 업을 것이요
내가 품고 구하여 내리라

열방의 신들은 추종자들의 품에 안겨 다닌다. 추종자들이 포로가 되면 짐짝이 되어 함께 끌려간다. 반면에 이스라엘의 하나님 여호와는 어떤 분인가? 열방의 신들과 달리 여호와께서는 오히려 자신의 백성을 가슴에 품고 다니신다(cf. 63:9). 이스라엘이 한 나라로 탄생했을 때부터 나라로서 운명이 다하게 될 때까지 하나님은 그들을 품으셨다.

우리의 삶에 비추어 본다면, 아이가 어렸을 때는 부모가 아이를 품고 다니지만, 부모가 늙으면 자식들이 부모를 품고 다닌다. 그러나 하나님의 경우는 다르다. 끝까지 일방적으로 하나님이 백성을 품으신다. 선지자가 본문에서 사용하는 이미지는 부모가 어린아이를 품는 것(신 1:31), 목자가 어린양을 품는 것(시 28:9), 그리고 독수리가 새끼들을 품는 것(출 19:4; 신 32:11) 등을 배경으로 한다(Oswalt). 평생 하나님의 품에 안겨 다니는 자, 그는 행복하다!

③ 우상들과 여호와(46:5–7)

5 너희가 나를 누구에게 비기며 누구와 짝하며
누구와 비교하여 서로 같다 하겠느냐
6 사람들이 주머니에서 금을 쏟아 내며
은을 저울에 달아 도금장이에게 주고
그것으로 신을 만들게 하고
그것에게 엎드려 경배하며
7 그것을 들어 어깨에 메어다가
그의 처소에 두면 그것이 서 있고
거기에서 능히 움직이지 못하며
그에게 부르짖어도 능히 응답하지 못하며
고난에서 구하여 내지도 못하느니라

숭배자들의 품에 안겨 다니고 짐짝이 되어 그들과 함께 끌려가는 우상들과 이스라엘을 가슴에 품고 다니시는 하나님을 비교할 수 있는가? 말도 안 되는 소리다(5절). 어찌 살아 계신 하나님, 전능하신 여호와를 인간이 만든 "장식들"과 비교하겠는가! 이스라엘이 두려워하는 바빌론의 신들과 여호와를 비교해도 똑같은 결론에 이른다(Franke). 사람들이 우상을 만들어 한곳에 두면 우상은 다시 옮겨질 때까지 거기에 있어야 하는 장식용 조각품에 불과하다. 우상을 숭배하는 사람들이 다른 나라로 끌려가면 우상들도 그들의 등에 업혀 간다는 것은 그것들이 전리품으로 전락했음을 암시한다(Koole; Oswalt). 몇몇 학자들은 이 본문이 질문으로 시작하는 것은 논쟁 스피치(disputation speech)이기 때문이라고 해석한다(Schoors). 그러나 본문에서 사용되는 수사학적인 질문은 논쟁을 유발하기 위함이 아니라 진실을 강조하기 위한 것이다. 그러므로 단순한 선언문으로 생각하는 것이 바람직하다.

우상은 사람들이 부르짖어도 응답할 수 없고, 그들을 고통에서 구하지도 못한다(7절). 그 앞에서 아무리 많이 엎드려 절을 해도 스스로 움직일 수도 없다. 이런 것들을 신이라고 숭배하는 사람들이 불쌍하다. 그들에게는 진실을 깨달을 만한 통찰력이 없는 것일까? 하나님을 아는 지식도 하나님이 주시는 은혜라는 사실이 새로운 의미로 다가온다.

Ⅷ. 소송과 판결(41:1-48:22)
7장. 고레스와 열방(44:24-48:22)
4. 여호와의 주권(45:14-46:13)

(4) 유일하신 여호와(46:8-13)

본문은 짧게는 44:23-46:7, 길게는 41:1-46:7의 요약이자 결론으로 간주된다. 지금까지 이스라엘을 향한 여호와의 변함없는 사랑과 이 세상의 어떠한 신에도 비교될 수 없는 그분의 능력과 주권을 강조해 왔던 선지자는 다시 한번 이스라엘에게 여호와에 대한 신뢰를 회복하고 그분을 의지할 것을 권면한다. 본문은 다음과 같이 두 부분으로 구분된다.

A. 이날까지의 하나님의 사역(46:8-10)
B. 미래에 있을 하나님의 구원(46:11-13)

Ⅷ. 소송과 판결(41:1-48:22)
7장. 고레스와 열방(44:24-48:22)
4. 여호와의 주권(45:14-46:13)
(4) 유일하신 여호와(46:8-13)

① 이날까지의 하나님의 사역(46:8-10)

8 너희 패역한 자들아
이 일을 기억하고 장부가 되라
이 일을 마음에 두라
9 너희는 옛적 일을 기억하라

나는 하나님이라
나 외에 다른 이가 없느니라
나는 하나님이라
나 같은 이가 없느니라
10 내가 시초부터 종말을 알리며
아직 이루지 아니한 일을 옛적부터 보이고 이르기를
나의 뜻이 설 것이니
내가 나의 모든 기뻐하는 것을 이루리라 하였노라

선지자는 자신의 청중에게 지금까지 선포된 여호와에 대한 가르침을 마음에 새길(עַל־לֵב)것을 권면한다(8절). 믿지 않는 쪽으로 휩쓸리지 말라는 것이다. 그러나 결코 쉽게 받아들여질 도전이 아니다. 선지자는 이들을 "반역한 자들"(פּוֹשְׁעִים)이라고 부른다(8절; cf. 1:2; 66:24). 즉, 이들은 조그만 격려에 믿음으로 돌아설 자들이 아니라, 몹시 혼이 난 후에야 정신을 차리고 사실을 깨닫게 하는 '각목〔몽둥이〕 신학'이 필요한 자들이다. 마음이 강팍한 자들에게도 믿음의 도전이 필요하다. 이는 하나님의 역사가 어떻게 일어날지 몰라서이기도 하지만, 무엇보다 이러한 권면이 증거로 남기 때문이다.

선지자는 믿지 못하는 사람들에게 과거를 기억하라고 한다(9절). 불신에 가장 좋은 처방 중 하나는 과거를 회상하는 것이다. 미래가 불투명하고 현실에 대한 확신이 없을 때, 심지어 하나님이 나를 버리셨다는 생각이 괴롭힐 때, 이를 치유하는 가장 좋은 약은 하나님이 옛적부터 이루어 오셨던 일들을 회상하는 것이다. 특히 우리의 삶을 주관하시고 간섭하셨던 일들을 회상하다 보면, 현실에 대한 확신과 미래에 대한 신뢰가 생긴다. 이러한 때 우리는 자연히 "여호와 외에 다른 하나님이 없다"고 고백하게 된다. 이스라엘의 선지자들도 항상 과거를 회상하면서 미래를 예언했다.

선지자는 이어서 하나님의 예언과 성취를 기념하라고 권면한다(10절). 선지자는 하나님의 능력의 예로 과거에 하나님이 선포하셨던 말씀이 하나같이 다 이루어졌다는 사실을 예로 든다. 하나님의 신실하심을 예언의 성취에서 찾는 것이다. 예언은 하나님의 계획을, 성취는 하나님의 능력을 유감없이 발휘하는 것으로 간주된다. 또한 선지자에 따르면, 하나님의 예언 능력은 우상들과의 가장 기본적인 차이점이기도 하다. 과거에 하신 말씀이 이때까지 하나도 빠짐없이 모두 이루어졌다는 것은 곧 하나님이 미래에 대해 말씀하신 모든 것도 반드시 이루어지리라는 것을 강조한다(Jensen).

VIII. 소송과 판결(41:1-48:22)
7장. 고레스와 열방(44:24-48:22)
4. 여호와의 주권(45:14-46:13)
(4) 유일하신 여호와(46:8-13)

② 미래에 있을 하나님의 구원(46:11-13)

11 내가 동쪽에서 사나운 날짐승을 부르며
먼 나라에서 나의 뜻을 이룰 사람을 부를 것이라
내가 말하였은즉 반드시 이룰 것이요
계획하였은즉 반드시 시행하리라
12 마음이 완악하여 공의에서 멀리 떠난 너희여
내게 들으라
13 내가 나의 공의를 가깝게 할 것인즉
그것이 멀지 아니하나니
나의 구원이 지체하지 아니할 것이라
내가 나의 영광인 이스라엘을 위하여 구원을 시온에 베풀리라

본문의 핵심 메시지는 "내가 계획하였은즉 반드시 시행하리라"(11절)이다(Hanson). 그 누구도 절대적인 하나님의 계획을 좌절시킬 수 없다. 바빌론에 포로로 끌려와 거주하는 이스라엘에게 하나님의 예언 능력을 유감없이 증명할 사건이 바로 고레스의 등장이다. 하나님은 그를 "동방에서 온 독수리"(עַיִט; 개역, 새번역, 공동번역)로 부르신다(11절). 그런데 이 단어의 기본적인 의미는 "사나운 날짐승"(개역개정)이다. 우리는 이 날짐승이 다름 아닌 고레스라고 생각하지만, 탈굼은 아브라함이 하나님의 부르심을 받고 가나안으로 온 일을 묘사하는 것으로 해석했고, 아시리아나 바빌론의 왕일 가능성도 배제할 수는 없다(cf. Smith).

선지자가 강조하는 신학적 포인트가 하나님이 계획하신 일은 모두 그대로 이루어진다는 사실이기 때문에, 이 날짐승이 누구인지는 본문의 의미와 크게 상관이 없다. 그러나 굳이 한 사람을 지명하라면, 그래도 고레스가 가장 가능성이 높아 보인다. 하나님이 고레스를 도구로 사용하시기로 작정하셨지만, 그가 결코 길들여진 짐승과 같이 다루기 쉬운 것은 아님을 암시하는 것일까?(cf. Motyer). 그러나 그동안 선지자가 매번 고레스를 매우 긍정적으로 묘사했던 점을 감안할 때, 이 비유가 의미하는 바는 다른 데 있는 것으로 생각된다. 사나운 날짐승이 먹이를 예고 없이 순식간에 덮치는 것처럼 고레스가 고대 근동의 정세를 순식간에 바꿔 버릴 것이라고 해석하는 것이 바람직하다.

선지자는 이제 마음을 가다듬고 여호와의 구원의 날을 기다리라고 한다(12-13절). 그런데 마음이 완악하여 공의에서 멀리 떠난 사람들은 누구를 두고 하는 말인가? 한 주석가는 선지자를 통해 선포된 하나님의 말씀을 믿지 못해 의심하고 반론을 제기하는 등 하나님의 구원을 바라다 지친 사람들이라고 하지만(Whybray), 이런 사람을 굳이 완악하고 공의에서 멀리 떠났다고 비난할 필요는 없다. 이는 아마도 8절이 말하는 "패역한 자들"을 두고 하는 말일 것이다. 이 사람들이 정확히 어떤 죄를 저질렀는지는 알 수 없지만, 하나님의 사역에 역행하는 짓을 하는 사람들인 것은 확실하다(cf. Smith).

여호와의 구원이 아주 임박한 것으로 선포한 선지자는 이스라엘에게 최종적인 믿음의 도전을 한다. "여호와의 승리를 믿지 않는 고집 센 백성아, 여호와의 날이 가까이 왔다! 그러므로 그분을 믿고 신뢰하라!" 그날이 되면 여호와께서 시온을 구원하며 하나님의 영광이 이스라엘에 가득할 것이다. 즉, 여호와께서는 이스라엘을 구원할 힘과 의지를 지닌 분이시니 그분을 신뢰하라는 것이다. 그뿐만 아니라 그분의 구원이 이들의 코앞에 와 있다. 다만 눈먼 주의 백성이 이러한 사실을 볼 수만 있다면! 하나님은 옛적부터 지금까지 계속 일해 오셨다. 다만 우리가 보지 못했을 뿐이다. 그러므로 우리는 끊임없이 기도해야 한다. "하나님, 저로 하여금 하나님이 하시는 일을 보게 하소서!"

5. 고레스가 바빌론을 멸망시킴(47:1-15)

본문의 양식이 바빌론에 대한 애가(dirge)인지, 비난의 노래(taunt song)인지, 아니면 열방에 대한 심판 신탁(OAN)인지에 대해서는 상당한 논란이 있지만, 내용은 매우 단조롭다. 이스라엘의 두려움을 자아내는 바빌론이 고레스의 손에 망하게 되었다는 것이다. 바빌론이 시온의 정반대되는 곳이라는 점을 감안할 때(cf. 46:13), 이 디스코스는 이스라엘에 대한 구원의 선포이기도 하다.

비록 본문이 이미 선지자가 거듭 암시해 왔던 바빌론의 멸망을 구체적으로 언급하기는 하지만, 결코 40-48장의 절정이라고 할 수는 없다. 40-48장의 중심은 바빌론의 멸망을 예측하는 데 있지 않고, 이스라엘의 구속자 여호와의 절대적인 능력과 주권에 맞추어져 있다(Alexander). 그러므로 본문은 바빌론의 멸망과 이스라엘의 귀향을 예로 들어 여호와의 절대적인 능력과 이스라엘을 향한 그분의 끊임없는 사랑을 강조하는 것이다. 본 텍스트는 다음과 같이 구분될 수 있다.

A. 처녀 바빌론의 수모(47:1-4)
B. 바빌론의 허세(47:5-11)
C. 바빌론의 무기력(47:12-15)

VIII. 소송과 판결(41:1-48:22)
7장. 고레스와 열방(44:24-48:22)
5. 고레스가 바빌론 멸망시킴(47:1-15)

(1) 처녀 바빌론의 수모(47:1-4)

1 처녀 딸 바벨론이여
내려와서 티끌에 앉으라
딸 갈대아여
보좌가 없어졌으니 땅에 앉으라
네가 다시는 곱고 아리땁다 일컬음을 받지 못할 것임이라
2 맷돌을 가지고 가루를 갈고
너울을 벗으며 치마를 걷어 다리를 드러내고 강을 건너라
3 네 속살이 드러나고 네 부끄러운 것이 보일 것이라
내가 보복하되 사람을 아끼지 아니하리라
4 우리의 구원자는
그의 이름이 만군의 여호와
이스라엘의 거룩한 이시니라

사람에 비유하자면 바빌론은 그동안 전혀 어려움을 모르고 인생의 가장 좋은 것만을 누린 공주였다. 세상 사람들은 모두 그녀의 미모를 흠모했다. 그러나 이제 상황이 바뀌었다. 그녀는 더 이상 공주가 아니다. 그녀는 이제 천한 노예 신세가 되었다. 그러므로 상류층 여자들이 즐겨 사용하던 너울도 벗어야 한다. 그녀의 신분을 상징하던 긴 치마를 벗고 다리를 드러내며 농지에 물을 대기 위해 하천에서 일해야 한다. 일이라고는 전혀 해 보지 않은 손이 맷돌을 돌려야 한다. 맷돌방아

는 노예들 중에서도 가장 비천한 자가 하는 일이었다(출 11:5; 욥 31:10; 마 24:41). 말 그대로 가장 높은 곳에서 가장 낮은 곳으로 추락한 한 처녀의 모습이다.

일부 주석가들은 본문에 묘사된 내용을 고레스가 바빌론을 정복한 주전 539년 사건과 직접 연관시킨다. 그러나 이사야가 예언하는 내용이 당시 상황과 잘 어울리지 않는다며 신중을 기할 것을 요구하는 학자도 있다(Goldingay). 또한 이미 누누이 언급한 것처럼 저자가 역사적 정황을 제공할 수 있는 정보 대부분을 의도적으로 제거한 상황에서 지나치게 구체적으로 해석하는 것은 바람직하지 않다. 선지자가 이곳에서 묘사하는 "처녀 바빌론"의 처량한 모습은 앞으로 49-55장에서 중요하게 부상할 "처녀 시온"과 극명한 대조를 이룬다. 처량한 처녀 바빌론의 모습이 아름다운 처녀 시온의 모습을 기대하게 하는 것이다(Franke).

선지자는 자신 있게 바빌론이 이렇게 될 것이라고 선포한다. 이스라엘의 하나님이 그렇게 될 것이라고 말씀하셨기 때문이다. 하나님은 "우리의 속량자"(גֹּאֲלֵנוּ), "만군의 주"(יְהוָה צְבָאוֹת), "이스라엘의 거룩하신 분"(קְדוֹשׁ יִשְׂרָאֵל)이다. 이스라엘의 거룩하신 하나님이 무한한 능력을 가진 만군의 주이시자 이스라엘을 포기할 수 없는 속량자이신 것이다. 하나님이 작정하시면 세상의 가장 막강한 세력이라도 이렇게 허무하게 무너져 내린다. 우리는 삶에서 무엇을 쌓아 가고 있는가? 혹시 하나님이 순식간에 허물어트릴 것을 쌓아 가고 있지는 않은가? 경건하지 않은 것을 추구하고 쌓아 가고 있다면, 하나님의 심판을 받아 시쳇말로 "한방에 훅 갈 수 있다"는 사실을 깨닫고 살아야 할 것이다.

Ⅷ. 소송과 판결(41:1-48:22)
7장. 고레스와 열방(44:24-48:22)
5. 고레스가 바빌론 멸망시킴(47:1-15)

(2) 바빌론의 허세(47:5-11)

5 딸 갈대아여 잠잠히 앉으라

흑암으로 들어가라
네가 다시는 여러 왕국의 여주인이라 일컬음을 받지 못하리라
6 전에 내가 내 백성에게 노하여
내 기업을 욕되게 하여 그들을 네 손에 넘겨 주었거늘
네가 그들을 긍휼히 여기지 아니하고
늙은이에게 네 멍에를 심히 무겁게 메우며
7 말하기를 내가 영영히 여주인이 되리라 하고
이 일을 네 마음에 두지도 아니하며
그들의 종말도 생각하지 아니하였도다
8 그러므로 사치하고 평안히 지내며 마음에 이르기를
나뿐이라 나 외에 다른 이가 없도다
나는 과부로 지내지도 아니하며
자녀를 잃어버리는 일도 모르리라 하는 자여
너는 이제 들을지어다
9 한 날에 갑자기 자녀를 잃으며 과부가 되는
이 두 가지 일이 네게 임할 것이라
네가 무수한 주술과 많은 주문을 빌릴지라도
이 일이 온전히 네게 임하리라
10 네가 네 악을 의지하고
스스로 이르기를 나를 보는 자가 없다 하나니
네 지혜와 네 지식이 너를 유혹하였음이라
네 마음에 이르기를 나뿐이라
나 외에 다른 이가 없다 하였으므로
11 재앙이 네게 임하리라
그러나 네가 그 근원을 알지 못할 것이며
손해가 네게 이르리라
그러나 이를 물리칠 능력이 없을 것이며

파멸이 홀연히 네게 임하리라

그러나 네가 알지 못할 것이니라

온 세상을 휘저었던 바빌론이 이제 어둠 속으로 조용히 사라져야 한다. 세상의 여왕으로 군림하던 그녀의 삶은 허세에 불과했으며, 권력 남용에 불과했던 것이다. 바빌론은 마치 자신이 능력이 있어 세상을 제패하고 심지어 가나안 지역을 차지한 것으로 생각했다. 그러나 그것은 하나님이 하신 일이었다. 자신의 백성을 잠시 징계하기 위해 바빌론의 손에 붙였건만, 바빌론은 도리어 제 분수도 모르고 이스라엘을 잔인하게 대했다(cf. Motyer). 바빌론 역시 하나님의 진노의 막대기였으며, 주님은 이 막대기를 사용해 주의 백성을 치셨다. 문제는 막대기가 필요 이상으로 지나친 폭력을 사용해 주의 백성을 내리쳤다는 것이다(6절). 그러므로 하나님은 전에 아시리아에게 책임을 물으신 것처럼 이번에도 바빌론에게 필요 이상의 폭력과 가혹 행위에 대해 책임을 물으신다. 성경은 하나님이 때로는 악의 세력을 들어 주의 백성을 징계하시지만, 그 징계가 끝나면 지나친 부분에 대해서는 꼭 책임을 추궁하신다는 것을 보여 준다.

이제 권력을 남용한 바빌론에게 책임을 추궁하고 잔인한 행위들을 심판하기 위해 이스라엘을 바빌론의 손에 부치셨던 여호와께서 오셨다. 하나님이 오시니 바빌론은 그동안 누리던 모든 것을 잃게 되었다. 기고만장했던 한 여인의 비참한 종말이 바빌론의 운명이 되어 버린 것이다. 그뿐만 아니라 그동안 바빌론이 의지해 왔던 '신앙'도 아무런 힘을 발휘하지 못한다(11절). 우리도 심판이 임하면 견고히 설 수 있는 것들로 우리의 삶과 사역을 채우고 있는지 생각해 보아야 한다.

VIII. 소송과 판결(41:1-48:22)
7장. 고레스와 열방(44:24-48:22)
5. 고레스가 바빌론 멸망시킴(47:1-15)

(3) 바빌론의 무기력(47:12-15)

12 이제 너는 젊어서부터 힘쓰던
주문과 많은 주술을 가지고 맞서 보라
혹시 유익을 얻을 수 있을는지,
혹시 놀라게 할 수 있을는지,
13 네가 많은 계략으로 말미암아 피곤하게 되었도다
하늘을 살피는 자와 별을 보는 자와
초하룻날에 예고하는 자들에게 일어나
네게 임할 그 일에서 너를 구원하게 하여 보라
14 보라 그들은 초개 같아서 불에 타리니
그 불꽃의 세력에서 스스로 구원하지 못할 것이라
이 불은 덥게 할 숯불이 아니요
그 앞에 앉을 만한 불도 아니니라
15 네가 같이 힘쓰던 자들이 네게 이같이 되리니
어려서부터 너와 함께 장사하던 자들이
각기 제 길로 흩어지고 너를 구원할 자가 없으리라

선지자는 11절에서 언급했던 주제(평소 의지해 왔던 점술)를 확대시킨다. 하나님의 심판이 시작되면 점술, 주술, 점성술 등 어떠한 마술과 점술도 도움이 되지 않는다. 오히려 바빌론을 지치게 할 뿐이다. 바빌론은 갖가지 점술을 학문으로 발전시켰던, 고대 근동에서 가장 '체계화된 미신을 지향하던 나라'였다. 예를 들면 "화성이 달과 가까워지면 세상에 좋지 않은 이변이 일어난다" 등이 그들의 천문학이었다(Westermann). 전혀 근거 없는 미신이다. 그러나 그나마 그들이 자랑하던 점술이 아무런 효력을 발휘하지 못한다. 모두 거짓으로 드러났기 때문이다.

심판이 임하는 날, 점술가들은 모두 불의 심판을 받는다. 그들은 활활 타오르는 뜨거운 불, 아무도 끌 수 없는 강렬한 불에 살라질 것이다. 심판이 임하니 오랫동안 친구였던 자들도, 평소에 매우 친절하던 자들도 모두 뒤도 돌아보지 않고 떠난다. 바빌론은 이렇게 아무도 지켜보지 않는 가운데 비참한 삶을 마치는 한 여인과 같이 종말을 맞을 것이다. "사람의 인격은 장례식에서 드러난다"는 말이 있다. 우리가 죽으면 얼마나 많은 사람이 진심으로 안타까워하고 슬퍼할지 생각하며 사는 것도 하나의 지혜다.

6. 여호와께서 새 일을 약속하심(48:1-22)

여호와에 의해 바빌론이 멸망하고 이스라엘이 구원을 보게 되는 것은 결코 바빌론에 억류되어 있는 이스라엘 사람들의 착한 심성이나 좋은 믿음 때문이 아니다. 그들의 믿음은 획기적으로 바뀌지 않았으며, 여전히 패배감과 여호와에 대한 불신으로 가득했다(cf. 46:12-13). 이는 다만 구원받을 자격이 없는 자들을 자신의 명예를 위해 구원하시려는 여호와의 일방적인 은혜였을 뿐이다. 선지자는 본문에서 이 점을 부각시킨다.

여호와의 구원 사역 자체가 결코 이스라엘이 안고 있는 근본 문제를 해결하지는 못한다. 이스라엘이 당면한 가장 큰 문제는 여호와를 향한 반역이었으며, 이러한 문제는 어제오늘의 일이 아니라 이스라엘이 출범할 때부터, 즉 출애굽 때부터 안고 있던 문제였기 때문이다. 그러므로 본문은 "그렇다면 과연 이스라엘의 본성에 관한 문제가 앞으로 어떻게 해결될 것인가?"라는 질문을 하게 만든다. 선지자는 청중에게 선포되는 하나님의 말씀을 귀담아듣고 신중하게 생각할 것을 권면하기 위해 "이 말씀을 들으라!"(שִׁמְעוּ־זֹאת)라는 명령문으로 시작한다. "듣다"

(שמע)라는 동사는 1-16절 사이에서 열 차례나 사용된다. 구약 성경에서 "듣다"는 곧 순종을 뜻한다. 본 텍스트는 다음과 같이 구분될 수 있다.

A. 여호와의 옛적 일(48:1-5)
A'. 여호와의 새 일(48:6-11)
  B. 고레스를 바빌론으로 보내심(48:12-16)
  B'. 주의 백성이 바빌론을 떠남(48:17-22)

VIII. 소송과 판결(41:1–48:22)
 7장. 고레스와 열방(44:24–48:22)
  6. 여호와께서 새 일을 약속하심(48:1–22)

(1) 여호와의 옛적 일(48:1-5)

1 야곱의 집이여 이를 들을지어다
너희는 이스라엘의 이름으로 일컬음을 받으며
유다의 허리에서 나왔으며
여호와의 이름으로 맹세하며 이스라엘의 하나님을 기념하면서도
진실이 없고 공의가 없도다
2 그들은 거룩한 성 출신이라고 스스로 부르며
이스라엘의 하나님을 의지한다 하며
그의 이름이 만군의 여호와라고 하나
3 내가 예로부터 처음 일들을 알게 하였고
내 입에서 그것들이 나갔으며
또 내가 그것들을 듣게 하였고
내가 홀연히 행하여 그 일들이 이루어졌느니라
4 내가 알거니와 너는 완고하며
네 목은 쇠의 힘줄이요 네 이마는 놋이라
5 그러므로 내가 이 일을 예로부터 네게 알게 하였고
일이 이루어지기 전에 그것을 네게 듣게 하였느니라

그것을 네가 듣게 하여 네가 이것을 내 신이 행한 바요
내가 새긴 신상과 부어 만든 신상이 명령한 바라 말하지 못하게 하였느니라

선지자는 이 섹션에서 크게 두 가지로 주의 백성을 권면한다. 첫째, 과거의 본 모습을 기억하라는 것이다(1-2절). 선지자는 이스라엘의 복된 신분에 대해 언급한다. 그들은 "야곱의 집", "이스라엘의 이름으로 일컬음을 받는 자들", "유다의 허리에서 나온 자들", "거룩한 성 백성이라 칭함을 받는 자들", "여호와의 이름으로 맹세하는 자들", "이스라엘의 하나님을 기념하는 자들"이다. 이러한 호칭은 아무에게나 적용되는 것이 아니다. 이 모든 것은 하나님이 과거에 그의 선민 이스라엘에게만 주신 것들이다. 즉, 선지자는 이러한 호칭들을 언급함으로써 과거 이스라엘의 정체성을 회상시키려 한다.

한때 그들은 이 세상 그 어떤 민족과도 비교될 수 없는 영광스러운 신분을 지녔다. 그러나 지금은 어떠한가? 그들은 이러한 신분에 적합한 삶을 살지 못하고 있다. 그들의 삶에는 하나님을 알고 그분과 특별한 관계를 유지하고 있다는 증거가 하나도 없다. 그들이 여호와를 알고, 그분의 택함을 받았다는 것이 유명무실해진 것이다. 이스라엘의 신앙은 껍질만 남았을 뿐이며, 하나님과의 특별한 관계는 허상에 불과했다.

여호와를 아는 지식이 우리의 삶을 지배하지 못하고, 우리의 삶과 가치관이 하나님의 특별한 은혜를 반영하지 못하면, 우리도 이러한 비난을 받을 수밖에 없다. 하나님의 축복과 선택은 막중한 책임을 동반한 특권이다. 우리는 과연 하나님의 부르심에 합당한 삶을 살고 있는지 자주 묵상해 보아야 한다.

둘째, 옛적 일을 기억하라는 권면이다(3-5절). 선지자는 하나님의 택함을 받은 백성들이 "완고하고, 목이 곧고, 놋쇠와 같은 이마를 지닌" 완악한 자들이라고 비난한다. 이스라엘은 선택된 백성으로서 당연히 추구해야 할 공의와 도덕적인 삶을 저버렸을 뿐만 아니라 하나님이 주시는 축복을 체험하고도 마치 자신이 만든 우상이 한 일로 생각하는 나쁜 마음을 지닌 사람들이었다. 그들의 이러한 사고를 막기 위해 하나님은 그들에게 여러 가지 예언을 주셨고 그것들을 성취하셨다. 오직 여호와만이 하나님이심을 증명하기 위함이었다.

선지자는 드디어 자신의 책에서는 처음으로 하나님이 "옛적에 이스라엘에게 예언을 주셨던 목적"을 언급한다. 우리도 예언은 하나님의 능력과 주권을 증명하는 것이라는 사실을 의식해야 한다. 그러므로 예언의 은사가 엉뚱하게 남용되고 남에게 상처를 주는 데 사용된다면 은사를 주신 분의 영광을 가리는 행위라는 것을 기억해야 한다. 하나님의 예언이 성취된 것을 보며 완고한 이스라엘이 마음을 돌이켰을까? 그랬을 가능성은 별로 없어 보인다. 그렇다면 하나님은 왜 그들에게 이 징표를 주셨을까? 아마 그 순간에는 깨달음이 없더라도 먼 훗날 그들 중 몇이라도 깨닫기를 기대하며 주어진 표적이었을 것이다.

VIII. 소송과 판결(41:1–48:22)
7장. 고레스와 열방(44:24–48:22)
6. 여호와께서 새 일을 약속하심(48:1–22)

(2) 여호와의 새 일(48:6-11)

6 네가 들었으니 이 모든 것을 보라
너희가 선전하지 아니하겠느냐
이제부터 내가 새 일
곧 네가 알지 못하던 은비한 일을 네게 듣게 하노니
7 이 일들은 지금 창조된 것이요 옛 것이 아니라
오늘 이전에는 네가 듣지 못하였으니
이는 네가 말하기를 내가 이미 알았노라 하지 못하게 하려 함이라
8 네가 과연 듣지도 못하였고
알지도 못하였으며
네 귀가 옛적부터 열리지 못하였나니

이는 네가 정녕 배신하여
모태에서부터 네가 배역한 자라 불린 줄을 내가 알았음이라
9 내 이름을 위하여 내가 노하기를 더디 할 것이며
내 영광을 위하여 내가 참고 너를 멸절하지 아니하리라
10 보라 내가 너를 연단하였으나
은처럼 하지 아니하고 너를 고난의 풀무 불에서 택하였노라
11 나는 나를 위하며 나를 위하여 이를 이룰 것이라
어찌 내 이름을 욕되게 하리요
내 영광을 다른 자에게 주지 아니하리라

선지자는 이스라엘의 완악함에 대한 비난을 이어간다. 그들은 "모태에서부터 '반역자'로 불리기에 마땅한 자들"이었다(8b절). 그들이 태어날 때부터 '반역 기질'이 다분했기에, 하나님은 그들로 하여금 듣지도 알지도 못하게 하셨다(8a절). 이사야의 소명을 연상케 하는 말씀이다(cf. 6:9-10).

또한 하나님이 왜 이스라엘에게 무한량의 예언을 보고 듣는 것을 금하셨는지 설명한다. 그들이 완악하여 일이 성취될 때마다 우상에게 감사하고, 미래에 대해 너무 많이 알게 되면 거짓된 안위에 빠질 위험이 있기 때문이다(Oswalt). 하나님은 우리의 상황에 필요한 만큼만 보여 주신다. 그러므로 하나님이 주시는 제한된 예언은 우리로 하여금 미래에 대한 확신을 가지게 하는 데 목적이 있는 것이 아니라 이러한 예언을 보여 주고 성취하시는 여호와가 진정 믿고 신뢰할 수 있는 하나님이심을 증명하는 데 그 목적이 있다.

하나님은 이스라엘이 그동안 들어보지 못했고 그들의 상상력을 완전히 초월하는 새 일을 행할 것이라고 예언하신다(6절). 앞으로 하나님이 하실 일은 그동안 해 오셨던 일과 매우 다르다(7절). 무엇을 염두에 두고 하시는 말씀인가? 자연스러운 해석은 페르시아 제국의 황제 고레스

를 사용하셔서 이스라엘을 회복하실 일이다(Whybray). 그러나 선지자가 앞에서 이 사실을 이미 여러 차례 언급했기 때문에 이것이 새 일이 될 수는 없다(McKenzie). 그래서 학자들은 새로운 창조, 이방인들의 회심 등 매우 넓은 범위에서의 새로운 하나님의 사역을 뜻한다고 해석하기도 하고(Delitzsch), 앞으로 53장에서 절정에 이를 "여호와의 종의 대속을 통한 구원"을 가리킨다고 해석하기도 한다(Koole; cf. 42:9). "새 일"을 너무 구체적이거나 제한적으로 해석하기보다는 하나님이 미래에 하실 다양한 일, 곧 고레스를 통한 구원을 포함한 다양한 일을 뜻하는 것으로 해석하는 것이 바람직해 보인다.

전통적인 유태인들의 사고 체계와 신학에 따르면, 이스라엘의 구원자는 그들 가운데서 나와야 한다. 그러나 하나님은 이번에는 그렇게 하지 않겠다고 하신다. 그들의 상상의 한계를 초월하는 일이 벌어질 것을 선포하시는 것이다. 이스라엘의 입장에서, 하나님이 고레스를 사용하신다는 사실은 그만큼 획기적이고 충격적인 일이었다.

왜 하나님은 고레스를 통해 이스라엘을 구원하려 하시는가? 그들이 잘해서가 아니다. 그들이 불쌍해서도 아니다. 무엇보다 하나님 자신의 명예를 위한 일이다. 이스라엘은 파멸을 당하기에 마땅하다(9절). 그러나 하나님은 자신의 명예 때문에 그들에게 은혜를 베푸신다(11절). 아직도 많은 사람이 자신의 구원에 대해 착각을 한다. 우리의 구원은 하나님의 명예를 회복하는 데 주된 목적이 있다. 그런데 '구원의 확신이 있는' 많은 사람이 오히려 하나님의 명예를 추락시키고 있다. 참으로 안타까운 일이다.

하나님은 자신의 명예를 회복하기 위해 이스라엘로 "고난의 화덕"(בְּכוּר עֹנִי)을 지나게 하셨다(10절). 하나님이 이스라엘을 징계하시는 것은 그들을 정결하게 하기 위함이다. 그런데 "은처럼 정련하지 않고"라는 말은 무엇을 의미하는가? 이는 이스라엘이 너무나 많은 '이물질'을 지니고 있어서 은처럼 정련하면 남는 것이 없다는 뜻으로 해석되기도

하지만(Calvin), 단순히 하나님이 필요에 의해 전통적인 '정련법'을 사용하지 않고 다른 방법을 사용하셨다는 뜻으로 해석되는 것이 바람직하다. 이스라엘의 역사를 살펴보면 하나님은 대체로 이방인들을 이스라엘 땅으로 끌어들이셔서 그들을 '정련'하셨다. 그러나 이번에는 아예 이스라엘을 이방 땅으로 끌고 오신 것이다.

(3) 고레스를 바빌론으로 보내심(48:12-16)

12 야곱아 내가 부른 이스라엘아
내게 들으라 나는 그니
나는 처음이요 또 나는 마지막이라
13 과연 내 손이 땅의 기초를 정하였고
내 오른손이 하늘을 폈나니
내가 그들을 부르면 그것들이 일제히 서느니라
14 너희는 다 모여 들으라
나 여호와가 사랑하는 자는
나의 기뻐하는 뜻을 바벨론에 행하리니
그의 팔이 갈대아인에게 임할 것이라
그들 중에 누가 이 일들을 알게 하였느냐
15 나 곧 내가 말하였고 또 내가 그를 부르며
그를 인도하였나니 그 길이 형통하리라
16 너희는 내게 가까이 나아와 이것을 들으라
내가 처음부터 비밀히 말하지 아니하였나니
그것이 있을 때부터 내가 거기에 있었노라 하셨느니라
이제는 주 여호와께서 나와 그의 영을 보내셨느니라

옛적에 이스라엘에게 예언을 주셨고, 앞으로 새 일을 하실 것을 선언하신 분이 새 일이 과연 어떤 것인가에 대해 다시 한 번 말씀하신다. 이 과정에서 선지자는 하나님에 대해 몇 가지로 정리한다. 첫째, 여호와는 절대적인 창조주이시다(12-13절). 이스라엘을 택하시고 부르신 자가 누군가? 바로 세상의 "처음이요 마지막"(אֲנִי רִאשׁוֹן אַף אֲנִי אַחֲרוֹן)인 분이다. 여호와께서는 인간을 지배하는 시간을 초월하시는 분이다. 하나님이 시간도 만드셨기 때문이다. 그러므로 하나님은 인류의 역사를 포함한 온 우주의 지난날들을 모두 알고 계신다.

하나님은 또한 창조주이시다. 하나님은 직접 땅의 기초를 놓으시고 하늘을 펼치셨다. 그뿐만 아니라 하늘과 땅, 그리고 그 사이에 있는 모든 것은 항상 하나님의 지배를 받는다. 그분이 명령만 하면 즉시 하나님 앞에 출동하여 서 있는 것이다. 이런 분을 하나님으로 모시는 자들은 정말 복이 있다! 그러나 주의 백성은 넘치는 복의 의미를 깨닫지 못하고 있다.

둘째, 하나님은 고레스를 들어 바빌론을 치실 것이다(14-16절). 처음이요 나중이신 하나님을 누구에게 비교할 것인가? 우상들이 하나님의 옆에라도 올 수 있는가? 말도 안 된다! 그뿐만 아니라 우상들은 예언을 할 수가 없다. 고레스의 일에 대해 알려줄 수 없다. 그러나 하나님은 자신이 사랑하는 종 고레스로 하여금 바빌론을 치게 하실 것을 말씀하신다.

하나님은 고레스의 앞길을 평탄케 하여 그 누구로부터도 이렇다 할 저항을 받지 않도록 하실 것이다. 하나님이 고레스의 편이라면 누가 감히 그의 앞길에 나서겠는가! 그뿐만 아니라 이번 일은 결코 은밀하게 감추어 놓을 일이 아니다. 온 세상에 알릴 일이다. 이 일의 성취가 임박했으며, 성취되는 날 세상 모든 사람이 여호와의 능력을 인정할 것이다. 선지자에게 이 예언이 성취되지 않으리라는 생각은 추호도 없다.

그런데 16절은 누가 말하는 것인가? 특히 마지막 문장 "이제 주 하나님께서 나를 보내셨고 그분의 영도 함께 보내셨다"의 주어는 누구인가? 이에 대해 네 가지 해석이 있다. 첫째, 16절 전체를 말하는 사람은 선지자 자신이다(Whybray). 둘째, 앞부분은 하나님이, 마지막 문장은 선지자가 말하는 것이다(Calvin). 셋째, 앞부분은 하나님이, 마지막 부분은 메시아가 선포하시는 것이다(Young). 넷째, 마지막 부분은 원래 다른 곳에 있던 것이 우연이 이곳에 삽입된 것이다(Torrey).

이중 두 번째 해석이 가장 설득력 있어 보인다. 하나님은 선지자를 통해 말씀하시는 분이기 때문에 선지자와 하나님을 구분하는 것은 쉽지 않으나, 앞부분에서는 하나님이 다시 한번 자신의 의지를 확인하신 것이며(cf. 14절), 마지막 문장은 선지자가 어떻게 자신이 이러한 하나님의 뜻을 선포하게 되었는지 설명하는 것이다. 이는 하나님이 이 말씀을 선포하도록 선지자를 보내셨고 영을 주셨기 때문에 가능한 일이다. 주변에 혹시 하나님의 소명도 받지 않고, 영도 받지 않고 말씀을 선포하는 자들이 있는가?

(4) 주의 백성이 바빌론을 떠남(48:17-22)

17 너희의 구속자시요
이스라엘의 거룩하신 이이신 여호와께서 이르시되
나는 네게 유익하도록 가르치고
너를 마땅히 행할 길로 인도하는 네 하나님 여호와라
18 네가 나의 명령에 주의하였더라면
네 평강이 강과 같았겠고
네 공의가 바다 물결 같았을 것이며
19 네 자손이 모래 같았겠고
네 몸의 소생이 모래 알 같아서
그의 이름이 내 앞에서 끊어지지 아니하였겠고

없어지지 아니하였으리라 하셨느니라
20 너희는 바벨론에서 나와서 갈대아인을 피하고
즐거운 소리로 이를 알게 하여 들려 주며
땅 끝까지 반포하여 이르기를
여호와께서 그의 종 야곱을 구속하셨다 하라
21 여호와께서 그들을 사막으로 통과하게 하시던 때에
그들이 목마르지 아니하게 하시되
그들을 위하여 바위에서 물이 흘러나게 하시며
바위를 쪼개사 물이 솟아나게 하셨느니라
22 여호와께서 말씀하시되
악인에게는 평강이 없다 하셨느니라

하나님은 이스라엘에게 지금까지 선포된 말씀이 현실로 드러나면 지체하지 말고 바빌론을 떠나라고 권면하신다. 지금까지 선포된 말씀이 실현되는 것은 하나님이 이스라엘을 위해 계획하신 나머지 일들이 그대로 성취될 것을 보장하는 것이나 마찬가지이기 때문이다. 선지자는 그날 하나님이 백성을 선한 길로 인도하실 것이라고 말한다(17절). 이 구절은 이스라엘이 왜 여호와께 귀를 기울여야 하는지를 설명한다. 그분은 이스라엘에게 "여호와"(יְהוָה), "너희의 속량자"(גֹּאַלְךָ), "이스라엘의 거룩하신 분"(קְדוֹשׁ יִשְׂרָאֵל), 그리고 "너희의 하나님"(אֱלֹהֶיךָ)이시다. 이스라엘이 자신들의 하나님의 말씀을 듣지 않으면 누구의 말을 듣는단 말인가!

이스라엘의 하나님인 여호와께서는 백성들에게 유익한 것을 가르치시고, 가야 할 길로 그들을 인도하신다. 여호와는 이스라엘의 스승이자 목자이시다. 그러므로 이스라엘은 여호와를 신뢰하고 그분의 가르침을 따를 때 진정한 '유익'을 얻게 될 것이다(Grimm & Dittert). 우리는 어디서, 어떤 방법으로 '유익'을 추구하는가?

비록 하나님이 주의 백성에게 구원을 베푸시지만, 이스라엘의 반역에 대한 아쉬움과 미련은 그때에도 남아 있을 것이다(18-19절). 여호와는 이스라엘을 가르치고 인도하시는 분이다. 그렇다면 이스라엘이 삶을 즐기고 평안을 누릴 수 있는 비법은 바로 그분의 가르침대로 행하고 인도하시는 대로 따라가는 것이다. 그러나 그들은 이점에서 실패했다. 하나님은 못내 아쉬워하시며 이스라엘의 과거를 회상하신다. "너희가 나를 순종했다면 평화와 공의가 너희 사회를 풍요롭게 만들었을 것이요, 너희 자손들도 무궁무진하게 번성했을 텐데…."

본문이 언급하는 것들은 이스라엘이 여호와와의 언약을 잘 지키면 그들에게 임할 축복이었다. 그들은 자신들의 과오로 하나님의 축복이 그들에게 임하는 것을 거부한 것이다. 그러므로 하나님의 마음에는 아쉬움만 남을 뿐이다. 사회에 공의와 평안이 임하고 가정과 개인이 행복할 수 있는 비결은 바로 여호와를 인정하는 것이다. 그분의 통치하에 그분의 가치관으로 살아가다 보면 이러한 것들은 저절로 따라온다.

다만 이러한 원리를 인정하지 못하는 인간에게 문제가 있지, 원리 자체에 문제가 있는 것이 아니다. 본문을 묵상하며 우리는 깊이 생각해야 한다. 우리가 과거를 돌아보며 후회하는 것도 문제이지만, 우리의 과거를 돌아보시는 하나님까지 아쉬워하도록 만들어서야 되겠는가? 최대한 인생에 오점을 남기지 않고 살도록 노력해야 한다.

다행히 하나님의 구원을 통해 주의 백성에게 새 시대가 열릴 것이다(20-22절). 하나님은 이스라엘에게 재기의 기회를 허락하신다. 옛적에 그들의 조상이 이집트에서 탈출했던 것처럼, 이번에는 그들이 바빌론을 탈출할 수 있도록 도와주실 것이다. 그리고 그들의 조상이 가나안 땅에서 한 나라로 출발할 수 있었던 것처럼, 이들도 새 출발을 할 수 있는 기회를 맞게 될 것이다(Muilenburg). 여호와께서 그들을 속량하셨기 때문이다.

과거에 광야에서 샘물을 주어 마시도록 하시며 그들의 조상을 보살펴 주신 것처럼, 이 백성의 앞길도 보호하실 것이다. 그러나 모든 사람이 구속의 대상은 아니다. 악인들은 구원의 대상에서 제외된다. "악인들에게는 평화가 없다(אֵין שָׁלוֹם)!" 오직 신실한 남은 자들에게만 하나님의 평화가 임할 것이다. 이 말씀은 57:21에서 다시 반복된다.

IX. 여호와의 종과 열방의 빛

(49:1-53:12)

선지자는 49장에서 새 단원을 시작한다. 포로와 해방에 대한 메시지가 앞으로도 계속되겠지만 고레스나 바빌론에 대한 언급은 더 이상 발견되지 않는다. 그뿐만 아니라 42장에서 소개되었다가 특별한 언급이 없었던 여호와의 종의 사역이 이 섹션에서 중점적으로 부각된다. 이 섹션의 클라이맥스는 52:7-12이다. "여호와가 승리하셨고 이스라엘은 자유의 몸이 되었다!"

그런데 이러한 일이 어떻게, 누구를 통해 가능했는가? 여호와의 종이 바로 이 질문에 대한 답이다. 종의 사역은 "여호와의 강한 팔"이 이루어 내신 일이며, 이 일은 52:13-53:12에서 절정에 달한다. 종은 자신의 희생과 대속의 죽음을 통해 여호와의 구원을 이루어 낼 것이다.

이사야가 언급하는 주제에 따라 구분해 보면, 49:1-53:12은 다음과 같이 두 개의 교차적인 주제로 구성된다(Smith).

종의 노래(49:1-13)

시온 구원(49:14-50:3)

종의 노래(50:4-11)

시온 구원(51:1-52:12)

종의 노래(52:13-53:12)

필자는 다음과 같은 구조를 바탕으로 본문을 주해해 나갈 것이다.

A. 종과 시온(49:1-26)

B. 종의 훈련(50:1-11)

B'. 종의 노래(51:1-52:12)

A'. 종과 희생(52:13-53:12)

1장. 종과 시온(49:1-26)

이 텍스트는 42장에서 시작된 여호와의 종에 대한 노래의 새로운 주제를 여는 장이다. 이사야가 42:1-9에서 부른 노래가 종의 소명에 대한 것이라면, 본문에서는 종의 사역 위임(재소명)에 대해 노래한다. 종에게 왜 위임이 필요한가? 그가 하나님이 자신에게 주신 소명을 잘 감당하지 못했다고 생각하기 때문이다. 그러나 오히려 하나님은 그의 사역을 성공적인 것으로 평가하여 이전보다 더 큰 사역을 맡겨 주신다.

이 같은 상황은 이사야의 소명(6장)의 결과처럼 생각된다. 하나님이 이사야에게 주신 소명은 백성들로 하여금 "듣지 못하게 하고, 보지 못하게 하고, 깨닫지 못하게 하라"는 것이었다. 이사야가 실제로 이 같은 목적을 두고 메시지를 선포했다면, 그의 사역은 숫자와 규모를 중시하는 세상의 기준으로 평가할 때 실패였을 것이다. 그러나 하나님의 기준에서는 참으로 성공한 사역이다. 왜냐하면 하나님의 성공 기준은 그분이 우리에게 주신 소명에 얼마나 신실하게 임했는가 하는 것이기 때문이다. 그러므로 6장을 배경으로 본문에서 일어나는 일을 해석하면 충분히 이해가 된다. 이사야는 자신이 사역에 실패했다고 한다. 그러나 하나님은 이사야가 작은 일에 충성했기 때문에, 그에게 더 큰일을 맡기겠다고 하신다. 이 섹션은 다음과 같이 두 부분으로 구분될 수 있다. 마치 종의 사역으로 인해 시온이 회복되는 느낌을 주는 정황이다.

A. 종의 위임(49:1-13)

B. 시온이 회복됨(49:14-26)

IX. 여호와의 종과 열방의 빛(49:1–53:12)
1장. 종과 시온(49:1–26)

1. 종의 위임(49:1-13)

첫 번째 종의 노래(42:1-9)는 종을 소개하고 온 세상에 공의를 세우는 그의 소명에 대해 언급했다. 반면에 두 번째 노래인 본문은 공의에 대한 것보다는 이스라엘의 육체적, 영적 회복에 중점을 둔다. 이 디스코스는 다음과 같이 구분된다.

A. 종의 사역(49:1-6)
  B. 종의 성공(49:7-12)
A'. 종의 사역 결과(49:13)

IX. 여호와의 종과 열방의 빛(49:1–53:12)
1장. 종과 시온(49:1–26)
1. 종의 위임(49:1–13)

(1) 종의 사역(49:1-6)

이 텍스트에 소명/위임 양식과 비슷한 점이 많다는 것이 학자들의 일반적인 생각이다. 어떤 사람은 본문이 "선지자 소명" 양식에 따라 저작된 것이며 선지자가 하나님의 이름으로 말할 수 있는 권한을 가지고 있음을 입증하는 것이 목적이라고 생각하고(cf. 암 7:14-15, Whybray), 어떤 사람은 예레미야의 소명(렘 1:5)과 비슷한 점이 많다고 간주하기도 한다(Muilenburg). 그러나 본문의 주인공인 여호와의 종이 어떤 지위로 소명 혹은 위임을 받는지는 확실하지 않다(Melugin). 이 노래는 이사야서에서 매우 중요하기 때문에 다른 텍스트보다 상세히 주해하고자 한다. 본문은 다음과 같은 구조로 구성되었다.

A. 종의 소명과 위임(49:1)
  B. 종의 준비와 보호(49:2)

C. 참이스라엘로서의 종(49:3)

B'. 종의 실패(49:4)

A'. 종의 확장된 사역(49:5-6)

IX. 여호와의 종과 열방의 빛(49:1-53:12)
1장. 종과 시온(49:1-26)
1. 종의 위임(49:1-13)
(1) 종의 사역(49:1-6)

① 종의 소명과 위임(49:1)

1 섬들아 내게 들으라
먼 곳 백성들아 귀를 기울이라
여호와께서 태에서부터 나를 부르셨고
내 어머니의 복중에서부터 내 이름을 기억하셨으며

첫 번째 종의 노래에서는 한마디도 하지 않았던 종이 두 번째 노래를 시작한다. "섬들아 내게 들으라. 먼 곳 백성들아 귀를 기울이라." 섬들과 먼 곳은 온 세상을 통틀어서 가리키는 포괄적 표현이다. 즉, 종은 온 세상에 자신의 말을 들어줄 것을 요구한다.

종은 언제 소명을 받았는가? "태에서 나옴으로부터"(개역)가 아니라 "모태에서부터"(새번역) 혹은 "태중에"(공동번역)가 더 정확한 번역이다. 종이 태에서 부르심을 받았다는 것은 하나님의 주권을 강조한다. 여호와께서는 이미 종이 세상에 나오기 전부터 그를 택하셔서 소명을 주셨던 것이다. 우리의 소명도 그렇다. 하나님은 우리가 그리스도인이 되기 전부터 우리를 지켜보셨다. 이 세상에 태어나기도 전에 우리를 택하셨기 때문이다.

그동안 몇 차례 "종"이란 개념이 이스라엘을 뜻하는 것을 보았지만, 본문에 제시된 구체적이고 확고한 이미지는 이 종이 이스라엘 민족이나 국가가 아니라, 한 개인을 암시한다는 것을 알 수 있다(cf. Delitzsch; Westermann). 특히 "어머니"는 메시아의 탄생과 매우 밀접한 관계를 가지고 있다(창 3:15; 사 7:14; 미 5:2; 시 22:10). 그뿐만 아니라, 메시아가 태어나기도 전에 이름을 받는 것(사 7:14; 마 1:21-23)을 감안하면, 본문에서 열방을 향해 메시지를 선포하는 사람은 이스라엘이 아니라 한 개인임을 확신할 수 있다.

IX. 여호와의 종과 열방의 빛(49:1-53:12)
1장. 종과 시온(49:1-26)
1. 종의 위임(49:1-13)
(1) 종의 사역(49:1-6)

② 종의 준비와 보호(49:2)

2 내 입을 날카로운 칼 같이 만드시고
나를 그의 손 그늘에 숨기시며
나를 갈고 닦은 화살로 만드사
그의 화살통에 감추시고

만일 종이 이스라엘이 될 수 없다면, 혹시 고레스는 가능한가? 본문이 밝히는 바에 따르면, 종에게 주어진 무기는 전쟁 무기들이 아니라 "말씀"(입이 상징함)이다. 일부 주석가들은 본문이 종이 연설을 잘한다는 것을 전제한다며, 이 비유가 정치적 배경에서 시작된 것이라고 해석한다(Blenkinsopp). 그러나 선지자들의 "말씀" 사역에서 유래한 것이라는 해석이 지배적이다(Goldingay & Payne). 종은 하나님의 대변자(mouthpiece)로서 주님의 말씀으로 세상을 정복하는 것이다. 그러므로 전쟁 무기로 근동을 제압했던 고레스는 될 수 없다.

종이 가지고 있는 유일한 무기가 여호와의 말씀이라는 것이 그를 연약하게 만드는가? 결코 그렇지 않다. 그의 말씀은 "날카로운 칼과 같고 예리한 활촉과 같다." 물론 이는 종이 사람들을 살상할 것이라는 의미가 아니라, 맡은 임무를 완수하는 데 있어서 한 치의 오차도 없는 예리함과 정확함에 대한 상징이다. 하나님이 가장 기뻐하며 쓰시는 종은 겸손하면서도 능력 있는 종이다. 겸손하지만 능력이 없으면 별로 쓸모가 없다.

능력은 어떻게 생기는가? 열심히 노력하고 훈련하는 데서 생긴다.

종은 여호와께서 그를 택하셨을 뿐만 아니라 철저한 훈련을 통해 준비시켜 오셨음을 선언한다. "내 입을 날카로운 칼 같이 만드시고…나를 갈고닦은 화살로 만드사." 갈고닦는 것은 신중한 준비를 의미한다. 흔히 "하나님은 준비된 종을 쓰신다"는 말을 한다. 그렇다면 준비되지 않은 상태에서 하나님의 일을 하는 것은 축복이 아니라 저주일 수도 있다. 하나님이 훈련받을 기회를 허락하실 때 열심히 하라. 훈련받고 섬기는 것도 특권이다. 우리는 사역을 어떻게 준비하고 있는지 생각해 보자.

하나님은 종을 도구로 사용하실 뿐만 아니라 철저하게 보호하시며 적절한 때가 이를 때까지 드러내지 않으신다. 여호와께서는 날카로운 칼처럼 예리한 종을 "그의 손 그늘에 숨기시며", 잘 다듬어진 활과 같은 종을 "그의 화살통에 감추신다." 대부분 학자는 이러한 이미지가 여호와의 보호를 의미하는 것으로 보지만, 어떤 학자는 적절한 때까지 숨겨 두는 데 초점을 맞추어 해석하기도 한다(Whybray). 그러나 이 둘 중에서 선택할 필요는 없다. "보호와 숨김"은 종의 사역에 잘 적용되는 개념들이다. 또한 하나님의 손에 쥐어진 칼처럼, 주님의 화살통에 감추어진 활처럼, 여호와께서 종을 사용하고자 하실 때 종이 만반의 준비가 되어 있음을 뜻하기도 한다(Oswalt). 하나님은 여호와의 종처럼 준비되어 있는 사람을 적절한 때에 귀하게 사용하실 것이다.

> IX. 여호와의 종과 열방의 빛(49:1–53:12)
> 1장. 종과 시온(49:1–26)
> 1. 종의 위임(49:1–13)
> (1) 종의 사역(49:1–6)

③ 참이스라엘로서의 종(49:3)

3 내게 이르시되
너는 나의 종이요
내 영광을 네 속에 나타낼
이스라엘이라 하셨느니라

종은 누구인가? 이스라엘인가(Muilenburg), 선지자인가(Wilcox & Paton-Williams), 아니면 다른 사람인가? 켈리(Kelley)는 이 두 번째 종의 노래야말로 그 어느 노래들보다도 종의 정체에 대해 혼동하게 한다고 고백한다. "너는 내 종 이스라엘이다"(עַבְדִּי־אָתָּה יִשְׂרָאֵל)라는 문장은 마치 종이 이스라엘임을 드러내는 것으로 들린다. 표면적으로는 종이 이스라엘이다(cf. 41:8-16; 42:18-25; 43:1-13; 44:1-4; 48:20-21). 어떤 학자들은 "이스라엘"을 한 개인으로 표현된 나라(i.e., corporate solidarity)로 해석한다(North).

그러나 5-6절을 보면 종의 사명은 이스라엘을 하나님께 돌아오게 하는 것을 포함한다. 게다가 "눈멀고 듣지 못하는" 이스라엘이 어찌 열방을 하나님께로 이끌 수 있겠는가? 그러므로 이스라엘이 될 수 없다. 그렇다면 본문의 "이스라엘"을 어떻게 이해해야 할까? 베스터만(Westermann)은 본문에서 "이스라엘"을 아예 삭제한다(cf. Duhm; Koehler). 그러나 모든 사본에는 "이스라엘"이 포함되어 있다. 그러므로 이것은 해결책이 아니며, 본문에서 이스라엘을 삭제할 이유도 전혀 없다(Muilenburg; Wilcox & Paton-Williams).

"이스라엘"을 메시아에 의해 모아진 진정한 하나님의 백성을 일컫는 말로 해석하는 학자들도 있다(Young). 그러나 이것은 본문의 문맥이나 의미와 무관한 추론에 불과하다. "이스라엘"은 일반적인 명칭(generic name)이며 한 개인을 표현한다고 해석할 수 있다(cf. Wilcox & Paton-Williams). 또한 "이스라엘"은 야곱의 이름이었다. 그러므로 이 가능성을 배제할 수 없을 뿐만 아니라 본문의 흐름에 가장 적합한 해석이다. 이스라엘이 꼭 온 나라를 가리킨다고 간주할 필요는 없다.

본문에서 "이스라엘"은 신분을 뜻하기보다 임무/기능을 뜻하는 것으로 이해된다(Childs). 즉, 종이 참이스라엘로서—이스라엘이 원래 감당했어야 할 사명을 감당하는 자로서—하나님께 부름받고 있는 것이다. 이스라엘은 원래 "제사장의 나라"로서의 사명을 받았다(출 19:6). 제사장의 나라로 온 열방을 여호와 앞으로 인도했어야 했다. 그러나 이스라엘의 역사를 살펴보면 그들은 이 사명을 전혀 감당하지 못했으며, 오히려 이방인들이 하나님께 오는 것을 꺼려 했다.

이제 이스라엘이 완수하지 못한 사명을 감당하러 종이 왔다(cf. Seitz). 하나님이 종을 통해 영광을 받으시리라는 것이 위임의 목적에서 드러난다. "내 영광을 나타낼 자"(אֲשֶׁר־בְּךָ אֶתְפָּאָר, in you I will display my splendor). 종의 성공은 하나님의 능력이 함께하느냐에 달려 있다.

이 사실이 시사하는 바가 또 하나 있다. 선지자는 결코 종이 될 수 없다. 이사야를 포함한 이스라엘의 모든 선지자 중 누구도 자신을 '이상적인 이스라엘'로 간주한 사람은 없다(Oswalt). 선지자들은 자신이 참 이스라엘이 될 수도 있다는 생각은 추호도 하지 않았다. 이러한 가능성을 자신들에게 적용하기에는 그 사명이 너무나 고상하다고 생각했기 때문이다. 그렇다면 다시 한번 "종=메시아"라는 결론이 나온다.

IX. 여호와의 종과 열방의 빛(49:1-53:12)
1장. 종과 시온(49:1-26)
1. 종의 위임(49:1-13)
(1) 종의 사역(49:1-6)

④ 종의 실패(49:4)

4 그러나 나는 말하기를
내가 헛되이 수고하였으며
무익하게 공연히 내 힘을 다하였다 하였도다
참으로 나에 대한 판단이 여호와께 있고
나의 보응이 나의 하나님께 있느니라

"내가 헛되이 수고하였으며 무익하게 공연히 내 힘을 다하였다"라는 종의 고백은 열매가 없음에 대한 좌절을 표현하는 말이며 이사야의 소명(6장)과 연결된다. 이 고백에서 우리는 종의 인간적 속성을 본다. 메시아임에도 불구하고, 하나님이 그와 함께하심에도 불구하고, 그는 승승장구하지 못한다. 그리고 성공하지 못할 때마다 다른 인간 사역자처럼 괴로워하고 힘들어한다. 그는 사역을 위해 철저하게 "인간화"되었다.

메시아는 인간의 살을 입고 인간의 성공과 실패를 아는 분이다. 세상이 필요로 하는 사역자도 이런 사람이 아닐까? 대체로 모든 것에서 완벽한 자들보다 조금은 어수룩하기도 하고 실패의 쓴잔을 맛본 사람들이 더 효과적인 사역을 할 수 있다. 세상에서 상처받고 실패한 자들에게 이러한 사역자들이 더 쉽게 접근할 수 있기 때문이다. 그뿐만 아니라 여호와께서는 우리의 연약함을 통해 자신의 능력을 세상에 드러내시는 분이 아닌가!

비록 종이 괴로워하지만, 패배감에 젖어 있지는 않다. 종은 본문이 말하는 "실패"에도 불구하고 곧바로 하나님을 의지해 왔음을 고백한다. 하나님이 종을 아시고 인정하시기 때문에 그의 실패는 아무것도 아니다. 그러므로 종은 패배감에 젖어 있지 않고 오히려 모든 결과를 하나님이 판단(מִשְׁפָּט)하시리라는 자신감과 믿음을 가지고 있다.

종은 하나님이 자신의 사역에 대해 적절한 "보상"(פְּעֻלָּה)을 해 주실 것도 기대한다. 어떻게 처절한 실패 속에서 이와 같이 깊은 신앙고백이 나올 수 있을까? 이사야의 소명을 배경으로 해석한다면 설명하기 쉽다. 이사야는 하나님의 눈에 성공한 자가 되기 위해 세상에서 철저하게 실패해야 했다. 그가 세상의 눈에 성공한 자로 비추어졌다면, 여호와께는 철저하게 실패한 자가 되었을 것이다. 이와 같이 종은 세상의 눈에 실패하고 하나님의 눈에 성공한 자다.

하나님의 눈에 성공한 자로 간주된다는 것은 어떠한 결과가 초래되더라도 하나님이 주신 소명을 충실히 감당하는 것을 뜻한다. 종은 하나님의 눈에 성공한 사람이기에 당당하게 하나님으로부터 보상을 기대한다. 세상의 가치관과 하나님의 가치관, 하나님에 대해 성공하는 것과 세상에 대해 성공하는 것이 이렇게 다를 수 있다.

⑤ 종의 확장된 사역(49:5–6)

5 이제 여호와께서 말씀하시나니
그는 태에서부터 나를 그의 종으로 지으신 이시요
야곱을 그에게로 돌아오게 하시는 이시니
이스라엘이 그에게로 모이는도다
그러므로 내가 여호와 보시기에 영화롭게 되었으며
나의 하나님은 나의 힘이 되셨도다
6 그가 이르시되
네가 나의 종이 되어 야곱의 지파들을 일으키며
이스라엘 중에 보전된 자를 돌아오게 할 것은 매우 쉬운 일이라
내가 또 너를 이방의 빛으로 삼아
나의 구원을 베풀어서 땅 끝까지 이르게 하리라

종은 실패에 굴복하거나 위축되지 않고 오히려 실패를 계기로 삼아 새 사역을 시작한다. 전에는 이스라엘만 그의 사역 대상이었으나 이제는 열방이 그 안에 포함된다. 종의 확대된 사역이 하나님의 계획이 수정되었다는 것을 의미하지 않는다. 하나님의 섭리와 통치 아래 종이 열방을 구원할 시기가 온 것이다. 열방에 대한 구원 계획이 드디어 실현될 순간이 왔다.

그뿐만 아니라 종의 사역 범위에 열방을 포함한다는 것이 종이 이스라엘을 위한 사역을 소홀히 한다는 의미도 아니다. 이스라엘을 향한 사역도 계속 강조되고 재확인된다. 이 사역을 위해 그는 모태에서부터 하나님의 부름을 입었다. 종의 사역의 근본적인 목적은 이스라엘을 바빌론에서 이끌어 내는 것이 아니라 그들의 영혼을 하나님께로 돌리는 것이다.

이사야는 이스라엘의 마음을 하나님께 돌이키기 위해 모태에서부터 여호와의 택함을 입었다(5절). 하나님은 이 일을 위해 그의 힘이 되셨고 그에게 말씀을 주셨다. 이러한 이사야의 사명은 그가 결코 이스라엘이 될 수 없음을 강력하게 시사한다(Muilenburg). 이스라엘이 이스라엘을 회복시키기 위해 소명을 받았다는 것은 논리에 맞지 않기 때문이다.

그런데 이사야는 이스라엘을 여호와께 돌이키는 데 실패했다(cf. 4절). 그럼에도 하나님은 이 실패한 종에게 더 큰 사역을 맡기신다. "네가 나의 종이 되어 야곱의 지파들을 일으키며 이스라엘 중에 보전된 자를 돌아오게 할 것은 매우 쉬운 일이라 내가 너를 또 이방의 빛으로 삼아 나의 구원을 베풀어서 땅끝까지 이르게 하리라"(6절). 실패했음에도 떳떳한 종도 특이한데, 그 종에게 더 큰 사역을 맡기시는 하나님은 더 특이한 분이다! 이것이 가능한 이유는 종의 주파수가 하나님께 맞추어져 있어서 그의 사역이 세상의 가치관과는 다르게 평가되고 있기 때문이다.

종은 이스라엘의 남은 자들을 돌아오게 하고, "열방의 빛"(אוֹר גּוֹיִם)이 된다(cf. 42:6). 이스라엘의 국가적인 구원을 이룩하는 데는 실패했던 종이 그들 중 남은 자들(נְצִיר), 즉 여호와를 의지하는 자들을 구속하며 열방을 향해 빛을 발하는 것이다. "빛"은 무엇을 의미하는가? 선지자는 빛이 무엇을 의미하는지 정확한 정보를 제공하지 않는다(Martens). 그러나 본문에서 "빛"은 구원과 평행을 이루며 비슷한 말로 사용된다. 즉, 종이 열방의 구원인 것이다(cf. Smith).

종은 여호와의 구원으로서 자신의 빛을 땅끝까지 비추게 할 것이다. 세상 모든 나라가 종의 사역을 통해 여호와의 구원을 맞이할 것이다. 예수님은 이 사역을 위해 이 세상에 오셨다. 주님의 몸 된 교회의 존재 의미도 여기에 있다. 그러므로 교회가 이 역할을 감당하지 못하면 존재할 의미가 없는 것이다. 우리는 이 역할을 얼마나 효율적으로 감당하고 있는가?

Ⅸ. 여호와의 종과 열방의 빛(49:1-53:12)
1장. 종과 시온(49:1-26)
1. 종의 위임(49:1-13)

(2) 종의 성공(49:7-12)

앞 섹션에서 자신은 실패했다고 고백한 종에게 하나님은 성공적이었다고 평가하고 더 큰 사역을 주셨다. 그는 하나님이 주신 새로운 사역을 성공적으로 해낼 수 있을 것인가? 이 섹션은 여호와께서 종에게 기가 막힌 성공을 약속하는 내용으로 구성되었다. 종은 열방을 향한 사역을 성공적으로 마칠 것이다. 하나님이 보장하시기 때문이다. 본 텍스트는 다음과 같이 구분된다.

A. 성공하는 종의 사역(49:7)
  B. 회복되는 이스라엘(49:8-10)
A'. 세상에서 모여드는 백성(49:11-12)

Ⅸ. 여호와의 종과 열방의 빛(49:1-53:12)
1장. 종과 시온(49:1-26)
1. 종의 위임(49:1-13)
(2) 종의 성공(49:7-12)

① 성공하는 종의 사역(49:7)

7 이스라엘의 구속자 이스라엘의 거룩한 이이신
여호와께서 사람에게 멸시를 당하는 자,
백성에게 미움을 받는 자,
관원들에게 종이 된 자에게 이같이 이르시되
왕들이 보고 일어서며 고관들이 경배하리니
이는 이스라엘의 거룩하신 이 신실하신 여호와 그가 너를 택하였음이니라

앞으로 선포될 말씀의 신빙성이 거듭되는 하나님의 세 가지 칭호에 기초하고 있다. "이스라엘의 구속자"(גֹּאֵל יִשְׂרָאֵל), "그[이스라엘]의 거룩하신 자"(קְדוֹשׁוֹ), "여호와"(יְהוָה). "이스라엘의 구속자" "이스라엘의 거룩하신 자"는 자주 함께 사용된다(41:14; 43:14; 47:4; 48:17; 49:7; 54:5). "구속자"는 친족 구제(기업 무름)와 연관 있는 이름이며(레 25:47-49; 민 35:19; 룻 3:11-13), 이스라엘과 하나님의 관계를 강조한다. 이 칭호는 여호와께서 이스라엘의 남편으로서 그들을 구원하실 것이라는 의미로 사용되기도 한다(54:5). 또한 이사야는 이 단어를 귀양살이로부터의 해방을 의미하면서 사용한다(43:14; 47:4; 52:3-9). 이 경우, 구제는 그 자체로 끝나는 것이 아니라 그것을 초월해서 펼쳐지는 관계 회복 과정의 한 부분임을 강조한다. 하나님은 사람들을 백성으로 삼으시고 나면 그냥 방치하시는 것이 아니라 그들의 앞길을 확실하게 책임지고 인도하신다. 그뿐만 아니라 백성을 구속하시는 것은, 여호와가 처음이요 나중이라는 것을 증명하는 사건이기도 하다(44:6, 24-28; cf. 63:9, 16; 35:9f; 43:1, 3, 14).

"거룩하신 자"는 이사야가 '특허 낸' 표현으로, 하나님의 절대적인 순결과 거룩을 강조한다. 이 표현은 이사야서에 스물다섯 번이나 등장하는 반면, 구약 성경의 다른 부분에는 고작 여섯 번 등장한다. 하나님의 거룩성은 이사야의 사역에 영원한 흔적을 남겼으며, 선지자는 아마도 소명을 받을 때 목격한 그분의 거룩하심으로 인해 압도되었던 경험(6장)을 평생 잊지 않고 자신의 사역에 반영했을 것이다. 하나님은 너무나 순수하고 거룩한 분이기에 결코 부정하거나 비윤리적인 방법으로 이루어 낸 결과를 좋아하시지 않는다. 그리스도인은 하나님께 제물로 가져오는 결과보다 그 결과를 얻게 된 과정에 역점을 두어야 한다.

본문에서 드러나는 종에 대한 철저한 배척을 생각해 보라. 그는 "사람에게 멸시를 당하는 자", "백성에게 미움을 받는 자", "관원들에게 종이 된 자"였다. 종의 사역이 시작되자 그는 세상으로부터 철저하게 무시당했고 외면당했다. 하나님이 보내시고 성공을 보장한 종이 이러한 취급을 받는다는 것이 좀 의아하지 않는가?

다행히 이야기는 여기서 끝나지 않는다. 종이 사역을 완수하자 온 세상이 그 앞에 무릎을 꿇는다. "열왕이 일어서며 방백들이 경배한다."

한때는 종의 사역을 방해하고 그를 무시했던 자들이 그를 경배하게 된 것이다. 이것이 바로 진정한 승리다. 우리를 방해하고 멸시하는 모든 사람이 우리 앞에 스스로 무릎을 꿇고 경의를 표하게 되는 날, 우리는 진정한 승리를 누릴 것이다.

본문에서 가장 중요한 것은 이들이 무릎을 꿇게 된 동기다. 바로 "너를 택한 바 신실한 나 여호와 이스라엘의 거룩한 자를 인함이다." 하나님 때문에 승리하고 세상에서 경외의 대상이 된 자들이 스스로 자신을 드러내고 잘난 체하는 것은 오만일 뿐만 아니라 어리석은 짓이다. 벼가 익으면 고개를 숙이듯, 높아질수록 겸손해야 한다.

IX. 여호와의 종과 열방의 빛(49:1–53:12)
1장. 종과 시온(49:1–26)
1. 종의 위임(49:1–13)
(2) 종의 성공(49:7–12)

② 회복되는 이스라엘(49:8–10)

8 여호와께서 이같이 이르시되
은혜의 때에 내가 네게 응답하였고
구원의 날에 내가 너를 도왔도다
내가 장차 너를 보호하여 너를 백성의 언약으로 삼으며
나라를 일으켜 그들에게 그 황무하였던 땅을 기업으로 상속하게 하리라
9 내가 잡혀 있는 자에게 이르기를 나오라 하며
흑암에 있는 자에게 나타나라 하리라
그들이 길에서 먹겠고
모든 헐벗은 산에도 그들의 풀밭이 있을 것인즉
10 그들이 주리거나 목마르지 아니할 것이며
더위와 볕이 그들을 상하지 아니하리니
이는 그들을 긍휼히 여기는 이가
그들을 이끌되 샘물 근원으로 인도할 것임이라

이스라엘은 언제 여호와의 은혜에 의해 회복될 것인가? "은혜의 때"(בְּעֵת רָצוֹן), "구원의 날"(בְּיוֹם יְשׁוּעָה)에 이 일이 이루어질 것이다(8절). 이러한 표현은 4절을 연상시키기도 한다. 종이 가장 어렵고 도움이 필요했을 때 하나님이 응답하셨던 것처럼, 이스라엘이 자신의 능력에 걸어보는 모든 소망을 포기하고 좌절할 때, 여호와께서 응답하신다. 우리가 가장 절망하고 좌절할 때, 그때가 바로 여호와 하나님이 가장 눈에 띄게 일하실 때다. 그러므로 그리스도인은 어떠한 역경 속에서도 좌절할 필요가 없다. 가장 절망스러울 때, 하나님의 구원의 손길이 가장 가까이 와 있기 때문이다.

본문은 여호와와 이스라엘 사이에 맺어진 "언약의 구체화"(embodiment)인 종이 이스라엘 땅을 회복할 것이라고 말한다. 그는 회복된 땅에 이스라엘을 다시 정착시킬 것이며 갇혀 있는 자들을 자유롭게 할 것이다. 이 표현은 희년(Jubilee)과 밀접한 연관이 있으며, 마치 여호수아가 가나안 정복 때 했던 일을 종이 다시 행하는 것처럼 묘사한다. 그러므로 본문은 단순히 이스라엘이 바빌론에서 회복될 것을 선언하는 데 그치지 않고(Cheyne), 메시아 시대를 바라본다. 바울이 고린도후서 6:2에서 본문을 인용하는 것도 이러한 이해에서 비롯된 것이다.

그런데 8b절은 이스라엘의 정치적 회복을 뜻하는 것인가? 학자들의 의견은 분분하다. 영(Young)은 본문이 다윗의 왕권이 회복되는 것을 뜻하는 것으로 해석하지만, 노트(North)는 종에게 더 이상 요구하지 않겠다던 정치적 요소가 들어 있는 것이 본문을 해석하는 데 많은 어려움을 더한다고 고백한다. 반면에 로이폴드(Leupold)는 본문이 바빌론에서 돌아오는 것을 말할 뿐이라고 주장한다. 린지(Lindsey)는 본문을 "예수의 재림과 연결해서 해석해야 한다"라고 주장하지만 별로 설득력이 없어 보인다. 단순히 메시아 시대로 이해하는 것이 바람직하다.

종의 "희년" 사역은 감옥에 갇힌 자들을 자유롭게 하는 일을 포함한다(9a절). 영적인 것에 사역의 중점을 맞추다 보면 인간의 육체적인 필요를 등한시할 위험이 있다. 그러나 우리는 결코 인간의 육체적인 필요를 배제할 수 없다. 무시해서도 안 된다. 인간은 영-육 모두에 의해 영향받는 존재며, 한쪽이 고통을 당하면 다른 한쪽도 영향을 받게 되어 있다. 비록 우리가 인간을 논할 때 영-육으로 구분하지만, 인간을 대할 때는 하나로(holistic) 간주해야 한다. 배고픈 자에게는 복음에 앞서 빵이 필요하고, 환자에게는 치료가 먼저 필요한 것이다.

종은 구출해 낸 자들을 방치하지 않고 곧장 그들에게 "목자" 역할을 한다(9b-10절). 종을 따르는 자들은 "길에서 먹고", "모든 헐벗은 산에도 그들의 풀밭이 있겠고", "주리지 않고", "목마르지 않으며", "더위와 볕으로 그들이 상하지 않는다." 이 표현들은 크게 세 가지로 구분될 수 있는데, 세 가지 모두 이사야서에서 자주 사용되는 이미지들이다. 첫째, 아무런 위험에도 노출되지 않고 평안하고 풍요롭게 인도함을 받는 양의 이미지는 17:2; 40:10-11; 41:18; 43:19; 63:11 등에서 사용된다. 둘째, 그때그때마다 필요를 채워주는 출애굽/광야생활 모티프는 43:19-20; 51:10; 63:11-14 등에서 발견된다. 셋째, 광야에 펼쳐진 순탄하고 평평한 대로(11절)는 11:16; 19:23; 36:8; 40:3-4; 42:16; 62:10 등에 등장한다. 주의 백성들이 주리지 않고 두려워할 것이 없는 것은 종이 그들을 보살피기 때문이다. 그뿐만 아니라 종은 이들을 샘물 근원으로 인도한다. 종이 백성들의 목자로 묘사되는 것이다. 이스라엘의 목자는 여호와시다. 따라서 종은 여호와의 사역을 감당하는 것이다. 또한 이러한 이미지는 출애굽 사건과 깊은 연관성이 있다. 그런데 누가 종으로 하여금 이 일을 하게 하는가? 바로 그들을 "긍휼히 여기는 자" 여호와 하나님이 허락하시고 종용하신 일이다.

IX. 여호와의 종과 열방의 빛(49:1–53:12)
1장. 종과 시온(49:1–26)
1. 종의 위임(49:1–13)
(2) 종의 성공(49:7–12)

③ 세상에서 모여드는 백성(49:11–12)

11 내가 나의 모든 산을 길로 삼고
나의 대로를 돋우리니
12 어떤 사람은 먼 곳에서,
어떤 사람은 북쪽과 서쪽에서,
어떤 사람은 시님 땅에서 오리라

8-10절이 종의 사역에 의해 바빌론에서 풀려나는 이스라엘의 모습을 그리는 듯했다면, 11-12절에서는 종의 사역이 세상의 가장 먼 곳까지 영향을 미칠 것을 선언한다. 온 세상에서 하나님을 사랑하는 자들이 모여들고 있다. 산들도, 강들도 그들의 앞길을 막을 수 없다. 하나님이 누구인가? 바로 이것들을 창조하신 분이 아닌가! 이것들을 창조하신 하나님이 그들이 걸을 수 있는 길을 만드신 것이다. 하나님이 백성의 의지를 억압하는 모든 제한적 여건을 없애시겠다는 뜻이다. 그러므로 누구든지 마음만 먹으면 아무런 제한을 받지 않고 하나님의 종에게 나아올 수 있다.

하나님의 백성들이 먼 곳으로부터 오고, 북쪽에서, 서쪽에서, 시님(סִינִים)에서도 온다. 얼마 전까지 학자들은 "시님"을 중국으로 해석했다(Delitzsch). 그러나 오늘날은 거의 모든 학자가 시님은 이집트의 남쪽에 위치한 아스완(Aswan)을 뜻하는 것으로 이해한다(Whybray). 즉, 사방에서 몰려드는 것이다. 그러나 동쪽은 빠졌다. 이미 바빌론에서 남은 자들이 오고 있기 때문이다.

(3) 종의 사역 결과(49:13)

13 하늘이여 노래하라
땅이여 기뻐하라
산들이여 즐거이 노래하라
여호와께서 그의 백성을 위로하셨은즉
그의 고난 당한 자를 긍휼히 여기실 것임이라

하나님이 온 세상에 흩어진 자신의 백성들을 모으시고 위로하시고 고난당한 자들을 긍휼히 여기셨다. 이러한 은혜는 인간이 감당할 수 없는 것이기에 선지자는 찬양으로 화답한다(cf. 12장; 42:10-13; 44:23; 45:8; 52:8-9; 55:12-13). 그는 온 우주로 하여금 하나님을 찬양하라고 권면한다. 만물의 영장인 인간이 구속되는 순간이기에, 하나님의 구속이 범우주적이기에 그는 감격의 찬양을 부른다. 그뿐만 아니라 하나님의 백성의 구속은 곧 온 우주에 영향을 미친다. 그러므로 자연도 찬양할 이유가 있다.

2. 시온이 회복됨(49:14-26)

이 섹션은 하나님은 결코 시온을 잊을 수 없다는 점을 주장하는 섹션(49:14-50:3)의 한 부분이며 자녀-어미 테마를 지속함으로 통일성을 유지한다(17, 20, 22, 25절; 50:1). 비록 하나님이 세우신 종을 통해 흥분되고 감격스러운 일이 이스라엘 앞에 펼쳐지고 있지만, 이스라엘은 흥분하지 않는다. 그들은 아직도 패배감과 버림받았다는 느낌을 버리지 못하고 괴로워한다. 하나님의 어떠한 말씀도 위로가 되지 않는 것이다.

그들은 반문한다. "이미 하나님의 기억에서 잊힌 지 오랜데 어찌 이런 일을 기대할 수 있겠는가?" 40:27에 비치던 주의 백성의 패배주의적인 생각이 아직도 해결되지 않았던 것이다. 선지자는 생활에서 볼 수 있는 아주 평범하면서도 감동적인 예를 들어 설득하기 시작한다. "젖먹이를 가슴에 안은 어머니가 어찌 자식을 잊을 수 있으랴! 설령 그렇다 하더라도 하나님은 결코 너희들을 잊을 수 없다!" 본 텍스트는 다음과 같이 구분된다.

A. 하나님이 백성을 보호하심(49:14-16)
　B. 예루살렘의 부흥(49:17-21)
　B'. 시온으로 돌아온 백성(49:22-23)
A'. 하나님이 백성의 적들을 제거하심(49:24-26)

IX. 여호와의 종과 열방의 빛(49:1–53:12)
1장. 종과 시온(49:1–26)
2. 시온이 회복됨(49:14–26)

(1) 하나님이 백성을 보호하심(49:14-16)

14 오직 시온이 이르기를
여호와께서 나를 버리시며
주께서 나를 잊으셨다 하였거니와
15 여인이 어찌 그 젖 먹는 자식을 잊겠으며
자기 태에서 난 아들을 긍휼히 여기지 않겠느냐
그들은 혹시 잊을지라도 나는 너를 잊지 아니할 것이라
16 내가 너를 내 손바닥에 새겼고
너의 성벽이 항상 내 앞에 있나니

이스라엘은 하나님이 자신들을 잊었다고 원망한다(14절). 이스라엘을 뜻하며 "시온"이 사용되는 것은 하나님과의 관계를 부각시키기 위해서다. 하나님은 시온을 아내로 맞이하셨지만 이미 오래전에 시온을 아내의 자리에서 쫓아내셨다는 것이다. 즉, 하나님은 시온과 이혼하셨으며, 그 후 시온은 버려진 여자가 되었다는 것이 백성의 주장이다. 선지자는 두 개의 은유를 사용하여 이스라엘의 이러한 주장을 일축한다.

첫째, 선지자는 젖먹이를 가슴에 품은 엄마가 아기를 잊을 수 없듯이 하나님은 결코 이스라엘을 잊으실 수 없으며 또 잊지 않으셨다고 선언한다(15절). 인간사에서는 간혹 이러한 엄마를—아이를 잊는 엄마를—목격하게 될지 모르지만, 하나님께는 결코 이런 일이 없다는 것이 선지자의 확언이다(15절). 하나님은 이 세상의 그 어느 부모보다도 애착심을 가지고 자녀인 이스라엘을 바라보고 기억하신다. 하나님의 포기할 수 없는 사랑을 잘 표현하는 은유다.

둘째, 하나님은 예루살렘의 이름을 자신의 손바닥에 새기셨고(חקק) 지금까지 꾸준히 그들을 지켜보셨다(16절). "새기다"(חקק)라는 말은 일반적으로 바위 같은 곳에 영구적으로 글 등 표적을 조각한다는 뜻이다. 하나님은 결코 이스라엘을 잊으신 적이 없고 잊으실 수도 없었다. 자신의 손바닥을 들여다보실 때마다 이스라엘의 이름이 거기에 새겨져 있는 것을 볼 수 있었기 때문이다.

여기에 제시된 그림은 고대 근동 사회의 정서와 매우 상반된다. 그들의 사회에서는 종의 손이나 팔 등에 주인의 이름이 새겨져 있었다. 그런데 여기서는 하나님의 손에 그분의 종 이스라엘의 이름이 새겨져 있다! 우리는 이러한 성향의 가르침을 이사야서에서 계속 보아 왔다. 하나님은 자신의 백성들에게 "내가 있는 곳으로 올라오라"는 요구를 하시는 것이 아니라, "네가 있는 곳으로 내려가마"라는 의지를 계속 밝히신다.

(2) 예루살렘의 부흥(49:17-21)

17 네 자녀들은 빨리 걸으며
너를 헐며 너를 황폐하게 하던 자들은 너를 떠나가리라
18 네 눈을 들어 사방을 보라
그들이 다 모여 네게로 오느니라
나 여호와가 이르노라
내가 나의 삶으로 맹세하노니
네가 반드시 그 모든 무리를 장식처럼 몸에 차며
그것을 띠기를 신부처럼 할 것이라
19 이는 네 황폐하고 적막한 곳들과 네 파멸을 당하였던 땅이
이제는 주민이 많아 좁게 될 것이며
너를 삼켰던 자들이 멀리 떠날 것이니라
20 자식을 잃었을 때에 낳은 자녀가 후일에
네 귀에 말하기를 이곳이 내게 좁으니
넓혀서 내가 거주하게 하라 하리니
21 그 때에 네가 네 마음에 이르기를
누가 나를 위하여 이들을 낳았는고
나는 자녀를 잃고 외로워졌으며 사로잡혀 유리하였거늘
이들을 누가 양육하였는고
나는 홀로 남았거늘
이들은 어디서 생겼는고 하리라

선지자는 16절에서 하나님이 이스라엘의 성벽을 늘 지켜보셨다고 회고했다. 이제 그는 17절에서 폐허가 되어 버린 성벽이 재건될 것을 선언한다. 그런데 누가 성벽을 재건할 것인가? 한 무리가 와서 이 일을

행할 것을 선언한다. 역사적으로 볼 때, 이 무리는 바로 스룹바벨, 에스라, 느헤미야 등을 포함했던 귀향민 무리들을 두고 하는 말이다. 즉, 시온의 자녀들이 돌아와서 나라를 재건하는 것을 말한다(cf. 18절).

이들이 돌아오는 것은 또한 원수들의 떠남을 의미한다. 회복된 성읍에 백성들이 가득하기에 시온은 자녀들을 자랑거리로 삼는다. 그뿐만 아니라, 백성들이 얼마나 번성하는지 땅이 부족하다(19-20절). 이 상황을 지켜보는 시온은 믿기지 않는 표정으로 그저 싱글벙글이다. "언제, 어떻게 이런 일이!"(21절) 시온은 자신이 낳은 아이들이 아님에도 불구하고 그를 어머니라 찾아와 온갖 "효도"를 하는 것에 대해 한 번 더 놀란다.

IX. 여호와의 종과 열방의 빛(49:1-53:12)
1장. 종과 시온(49:1-26)
2. 시온이 회복됨(49:14-26)

(3) 시온으로 돌아온 백성(49:22-23)

22 주 여호와가 이같이 이르노라
내가 뭇 나라를 향하여
나의 손을 들고 민족들을 향하여
나의 기치를 세울 것이라
그들이 네 아들들을 품에 안고
네 딸들을 어깨에 메고 올 것이며
23 왕들은 네 양부가 되며
왕비들은 네 유모가 될 것이며
그들이 얼굴을 땅에 대고 네게 절하고
네 발의 티끌을 핥을 것이니
네가 나를 여호와인 줄을 알리라
나를 바라는 자는 수치를 당하지 아니하리라

시온이 기뻐하면서도 황당해 하는 것에 대한 해답이 제시된다. 이 일은 하나님이 하신 일이다. 여호와께서 열방에 손짓하시니 그들이 주의 백성들을 안고, 업고 시온을 향해 온다. 왕과 왕비들이 왕자와 공주들을 다루듯 이스라엘을 애지중지하며 데리고 온다. 시온에 이르러서는 복된 여인 시온 앞에 엎드려 절을 한다. 그리고 시온의 발 먼지를 닦아 준다. 종처럼 시온을 섬기는 것이다. 이런 일이 일어날 때, 시온은 여호와가 주님이심을 인정하게 된다. 하나님의 구원 사역을 기다리는 자는 복이 있다. "결코 수치를 당하지 않을 것"이기 때문이다.

IX. 여호와의 종과 열방의 빛(49:1–53:12)
1장. 종과 시온(49:1–26)
2. 시온이 회복됨(49:14–26)

(4) 하나님이 백성의 적들을 제거하심(49:24-26)

24 용사가 빼앗은 것을 어떻게 도로 빼앗으며
승리자에게 사로잡힌 자를 어떻게 건져낼 수 있으랴
25 여호와가 이같이 말하노라
용사의 포로도 빼앗을 것이요
두려운 자의 빼앗은 것도 건져낼 것이니
이는 내가 너를 대적하는 자를 대적하고
네 자녀를 내가 구원할 것임이라
26 내가 너를 억압하는 자들에게
자기의 살을 먹게 하며
새 술에 취함 같이 자기의 피에 취하게 하리니
모든 육체가 나 여호와는 네 구원자요
네 구속자요 야곱의 전능자인 줄 알리라

시온이 회복되기 위해서는 회복을 방해하는 이스라엘의 적이 파괴되어야 한다. 선지자는 이미 17절에서 이러한 내용을 제시했다. 이제 그는 이 사실을 확대시킨다. 24절은 해석이 쉽지 않다. 번역본들은 크게 두 가지로 이 구절을 번역한다. (1) "용사가 빼앗은 것을 어떻게 도로 빼앗으며 승리자에게 사로잡힌 자를 어떻게 건져낼 수 있으랴"(개역개정; NIV; TNK), (2) "적군에게서 전리품을 빼앗을 수 있느냐? 폭군에게서 사로잡힌 포로를 빼내 올 수 있느냐?"(새번역; NRS). 이슈는 첫째 행의 "용사"(גִּבּוֹר)와 평행을 이루는 둘째 행의 "승리자"(צַדִּיק)를 어떻게 해석할 것인가 하는 점이다. "승리자"로 번역되는 히브리어(צַדִּיק)의 기본적인 의미는 "의로운 〔자〕"다. 이 단어가 승리자로 번역되는 것은 흔치 않은 일이다. 그러나 본문에서는 적절한 번역이다(Childs).

승리자로 해석하지 않고 의로운 자로 직역하여, "의로운 사람들을 섬기는 사람"이라고 해석하는 학자도 있다(Delitzsch). 첫째 행의 "용사"와 둘째 행의 "승리자"를 하나님으로 해석한다면, 그 누구도 하나님에게서 빼앗아 올 수 없는 상황을 묘사한다. 이렇게 이해하면 첫 번째 번역의 의미가 훨씬 설득력을 얻는다.

하나님이 적들에게 잡힌 이스라엘 포로를 빼앗아 오실 것이며, 그들이 빼앗아 간 전리품도 모두 빼앗아 오실 것이다. 하나님이 이 일을 하시는데 누가 반대하겠는가? 아무도 맞설 자가 없다. 그러므로 하나님은 절대적인 권위를 가지고 자신의 백성들을 구출하신다.

그뿐만 아니라 이스라엘의 적들 사이에 분쟁을 일으켜 서로 죽이게 함으로써 그들이 완전히 자멸하도록 여건을 조성해 가실 것이다. 이 일이 성취될 때, 세상은 여호와가 이스라엘의 구원자요 속량자이심을 알게 될 것이다.

2장. 종의 훈련(50:1-11)

선지자의 어떠한 말도 주의 백성에게 위로가 되지 않는다. 그들은 아직도 하나님을 원망하며 좌절한다. 그래서 하나님은 패배감에 싸여 자신들의 처량한 신세에 대해 남을 원망하는 주의 백성을 책망하신다(1-3절). 그리고 종을 통해 놀라운 일을 하실 것을 한 번 더 확인해 주신다(4-11절). 둠(Duhm)은 4-11절을 두 번째 종의 노래로 구분하여 독립적으로 간주했지만, 대부분의 학자는 1-11절의 통일성을 주장한다(Delitzsch; Seitz; Baltzer; Smith). 본 텍스트는 자연스럽게 이 두 섹션으로 구분된다.

A. 여호와의 구원 능력과 의지(50:1-3)
B. 종을 통한 구원(50:4-11)

1. 여호와의 구원 능력과 의지(50:1-3)

[1] 나 여호와가 이같이 말하노라
내가 너희의 어미를 내보낸 이혼 증서가 어디 있느냐
내가 어느 채주에게 너희를 팔았느냐
보라 너희는 너희의 죄악으로 말미암아 팔렸고
너희의 어미는 너희의 배역함으로 말미암아 내보냄을 받았느니라
[2] 내가 왔어도 사람이 없었으며
내가 불러도 대답하는 자가 없었음은 어찌 됨이냐

내 손이 어찌 짧아 구속하지 못하겠느냐
내게 어찌 건질 능력이 없겠느냐
보라 내가 꾸짖어 바다를 마르게 하며
강들을 사막이 되게 하며
물이 없어졌으므로 그 물고기들이 악취를 내며 갈하여 죽으리라
3 내가 흑암으로 하늘을 입히며
굵은 베로 덮느니라

선지자는 49장의 논제를 계속 발전시킨다. 그러나 하나님은 49장에서 시온에게 말씀하셨던 것과 달리, 이곳에서는 시온의 자녀들에게 말씀하신다. 하나님이 이스라엘을 용서하기를 원하시며 용서할 능력도 있으시다는 것을 강조하는 내용이다.

선지자는 이스라엘이 자신의 죄 때문에 끌려갔다는 사실을 강조한다(1절). 이스라엘의 원망과 달리 하나님은 이스라엘을 버리신 적이 없다. 시온에게 이혼 증서를 써 주신 적이 없으며, 노예로 파신 적도 없다. 다만 이스라엘은 자신의 죄 때문에 타국으로 끌려갔던 것이다. 그러므로 하나님이 이스라엘과 맺으신 언약의 효력은 여전하다. 그러므로 이스라엘은 죄 문제만 해결하면 언제든 주님께 돌아올 수 있다.

이스라엘은 하나님의 구원의 손길에 반응을 보이지 않는다(50:2a-b). 하나님이 이스라엘을 구원하시고자 그들을 찾았지만, 이스라엘은 반응을 보이지 않는다. 구원받기를 원치 않는 백성은 구원할 수 없다는 것이 하나님의 논리다. 무엇을 의미하는가? 상당수의 학자들은 지금까지 선지자를 통해 선포된 메시지와 종의 사역에 대한 예언을 이스라엘 사람들이 믿지 못하는 것에 대한 비난으로 해석한다(Delitzsch). 그러므로 하나님의 손이 짧거나 힘이 없어서 그들을 구원하지 못했다는 생각은 버리라는 것이다.

이스라엘이 믿지 못하는 하나님의 능력은 어느 정도인가? 이사야는 하나님이 자연을 어디까지 조종하실 수 있는지를 통해 그분의 능력을 설명한다(50:2c-3). 하나님이 바다를 꾸짖으시면 바다가 마르고, 강을 꾸짖으시면 강이 광야로 바뀌며, 그 안에 있던 생선들이 모두 썩어 악취가 만연하다. 그뿐만 아니라 여호와께서는 흑암으로 하늘을 입히시고 굵은 베로 하늘을 두르시는 분이다.

이 이미지들은 출애굽을 회상시킨다. 어둠으로 뒤덮인 하늘(출 10:21-22), 바다를 치신 것(출 14장), 물고기가 썩는 것(출 7:17-18)은 모두 출애굽 때 일어났던 일이다. 하나님은 출애굽을 실현한 능력을 지니신 분이다. 그렇다면 옛적에 이스라엘의 조상에게 기적의 구원을 베푸신 분이 이제 와서 주의 백성에게 구원을 베풀지 않을 이유가 없지 않은가? 그러므로 아직 이스라엘에 구원이 임하지 않은 것은 그들에게 문제가 있는 것이지 하나님께 문제가 있는 게 아니라고 선지자는 주장한다.

IX. 여호와의 종과 열방의 빛(49:1–53:12)
2장. 종의 훈련(50:1–11)

2. 종을 통한 구원(50:4-11)

"종의 노래" 시리즈의 세 번째다. 처음 두 노래는 종이 사역을 성공적으로 마칠 것에 역점을 두었다. 42:1-9에서는 종이 소개되었고 소명에 대한 종의 신실함이 강조되었다. 여호와께서는 종이 임무를 완수해서 온 세상을 공의로 가득 채울 것을 강조하셨다. 두 번째 노래인 49:1-13에서는 "실패"가 계기가 되어 그에게 더 큰 임무가 주어졌고, 종이 이 임무를 성공적으로 수행하리라는 것이 선포되었다.

이제 세 번째 노래에서는 종이 소명을 감당하면서 당할 혹독한 고통이 집중적으로 조명된다. 본문이 종의 고통에 초점을 맞추는 것은 다음 노래(52:13-53:12)에서 종의 죽음을 통해 절정에 이르는 그의 고통을 준비하기 위해서다. 한 가지 차이점은 이 노래에서는 종이 인간의 손에 수난을 당하지만, 다음 노래에서는 종이 인간과 하나님의 손에 수난을 당한다는 사실이다. 이전 노래들에서와 같이 이 노래에서도 종은 선지자 이사야나 이스라엘이 될 수 없다.

A. 충성을 다짐하는 종(50:4-6)

B. 종의 믿음(50:7-9)

A'. 충성하는 자와 반역하는 자들(50:10-11)

(1) 충성을 다짐하는 종(50:4-6)

4 주 여호와께서 학자들의 혀를 내게 주사
나로 곤고한 자를 말로 어떻게 도와 줄 줄을 알게 하시고
아침마다 깨우치시되 나의 귀를 깨우치사
학자들 같이 알아듣게 하시도다
5 주 여호와께서 나의 귀를 여셨으므로
내가 거역하지도 아니하며
뒤로 물러가지도 아니하며
6 나를 때리는 자들에게 내 등을 맡기며
나의 수염을 뽑는 자들에게 나의 뺨을 맡기며
모욕과 침 뱉음을 당하여도
내 얼굴을 가리지 아니하였느니라

이렇다 할 소개 없이 등장한 종이 말한다. 그가 말하는 대상이 누구인지는 8절에 가서야 밝혀진다. 종은 자신은 결코 하나님을 배반하지 않을 것이라고 말한다. 이를 악물고 고통을 이겨낼지언정 결코 하나님을 배반하는 일은 없을 것이라고 강조한다. 이 모든 것은 누군가가 종

에게 강요해서가 아니라, 종이 자신의 의지에 따라 하는 일이다(Watts).

"주 여호와"(אֲדֹנָי יְהוִה, 4절)라는 성호가 이사야서에서 여러 차례 사용되지만, 종의 노래들 중에서는 유일하게 이 노래에서만 사용된다. 이 표현은 이 노래에 네 번 등장하는데(4, 5, 7, 9절), 항상 문장을 시작할 때 사용되며 하나님의 주권을 강조한다. 하나님이 종을 부르시고 세우셨기에 종의 사역은 결코 실패할 수 없다.

하나님은 종에게 "학자/제자의 혀"(לְשׁוֹן לִמּוּדִים)를 주셨다(4절). "학자/제자"는 학습을 받은 자라는 뜻으로, 4절 마지막 부분에 다시 등장한다. 종이 하나님의 훈련을 받은 제자라는 것이다(Hengstenberg). 종을 제자 삼으신 여호와께서 그에게 학자/제자의 혀와 귀를 주셨다. 이는 종이 선포하는 것은 자신의 것이 아니라 하나님께 듣고 받은 가르침이란 점을 강조한다. 즉, 종은 하나님과의 밀접한 관계에서만 가능한 지식과 가르침으로 사역한다.

종의 사역은 곤핍한 자를 "돕는 것"(עוּת)이다. "돕다"의 히브리어 단어는 이곳에서만 사용된다. 많은 학자가 "적절한 시대"(עֵת)로 고쳐서 "시대에 맞는 적절한 말을 하다"로 해석한다. 그러나 곤핍한 자에게 도움이 될 수 있는 것은 시대에 적절한 말보다는 그들의 문제에 도움이 될 만한 격려의 말일 것이다. 우리 말에 "배워서 남 주랴?"라는 말이 있다. 사실 그리스도인은 배워서 남에게 주어야 한다. 하나님의 말씀을 배우고 깨닫는 것이 자신을 위한 것이기도 하지만, 그 깨우침으로 남을 치유하고 세우는 일을 감당해야 하기 때문이다. 제자훈련도, 기독교 학문의 최종 목표도 다 여기에 있다.

그런데 "곤고한 자"(יָעֵף, 4절)는 누구를 두고 하는 말인가? 40:27-31에 따르면 곤고한 자들은 바로 이스라엘이다. 그러나 종의 사역 대상에 이방이 속해 있으므로(42:1, 6; 49:1, 6-7) 열방의 곤고한 자도 속해 있다고 해석하는 것이 바람직하다. 그런데 이 열방의 곤고함은 우상을 섬기는 데서 비롯된다(Leupold). 그렇다면 '곤고한 자를 돕는다'는 말은 종이 열방에게 우상의 어리석음과 여호와만이 참신이심을 가르침으로써 그들의 곤고함을 덜어 주고 있다는 말이 아닐까?

이미 살펴보았던 두 개의 노래처럼 이 노래도 하나님과 종의 인격적인 관계를 강조하면서 시작된다. 하나님은 "매일"(lit., "아침에, 아침에"; בַּבֹּקֶר בַּבֹּקֶר) 종에게 가르침을 주신다. 이 말씀은 선지자들이 어떻게 하나님의 계시와 영감을 받게 되었는지 시사한다(Delitzsch). 그들은 극한 환희 가운데 혹은 무아의 경지(ecstasy)에서 하나님께 가르침을 받은 것이 아니라, 아침마다 맑고 깨끗한 정신과 이성을 통해 훈련받았다. 하나님은 가르침을 통해 종의 귀를 깨우쳐 주신다. "귀"는 구약과 신약의 인간론에서 중요한 역할을 한다. 우리는 귀를 통해 하나님의 계시를 듣기 때문이다(Muilenburg). 들어야 깨달음이 있고, 깨달음이 있어야 행동으로 옮기게 된다.

하나님이 종의 귀를 열어 주셨다. "나의 귀를 깨우치사"(cf. 4절)에서 "깨우치다"(עוּר)는 배우려는 종의 준비된 마음 자세를 의미한다(Pieper). 그뿐만 아니라 "귀"는 온몸과 마음을 상징하는 것으로 해석될 수 있다. "듣는다"는 것은 곧 "순종하다"로 연결되는 것이 구약 성경에서 가르치는 삶이기 때문이다. 종은 하나님의 가르침에 모든 신경을 기울이며 순종한다.

하나님이 종의 귀를 여시니 종이 두 가지 결단을 내리고 그것을 자신의 삶에서 추구한다. 첫째, 종은 "내가 거역하지도 아니하며"(לֹא מָרִיתִי) 라고 선언한다. 이 표현은 사람의 내면의 각오를 의미한다. 그는 마음 속 깊은 곳에서 여호와를 신뢰하고 의지하겠다는 의지를 굳혔다. 둘째, 종은 결코 "뒤로 물러가지도 않겠다"(אָחוֹר לֹא נְסוּגֹתִי)는 각오를 다진다. 이것은 사람의 외적 행동을 뜻하는 말이다. 그러므로 이 두 표현은 종의 의지와 행동이 하나님의 뜻에 합당하게 일치한다는 것을 강조하는 말이다. 이러한 종의 각오와 의지는 이스라엘의 행동과 너무나 대조적이다. 이스라엘은 듣지 못하고, 깨닫지 못하는 자들이다(cf. 6장). 반면에 종은 여호와 앞에 철저하게 순종한다.

종은 하나님의 뜻에 순종하겠다는 의지를 다진 일(5절)을 계기로 삼아 인간이 주는 갖은 수모를 다 참아낸다. 저자는 본문에서 능동형 동사들을 사용하여 종이 상황에 끌려가는 것이 아니라 스스로 이 모든 수모를 이겨내고 있음을 강조한다. 사람들은 그를 마치 죄인 취급한다. 그래서 이곳에 기록된 모든 수난은 죄인을 다루는 모습으로 표현된다(cf. 민 12:14; 신 25:9; 느 13:25; 마 26:67; 27:30, Leupold).

"나를 때리는 자들에게 내 등을 맡기며"(6절)는 종이 사람들 앞에서 이루어지는 공식적인 고문/형벌(신 25:2-3; 렘 20:2; 37:15)을 받고 있음을 시사한다. 빌라도의 법정에 서셨던 예수님을 생각해 보라. 종의 수염이 뽑히고 있다. 머리카락을 자르는 것도 가볍게 생각하지 않았던 그들 사회에서 이보다 경멸스러운 행위는 없을 것이다(cf. 느 13:25). "모욕과 침뱉음" 역시 극에 달한 경멸의 상징이다(cf. 신 25:9; 민 12:14; 욥 30:10).

본문은 종이 인간들에게 당할 수난이 매우 심각한 수위에 달할 것이라는 점을 암시한다. 물론 아직 이 수난이 죽음과 연결되지는 않는다. 수난이 죽음과 연결되는 것은 마지막 종의 노래(53장)에서의 일이다. 그런데 본문이 암시하는 종은 과연 누구일까? 일차적으로는 이스라엘의 선지자들일 것이다. 제도화된 선지자들은 정치적 힘을 구상하던 무리들이었지만 결국 거짓 선지자들에 불과했다. 반면에 이스라엘에서 참선지자의 길을 간다는 것은 기본적으로 주류 사회와 지도층으로부터의 소외와 따돌림을 전제했다. 그들은 갖은 수난과 핍박도 각오해야 했다. 그러나 본문의 궁극적인 성취는 바로 예수 그리스도의 삶의 마지막 순간일 것이다.

(2) 종의 믿음(50:7-9)

7 주 여호와께서 나를 도우시므로
내가 부끄러워하지 아니하고
내 얼굴을 부싯돌 같이 굳게 하였으므로
내가 수치를 당하지 아니할 줄 아노라
8 나를 의롭다 하시는 이가 가까이 계시니
나와 다툴 자가 누구냐
나와 함께 설지어다
나의 대적이 누구냐
내게 가까이 나아올지어다
9 보라 주 여호와께서 나를 도우시리니
나를 정죄할 자 누구냐
보라 그들은 다 옷과 같이 해어지며
좀이 그들을 먹으리라

하나님이 자신을 인정해 주실 것이라는 종의 믿음이 돋보인다(7-9절). 하나님의 "제자"인 종이 인간들에게 갖은 수모와 멸시를 당하면서도 하나님을 의지하는 신앙을 다시 한번 확인한다. 인간이 뭐라고 하든 주께서 종을 인정하시리라는 확신이다. 하나님이 종을 인정하시면, 세상의 어떠한 고통이나 역경도 문제가 될 수 없다. 그는 외친다. "하나님이 내 편이신데, 감히 누가 나를 대적할 수 있으랴!" 이 점을 강조하기 위해 저자는 7, 8, 9절 모두 종과 하나님의 관계를 강조하는 문구들로 시작한다.

고대 근동의 법정에 선 피고가 사람들의 멸시와 수모를 조용히 받아들인다는 것은 자신의 잘못을 인정하는 의미로 해석되었다(Westermann).

그러나 종은 아무런 잘못을 저지르지 않았으면서도 조용히, 묵묵히 고통을 견뎌낸다. 종이 혹독한 고통을 이겨낼 수 있었던 근거는 무엇인가? 하나님이 그를 도우신다는 신념이었다. 하나님이 종에게 어떠한 도움을 주신단 말인가? "외부적인 육체적 도움이 아니라, 영적, 심적 도움"을 뜻한다(Pieper). 비록 사람들은 자신들이 주는 멸시와 경멸을 받아내는 종을 보고 죄인이라고 결론 내렸겠지만, 결국 종의 흔들리지 않는 믿음은 그가 이 모든 고통을 묵묵히 참아낸 것이 얼마나 합당한 결정이었는지를 증명할 것이다.

사람들의 비난과 정죄를 받는 종이 묵묵히 하늘을 바라본다(cf. 8절). 그러고는 다시 한번 확인한다. "여호와께서 나를 인정하셨으니 누가 나를 정죄하리요!" 그리고 숨을 가다듬고는 자신을 핍박하는 자들에게 외친다. "나를 의롭다 하시는 이가 가까이 계시니 나와 다툴 자가 누구냐?" 그는 핍박하는 자들에게 함께 재판장에 서서 누가 옳고 그른지 판가름해 보자고 제안한다. 종은 사람들이 던지는 경멸의 눈초리에 수치를 느끼기보다 오히려 담대하게 그들에게 반격한다. "하늘을 우러러 한 점 부끄러움 없기를 잎새에 이는 바람에도 괴로워했던 사람"의 확신이다.

종을 비난하고 반대하는 자들은 모두 허망한 종말을 맞게 된다(9b절). 그들은 좀에게 먹힌 옷처럼 해진다. 이것은 구약 성경에서 자주 사용되는 은유법으로, 조금씩 진행되지만 확실한 결과가 초래될 것을 뜻한다(Skinner). 그러나 종의 원수들에게 임할 육신적인 심판보다는 그들의 '상소'가 완전히 무너져 법정의 동의를 얻어내지 못할 것을 의미한다(Pieper).

그런데 종은 언제 의롭다는 판결을 받는가? "부활을 통한 판결"(Henri Blocher)인가 아니면 "예수님의 죽음과 부활, 영화로움과 예루살렘 파괴(주후 70년)"를 통해 이루어진 것(Hengstenberg)인가? 신약적 관점에서는 두 단계를 통해 이루어졌다. 첫 번째는 예수님이 죽음, 부활, 승천을 통해 자신의 의로움을 인정받으셨다. 두 번째는 재림 후 천년왕국의 왕으로 군림하실 때 일어날 일이다.

(3) 충성하는 자와 반역하는 자들(50:10-11)

10 너희 중에 여호와를 경외하며
그의 종의 목소리를 청종하는 자가 누구냐
흑암 중에 행하여 빛이 없는 자라도
여호와의 이름을 의뢰하며
자기 하나님께 의지할지어다
11 보라 불을 피우고 횃불을 둘러 띤 자여
너희가 다 너희의 불꽃 가운데로 걸어가며
너희가 피운 횃불 가운데로 걸어갈지어다
너희가 내 손에서 얻을 것이 이것이라
너희가 고통이 있는 곳에 누우리라

종은 어떠한 고난이 와도 여호와를 끝까지 의지함으로써 자신의 의로움을 인정받을 것이라고 강조했던 선지자는 다시 한번 여호와를 신뢰하라고 선포한다. 선지자는 10절에서 믿음에 대한 권면을, 11절에서는 그의 권면을 받아들이지 않을 자들을 향한 경고로 진행해 나간다.

그런데 본문을 말하는 자는 누구인가? 학자들의 생각이 다양하다. 처음부터 끝까지 모두 여호와께서 말씀하시는 것으로 해석하는가 하면(Muilenburg), 10절은 종이 11절은 여호와께서 말씀하시는 것이라는 주장도 있고(Whybray), 11절 마지막 부분을 제외하고는 모두 종이 선포하는 메시지라는 해석도 있다(Engnell).

종을 따르는 자들에게 어둠 속을 거닐지라도 믿음으로 걸어가라는 권면이 주어진다(10절). 여호와를 의지하면 흑암에 거할지라도 그 흑암이 계속되지는 않을 것이다. 이 문장은 '누가(מִי)'라는 대명사로 시작한다. 그런데 이 대명사는 의문대명사인가? 만일 그렇다면 "누가 여호와를 의지할 것인가?"라는 뜻이다. 말씀을 들은 자들에게 심적 결정을 하라는 것이다.

아니면 관계대명사인가? 이 경우라면 아무나/누구라도 여호와를 순종하라는 권면이 된다. 누구든 이 메시지를 듣고 마음만 결정하면 하나님을 따를 수 있다는 점을 강조하는 것이다. 전자가 더 설득력 있는 해석이다. 선지자는 이 권면을 듣는 자들을 "여호와를 경외하는 자", "종에게 순종하는 자", "어둠 속을 걷는 자", 그리고 "빛이 없는 자"라고 묘사한다. 즉, 어려운 상황 속에서도 이미 여호와를 의지해 오던 자들에게 선포된 메시지다. 본문은 '달리는 말에게 채찍을 가하는' 효과를 취하고 있는 것이다.

악한 자들의 자기중심적 노력이 하나님의 심판을 받을 것이다(11절). 이는 악인들이 자신들의 '업적'에 대해 평가받는 모습이다. 스스로 의롭다 하는 자들의 마지막 모습이기도 하다. "인간이 스스로 의로워져서 구원을 이루려는 모습"을 말하는 듯하다(Barnes). 의인과 악인의 모습이 대조된다. 의인은 어둠 속에서도 인내를 가지고 여호와께서 불을 밝히실 때까지 조심스레 길을 걷는다. 악인은 스스로 불을 피운다. 그러나 그 불이 그들을 삼킨다(Hengstenberg).

3장. 종의 노래(51:1-52:12)

이사야의 지속적인 권면과 도전에도 불구하고 이스라엘 백성은 주님의 구원과 은혜가 곧 자신들에게 임할 것을 믿지 못한다. 그래서 선지자는 이스라엘 백성의 원점이라고 할 수 있는 아브라함으로 돌아가 다시 이야기를 시작한다. 그는 하나님이 아브라함과 사라를 매우 사랑하셨으며, 그들의 후손인 이스라엘도 결코 내버려 두지 않고 구원하실 것이라고 선언한다. 이는 이스라엘이 잠시 하던 일을 멈추고 자신들이 어디에서 왔는지 깨닫게 되면, 현재의 불안감이 사라질 것이라는 뜻이다.

선지자의 지속적인 권면에도 불구하고 이스라엘은 자신들을 휘어잡는 패배의식과 좌절감을 떨쳐 낼 수 없었다. 그래서 계속 불안해하면서, 하나님이 잠에서 깨어나셔서 자신들을 구원해 주실 것을 호소한다(51:9). 그러나 잠에서 깨어나야 하는 것은 그들이었다(51:17). 하나님은 한 번도 잠든 적이 없으시기 때문이다. 선지자는 이스라엘을 책망해 보기도 했지만, 하나님이 그들을 구원하실 날이 임박해 있음을 한 번 더 강조하며 이 섹션을 마무리한다. 본 텍스트는 다음과 같은 구조로 구분된다.

A. 여호와의 약속(51:1-8)

B. 여호와의 팔이 구원하심(51:9-52:12)

Ⅸ. 여호와의 종과 열방의 빛(49:1–53:12)
3장. 종의 노래(51:1–52:12)

1. 여호와의 약속(51:1-8)

종의 사역에 따를 수난과 고통에 대해 구체적인 설명을 마친 선지자가 마치 "여호와의 선택받은 종도 이렇게 혹독한 고통을 당할 것이니, 자신의 고통 때문에 너무 비관하지 말고 아직도 너희를 잊지 않으신 여호와를 의지하라"는 식의 메시지를 선포한다. 이사야는 주의 백성이 당면한 가장 큰 문제는 바빌론 같은 외부의 적이 아니라, 땅에 떨어진 자존감과 좌절감 등의 내부적인 것임을 잘 알고 있다. 그래서 무엇보다도 이스라엘이 자존감을 회복해야 한다는 점을 강조한다. 선지자는 건강한 자존감은 하나님과 이스라엘의 관계에 대한 깊은 묵상에서 비롯되는 것이라 한다. 본 텍스트는 다음과 같은 구조로 구분된다.

A. 이스라엘의 뿌리(51:1-3)
B. 하나님의 백성(51:4-6)
C. 신뢰할 수 있는 약속(51:7-8)

Ⅸ. 여호와의 종과 열방의 빛(49:1–53:12)
3장. 종의 노래(51:1–52:12)
1. 여호와의 약속(51:1–8)

(1) 이스라엘의 뿌리(51:1-3)

1 의를 따르며
여호와를 찾아 구하는 너희는
내게 들을지어다
너희를 떠낸 반석과
너희를 파낸 우묵한 구덩이를 생각하여 보라
2 너희의 조상 아브라함과
너희를 낳은 사라를 생각하여 보라

아브라함이 혼자 있을 때에 내가 그를 부르고
그에게 복을 주어 창성하게 하였느니라
3 나 여호와가 시온의 모든 황폐한 곳들을 위로하여
그 사막을 에덴 같게,
그 광야를 여호와의 동산 같게 하셨나니
그 가운데에 기뻐함과 즐거워함과
감사함과 창화하는 소리가 있으리라

이 말씀은 온 힘을 다해 의를 추구하는 자들에게 주어진 위로다. 끝까지 포기하지 말고 하나님을 기다릴 것이며, 힘들 때마다 자신들의 뿌리를 생각하며 견뎌내라는 권면이기도 하다. 또한 이 말씀은 과거에 그들의 조상 아브라함과 사라에게 기적을 베푸신 분이 다시 그들에게 복 주실 능력도 있고 의지도 있음을 시사한다.

"의(צֶדֶק)를 따르는 것"(1절)은 구원을 받고자 하는 것을 뜻한다(cf. 새번역). 많은 사람이 하나님을 신뢰할 수 없다고 외치지만, 이 위로의 대상들은 이러한 생각을 떨쳐내고 하나님의 구원을 갈망한다. 이렇게 하나님의 도움을 받으려고 여호와를 찾는 자들에게 이 말씀이 임하는 것이다. 천국이라는 보화는 찾는 자들에게만 주어진다.

선지자는 미래에 대한 불안감에 억눌린 자들에게 과거를 회상하고 하나님의 능력과 의지에 대한 확신을 얻으라고 권면한다. 먼저 그들은 자신들이 떨어져 나온 바위와 구덩이를 보아야 한다. 한 주석가는 하나님이 아브라함과 사라를 부르셨을 때 사라가 아이를 낳지 못한 것이 메마른 바위와 같아서 본문이 바위와 채석장 이미지를 사용한다고 해석한다(Delitzsch). 그러나 채석장과 거기에서 떨어져 나온 바위 이미지는 훨씬 더 긍정적인 면모를 지닌다. 그들의 본 신분을 기억하라는 뜻이다. 주의 백성이 비록 타국에서 포로생활을 하고 있지만, 그들은 하나님의 친구 아브라함의 자손임을 기억해야 한다. 비록 오늘은 타국에서 종살이를 하고 있을지라도, 그들은 한때 왕자요 공주였다.

본문은 채석장의 비유를 구상하면서 백성들을 권면한다(1절). 우리가 알다시피 화강암이 나오는 채석장에서는 화강암만, 대리석이 나오는 채석장에서는 대리석만 나온다. 탄광에서 금이 나오지 않고, 금광에서 석탄이 나오지 않는 것이다. 비록 이들이 타국에서 사람들의 발에 채는 돌과 같은 신세가 되었을지언정, 그들이 채취된 광(鑛)을 생각하면 결코 희망을 포기할 수 없다는 것이 선지자의 주장이다. 1절은 그들이 세상에서 가장 진귀한 채석장에서 떨어져 나와 잠시 이곳에 머물 뿐이기에 언젠가는 반드시 그들의 진정한 고향인 채석장으로 돌아갈 것을 암시한다.

우리가 떨어져 나온 바위와 구덩이는 누구인가? 예수님, 하나님이 아니겠는가? 하나님은 우리를 하나하나 자신의 품에서 떼어 내어 사명을 주시고 이 세상에 파견하셨다. 그 소명이 성취될 때까지 우리는 열심히 살아야 한다. 그리고 하나님은 우리가 돌아가지 않는 한 채워지지 않는 빈 공간을 가슴에 안고 우리를 응원하신다.

선지자는 하나님이 어떻게 아브라함과 사라를 축복하셨는지 기억하라고 권면한다. 아브라함은 혈혈단신이었고 사라도 임신하지 못했지만, 하나님은 은혜를 베푸셔서 이들로 하여금 큰 나라의 조상이 되게 하지 않으셨는가! 과거에 하나님이 아브라함에게 이러한 기적을 베푸셨다면, 오늘 이 순간에 그리고 미래에 다시는 기적을 베푸시지 않을 것이라는 생각은 잘못된 것이다.

그뿐만 아니라, 아브라함과 사라는 둘뿐이었다. 반면에 이스라엘의 남은 자는 얼마나 많은가! 만일 하나님이 둘을 통해서 큰 백성을 이루셨다면, 그보다 몇십 배, 몇백 배 많은 숫자를 통해서는 더욱더 큰 백성을 이루실 수 있을 것이다. 그러므로 하나님은 광야를 에덴처럼 아름답게, 사막을 여호와의 동산처럼 풍요롭게 만드실 수 있는 것처럼 이스라엘의 남은 자들을 회복하시고 그들에게 복을 주실 것이다.

이 말씀은 이스라엘의 출발점이 아브라함을 훨씬 더 거슬러 올라가서 에덴동산에까지 이른다는 것을 암시한다(Oswalt). 즉, 이스라엘의 근원은 창조주 하나님인 것이다. 그들은 하나님의 가슴에서 떼어 낸 돌과 같은 존재다. 창조주 하나님이 이스라엘을 회복하시기를 마치 광야를 에덴동산으로 회복하시는 것처럼 하실 때, 기쁨과 즐거움이 그들의 삶에 깃들며 감사의 찬송과 즐거운 노래가 그들과 함께할 것이다.

(2) 하나님의 백성(51:4-6)

4 내 백성이여 내게 주의하라
내 나라여 내게 귀를 기울이라
이는 율법이 내게서부터 나갈 것임이라
내가 내 공의를 만민의 빛으로 세우리라
5 내 공의가 가깝고
내 구원이 나갔은즉
내 팔이 만민을 심판하리니
섬들이 나를 앙망하여 내 팔에 의지하리라
6 너희는 하늘로 눈을 들며 그 아래의 땅을 살피라
하늘이 연기 같이 사라지고 땅이 옷 같이 해어지며
거기에 사는 자들이 하루살이 같이 죽으려니와
나의 구원은 영원히 있고
나의 공의는 폐하여지지 아니하리라

하나님은 1-3절에서보다 더 인간적인 차원에서 남은 자들에게 속삭이신다. 그들은 1절에서 "의를 추구하는 자", "도움을 받으려 여호와를 찾는 자"로 불렸지만, 4절에서는 "내 백성"(עַמִּי) "내 나라"(לְאוּמִּי)로 불린다. 그들이 여호와와 각별한 관계를 가지고 있는 자들임을 암시한다. 하나님은 과거가 어떠했고, 어떠한 죄를 지었다 할지라도 진정 그분을 찾고 갈망하는 자들을 모두 "내 것"으로 찜하신다. 이렇게 될 때, 지금까지 하나님이 선지자를 통해 선포하신 모든 약속이 그들의 것이 된다. 하나님이 자신의 백성들을 돌아보시고 구원하시는 것이 이미 2:2-4에서 선포된 것처럼 하나님께로부터 비롯될 "율법"(개역)/"훈계"(공동번역, תּוֹרָה)에 의해 성취될 것이다(4절). 하나님이 아브라함의 후손들을 회복하실 때, 온 세상이 여호와의 빛을 볼 것이며 그분의 "공의"(מִשְׁפָּט)에 의해 통치받을 것이다. 공의는 공평함을 뜻하기도 하지만, 질서를 포함하기도 한다(Oswalt). 공의의 반대는 불의와 혼돈이다.

여호와의 "의"(צֶדֶק), 즉 하나님의 "구원"(יֵשַׁע)이 빠르게 다가온다(5절). 그러나 이 "구원"은 이스라엘이 바빌론을 떠나는 것보다 훨씬 큰 의미를 지닌다. 이러한 사실은 이 구원이 임하는 날, 섬들이 눈을 들어 여호와를 우러러보며 그분의 능력을 의지할 것이라는 점에서 역력히 드러난다. 구원이 세상에 임하는 날, 하나님의 "팔"(זְרוֹעַ)이 뭇 백성들을 심판할 것이다. 여기서 "심판한다는 것"(שׁפט)은 옳고 그름을 따지는 '재판'이란 개념이 아니라, 창조의 섭리와 원리에 의해 통치한다는 뜻이다(cf. 2:2-4). 선지자는 전반부에서 메시아가 이 일을 감당할 것이라고 선포했었고(9:7; 11:4; 16:4-5), 후반부에서는 종이 이 일을 할 것이라고 선언했다(42:1-4; 49:6). 이제 여호와께서 하시는 것이다. 이 사실이 종과 메시아의 정체에 대해 시사하는 바가 크다.

우리는 누군가 능력 있는 정치인이 나타나서 우리의 모든 문제를 해결해 주기를 갈망한다. 그러나 성경은 여호와께서 이 세상을 통치하시기 전에는 진정한 평화와 안정이 있을 수 없다고 거듭 강조한다. 인간의 본성이 지속적으로 공의와 정의를 실현하기에는 너무나 부패했기 때문이다. 세상과 사람들에게 너무나 많은 기대를 하지 말자. 세상에서 오는 "메시아"는 믿을 수 없다. 오직 여호와께서 보내신 메시아가 이 세상에 오실 때, 우리는 참평안을 기대할 수 있다. 또한 이 세상은 우리가 잠시 지나가는 '광야'가 아닌가!

이러한 구원 약속을 어떻게 믿을 수 있는가? 혹시 이러한 약속이 선지자의 '희망 사항'에 불과한 것은 아닌가? 하나님은 자신의 명예를 걸고 세상은 끝나도 여호와의 구원은 꼭 이루어질 것임을 선언하신다(6절). 선지자는 백성들에게 하늘과 땅을 보라고 권면한다. 사람들에게 하늘과 땅은 영원한 것일 뿐만 아니라 사람들이 미래에 대한 지식을 구할 때 바라보는 곳이다. 물론 많은 사람이 하늘과 땅에서 미래에 대한 지식을 읽어냈지만, 모두 가짜다. 하늘과 땅은 미래에 대한 지식을 줄 수 없게 창조되었기 때문이다.

그뿐만 아니라 영원할 것처럼 보이는 하늘과 땅도 없어질 날이 있다. 그렇다면 하늘과 땅을 바라보며 사는 인간들은 어떠한가? 하루살이 같은 목숨에 불과하다. 하늘과 땅, 그리고 그사이에 사는 사람들이 모두 '연기처럼 사라지고 옷처럼 해져도' 여호와의 구원 약속은 영원할 것이며 하나님의 공의는 결코 꺾이지 않고 실현될 것이다. 하나님이 보장하신다. 하나님은 성경을 통해 우리에게 많은 약속을 주셨다. 아직 성취되지 않은 것도 많겠지만, 초조해할 필요는 없다. 주님이 꼭 이루실 것이기 때문이다.

IX. 여호와의 종과 열방의 빛(49:1–53:12)
3장. 종의 노래(51:1–52:12)
1. 여호와의 약속(51:1–8)

(3) 신뢰할 수 있는 약속(51:7-8)

7 의를 아는 자들아,
마음에 내 율법이 있는 백성들아,
너희는 내게 듣고 그들의 비방을 두려워하지 말라
그들의 비방에 놀라지 말라
8 옷 같이 좀이 그들을 먹을 것이며

양털 같이 좀벌레가 그들을 먹을 것이나
나의 공의는 영원히 있겠고
나의 구원은 세세에 미치리라

하나님의 구원 약속이 반드시 성취될 것을 확언한 선지자가 여호와를 기다리는 자들에게 신앙의 강건함으로 여호와의 약속을 신뢰하라고 권고한다. 이들이 4절에서 "하나님의 공의를 갈망하는 자들"이었고 "하나님의 율법을 기다리는 자들"이었다면, 7절에서는 "하나님의 공의를 아는 자들"이 되었고 "하나님의 율법을 마음속에 간직한 자들"이 되었다. 이들이 선지자의 가르침을 마음에 받아들이고 신뢰한 것이다.

하나님은 이들에게 무엇을 요구하시는가? 한마디로 '여호와의 작은 종들'이 되어 세상의 수모와 멸시를 견뎌 내라는 것이다. '사람들이 비난하는 것을 두려워하지 말고 그들이 비방하는 것에 놀라지 말라'는 권고는 50:6-7에 묘사된 사람들에게 당해야 하는 종의 고통을 연상케 한다. 그뿐만 아니라 "좀이 옷을 먹듯이 그들을〔그들은 멸시하는 자들을〕 먹을 것"(כַּבֶּגֶד יֹאכְלֵם עָשׁ, 8절)이라는 말은 50:9의 "그들이 모두 옷처럼 해지고 좀에게 먹힐 것"(כַּבֶּגֶד יִבְלוּ עָשׁ יֹאכְלֵם)이라는 말과 흡사한 표현이다. 비록 세상이 그들을 비방할지라도 끝까지 견뎌야 하는 이유는 그들을 비방하는 자들이 조금씩 그러나 확실히 사라질 뿐만 아니라, 그 견딤이 종의 수난에 동참하는 일이 되기 때문이다.

어떤 그리스도인은 하나님을 사랑하고 예수님을 사랑한다 하면서도 성도로서 이 세상에 살면서 때로 주님의 고통에 동참한다는 생각에는 알레르기 반응을 보인다. 그러나 우리가 하나님께로부터 좋은 것을 바란다면, 나쁜 것이 오는 것도 감수해야 하지 않겠는가! 그리고 무엇보다 의미심장한 것은 이 세상에서 믿음 때문에 고난을 당하는 것이 바로 메시아의 고통에 동참하는 것이라는 사실이다.

메시아의 고통에 동참하는 것이 성도가 누릴 수 있는 최대의 영광

아닐까? 초대교회 성도들 중에 상당수의 사람들은 어느 지역에서 그리스도인을 핍박하고 처형한다는 소식이 들리면 곧장 그 지역으로 향했다. 그곳에서 믿음 때문에 처형당함으로써 예수님의 고통에 동참하기 위해서였다. 우리는 물론 그렇게까지 할 필요는 없다. 그러나 너무 안일한 '평안신학'과 '번영신학'에 사로잡혀 성도가 감당해야 할 고통을 거부하는 것은 바람직하지 않을 뿐만 아니라 비(非)성경적인 태도다. 선지자는 여호와를 신뢰하기로 작정한 자들에게 세상의 갖은 수난과 멸시에도 굳건히 신앙을 지킬 것을 당부한다.

IX. 여호와의 종과 열방의 빛(49:1–53:12)
3장. 종의 노래(51:1–52:12)

2. 여호와의 팔이 구원하심(51:9-52:12)

본 텍스트는 마치 잠을 자는 듯한 주의 백성들에게 깨어나 놀라운 여호와의 구원이 실현되는 것을 보라고 권면한다. 그래서 본 텍스트의 특징은 "깨어나라, 깨어나라"(עוּרִי עוּרִי)는 반복적인 명령 문구가 51:9, 17; 52:1에서 거듭 사용되며 통일성을 유지한다는 점이다. 처음에는 이스라엘이 하나님께 깨어나실 것을 호소하고, 나중에는 하나님이 이스라엘에게 깨어날 것을 명령하신다. 본문은 다음과 같이 구분될 수 있다.

A. 백성의 호소(51:9-23)
B. 임박한 시온의 탈출(52:1-12)

IX. 여호와의 종과 열방의 빛(49:1–53:12)
3장. 종의 노래(51:1–52:12)
2. 여호와의 팔이 구원하심(51:9–52:12)

(1) 백성의 호소(51:9-23)

그동안 선지자는 백성들에게 구원의 때가 임박했음을 누누이 강조해 왔다. 이 구원은 이스라엘이 노력한 결과가 아니라 하나님이 일방적으로 하실 일이기 때문에 꼭 예언한 대로 될 것이라는 점도 강조했다. 그러나 이스라엘은 선지자의 말씀을 믿지 못한다. 그래서 다시 한번 하나님께 구원을 호소한다. 답답한 상황이 전개되는 것이다. 본 텍스트는 다음과 같이 섹션화될 수 있다.

A. 구원을 갈망하는 백성(51:9-11)
B. 여호와의 응답(51:12-16)
C. 예루살렘아, 깨어라!(51:17-23)

IX. 여호와의 종과 열방의 빛(49:1-53:12)
3장. 종의 노래(51:1-52:12)
2. 여호와의 팔이 구원하심(51:9-52:12)
(1) 백성의 호소(51:9-16)

① 구원을 갈망하는 백성(51:9-11)

9 여호와의 팔이여
깨소서 깨소서
능력을 베푸소서
옛날 옛시대에 깨신 것 같이 하소서
라합을 저미시고 용을 찌르신 이가
어찌 주가 아니시며
10 바다를, 넓고 깊은 물을 말리시고
바다 깊은 곳에 길을 내어
구속 받은 자들을 건너게 하신 이가
어찌 주가 아니시니이까
11 여호와께 구속 받은 자들이
돌아와 노래하며 시온으로 돌아오니
영원한 기쁨이 그들의 머리 위에 있고
슬픔과 탄식이 달아나리이다

선지자는 앞부분에서 백성들에게 여호와의 말씀을 들으라고 세 차례나 권면했다(1, 4, 7절). 선지자의 말씀에 흥분한 사람들이 "하나님의 팔"에게 깨어나라고 호소한다. 이 호소는 "우리가 하나님의 모든 말씀을 믿으니 속히 오셔서 구원 사역을 이루십시오"라는 그들의 의지를 반영한다(Cheyne). 그러나 동시에 세상에서 치인 자들이 하나님의 구원을 바라며 외치는 절규의 탄원으로 해석되기도 한다(Westermann). 그래서 한 학자는 본문을 탄식시라고 주장한다(Melugin).

여호와를 신뢰하기로 작정한 자들이 출애굽 때 있었던 일을 회상하면서 하나님께 호소한다. "과거에 우리 조상들에게 베푸셨던 구원의 손길을 우리에게도 베풀어 주소서!" 이들은 자신들의 바빌론 생활을 옛적 선조들의 이집트 생활에 비교하며, 그때 하나님이 기적을 베푸셔서 백성들을 인도해 내셨던 것처럼 새 출애굽을 이루셔야 자신들이 자유할 수 있다고 고백하는 것이다. 문제는, 하나님은 한 번도 주무신 적이 없는데 자꾸 주님께 깨어나라고 한다는 것이다. 아마도 절박한 자신들의 처지를 생각하며 외치는 울부짖음일 것이다.

9절의 "라합"(רַהַב)과 "용"(תַּנִּין)은 고대 근동 신화에 자주 등장하는 괴물들이다. 이들은 세상의 질서와 균형을 파괴하려는 것들이다. 그렇다면 왜 성경이 신화적 언어들을 사용한단 말인가? 고대 근동의 신화들을 사실로 받아들인다는 뜻인가? 결코 아니다. 성경에 이러한 신화들이 언급된 것은 주후 750년 이후다. 이때에는 이미 반신화적(anti-mythic) 입장을 고수하는 여호와 종교가 뿌리를 내린 상황이었다. 그러므로 성경이 신화적 이미지들을 사용하는 것은 근동 지역에서 잘 알려진 이야기들을 예로 삼아 무엇인가를 설명하려는 의도다. 일종의 문학적인 예로 사용되는 것이다.

가령, 오늘날 누군가가 주변 사람들의 갖은 멸시와 천대를 받으면서도 진실하고 성실하게 살아감으로써 훗날 하나님의 많은 축복을 누리는 날을 기대하자는 가르침을 주면서 콩쥐팥쥐 이야기를 예로 드는 것과 같다. 콩쥐팥쥐 이야기를 예로 들었다고 해서 콩쥐와 팥쥐가 실제 존재하는 인물들이었고 이들의 이야기가 사실이었다는 것을 전제하지는 않는다. 다만 사람들을 설득하기 위해 이야기의 핵심을 수단으로 사용하는 것에 불과하다. 즉, 성경이 '문화의 눈높이'를 맞춘 현상일 뿐이다. 또한 성경에서 라합은 이집트를 상징하며(사 30:7; 시 87:4), 용은 이집트의 왕 바로를 상징한다(겔 29:3).

라합과 용이 이집트와 연관된 문학적 이미지로 사용되고 있음이 10절에서 재확인된다. "라합을 저미시고 용을 찌르신 것"(9절)은 바로 "바다를, 넓고 깊은 물을 말리시고 바다 깊은 곳에 길을 내셨던"(10절) 출애굽 사건을 의미한다. 즉, 본문은 "괴물들"을 신화적인 뉘앙스를 가지고 사용하는 것이 아니라, 여호와의 구원 사역에 반대하는 요소를 의미하는 것으로 사용한다(Oswalt). 이 모든 일은 바로 "하나님의 팔"이 해낸 일이다. 그러므로 백성들이 외친다. "여호와의 팔이여, 깨어나소서!"

여호와의 손이 다시 움직인다면 주의 백성들이 환희와 찬양 속에 예루살렘으로 귀향할 수 있다(11절). "여호와께 구속받은 자들이 돌아와 노래하며 시온으로 돌아오니 영원한 기쁨이 그들의 머리 위에 있고 슬픔과 탄식이 달아나리니"라는 말씀은 이사야 35:10의 "여호와의 속량함을 받은 자들이 돌아오되 노래하며 시온에 이르러 그들의 머리 위에 영영한 희락을 띠고 기쁨과 즐거움을 얻으리니 슬픔과 탄식이 사라지리로다"와 흡사하다. 칼뱅(Calvin)은 "머리 위에"라는 말을 화관을 쓴 것으로 해석하여 돌아오는 자들이 "영원한 즐거움"을 화관으로 쓰고 오는 자들이라고 해석한다. 이는 다시는 즐거움이 이들의 삶을 떠나지 않을 것이라는 의미다.

② 여호와의 응답(51:12–16)

12 이르시되 너희를 위로하는 자는 나 곧 나이니라
너는 어떠한 자이기에 죽을 사람을 두려워하며
풀 같이 될 사람의 아들을 두려워하느냐
13 하늘을 펴고 땅의 기초를 정하고
너를 지은 자 여호와를 어찌하여 잊어버렸느냐
너를 멸하려고 준비하는 저 학대자의 분노를
어찌하여 항상 종일 두려워하느냐
학대자의 분노가 어디 있느냐
14 결박된 포로가 속히 놓일 것이니
죽지도 아니할 것이요
구덩이로 내려가지도 아니할 것이며
그의 양식이 부족하지도 아니하리라
15 나는 네 하나님 여호와라
바다를 휘저어서 그 물결을 뒤흔들게 하는 자이니
그의 이름은 만군의 여호와니라
16 내가 내 말을 네 입에 두고
내 손 그늘로 너를 덮었나니
이는 내가 하늘을 펴며 땅의 기초를 정하며
시온에게 이르기를 너는 내 백성이라 말하기 위함이니라

본문의 예술성에 대해 학자들의 생각은 극단으로 나뉜다. 어떤 사람들은 극찬을 하는가 하면(Torrey; Muilenburg), 어떤 사람들은 아주 형편없는 날림공사로 보기도 한다(North; Duhm). 그만큼 우리가 아직도 히브리 시에 대해 많은 것을 알지 못한다는 뜻이다. 스타일에 대한 논란은 많지만, 본문에서의 클라이맥스가 마지막 문장이라는 것에 대해서는 대부분 동의한다. “너는 내 백성이다”(16절)가 본 텍스트의 클라이맥스인 것이다.

내가, 내가 바로 너희를 위로할 그 하나님이다(אָנֹכִי אָנֹכִי הוּא מְנַחֶמְכֶם, 12a절). 백성들의 호소(9-10절)는 한 마디로 “하나님, 정말 하나님이 옛적 우리 조상들에게 이러한 기적을 베푸셨던 바로 그분이십니까?”라는 질문으로 요약될 수 있다. 하나님은 그저 “그래 나다”로 대답하시는 것이 아니라 매우 열정적이고 확실하게 그들의 질문에 답하신다. 영존하시는 하나님, 세상에 하나밖에 없는 하나님이 그들의 구원자이신 것이다.

반면에 여호와의 백성이 될 사람들은 어떤 자들인가? 그들은 “죽을 인간을 두려워하며, 한갓 풀에 지나지 않는 사람의 아들을 두려워하는 자들”이 아닌가? 자신들을 구원하기를 애타게 갈망하는 영원하신 하나님의 능력을 믿기보다 눈에 보이는 인간들의 권세를 두려워하는 자들이다. 그런데 이 인간들은 어떤 존재들인가? “한갓 풀에 지나지 않는 자들”이 아닌가?(cf. 40:6) 즉, 하나님은 영존하시지만, 인간은 죽는다. 마치 한 포기의 풀이 여름 더위에 순식간에 말라 버리는 것처럼 말이다. 선지자는 같은 주제를 8:11-15, 14:9-20에서 강조했다. 이들은 사실 하나님의 구원을 받을 만한 자격도 없는 자들이다.

우리는 누구/무엇을 두려워하는가? 우리는 기억해야 한다. 눈에 보이는 것들이 현실의 전부가 아니라는 것과 영원히 이곳에 머무를 것처럼 여겨지는 세상의 권세도 순식간에 사라질 수 있다는 것을 말이다. 우리가 두려워해야 하는 대상은 바로 영존하시는 하나님이다.

“죽을 사람을 두려워하며 산다는 것”(12절)은 무엇을 의미하는가? 바로 창조주 하나님을 잊어버렸음을 뜻한다(13절). 이게 바로 사람을 두려워하는 것이 초래하는 가장 기본적이고 커다란 문제다. 하나님과 그분의 백성들의 관계에 있어서 결코 여호와께서 그 백성을 잊으신다는 것이 문제가 된 적은 없다. 문제는 바로 백성들이 하나님을 잊는다는 것이다. 죽을 사람에 대한 두려움이 우리의 삶을 채우면 우리는 하나님을 볼 수 없다. 그러나 만일 하나님이 우리의 삶을 채우면 우리는 사람을 두려워하지 않아도 된다.

비록 주의 백성들이 사람을 두려워하여 구원받을 자격을 상실했을지라도 하나님은 그들을 버려두지 않으신다(14절). 하나님은 그들에게 자유를 허락하실 것이다. 그들이 두려워하는 적들의 계획과 능력을 무력하게 하실 것이다. 그뿐만 아니라 구원한 백성들을 보호하시고 필요를 채우실 것이다. 여기에 우리의 소망이 있다. 우리의 실수와 부족함에도 불구하고 은혜를 베푸시는 하나님의 능력에 말이다.

주의 백성들이 속박된 상태에서 죽지 않을 것이라는 약속(14절)이 하나님의 성품에 의해 보장받는다(15-16절). 세상을 다스리시는 분(15절)이 그들을 보호하시고 그들에게 말씀하신다. "너는 나의 백성이다." 우주의 절대적인 권위를 지니신 분이 선포한 사실을 누가 부인할 것인가! 하나님이 당신에게도 "너는 내 것이다"라고 지명하지 않으셨는가? 그렇다면 누가 이 사실을 부인할 수 있단 말인가!(cf. 롬 8:39) 하나님의 열심이 시온을 구속하실 것이다.

Ⅸ. 여호와의 종과 열방의 빛(49:1–53:12)
3장. 종의 노래(51:1–52:12)
2. 여호와의 팔이 구원하심(51:9–52:12)
(1) 백성의 호소(51:9–16)

③ 예루살렘아, 깨어라!(51:17–23)

17 여호와의 손에서 그의 분노의 잔을 마신 예루살렘이여
깰지어다 깰지어다 일어설지어다
네가 이미 비틀걸음 치게 하는 큰 잔을 마셔 다 비웠도다
18 네가 낳은 모든 아들 중에 너를 인도할 자가 없고
네가 양육한 모든 아들 중에 그 손으로 너를 이끌 자도 없도다
19 이 두 가지 일이 네게 닥쳤으니
누가 너를 위하여 슬퍼하랴

곧 황폐와 멸망이요 기근과 칼이라
누가 너를 위로하랴
20 네 아들들이 곤비하여 그물에 걸린 영양 같이
온 거리 모퉁이에 누웠으니
그들에게 여호와의 분노와 네 하나님의 견책이 가득하도다
21 그러므로 너 곤고하며
포도주가 아니라도 취한 자여 이 말을 들으라
22 네 주 여호와,
그의 백성의 억울함을 풀어 주시는 네 하나님이 이같이 말씀하시되
보라 내가 비틀걸음 치게 하는 잔
곧 나의 분노의 큰 잔을 네 손에서 거두어서
네가 다시는 마시지 못하게 하고
23 그 잔을 너를 괴롭게 하던 자들의 손에 두리라
그들은 일찍이 네게 이르기를 엎드리라
우리가 넘어가리라 하던 자들이라
너를 넘어가려는 그들에게 네가 네 허리를 땅과 같게,
길거리와 같게 하였느니라 하시니라

여호와의 구원을 바라던 백성들이 하나님께 "깨어나소서!"라고 호소했지만(51:9), 하나님은 오히려 그의 백성들에게 "깨어나라!"고 명령하신다. 하나님은 그동안 잠든 적이 없으시며 백성들에게 은혜를 베풀 만한 적절한 시간을 기다려 오셨다. 이제 그 구원의 때가 이르렀고, 백성들이 깨어날 때가 되었다. 본문은 그 배경이 바벨론으로부터의 구원이지만, 역시 어느 시대에나 적용될 수 있는 메시지를 선포한다. 본문은 하나님이 자신들을 잊으셨다는 이스라엘의 원망(40:29; 49:14)과 달리 하나님은 예루살렘의 탄식을 모두 헤아리셨다는 데 초점을 맞춘다.

주의 백성들의 문제는 그들의 하나님이 힘이 없으신 것이 아니요,

졸고 계시다는 것도 아니다. 오히려 취기가 올라 졸고 있는 자들은 주의 백성이며 깨어나야 할 자들도 그들이다(17절). 그들은 지금까지 하나님의 "진노의 잔"(כּוֹס חֲמָתוֹ)에 취해 있었다. 이스라엘이 체험하는 고통은 그들의 죄에 대한 하나님의 진노의 잔이었다. 그러나 이제 마시고 싶어도 더 이상 술이 잔에 남아 있지 않으니 깨어나야 한다. 이 말씀은 40:2의 "복역 기간이 끝나고, 죄에 대한 형벌도 다 받고, 지은 죄에 비해 갑절의 벌을 받았다"(새번역)는 내용을 반영하는 것이다.

안타깝게도 시온은 스스로 일어설 수가 없다(18절). 그렇다면 그의 자녀들이 부축할 수 있는가? 시온은 자신을 부축해 줄 만한 자녀를 모두 잃었다. 우가릿 문헌 "아캇의 이야기"(Tale of Aqhat)에 따르면, 자식의 의무들 중 하나는 술 취한 부모를 부축해 집으로 모셔 오는 것이었다(ANET). 그러나 문제는 시온에게 이러한 일을 할 수 있는 자녀가 하나도 없다는 것이다. 고대 사회에서 자식이 없는 것은 큰 수치 중 하나였고, 본문은 그 수치를 처량하게 묘사한다. 부축해 줄 자녀가 있는가? 있으면 감사하라! 비록 자녀들이 '웬수'로 여겨질 때도 있지만, 모든 생명은 하나님의 선물이다.

"이 두 가지 일"(שְׁתַּיִם הֵנָּה, 19절)은 무엇을 두고 하는 말인가? 바로 뒤에 나오는 "황폐와 멸망이요 기근과 칼"을 두고 하는 말인가?(Whybray) 이 해석에 따르면, 황폐//기근과 멸망//칼이 바로 두 가지 일이 된다. 이 경우 시온이 자식이 없는 이유가 설명된다. 반면에 47:9에 따르면, 이 두 가지 일은 "자식을 잃고 과부가 되는 것"을 의미한다. 이 해석에 따르면, "황폐와 멸망이요 기근과 칼"은 이미 자식을 잃고 과부가 된 시온이 어떠한 삶을 살아왔는지가 설명된다(Oswalt). 물론 어느 쪽도 본문을 이해하는 데 결정적인 영향은 미치지 않는다. 시온은 매우 어려운 상황에 처해 있다. 그러나 아무도 시온을 위로하거나 그녀의 운명을 슬퍼해 주는 자가 없다. 하나님께 버림받고 세상의 무관심 속에서 조용히 신음해야 하는 처량한 신세다.

시온이 과부로서, 자녀를 모두 잃은 어미로서 어려운 형편에 처해 있다면, 남에게 끌려간 그녀의 자식들의 형편은 어떠한가? 그들 역시 타국에서 "곤비하여 그물에 걸린 영양같이 온 거리 모퉁이에" 내팽개쳐져 있다(20절). 포로로 끌려가 가장 잘 보이는 거리에서 조롱을 당하고 있는 것이다. 그들에게는 싸워 볼 의욕도 없다. 마치 그물에 걸린 영양이 모든 것을 체념하고 죽음을 기다리는 것처럼 말이다.

시온이 독한 술에 취해 비틀거리고, 그녀의 자식들이 타국으로 끌려가 열방의 구경거리가 되었다면, 이들에게 과연 어떤 소망이 있단 말인가? 그들 자신에게는 없다. 그러나 그들은 자신들의 하나님 안에서 소망을 찾을 수 있다. 그러므로 하나님이 술 취한 시온에게 다시 말씀하신다(21절). 메시지는 두 가지다. (1) 하나님이 "진노의 잔"을 시온에게서 거두시고(22절), (2) 시온에게서 거두신 "진노의 잔"을 시온의 원수들에게 주실 것이다(23절). 하나님이 백성들을 돌아보시는 날, 그들의 운명과 원수들의 운명이 완전히 뒤바뀐다. 하나님이 비록 이스라엘의 원수들을 징계의 도구로 사용하셨지만, 그들에게도 반드시 책임을 물으실 것이다. 또한 하나님이 열방에 책임을 물으시는 날, 그들은 자신들이 이스라엘에게 행했던 잔혹한 고통보다 더한 고통을 당할 것이다.

IX. 여호와의 종과 열방의 빛(49:1–53:12)
3장. 종의 노래(51:1–52:12)
2. 여호와의 팔이 구원하심(51:9–52:12)

(2) 임박한 시온의 탈출(52:1-12)

그동안 선지자는 하나님이 이스라엘을 구원할 의지도 있고, 그들을 구원할 능력도 있는 분이라고 선포했다. 하나님이 드디어 백성을 향해 "떠나라!"고 명령하신다. 구원의 때가 임박한 것이다. 본문은 구원의 실현이 결코 그들이 당한 혹독한 심판에 대한 당연한 보상이 아니라고 한다. 또한 선지자는 이 구원이 자기 백성을 구원하려는 하나님의 의지만으로 이루어질 수 있는 것이 아니며, 그들의 믿음을 절대적으로 필요로 한다는 점을 강조한다.

여호와의 구원이 실현되기 위해서는 주의 백성이 먼저 냉담함을 버리고, 이미 그들의 것이라고 선포된 것들을 믿음을 통해 자신의 것으로 만들어야 한다. 본문은 다음과 같이 구분된다.

A. 구원의 옷(52:1-2)
B. 구원의 근거(52:3-6)
C. 구원의 실현(52:7-12)

Ⅸ. 여호와의 종과 열방의 빛(49:1–53:12)
3장. 종의 노래(51:1–52:12)
2. 여호와의 팔이 구원하심(51:9–52:12)
(2) 임박한 시온의 탈출(52:1–12)

① 구원의 옷(52:1–2)

1 시온이여
깰지어다 깰지어다
네 힘을 낼지어다
거룩한 성 예루살렘이여
네 아름다운 옷을 입을지어다
이제부터 할례 받지 아니한 자와 부정한 자가
다시는 네게로 들어옴이 없을 것임이라
2 너는 티끌을 털어 버릴지어다
예루살렘이여
일어나 앉을지어다
사로잡힌 딸 시온이여
네 목의 줄을 스스로 풀지어다

본문은 51:9, 17과 비슷한 양식으로 시작된다. “깨어라”라는 명령어가 반복된다. 이스라엘은 하나님께 “깨어나소서, 깨어나소서!”(51:9)라고 외쳤지만, 실제로 깨어나야 할 사람은 그들이었다(51:17). 그들은 하나님께 "힘을 내소서!"라고 했지만, 실제로 힘을 내서 일어서야 할 자들은 그들이었다. 이제 드디어 이스라엘이 바빌론의 손아귀에서 벗어나 고향으로 돌아갈 때가 이르렀다.

저자는 여호와의 구원이 이스라엘에게 임하는 것을 마치 그들의 신분을 상징하는 옷을 갈아입는 것으로 표현한다. 바빌론에게는 먼지 바닥에 앉아 슬퍼하라고 선포하셨던 하나님이(47:1), 이스라엘에게는 먼지를 털고 일어나라 하신다(2절). 포로의 옷을 벗고 과거에 하나님이 주셨던 영화로운 옷으로 갈아입고 자신의 자리에 다시 앉을 때가 임한 것이다. 하나님이 시온에게 다시 왕비/아내의 자리로 올라앉도록 명령하신다. 시온이 정결하게 되고 거룩하게 된다는 이 말씀은 4:2-6과 긴밀한 관계가 있다(Torrey; Young).

우리도 모두 오래전에 죄의 노예로서의 옷을 벗었다. 그러나 죄 가운데 거하는 것을 즐거워함으로써 다시 노예의 옷을 입고 방황하는 사람들도 있다. 새로운 신분을 얻은 자들이 과거의 신분대로 살아간다는 것은 비극이다. 이 일은 하나님이 절대 원하시는 것이 아니다. 우리는 자청한 노예생활을 청산하고 주님 안에서 자유를 누릴 수 있어야 한다.

이스라엘이 당면한 가장 큰 문제는 하나님의 관점에서 자신들을 바라볼 수 없다는 점이다. 비록 이스라엘이 하나님께 갖은 범죄를 다 저지르고 가증스러운 행위를 한 것이 사실이지만, 이 순간 하나님의 눈에 시온은 아름답고 정결하다. 그러나 이스라엘은 아직도 자신의 과거와 하나님의 심판만 회상하고 그것에 사로잡힌 바 되었다. 그러므로 선지자는 이스라엘에게 "네 목의 줄을 스스로 풀어라!"라고 명령한다(2절). 이스라엘은 스스로 목에 맨 사슬을 벗어야 했다(Oswalt).

피해 의식에 사로잡힌 그들이 자신들을 무능력한 포로들로 생각하는 한, 여호와의 능력은 기대할 수 없다. 시온이 다시 회복되기를 원한다면, 먼저 처한 상황을 비관하고 하나님께로부터 멀어진 자신을 비난하는 것을 멈춰야 한다. 그리고 하나님으로 하여금 그분의 능력을 유감없이 발휘하게 하실 수 있는 기대와 즐거움이 있는 믿음을 입어야 한다. 많은 경우에 우리의 문제도 바로 여기에 있지 않은가! 문제는 하나님의 무능력이 아니라 바로 자신을 속박하는 우리의 불신과 비관에 있다.

하나님이 구원이 임박한 순간까지 이스라엘에게 명령하시는 것은, 그들이 원망해 왔던 것과 달리, 바빌론으로부터 구원이 임하는 것을 막은 것은 여호와의 무관심이나 무능력 때문이 아니라는 것을 강조하기 위해서다. 그들에게 구원이 임하는 것을 막은 것은 바로 이스라엘의 무능력이고 무관심이었다. 그러므로 끝까지 여호와께서 주도하셔야 이스라엘은 구원을 맛볼 수 있다.

그러나 이 구원이 이스라엘의 모든 사람에게 임하는 것은 아니다. "할례받지 않은 자와 부정한 자"는 제외된다. 선지자는 이미 여러 차례 앞으로 임할 여호와의 구원은 인종의 테두리를 벗어날 것이라고 선포했다. 그뿐만 아니라, 이스라엘 사람들 중에서도 구원을 받지 못할 자들이 있다는 것도 경고했다. "하나님의 백성"이란 개념이 민족적인 개념을 초월하여 누구든지 하나님을 경외하고 신뢰하면 속할 수 있는 영적인 개념으로 변한 것이다. 그러므로 본문의 "할례받지 못한 자"에는 당연히 이방인들뿐만 아니라 이스라엘 사람들이 포함된다(Oswalt).

Ⅸ. 여호와의 종과 열방의 빛(49:1–53:12)
3장. 종의 노래(51:1–52:12)
2. 여호와의 팔이 구원하심(51:9–52:12)
(2) 임박한 시온의 탈출(52:1–12)

② 구원의 근거(52:3–6)

3 여호와께서 이와 같이 말씀하시되
너희가 값 없이 팔렸으니 돈 없이 속량되리라
4 주 여호와께서 이와 같이 말씀하시되
내 백성이 전에 애굽에 내려가서 거기에 거류하였고
앗수르인은 공연히 그들을 압박하였도다

5 그러므로 이제 여호와께서 말씀하시되
내 백성이 까닭 없이 잡혀갔으니
내가 여기서 어떻게 하랴
여호와께서 말씀하시되
그들을 관할하는 자들이 떠들며
내 이름을 항상 종일토록 더럽히도다
6 그러므로 내 백성은 내 이름을 알리라
그러므로 그 날에는 그들이 이 말을 하는 자가 나인 줄을 알리라
내가 여기 있느니라

선지자는 이 순간 이스라엘이 어떻게 구원을 기대하며 노예의 자리를 털고 일어설 수 있는지 그 이유를 설명한다. 바로 하나님이 말씀하셨기 때문이다. 하나님은 이스라엘이 값없이 팔려갔으니 당연히 대가를 치르지 않고 구속될 것을 선언하시고(3절), 이 말씀의 의미를 설명하신다(4-6절).

"너희가 값없이 팔려갔다"(חִנָּם נִמְכַּרְתֶּם, 3절)는 말씀은 50:1에서 암시되었던 사실을 보충 설명한다(cf. 45:13). 이스라엘이 바빌론으로 끌려간 것은 그들의 하나님 여호와께서 바빌론의 왕이나 신들에게 어떠한 빚을 갚아야 하거나 지불할 것이 있어서가 아니었다. 이스라엘이 바빌론으로 끌려간 이유는 오직 한 가지, 하나님이 그들을 그곳으로 보내기로 작정하셨기 때문이다.

그러므로 애초에 아무런 대가 없이 이스라엘을 바빌론의 손에 맡기셨던 하나님이 이제 그들을 다시 찾기로 결정하셨으니 바빌론은 아무런 조건 없이 그들을 내보내야 한다. 하나님과 그분의 백성의 관계가 회복되는 데 있어서 세상은 어떠한 조건도 제시할 수 없다. 회복을 방해하는 유일한 요소는 상처받은 하나님의 정의와 스스로 씌운 멍에를 벗어나지 못하는 백성의 마음 자세다.

이스라엘이 값없이 팔려갔으니 대가를 치르지 않고 속량될 것이라는 원리를 선포하신 하나님이 이스라엘의 역사를 예로 들며 보충 설명을 하신다(4-6절). 4절에서 이집트와 아시리아가 언급되는 것을 이스라엘의 역사에 등장하는 박해자들을 'A to Z' 형식으로 나열하는 것으로 해석하기도 하지만(Motyer), 그럴 경우 아시리아보다는 바벨론이 더 적절한 예가 될 것이다. 그러므로 선지자의 포인트는 다른 데 있는 것으로 생각된다.

이스라엘은 자신의 결정에 의해 이집트로 내려갔다. 그러므로 하나님은 이집트에 어떠한 대가/보상도 치르지 않고 그들을 다시 이끌어내실 수 있었다. 그리고 오히려 이집트 사람들이 이스라엘에 대가를 지불해야 했다. 그런데 아시리아는 이스라엘을 그들의 땅으로부터 강제로(אֶפֶס) 끌고 갔다. 그러므로 선지자가 제시하고자 하는 포인트는 이것이다. "옛적에 이스라엘이 자발적으로 이집트로 내려갔을 때도 하나님이 그들을 구원하셨다면, 본인들의 의지와 상관없이 아시리아/바벨론에 끌려온 그들을 구원하시는 것은 얼마나 더 확실한 사실이겠는가!" (4-5a절).

하나님이 더 이상 이스라엘의 구원을 지체하실 수 없는 이유가 또 하나 있다. 바로 이스라엘을 포로로 끌고 간 자들이 이스라엘뿐만 아니라 그들의 하나님 여호와를 끊임없이 조롱하고 있었기 때문이다(5b절). 그들은 여호와께서 자신의 백성을 구원하지 않고 버려둔 것을 비난했을 것이며, 이 과정에서 하나님의 명예는 실추되었다. 그러므로 하나님은 자신의 명예(שְׁמִי)를 회복하기 위해서라도 잠잠하실 수 없다. 하나님이 이스라엘을 구원하시는 날, 그분의 백성들은 오직 여호와만이 하나님이심을 알게 될 것이며, 바로 이분이 옛적부터 그들에게 말씀해 오신 분이라는 점도 알게 될 것이다(6절). 지금까지 하나님이 말씀해 오신 것이 실현될 때, 그분의 명예가 다시 회복되는 것은 당연하다.

Ⅸ. 여호와의 종과 열방의 빛(49:1–53:12)
3장. 종의 노래(51:1–52:12)
2. 여호와의 팔이 구원하심(51:9–52:12)
(2) 임박한 시온의 탈출(52:1–12)

③ 구원의 실현(52:7–12)

7 좋은 소식을 전하며 평화를 공포하며
복된 좋은 소식을 가져오며
구원을 공포하며 시온을 향하여 이르기를
네 하나님이 통치하신다 하는 자의
산을 넘는 발이 어찌 그리 아름다운가
8 네 파수꾼들의 소리로다
그들이 소리를 높여 일제히 노래하니
이는 여호와께서 시온으로 돌아오실 때에
그들의 눈이 마주 보리로다
9 너 예루살렘의 황폐한 곳들아
기쁜 소리를 내어 함께 노래할지어다
이는 여호와께서 그의 백성을 위로하셨고
예루살렘을 구속하셨음이라
10 여호와께서 열방의 목전에서
그의 거룩한 팔을 나타내셨으므로
땅 끝까지도 모두 우리 하나님의 구원을 보았도다
11 너희는 떠날지어다 떠날지어다
거기서 나오고
부정한 것을 만지지 말지어다
그 가운데에서 나올지어다
여호와의 기구를 메는 자들이여
스스로 정결하게 할지어다
12 여호와께서 너희 앞에서 행하시며
이스라엘의 하나님이 너희 뒤에서 호위하시리니

너희가 황급히 나오지 아니하며
도망하듯 다니지 아니하리라

이사야서의 특징이 된 '구원 선포를 잇는 찬양'이 본문을 형성한다(cf. 12장; 42:10-12; 44:23; 49:13; 54:1ff.). 이사야서에서 특별히 찬양이 구원 선포에 이어지는 것은 하나님의 창조와 섭리가 놀라운 것이 사실이지만 선지자가 생각할 때 구원이 하나님의 사역에서 가장 중요한 부분이기 때문이다. 하나님의 구원이 이루어지지 않으면 창조와 섭리 모두 무의미해지기 때문이다(Oswalt). 하나의 진행이 포착된다. 처음에는 한 메신저가 소식을 전한다(7절). 그다음 메신저의 소식을 전해 들은 파수꾼들이 함께 함성을 지른다(8절). 그리고 마지막에는 온 성읍이 여호와의 구원을 노래한다(9-10절).

여호와의 구원을 선포하는 자가 백성에게 세 가지 메시지를 선포한다. "평화(שָׁלוֹם), 희소식(טוֹב), 구원(יְשׁוּעָה)"(7절). 이러한 메신저의 소식은 그가 시온을 향해 선포하는 말씀에서 절정에 달한다. "너의 하나님께서 통치하신다!"(מָלַךְ אֱלֹהָיִךְ) 얼마나 듣고 싶어 했던 감격스런 메시지인가! 하나님은 그들에게 구원을 베풀 뿐만 아니라 왕으로 군림하고, 그들의 삶을 통치하고 인도하려고 오신 것이다!

그래서 이 소식을 전하는 자의 발(רַגְלֵי מְבַשֵּׂר)이 "매우 아름답다"(מַה־נָּאווּ)고 표현된다. 발은 원래 가장 예쁘지 않으면서 가장 지저분한 부위로 취급되었다. 그러므로 종들 중에서도 발을 씻기는 종이야말로 가장 낮은 자였다. 그런데 이 놀라운 소식을 전하는 자가 얼마나 반가운지 심지어 그의 발까지도 아름답다고 하는 것이다. 우리의 사명도 그렇다. 우리가 아름답고 능력이 있어서 매력적인 것이 아니라, 우리가 전하는 메시지가 아름다워서 우리의 모든 것이 매력적으로 보이는 것이다.

메신저의 선포에 파수꾼들이 화답한다(8절). 그들도 감격에 찬 목소리로 외친다. 그들이 외치는 메시지는 "주께서 시온에 돌아오신 것"에 초점이 맞추어진다. 여호와께서 주시는 평화, 희소식, 구원도 소중하지만, 여호와께 버림받았다는 생각에 사로잡혀 있던 자들에게는 무엇보다도 그분의 함께하심이 자유의 소리요 가장 아름답고 반가운 소리였다. 우리는 아무것도 바라지 않고 오직 하나님의 임재에만 만족하고 감사할 수 있는가? 내가 받고자 하는 어떠한 축복보다도 그분의 함께하심을 더 소중히 여길 수 있는가?

메신저와 파수꾼들을 통해 여호와의 구원에 대해 전해 들은 온 성읍이 노래한다(9-10절). 하나님이 자신의 백성들을 위로하셨고, 온 세상이 지켜보는 앞에서 하나님의 능력이 백성들에게 임했기에 모든 사람이 그들을 부러운 눈으로 지켜본다. 이스라엘의 영적, 육체적 상황이 "황폐한 곳"으로 묘사되고 있다(9절). 이제 하나님이 그들을 "위로하시고"(נִחַם) "속량하셨다"(גָּאַל). 이 두 개념은 이사야서 후반부의 가장 중요한 사상을 반영한다. 황폐한 곳이 풍요로운 곳으로 변할 때가 온 것이다.

하나님의 구원이 임했으니 백성들이 바빌론을 떠날 때가 되었다(11-12절). 옛날 그들의 선조들이 이집트를 떠났던 것처럼, 그들이 떠날 때가 된 것이다. 그러나 옛날처럼 황급히 떠날 필요는 없다. 여호와께서 그들의 앞과 뒤를 막는 방패 역할을 해주실 것이기 때문이다(12절). 그러나 역시 백성이 이 대열에 서기 위해서는 모든 악에서 자신들을 구별해야 한다(11절). 본문의 가장 중심 이슈는 육체적인 구속으로부터의 자유가 아니라 영적인 구속으로부터의 자유다(Oswalt). 그러므로 주의 그릇을 나르는 자들 역시 제사장들과 레위 사람들로 제한되는 것이 아니라 모든 여호와의 백성을 의미한다. 여호와의 구원을 경험한 모든 자가 이 거룩한 일에 동참할 것을 종용하는 것이다.

4장. 종과 희생(52:13-53:12)

선지자는 바로 앞부분에서 여호와의 구원이 임박했다고 외쳤다. 그는 그 구원이 과연 어떻게 임할 것인가를 다시 한번 설명한다. 이 구원은 여호와의 팔(53:1)이 하나님의 종을 통해 이루시는 것이다. 우리는 그동안 42:1-9, 49:1-6, 50:4-9을 통해 구체적으로 종의 정체와 사역에 대해 알게 되었다. 본문은 바로 종의 노래에 속하는 마지막 시로, 여기서 그의 사역과 고난은 절정에 달한다. 그러므로 여러 가지 차원에서 볼 때, 본문은 그동안 우리가 접했던 종의 노래의 내용을 요약하여 반영하는 동시에 새로운 면모를 제공한다고 할 수 있다.

학자들은 종이 누구인가에 대해 매우 다양한 추측을 내놓았다. 이스라엘(Hanson), 제2이사야서를 저작한 선지자(Orlinsky), 제2모세(Baltzer), 여호야김(Sellin), 문둥병을 앓는 랍비(Duhm), 고레스의 종교 자유를 지지하는 유다 포로민(Gottward; Miller), 바빌론의 아도니스-담무스 종교에서 죽고 부활하는 신(Gunkel) 등이 그것이다. 이들은 여호와의 종이 다름 아닌 메시아 예수라는 전통적인 해석에 대한 대안을 찾아야 한다는 생각에서 이렇게 제안했던 것이다. 그러나 이 제안들 중 그 어떤 것도 설득력을 갖지는 못한다. 본문의 내용과 전혀 어울리지 않기 때문이다. 본문과 가장 잘 어울리는 해석은 고난 당하는 메시아라는 전통적인 견해다(Koole).

학자들의 이러한 노력에도 불구하고 신약 기독론(Christology)의 가장 중요한 구약적 배경이 "네 번째 종의 노래"로 알려진 본문이라는 것은 일반화된 사실이다(Engnell).[1] 이 노래를 구성하는 구절들이 누가복

1 종이 누구인가에 대한 학자들의 논쟁과 다양한 견해에 대하여는 Linsey, Seitz, Childs, Smith 등을 참조하라.

음 22:37, 사도행전 8:30-35, 베드로전서 2:22-25 등에서 신약 성경 저자들에 의해 직접 인용되는 것도 이러한 평가를 뒷받침한다. 신약 성경의 저자들에 따르면, 이 노래가 묘사하는 수난의 관을 쓸 수 있는 이마는 오직 하나뿐이었기 때문이다(Meyer). 바로 예수 그리스도의 십자가의 고난 외에는 본문이 노래하는 고통에 걸맞은 사건이 없었던 것이다.

이 노래의 목적은 종의 영광과 승리를 그의 고통과 죽음에 연관시켜 자세하게 전하는 데 있다. 그러나 본문의 중심 주제는 종의 수난이 아니라, 그 수난을 이기고 굴욕을 이겨내는 종의 승리에 있다(Pieper). 또한 종의 수난은 "이미 53:3-6에서 성취되었고, 나머지 부분에서 미래형 동사들이 사용되며 그의 영광과 승리를 강조하는 것"이다(Kelley). 즉, 본문은 매우 미래지향적인 성격을 띠고 있다.

거의 모든 학자가 52:13-53:12을 한 디스코스로 간주한다. 그러나 소수의 예외가 있다. 유태인 학자인 올린스키(Orlinsky)와 영국의 와이브레이(Whybray)는 이 디스코스에서 52:13-15을 제외한다. 그러나 둘 다 문학적인 근거에서 이 부분을 본 디스코스에서 제외시키는 것이 아니라 그들의 신학적 전제 때문이다. 둘 다 본문이 메시아적으로 해석되는 것을 거부한 것이다.

올린스키는 자신의 글에서 유태인으로서 본문이 예수와 연결하여 해석되는 것을 막으려는 노력을 노골적으로 드러낸다. 그의 주장에 따르면, 구약 성경에는 누가 남을 대속하여 죽는다는 사상이 존재하지 않기 때문에 본문도 이렇게 해석될 수 없다는 것이다. 이러한 논리를 주장하기 위해서는 본문을 최대한 세분화해야 하며, 그 과정에서 53장의 어떠한 부분을 제외할 수 없으므로 52:13-15을 제외한 것이다.

와이브레이는 본문에 대한 자신의 관점을 관철시키기 위해 52:13-15을 제외한다. 그는 53장을 하나의 통일성 있는 감사찬송시로 해석하기를 원한다. 본문이 "감사찬송시"일 수 있다는 가능성은 벌써 궁켈(Gunkel)에 의해 제시된 바 있다. 그러나 본문과 감사찬송시 사이에는 매우 중요한 차이가 있다. 감사찬송시에서는 감사자가 계속 말한다. 반면에 본 텍스트는 “누가 누구에게 무슨 말을 했다”를 중심으로 진행될 뿐이다. 그리고 진정 감사해야 할 종은 한 마디도 안 한다. 그러므로 와이브레이의 주장은 별로 설득력이 없다.

긴스버그(Ginsberg)는 말하기를 “본문의 전체적인 의미는 이 종이 남들의 죄를 해결하기 위해 대신 고통을 당했다는 점이다. 한 사람이 남을 대신해서 대가를 치른다는 것은 구약 성경에서 유일하게 이 노래에서만 발견되는 개념이다. 그러므로 이런 해석을 받아들이는 것이 자연히 어려울 수밖에 없다. 그러나 객관적으로 해석해서 얻는 결론은 이 의미밖에 없으므로 아무리 이런 예가 없더라도 이 해석을 받아들여야 한다”라고 주장했다.

본문이 지닌 특성 몇 가지를 살펴보자. 첫째, 이 노래에서는 누가 말을 하는가에 대한 묘사가 시작과 끝에 나오면서 일종의 수미쌍관 구조를 형성하며 A-B-A구조를 보인다(Dion).

52:13–15	53:1–9	53:10–12
하나님의 말씀 “나의 종”	우리–그 “종의 수난”	하나님의 말씀 “나의 종”

둘째, 이 시의 중심인 53:1-9의 구성과 구조(Raabe)는 매우 독특하다. 이 섹션의 한 중앙은 “그가 징계를 받음으로 우리는 평화를 누리고 그가 채찍에 맞음으로 우리는 나음을 입었도다”(שְׁלוֹמֵנוּ עָלָיו וּבַחֲבֻרָתוֹ נִרְפָּא־לָנוּ מוּסַר, 53:5)가 차지하고 있다. 마소라 사본은 이 문장 전에 열여덟 단어, 이 문장 후에 열여덟 단어로 구성되어 있다. 또한 마소라 사본에 따르면, 53:1-9이 열일곱 줄로 구성되어 있는데, 바로 이 구절이 열일곱 줄 중 정중앙인 아홉 번째 줄을 차지한다. 또한 53:1-9에서 종의 수난을 설명하는 데 사용된 단어 중 열한 개가 앞과 뒤 섹션인 52:13-15과 53:10-12에서는 종을 높이는 데 사용된다(Raabe). 그러므로 본문은 여러 가지

구조와 내용에 있어 이 구절에 강조점을 두고 있다. 본문의 하이라이트는 바로 종의 대속적인 고통이다.

셋째, 인칭 대명사에 의한 분석도 재미있다(cf. Clines). 본문에서는 나(I), 그(He), 우리(We), 그들(They)이 조화를 이룬다. 그런데 특이한 것은 본문의 주인공인 "종"은 정녕 한 마디도 하지 않는다는 점이다. 다른 사람들이 종에 대해 증거할 뿐, 정작 종은 침묵을 지킨다.

넷째, 내용을 장르에 따라 구분하는 것도 재미있는 결과를 제시한다(cf. Westermann). 본문은 "보고"(1-3절) – "고백"(4-6절) – "보고"(7-10절)등 A–B–A'의 구조를 지닌다. 이 구조에 따르면 중간 부분을 차지하는 '간증과 묵상'이 중요한 요소로 부각한다. 역시 7절에 기록된 대속 개념이 중요하게 부각되고 있음을 알 수 있다.

다섯째, "그때 – 지금"의 시제 차이를 생각해 보자(cf. Pieper). 종의 고통이 하나같이 과거로 표현된다. 반면에 그의 영광은 모두 미래로 표현된다. 선지자는 지속되는 종의 고통에 메시지의 초점을 맞추는 것이 아니라, 종이 그 고통을 이겨내고 승리한 것에 맞추고 있다. 본문은 다음과 같이 구분된다.

A. 세상을 놀라게 하는 종의 '성공'(52:13-15)
  B. 환영받지 못한 종(53:1-3)
    C. 종의 고통이 '우리'를 치료함(53:4-6)
  B'. 학대받은 종(53:7-9)
A'. 여호와께서는 놀라지 않는 종의 '성공'(53:10-12)

Ⅸ. 여호와의 종과 열방의 빛(49:1-53:12)
4장. 종과 희생(52:13-53:12)

1. 세상을 놀라게 하는 종의 '성공'(52:13-15)

13 보라 내 종이 형통하리니
받들어 높이 들려서 지극히 존귀하게 되리라
14 전에는 그의 모양이 타인보다 상하였고
그의 모습이 사람들보다 상하였으므로
많은 사람이 그에 대하여 놀랐거니와
15 그가 나라들을 놀라게 할 것이며
왕들은 그로 말미암아 그들의 입을 봉하리니
이는 그들이 아직 그들에게 전파되지 아니한 것을 볼 것이요
아직 듣지 못한 것을 깨달을 것임이라

마지막 종의 노래가 첫 번째 종의 노래를 시작했던 42:1과 비슷하게 시작된다. 또한 첫 번째 노래가 하나님이 그를 사역에 임명하셨다는 사실을 밝힘으로써(42:14) 사역의 근거를 밝힌 데 반해, 본문은 이 사역의 결과를 성공으로 표현한다. 종이 그의 하나님 여호와와 유지하는 특별한 관계를 생각해 보자.

선지자는 여호와의 종을 성공하는(יַשְׂכִּיל) 자로 소개한다. 이 히브리어 동사(שׂכל)의 기본적인 의미는 "지혜롭게 행하다" 혹은 "성공하다"이다. 구약 성경에서는 "지혜를 가지다"(시 2:10)와 "지혜를 사용하다"(삼상 18:5)라는 의미가 가장 흔하게 사용된다. 본문에서는 이 두 개념 모두 포함하며, 일반적으로 이 단어는 인간이 노력하지 않고 얻는 '성공'과 무관하다. 즉, 항상 노력과 성공적인 행동의 대가로 얻어지는 것을 뜻한다(Delitzsch).

또한 이 단어가 암시하는 성공은 결코 사람들이 생각하고 갈망하는 '성공' 개념과 직접적으로 연관될 수 없다. 무엇보다도 이 단어의 개념

은 사람이 "해야 할 일을 잘 알고 또 그것을 행하는 것"을 의미한다. 즉, 종이 자신의 소명을 잘 인식하고 그대로 순종하는 삶을 사는 것을 강조한다(Oswalt). 이것이 바로 하나님의 관점에서 바라보는 '성공'이다. 우리가 주님을 위해 많은 공을 세우는 것은 성공 여부와 상관이 없다. 오직 우리가 얼마나 확실하게 맡겨진 소명에 충실하느냐가 이슈인 것이다. 그 한 예로 "십자가의 죽음은 아주 비참하고 실패적으로 보일지 모르지만 실상은 역사 속에서 비교할 것이 없는 최고의 성공 사례"였다(Culver). 우리는 누구의 가치관에서 비롯된 성공을 추구하는지 생각해 보자.

이사야서에서 여호와께만 적용되는 단어들이 본문에서는 종에게 적용된다. "받들어 높이 들려"(יָרוּם וְנִשָּׂא)는 구약의 다른 부분에서는 사용되지 않는 문구이며, 이사야서에서만 네 차례 사용된다(6:1; 33:10; 57:15). 중요한 사실은 본문을 제외한 나머지 세 곳에서는 모두 하나님께만 적용되는 표현이라는 점이다. 즉, 이 종은 다름 아닌 하나님이거나, 최소한 하나님이 자신의 모든 권위를 위임하신 사람이라는 뜻이다. 그러므로 메시아 외에 이러한 표현이 적합한 사람이나 제도(institution)는 존재하지 않는다.

"지극히 존귀하게"(וְגָבַהּ מְאֹד)라는 세 번째 "높임"문구가 종에게 적용되고 있다. 이 개념이 종의 일생을 묘사하는 순서적인 표현들인가, 아니면 모두 같은 것을 다르게 표현하는 비슷한 말들인가? 순서적으로 이해하여 예수님의 생애에 적용하면, "부활, 승천, 보좌에 앉으심을 상징하게 된다"(Pieper). 반면에 비슷한 말로 이해하면, "종의 높임을 매우 강조하는 표현의 결집이다"(Urwick). 우리는 2장에서 자연이든 인간이든 들린 것은 모두 땅에 떨어지리라는 경고에서 이 단어들을 접했다. 그곳에서는 부정적인 뉘앙스를 지니고 사용되었던 것이다.

저자가 2장에서 유일하게 긍정적인 뉘앙스를 가지고 이 단어를 사용했을 때는 세상의 모든 높은 것들이 무너져 내리고 오직 여호와만이 높임을 받을 것을 강조할 때였다. 선지자는 본문에서 이 표현을 긍정적인 의미를 염두에 두고 종에게 적용하고 있다. 하나님이 다른 사람들은 모두 땅으로 떨어뜨리시는데 이 종만큼은 하나님 자신처럼 스스로 높이시는 것이다. 우리는 이 종이 결코 평범한 인간이 아님을 다시 한번 직감하게 된다.

우리말 번역본들이 하나같이 "놀라다"(יַזֶּה, 52:15)로 해석하는 히브리어 동사를 어떻게 이해할 것인가가 이슈가 되어 왔다. 전통적으로 이 동사는 "〔피를〕 뿌리다"(נזה)의 히필(Hiphil)형으로 간주되어 왔다(NIV; NAS). 그러나 최근에 들어서는 이러한 해석을 거의 모든 사람이 부인한다(cc. NRS; TNK). 이러한 해석이 지배적이 된 것은 이 동사는 특성상 절대로 뿌림을 당하는 사람이나 물건을 직접적인 목적어로 택하지 않는다는 데 있다. "뿌리다"(נזה)는 동사는 항상 피(뿌리는 것)를 목적어로 택하며(예, 영어의 give) 간접목적어로는 "אֶת + 뿌림을 당하는 사람이나 짐승"의 구조를 택한다(cf. 사 63:3; 출 29:21). 그래서 거의 모든 사람이 본문에서 이 단어를 "기뻐 뛰다, 놀라게 하다"(נזה II; cf. HALOT)로 해석한다(cf. 새번역; 공동번역).

이 해석은 문맥상 문제가 있다. 14-15절의 흐름을 살펴보면, 14절에서 "무리"가 놀랐다고 하고 15절에서는 "그가 나라들을 놀라게 할 것"이라고 한다. 그렇다면 사고의 전개상 별 발전이 없다. 게다가 만약 이 단어가 '놀라게 하다, 기뻐 뛰다'라는 의미로 사용되었다면, 구약 성경 다른 곳에서는 그런 예를 찾을 수가 없다. 이러한 문제들에 입각하여 나이버그(Nyberg)와 노트(North)는 이 단어가 본문에서 목적어가 필요 없는 절대형(absolutive)으로 사용되었다고 간주하여 "뿌리다"(sprinkle)라는 의미를 그대로 유지한다. 다만 주어를 "열방"으로 삼아서 "후에 열방이 그에게 〔피를〕 뿌리리라"로 해석한다. 열방을 주어로 삼은 것은 왕들의 입이 벌어진 동기가 이 종의 문둥병 때문이라는 생각에서 비롯되었다. 그들은 왕들이 문둥병이 난 자를 예식상 깨끗하게 하는 것으로 해석한 것이다.

그러나 본문의 흐름을 보면 이러한 논리는 설득력이 없다. 특히 15절 후반의 의미를 문둥병자와 연결할 수 있을까? 문둥병이 난 자가 어떻게 왕들로 하여금 "그 앞에서 입을 다물게 하고, 이제까지 듣지 못한 일들을 보게 하고, 아무도 말하지 않았던 것을 보게" 한단 말인가? 그뿐만 아니라 "그"(3인칭 남성단수)가 주어가 될 수 없는 이유도 전혀 없다(열방도 단수 동사를 취한다). 다만 신학적인 이유에서 주저하는 것뿐이다. 대속적인 속죄 개념을 부인하고 싶은 것이 가장 기본적인 학계의 정서다. 또한 나이트(Knight)는 "'뿌리다'라는 단어는 예배와 예식에서나 쓰이는 단어인데 본문은 예식과 관련이 없기 때문에 여기에 맞지 않는다"라고 주장함으로써 본문에 대한 선입견을 그대로 노출한다.

본문에서 의식과 연결된 개념들이 있는지 살펴보자. "그는 질병을 안다"(וִידוּעַ חֹלִי, 53:3, 4)는 표현은 질병이 언약을 어겼을 때 내려지는 저주라는 점을 배경으로 한다(cf. 신 28:61). "얻어맞다/고통당하다"(מֻכֵּה, 53:4) 또한 언약을 어겼을 때 초래되는 대가다(신 28:59). 그뿐만 아니라 "속건 제물"(אָשָׁם, 53:10; cf. 레 5:19), "질고"(נָגוּעַ, 53:4)는 오경에서 부정함으로 해석되기도 하고, "허물"(נֶגַע, 53:8)은 재앙으로 해석되기도 한다. 모두 언약과 관계있는 개념들이다. 또한 53:7의 "도수장으로 끌려가는 어린 양과 같았다"는 회고 역시 제물로 드리기 위해 짐승을 끌고 가는 것을 연상시킨다. 종의 삶이 제물에 사용되었던 대표적인 짐승인 양에 비교되는 것이 우연일까? 결코 아니다(Oswalt). 우연이라 하기에는 너무나 많은 연결점을 갖고 있다. 그러므로 모든 증거를 감안할 때 "뿌리다"가 훨씬 적합하다고 할 수 있다.

그러므로 이 섹션을 요약하면 다음과 같은 사실을 전한다고 말할 수 있다. (1) 종은 성공한다, (2) 여호와께서 그를 성공하게 만드신다, (3) 이는 심한 고통과 수난을 통한 성공이다, (4) 그는 놀라서 말문을 잃은 열방의 왕들을 정결케 한다, (5) 그들은 전에 알지 못했던 무엇인가를 깨닫게 된다. 즉, 종의 사역 결과를 간략하게 소개하는 것이다.

IX. 여호와의 종과 열방의 빛(49:1–53:12)
4장. 종과 희생(52:13–53:12)

2. 환영받지 못한 종(53:1-3)

1 우리가 전한 것을 누가 믿었느냐
여호와의 팔이 누구에게 나타났느냐
2 그는 주 앞에서 자라나기를 연한 순 같고
마른 땅에서 나온 뿌리 같아서
고운 모양도 없고 풍채도 없은즉
우리가 보기에 흠모할 만한 아름다운 것이 없도다
3 그는 멸시를 받아 사람들에게 버림 받았으며
간고를 많이 겪었으며 질고를 아는 자라
마치 사람들이 그에게서 얼굴을 가리는 것 같이 멸시를 당하였고
우리도 그를 귀히 여기지 아니하였도다

본문은 이사야가 자주 사용하는 스타일인 수사학적인 질문들(viz., 이미 답이 정해진 질문들)에 의해 시작하며, 이 질문들의 답인 "아무도 아니했다"는 말은 3절의 "아무도 그를 귀하게 여기지 않았다"는 회고를 준비시킨다. 여호와의 구원이 종을 통해 세상에 드러난 것에 대해 모두 충격을 금할 수 없다(1절). 아무도 그가 "여호와의 구원의 팔"의 현현일 것이라고는 전혀 예측하지 못했기 때문이다. "강한 자"를 통해 뭔가가 일어난다는 세상적인 가치관으로는 도저히 상상할 수 없는 일이 일어났다. 하나님이 아무런 대꾸도 하지 않는 "연약한 종"의 죽음을 통해 온 세상의 구원 사역을 이루신 것이다.

우리도 하나님의 일은 결코 힘이나 능력으로 하는 것이 아니라고 자

주 고백한다. 하지만 이 원리가 실제로 우리 삶에 잘 적용되고 있는가는 별개의 문제가 되어 버렸다. 고백하는 것을 실천하고 있는지 생각해봐야 한다. 우리의 연약함이 하나님의 기회라는 것은 바로 이러한 원리를 두고 하는 말일 것이다.

종은 "잘린 나무에서 자라는" 순(cf. 6:13)이었으며 메말라 갈라진 땅에서 자라나는 연약하지만 강인한 모습을 띤 순이었다. 이렇게 볼품없는 환경에서 자라나는 순을 하나님이 쓰신다는 것이 여러 사람에게 충격으로 다가온 것이다. 또한 이 "순" 개념은 벌써 메시아와 연결되어 사용됐다(11:1). 저자는 이 "순"에게로 온 열방이 모일 것을 예언했다(11:10). "마른 땅" 역시 메시아 시대와 연결되어 있다(41:18; 35:7; 44:3). 이처럼 메마른 땅을 적시는 홍수는 아직 미래의 일이지만, 어쩌면 본문은 이 종이 온 땅을 적셔줄 생수로 나타날 것을 암시하는 것이 아닐까?

선지자는 이미 여호와의 구원이 사람들이 전혀 기대하지 않는 곳에서 올 수 있다고 예언했다(cf. 6:13). 또한 거룩하신 이가 오시면 통회하는(דַּכָּא) 자와 함께하실 것을 예언하는데(57:15), 이 '통회한다'라는 단어가 본문에서 종의 "상함"(דַּכָּא)을 강조하며 두 차례 사용된다(53:5, 10).

Ⅸ. 여호와의 종과 열방의 빛(49:1-53:12)
4장. 종과 희생(52:13-53:12)

3. 종의 고통이 '우리'를 치료함(53:4-6)

4 그는 실로 우리의 질고를 지고
우리의 슬픔을 당하였거늘
우리는 생각하기를 그는 징벌을 받아
하나님께 맞으며 고난을 당한다 하였노라
5 그가 찔림은 우리의 허물 때문이요
그가 상함은 우리의 죄악 때문이라

그가 징계를 받으므로 우리는 평화를 누리고
그가 채찍에 맞으므로 우리는 나음을 받았도다
6 우리는 다 양 같아서 그릇 행하여
각기 제 길로 갔거늘
여호와께서는 우리 모두의 죄악을
그에게 담당시키셨도다

저자는 53:1-3의 내용과 완전히 대조적인 입장에서 이야기를 진행해 나간다. "그러나 사실은…(אָכֵן)". 본문에서 자신들의 경험을 회고하는 이들은 지금 마음속 깊은 곳에서 우러나오는 진실한 고백을 하는 것이다. 이미 노래의 서론 부분에서 언급한 것처럼, 이 시의 중심이 바로 이 부분이다.

본문은 종의 고통을 표현하는 말들로 가득 차 있다. "우리의 질고를 지었다", "우리의 슬픔을 당하였다", "징벌을 받았다", "맞으며 고난을 당했다", "그가 찔렸다", "그가 상했다", "그가 징계를 받았다", "그가 채찍에 맞았다." 그런데 그는 왜, 무엇 때문에 이렇게 혹독한 고통을 당해야 했을까? 고대 근동에서 사람이 이러한 벌을 받을 때는 그 사람이 그만큼 잘못했기 때문이라는 생각이 지배적이었다. 그러나 온 세상을 놀라게 하는 것은 이 종의 고통이 자신의 죄에서 비롯된 것이 아니라는 사실이다.

종이 수난을 당하는 이유는 바로 '우리'가 나음을 입게 하기 위함이었다. 그의 고통은 대리적이었다(vicarious). 그는 '우리'가 죄 때문에 받아야 할 모든 징벌과 고통을 받았다. 그것도 모르고 '우리'는 그가 죄를 지었기에 하나님께 맞는 것으로 생각했다. 그러나 그가 죽는 순간, 모든 비밀의 베일이 걷혔다. 마치 진리의 해가 떠서 진한 무지함의 안개를 말려 버리는 것처럼 말이다. 진실을 알고 보니 '우리'가 감당하기 힘든 충격이었다. 바로 종의 모든 고통이 '우리' 때문이었기 때문이다.

그는 '우리' 때문에 찔리고, 상처를 입고, 징계를 받고, 매를 맞았다. 간혹 구약 성경에 대리적 고통은 없다고 주장하는 학자들이 있다(Orlinsky). 그러나 모세를 통해 주어진 율법에 분명히 존재한다. 그리고 실제로 "대리적인 고통은 구약 사회뿐 아니라 그들의 이웃들에게서도 발견된다. 다만 놀라운 것은 이 대리적인 고통을 감당하는 사람의 보잘 것없는 모습이다"(Westermann). 즉, 대리적인 고난 자체가 놀라운 것이 아니라, 어떻게 이 일이 이루어지느냐가 놀라운 것이다. 예수님은 '우리'를 위해 모든 것을 희생하시고 고통을 대리하여 받은 분이다. 우리는 예수님이 피를 흘리며 대속하셨던 '우리'에 속해 있는가?

이 땅에 사는 동안 예수를 닮기 원하는 우리는 세상의 고통에 대해 어떤 부담을 가지고 있는지 묵상해 보아야 한다. 몇 년 전에 필자는 TV를 통해 매우 슬픈 이야기를 하나 접했다. 한 프로그램에서 태백 시에서 보호자가 없는 노인들에게 수년 동안 매일 점심 도시락을 배달해 주고 있는 사람들의 이야기를 소개했다. 본인들도 넉넉하지 않은 세 사람이 뜻을 합하여 하는 자선 사업이었다. 노인들이 이 사람들을 반가워할 것은 말할 나위도 없었다. 모두 "친자식들보다 낫다"고 칭찬을 했다. 그런데 한 할머니의 집에 들어갔더니 할머니는 어제 배달된 점심도 먹지 못하고 굶고 있었다. 이유는 단 한 가지, 손이 불편하여 도시락을 싼 보자기를 풀 수가 없었던 것이다. 새로 가져온 도시락을 손수 풀어 할머니에게 직접 먹여 주던 60세 배달부의 눈가에 이슬이 고였다. 그리고 그는 탄식하며 그 집을 나와야 했다. "이렇게 직접 수발을 들어 주어야 할 노인들이 많은데, 나는 또 다른 노인들에게 점심을 배달하기 위해 떠나야 하니 마음이 찢어지는 것 같다"는 말을 남기면서 말이다.

우리는 무엇을 위해 예수를 믿는 것인가? 우리가 예수를 사랑한다는 것은 우리의 삶에서 어떻게 나타나야 하는가? 우리의 눈을 뜨게 해주시어 우리로 하여금 이웃의 아픔과 소외를 볼 수 있게 해 달라고 기도하자. 우리는 이웃의 쓰라림과 외로움을 껴안고 통곡해야 한다. 이웃의 신음 소리까지 들을 수 있도록 예민해지자. 주님이 우리를 위해 그렇게 하셨기 때문이다.

종이 '우리'를 위해 고통을 대신하는 동안, '우리'는 무엇을 했는가? 전혀 깨닫지 못했다. 그들이 깨달은 것은 한참 후의 일이다. "우리"는 모두 양처럼 길을 잃고 헤맸다(6절). '우리'가 갈 길 모르고 갈팡질팡할 때, 하나님은 종에게 '우리'의 죄악을 지우셨다. "우리"(נוּ)라는 접미사가 이 구절의 첫 단어와 마지막 단어에 붙어, 깨닫지 못하는 문제가 단순히 몇몇에게 제한되었던 것이 아니라 세상 모든 사람의 문제였음을 암시한다(Oswalt).

또한 '양' 이미지는 혼란이 극치에 이르렀음을 역설한다. 양은 매우 우둔한 짐승이다. 눈도 나쁘다. 한 가지 일을 하면 다른 것은 생각하지 못하는 짐승으로 알려져 있다. 그러므로 먹이를 먹는 동안은 자신이 어떠한 위치에 놓여 있거나 주변에 어떠한 위험이 도사리고 있는지에 대해 아예 '감'도 잡지 못하는 짐승이다. 오직 눈앞에 놓인 먹음직스러운 풀에만 관심이 있을 뿐이다. 그러다가 위험을 느끼면 양들은 '각자' 사방으로, 무절제하게 튄다. 이러한 성향 때문에 양은 쉽게 길을 잃는 동물이다. 그래서 저자는 혼란에 빠진 '우리'를 갈팡질팡하는 양에 비교한다.

4. 학대받은 종(53:7-9)

[7] 그가 곤욕을 당하여 괴로울 때에도
그의 입을 열지 아니하였음이여
마치 도수장으로 끌려 가는 어린 양과
털 깎는 자 앞에서 잠잠한 양 같이

그의 입을 열지 아니하였도다
8 그는 곤욕과 심문을 당하고 끌려 갔으나
그 세대 중에 누가 생각하기를
그가 살아 있는 자들의 땅에서 끊어짐은
마땅히 형벌 받을 내 백성의 허물 때문이라 하였으리요
9 그는 강포를 행하지 아니하였고
그의 입에 거짓이 없었으나
그의 무덤이 악인들과 함께 있었으며
그가 죽은 후에 부자와 함께 있었도다

바로 앞 텍스트에서는 종이 당한 고통에 대해 자세하게 언급했다. 본 텍스트는 앞에서 시작된 "양" 비유를 유지하면서 종의 죽음과 장례에 대한 이야기로 연결해 나간다. 물론 6절에서 사용된 양 비유는 혼돈과 방황을 의미하며, 7절의 양 이미지는 가해자에게 아무런 저항도 하지 않고 순종하는 모습을 뜻한다는 차이점이 있다. 후자(7절)의 '양 비유'는 세례 요한의 "세상 죄를 지고 가는 하나님의 어린 양이로다"(요 1:29)라는 외침의 구약적 배경이 되고 있다(Barrett; Schnakenburg). 그가 무엇을 짊어졌고 어떻게 짊어졌는가를 비교하는 것이 이 문단의 중요한 포인트다. 저자는 본문에서 세 가지를 강조한다. (1) 종의 순종, (2) 그의 순결(무죄), (3) 그에게 주어진 판결의 부당함.

첫 문장(7a절)은 1-6절에 나열된 종의 모든 고통과 이러한 고통을 묵묵히 견뎌 냈던 그의 모습을 종합적으로 요약하고 있으며, 마지막 문장(9b절)은 그의 무죄를 강조한다(우리말성경에는 말의 순서가 뒤바뀌어 있음). 문단의 중심을 차지하는 8절은 종이 당한 고통을 통해 그가 피고로 섰던 법정이 공의를 실행하는 데 있어서 완전히 실패했음을 강조한다. 그러나 종이 죽임을 당한 것은 잘못된 법정 때문이 아니라, 백성들의 죄 때문이라는 점을 기억해야 한다. 법정은 그저 이런 어처구니없는 일이 일어나는 데 이용당한 것뿐이다. 또한 8절에서는 '도대체 믿어지지 않는 종의 사역' 주제가 지속된다. 그가 고통을 받아 죽는 것을 보고 아무도 그가 '우리'를 위해 죽었다는 생각을 하지 못했던 것이다.

이렇게 부당한데도 종은 묵묵히 형 집행을 받아들였다. 하나님이 공의를 사랑하시는 것을 누구보다도 잘 알았던 그가 왜 하나님께 소리 한 번 질러보지 않고 묵묵히 당해야만 했는가? 그는 자신의 희생을 통해 백성들과 하나 되기를 자청했던 것이다. 그는 죽어야 할 사람들을 대신해서 죽음으로써 그들과 하나가 되었다. 성경을 살펴보면, 성도들의 하나됨은 어떠한 이권을 나누는 데서 한 무리가 되는 것이 아니라 고통과 아픔을 나누는 데서 한몸이 되는 것이다. 예수님은 바로 이러한 진리를 자신의 삶과 죽음을 통해 실천하셨다. '예수님이 죽음을 통해 우리와 하나가 되었다'는 사실이 우리에게 시사하는 바가 무엇인가? 우리는 정말 '하나'인지 생각해 보자.

종은 죽었는가, 아니면 죽지 않았는가? 본문을 단순한 감사찬송시라고 주장하는 와이브레이는 "감사찬송시에서는 저자가 절대 죽지 않기 때문에 본문에서도 죽지 않았다고 주장한다. 소긴(Soggin)은 "끊어짐"(נִגְזַר, 8절)이 애가(lament)에서 사용되는 과장법이라는 점을 들어 죽지 않았다고 주장한다. 그러나 실제로 이 단어의 니팔(Niphal) 형은 구약 성경에 4회밖에 사용되지 않으며, 소긴이 주장하는 뜻으로는 오직 예레미야애가 3:54에서만 발견되는 드문 예다. 나머지 3회는 모두 '죽음'이라는 뜻으로 사용된다(cf. 에 2:1; 겔 37:11). 또한 구약 성경에서 이 동사의 칼(Qal) 형이 8회 사용되는데, 이 중 최소한 5회(왕상 3:25-26; 왕하 6:4; 합 3:17; 사 9:20)는 실제적인 '죽음'을 의미한다는 사실도 소긴의 주장에 심각한 오류가 있음을 드러낸다.

올린스키(Orlinsky)는 "12절에 따르면, 그는 살아 있다. 그러므로 죽지 않았다"라고 주장한다. 부활을 믿지 않는 유태인으로는 당연한 결론일 것이다. 드라이버(Driver)는 본문이 제시하는 "고통을 표현하는 단어들의 의미가 모두 뚜렷하지 않다. 그러므로 죽음이란 단어도 하나의 과장법이다. 예를 들어, '심심해 죽겠어'처럼 말이다." 이 역시 별 설득력이 없는 해석이다. 만일 죽지 않았다면 무덤과 묘실의 이야기(9절)는 무엇을 뜻한단 말인가? 본문은 "마땅히 형벌받을 내 백성의 허물을 인함이라"(8b절)고 죽음의 이유를 분명히 밝히고 있다. 본문을 책임 있게 해석한다면 종이 죽었다는 결론밖에 내릴 수 없다.

이사야는 이 문단을 종의 무고함을 강조하며 마친다(9절). 종은 그를 핍박하는 자들 앞에서 자신을 변명하거나 정당화하지 않았다(7절). 그뿐만 아니라, 거짓말도 하지 않았다(9절). 종의 침묵에 관한 이야기로 문단을 시작했던 저자가 종의 침묵에 관한 회고로 문단을 마친다. 이 과정에서 종의 침묵에 대한 언급이 순종에서 무죄함으로 그 초점이 바뀌어 가고 있음을 관찰할 수 있다(Oswalt).

어떤 사람이 다른 사람들을 대신하여 형벌받을 수 있으며, 자신의 고통을 통해 그들과 하나님 사이에 회복과 치유를 가져올 수 있는가? 자신이 같은 형벌을 받지 않아도 되는 무고한 사람만이 가능하다. 한 사형수가 다른 사형수를 대신해서 죽을 수는 없다. 오직 자신의 죄 때문에 죽을 뿐이다. 종은 하나님께 어떠한 죄도 범하지 않은 무고한 사람이었기에 사람들의 죄를 대속할 수 있었던 것이다.

베스터만(Westermann)은 종의 '죽음'을 노래하는 8절에서 그의 '묻힘'으로 이어지는 9절이 마치 사도신경이 예수님의 '죽음'에서 '장사'로 옮겨가는 것과 같다고 멋지게 표현한다. 그러나 종이 죽은 후에도 종에 대한 부당한 대우는 계속된다. 그는 무덤에 묻히는 과정에도 계속 부당한 대우를 받는다. 여호와의 "의로운 종"(צַדִּיק עַבְדִּי, 11절)이라 평가되는 종이 "악한 사람들"(רְשָׁעִים)과 함께 묻혔다.

이 구절의 해석상의 난제는 "그 무덤이 악인과 함께 되었으며 그 묘실이 부자와 함께 되었도다"(וַיִּתֵּן אֶת־רְשָׁעִים קִבְרוֹ וְאֶת־עָשִׁיר בְּמֹתָיו, 개역; cf. 새번역; 개역개정)를 어떻게 해석하느냐다. 공동번역은 이 문장을 "그는 죄인들과 함께 처형당하고, 불의한 자들과 함께 묻혔다"로 번역한다. 즉, 본문에서 평행을 이루는 "악인"과 "부자"의 관계를 어떻게 이해하느냐 하는 것이다. 만일 전통적인 해석을 따라 "그 무덤이 악인과 함께 되었으며 그 묘실이 부자와 함께 되었도다"로 이해하면, 사람들이 그를 죄인들과 함께 묻으려 했지만 그들의 계획이 성사되지 않고 오히려 부자들의 무덤에 묻혔다는 뜻이 된다(cf. NIV; NRS; NAS).

반면에 이 구절을 "그는 죄인들과 함께 처형당하고, 불의한 자들과 함께 묻혔다"(cf. JPS margin)로 해석하는 것은 다음 두 가지 경우에 가능하다. "부자"라는 단어를 "악인"으로 수정하거나, "부자"를 "악인"의 비슷한 말로 해석하는 것이다. 이러한 해석이 가능한가? 구약 성경은 하나님이 의인들에게 부(富)를 축복으로 내려주신다는 것을 거듭 강조한다(시 112:1-3; 잠 10:22; 14:24 등). 그러나 부가 의로움을 입증하는 증거는 될 수 없다(시 49:16-20; 잠 11:4; 28:11 등). 오히려 부는 흔히 착취와 뇌물 등과 연루된다(시 49:5-6; 52:7; 잠 18:23; 28:6, 20; 렘 17:11; 미 6:12 등). 그러므로 부자는 "불의한 자"의 비슷한 말이 될 수 있는 것이다(Oswalt). 예수님은 이러한 현실을 의식하셨기 때문에 "부자가 하나님 나라에 들어가는 것보다 낙타가 바늘귀로 지나가는 것이 더 쉽다"(마 19:24, 새번역)고 말씀하셨다.

이 해석은 나름대로 매력이 있어 보인다. 그러나 전통적인 해석이 신약 성경이 묘사하는 예수님의 장례와 더 어울린다(마 27:57-60). 아리마대 사람 부자 요셉이 빌라도를 찾아와 예수님의 시신을 가져가 장사할 수 있도록 허락해 달라고 요청했다. 허락이 떨어지자 그는 예수님의 시신을 잘 닦은 뒤 자신의 새 묘에 모셨다. 예수님은 말 그대로 "부자"의 무덤에 묻히셨던 것이다. 요셉이 나서지 않았더라면 예수님은 함께 처형당한 "악인들"과 함께 묻히지 않으셨겠는가! 본문은 이러한 일의 진행에 대해 예언하고 있다.

IX. 여호와의 종과 열방의 빛(49:1–53:12)
4장. 종과 희생(52:13–53:12)

5. 여호와께서는 놀라지 않는 종의 "성공"(53:10-12)

10 여호와께서 그에게 상함을 받게 하시기를 원하사
질고를 당하게 하셨은즉
그의 영혼을 속건제물로 드리기에 이르면
그가 씨를 보게 되며 그의 날은 길 것이요
또 그의 손으로 여호와께서 기뻐하시는 뜻을 성취하리로다
11 그가 자기 영혼의 수고한 것을 보고 만족하게 여길 것이라
나의 의로운 종이 자기 지식으로 많은 사람을 의롭게 하며
또 그들의 죄악을 친히 담당하리로다
12 그러므로 내가 그에게 존귀한 자와 함께 몫을 받게 하며
강한 자와 함께 탈취한 것을 나누게 하리니
이는 그가 자기 영혼을 버려 사망에 이르게 하며
범죄자 중 하나로 헤아림을 받았음이니라
그러나 그가 많은 사람의 죄를 담당하며
범죄자를 위하여 기도하였느니라

비록 세상은 종의 사역을 보고 입을 다물 수 없을 정도로 충격을 받았지만, 하나님은 이 모든 일을 지극히 당연한 것으로 여기신다. 모든 것이 하나님의 계획에 의해 진행된 일이었기 때문이다. 부당한 대우를 받은 종의 일생과 죽음은 인류의 역사가 빚어낸 사고(accident)가 아니다. 하나님은 이미 그의 억울한 수난과 죽음을 통해 사람들이 다시 하나님 여호와께 돌아오는 것을 계획하셨다. 그렇다고 해서 종이 연극을 한다거나 하나님의 고통이 약화되었다는 말은 아니다.

종은 하나님의 뜻에 의해 상함을 받았고 질고를 당했다(10절). 우리는 흔히 하나님이 자신의 자녀들에게 복되고 좋은 것만을 주신다고 생각한다. 그러나 이것은 착각이다. 하나님은 우리가 하늘나라에 도착할

때까지 우리의 여정을 책임지고 인도한다는 것을 약속하셨을 뿐이다. 그렇기 때문에 때로는 우리의 성장을 위해 혹독한 아픔과 시련이 우리가 가야 하는 길의 한 부분이 되어 우리 앞에 놓일 수도 있다. 물론 "좋으신 하나님이 어찌 나쁜 것을 자녀들에게 주시겠는가?"라는 주장도 일리는 있다. 그러나 '나쁜 것'을 단순히 우리가 '싫어하는 것' 혹은 '우리를 당혹케 하는 것' 정도로 해석하는 데는 문제가 있다.

하나님은 때로 성도들에게 고통과 수난을 허락하신다. 더 원대하고 더 큰 목적을 위해서 말이다. 본문에서 종에게 이러한 희생과 고통을 요구하시지 않았는가! 그리고 종의 수난을 통해 놀라운 하나님의 역사가 이루어지지 않았는가! 하나님은 더 큰 선을 이루기 위해 필요에 따라 우리의 삶에 고통을 허락하실 수 있다는 것을 마음에 새겨야 한다. 그리고 그러한 고통이 올 때 "왜 하필이면 나예요?" 하고 탄식하지 말고 본문이 묘사하는 종처럼 그저 묵묵히 견뎌 내는 믿음과 미덕을 갖자. 하나님의 사역에, 그리고 종의 수난 사역에 동참할 수 있는 기회를 허락하신 그분께 감사하며 말이다.

그의 삶은 속건제로 드려졌다(10절). 그가 여호와께 순종했기에 그는 많은 '자손'(זֶרַע)을 보게 되고 '오래오래 살게' 된다. 이 말씀은 종의 사역이 결코 허무한 것이 아니었고, 그의 사역을 의식하고 그가 자신을 대신해서 죽었다는 사실을 시인하고 받아들일 사람이 많을 것이며, 그의 사역의 영향력이 오랫동안 지속될 것을 의미한다(Oswalt). 종은 자신을 죽게 내어줌으로써 오히려 많은 열매를 맺을 수 있었다. 땅에 떨어진 한 알의 밀알처럼 말이다(요 12:24). 우리는 우리의 몸을 하나님께 산 제사로 드리기를 원한다는 기도를 자주 한다(롬 12:1). 짐승이 제물이 되기 위해서는 먼저 죽어야 한다. 그러나 우리의 삶은 왜 살아서 펄펄 뛸까? 성화(聖化)의 가장 기본적인 조건은 끊임없는 죽기 연습이다. 종은 죽음을 통해 살게 되었다.

개역한글의 "그의 손으로 여호와의 뜻을 성취하리로다"보다는 "하나님이 기뻐하시는 뜻이 그의 손 안에서 번영하리라"(חֵפֶץ יְהוָה בְּיָדוֹ יִצְלָח, 10절. cf. 개역개정; NAS)가 더 적절한 해석이다. 종이 하나님께 죽기까지 순종하니 하나님의 기쁨이 커져만 가는 것이다. 성도의 삶의 최종 목표 중에는 하나님을 기쁘시게 하는 것이 포함된다. 그렇다면 우리는 과연 어떻게, 무엇을 통해 하나님의 즐거움을 확대해 갈 수 있단 말인가? 바로 충성이다. 죽기까지 충성하는 것보다 하나님을 더 기쁘시게 하는 것은 세상에 존재하지 않는다.

지금까지 우리는 종의 의로움과 억울함에 대해 회고해 왔다. 이제 하나님은 "나의 의로운 종"(צַדִּיק עַבְדִּי)이라 말씀하시며 직접 종의 의로움을 인정하신다(11절). 종이 세상 사람들과 하나님께 자신의 의를 인정받는 것이다. 하나님과 사람들에게 인정받는 것은 인간이 누릴 수 있는 최고의 축복이다. 종은 죽기까지 순종함으로써 이 위대한 축복을 이루어 낸 것이다. 그렇다면 우리는 하나님과 사람들에게 인정받기 위해 무엇을 해야 하는가?

종은 그의 지식(בְּדַעְתּוֹ)으로 많은 사람을 의롭게 한다(יַצְדִּיק, 11절). 본문의 어려움 때문에 어떤 사람은 지식을 '겸손'으로 해석하여 "종이 자신의 겸손(죽음)으로 많은 사람을 의롭게 한다"고 해석하기도 하고(Thomas), '순종'으로 해석하여 "종은 순종을 통해 많은 사람을 의롭게 한다"고 해석하기도 한다(Reicke). 그러나 '지식'을 그대로 유지하는 것이 바람직하다.

그렇다면 어떻게 지식이 사람을 의롭게 할 수 있는가? 선지자는 이미 이스라엘의 영적인 문제가 그들의 무지함에 있다고 여러 차례 암시했고, 심지어 그들이 무지해서 포로로 끌려갈 것이라고까지 경고했다(5:13). 이제 종은 그들의 죄를 대속했을 뿐만 아니라, 그들이 죄를 짓는 동기인 무지함도 치유를 하는 것이다. 종이 여호와에 대한 참된 지식을 그들에게 가르치니(cf. 50:4-5) 그들이 무지함 때문에 범죄할 상황에서 자유하게 되었다. 그러므로 종은 많은 사람을 의롭게 하는 것이다.

X. 여호와께서 인정하신 종

(54:1-62:12)

선지자는 40장 이후 줄곧 하나님은 자신의 백성을 구원하려는 의지뿐만 아니라 능력도 가지고 계신 분이라는 점을 강조해 왔다. 또한 하나님의 이러한 의지와 능력이 자신의 종을 통한 백성들의 구원에서 절정에 달할 것을 선언했다. 그리고 종은 드디어 온 세상 사람들의 죄를 대속하여 죽음으로써 하나님의 구원을 이루어냈다(53장). 선지자는 이 종의 사역이 주의 백성들에게 어떠한 영향을 미칠지 재정리한 다음(54장), 다시 한번 백성들을 권면함으로써(55장) 40-55장을 결론짓는다. 이사야는 자신의 논제를 그동안 다섯 개의 주장을 펼침으로써 진행해 왔다. (1) 여호와는 창조주이시다(40:12-31). (2) 여호와는 역사의 주인이시다(41:1-42:13). (3) 여호와는 이스라엘의 구원자이시다(43:14-44:23). (4) 여호와는 시온성의 재건을 위해 고레스 왕을 사용하실 것이다(44:24-48:22). (5) 여호와는 시온을 재건하시는 중이다(49:1-52:12).

둠(Duhm)에 주장에 따르면, 56장부터는 새로운 책인 제3이사야서를 시작한다. 그래서 그는 55장에서 책의 두 번째 주요 섹션을 마무리한다. 상당수의 학자들이 그의 주장을 수용하여 55장이 책의 두 번째 섹션 마지막 장이라고 생각한다(Westermann; Melugin). 학자들은 그동안 56-66장의 구조가 매우 짜임새 있다고 여겨왔다. 이들은 대체로 이 섹션이 매우 균형 있는 대칭적 구조로 이루어져 있다고 주장한다 (Carpentier; Polan; Emmerson; Motyer; Oswalt). 우리는 구조를 논한다는 것이 매우 주관적인 것임을 인정해야 한다. 또한 마치 이러한 사실을 반영이나 하듯, 이들의 주장은 서로 현저한 차이를 나타낸다. 그러나 한 가지 공통점은 대체로 60-62장을 이 섹션의 가장 중심부에 둔다는 것이다 (Westermann). 여러 가지를 감안할 때, 오스왈트의 제안이 가장 설득력 있어 보이기에 여기에 제시한다(cf. Carpentier).

A. 여호와를 섬기는 이방인들(56:1-8)
  B. 윤리적/도덕적 의로움(56:9-59:15a)
    C. 신적(神的) 용장(Divine Warrior, 59:15b-21)
      D. 종말론적 소망(60-62장)
    C'. 신적(神的) 용장(Divine Warrior, 63:1-6)
  B'. 윤리적/도덕적 의로움(63:7-66:17)
A'. 여호와를 섬기는 이방인들(66:18-24)

그러나 오래전부터 이 같은 구분에 동의하지 않은 사람들도 많았다. 예나 지금이나 49-57장을 하나의 통일성 있는 섹션으로 보는 학자들이 있다(Delitzsch; Watts). 50-66장을 유닛(unit)으로(Liebreich), 혹은 55장을 뒤 섹션과 함께 다루어 56-66장의 서론으로 간주하는 학자들도 있다 (O'Connell; Seitz). 둠이 주장했던 세 권의 이사야설은 더 이상 옛날처럼 많은 지지를 얻지 못한다.

책의 나머지 부분을 구성하는 이 섹션은 하나님이 52:13-53:12에서 약속하신 대로 종을 인정하고 높이시는 것과 연관되어 있다. 그러나 하나님은 종을 온 세상이 보는 상황에서 직접 높이시는 것이 아니라, 시온 회복을 화두로 하여 간접적으로 높이신다(Seitz). 이 섹션은 다음과 같이 다양한 주제로 구성되어 있다.

A. 종이 이룬 결과(54:1-17)

B. 은혜로운 반전(55:1-13)

C. 거룩한 연합(56:1-8)

D. 백성의 무능함이 치료됨(56:9-57:21)

E. 의로운 파수꾼의 선언(58:1-59:21)

F. 시온의 영화(60:1-62:12)

1장. 종이 이룬 결과(54:1-17)

선지자는 49장에서부터 하나님이 그의 백성을 회복하기를 원하실 뿐만 아니라 이 일을 꾸준히 준비해 오셨고, 이 순간에도 진행하고 계심을 강조해 왔다. 그는 또한 여호와의 백성 회복 사역이 어떠한 형태를 취할지 그 절정을 마지막 종의 노래(52:13-53:12)를 통해 표현했다. 하나님의 백성이 메시아의 죽음을 통해 회복될 것을 선포한 것이다. 선지자는 이제 하나님이 자신의 종을 죽이면서까지 이스라엘을 구원하시려는 그 의지의 배경을 다시 한번 설명한다.

이사야는 26:1-3; 27:2-8; 29:22-24과 비슷한 언어를 구사하면서, 비록 이스라엘이 하나님께 범죄하여 타국 땅으로 끌려와야 했지만 이러한 사실이 이스라엘을 향한 하나님의 사랑을 약화시킬 수는 없다는 사실을 강조한다. 종이 죽으면서까지 하나님과 백성의 관계를 치유했기에, 이제 이스라엘은 회복을 기대할 수 있는 것이다. 여호와께서는 이스라엘의 기대를 본문에서 충족시키신다. 다시 이스라엘을 아내로, 예루살렘을 자신의 도성으로 회복하실 것을 확인해 주신다. 선지자가 하나님이 그동안 이스라엘의 재건을 계획하시고 진행해 오셨다고 주장한 것이 모두 사실임이 이 순간 정점에 달하면서 드러난다. 이 텍스트는 다음과 같이 두 부분으로 구성되어 있다(Beuken).

A. 회복되는 아내(54:1-10)
B. 회복되는 도성(54:11-17)

1. 회복되는 아내(54:1-10)

종이 대속제물이 되었기에, 이를 통해 하나님과 화해하게 된 백성에게 다시 한번 여호와를 찬양할 동기가 주어졌다. 지금까지 하나님의 구원이 임박했음을 선포할 때마다 선지자는 자연에게 여호와를 찬양하라고 권면했다. 이제 그는 한 여인의 비유를 통해 하나님의 백성에게 여호와를 찬양할 것을 권면한다.

한 가지 흥미로운 것은, "시온"이란 이름이 49:14과 52:8 사이에 여덟 차례나 사용되지만 이후부터 59:20에 이르기까지는 한 번도 사용되지 않는다는 점이다. 저자는 의도적으로 시온의 이름을 피하고 있다. 자신이 선포하는 구원의 메시지가 "시온"(역사적으로 존재했던 이스라엘 국가의 상징)에 국한되어 해석되는 것을 막기 위해서다. 즉, 우리는 이곳에서 선포되는 구원의 메시지가 시대와 장소를 초월한 범우주적인 의미를 지니고 있음을 인식해야 한다. 이 텍스트는 다음과 같이 구성되어 있다.

A. 버림받은 여인을 위로하심(54:1-3)
B. 수치가 사라짐(54:4-5)
A'. 버림받은 여인을 사랑하심(54:6-10)

(1) 버림받은 여인을 위로하심(54:1-3)

1 잉태하지 못하며 출산하지 못한 너는 노래할지어다
산고를 겪지 못한 너는 외쳐 노래할지어다
이는 홀로 된 여인의 자식이 남편 있는 자의 자식보다 많음이라

여호와께서 말씀하셨느니라
2 네 장막터를 넓히며 네 처소의 휘장을 아끼지 말고
널리 펴되 너의 줄을 길게 하며
너의 말뚝을 견고히 할지어다
3 이는 네가 좌우로 퍼지며
네 자손은 열방을 얻으며
황폐한 성읍들을 사람 살 곳이 되게 할 것임이라

이미 51:17-20에서 접한 적이 있는 버림받고 임신하지 못하는 아내 비유가 다시 사용된다. 예루살렘이 아이를 낳지 못하는 여인으로 비유된다(Jeppsen). 그러나 조금 이상한 것은 예루살렘(viz., 이스라엘)이 많은 자식(viz., 백성)을 두었다는 점이다. 그러므로 이 비유에 대해 오래전부터 학자들 사이에 다양한 해석이 있어 왔다. 칼뱅은 이스라엘이 백성을 타국에 포로로 떠나보낸 것을 이렇게 표현한 것이라고 주장했지만, 자식을 아예 낳지 못한 것과 전쟁을 통해 잃은 것은 별개의 문제다(Childs). 그래서 첫 번째 여인은 사라이고, 두 번째 여인이 이스라엘이라는 등 다양한 해석이 있었다(cf. Childs).

그러나 합리적이고 간단한 해석이 있다. 아브라함의 아내 사라에서부터 스가랴의 아내 엘리사벳(눅 1:7, 25)에 이르기까지, 성경에는 잉태하지 못하는 여인 이야기가 자주 등장한다. 본문은 그중 사무엘의 어머니 한나의 이야기(삼상 2:1-10)를 배경으로 하고 있다(Oswalt). 특히 자식을 잉태하지 못하는 여인의 수치(3-5절)와 불임의 여인이 자식을 갖게 되고 아이를 잘 낳던 여인이 남편에게 버림받는 것(5절) 등은 본문과 한나의 노래의 공통점으로 부각된다.

사무엘서에서 한나의 괴로움은 온 이스라엘의 고통을 상징한다. 그들은 새롭게 탄생하고 싶었지만 여력이 없었다. 이스라엘은 잉태하고 싶어도 잉태하지 못하는 여인처럼 몸을 비틀며 괴로워했던 것이다. 그

때 하나님이 한나의 삶에 간섭하셔서 사내아이를 허락하신 것처럼, 타국에 끌려온 이스라엘의 삶에 개입하실 순간이 왔다. 선지자는 "임신하지 못하고 아기를 낳지 못한 여인"에게 노래하라고 명령한다(1절). 이 여인이 가장 원하는 것을 허락하지 않으면서 노래를 부르라고 명령하는 것이라면, 이는 잔인한 행위에 불과하다(Westermann). 그러므로 선지자가 이 여인에게 노래하라는 것은 그가 가장 염원하는 일이 실현될 테니 믿고 기뻐하라는 것을 전제로 한 명령이다.

선지자는 잉태하지 못하는 여인에게 장막을 넓히라고 한다(2절). 근동 지역의 풍습에 따르면, 온 가족이 거할 수 있는 장막을 세우고 유지하는 것은 여인들의 몫이었다. 전에는 임신하지 못하던 여인이 이제 곧 많은 아이를 잉태하게 될 테니(1절), 그녀에게 장막 터를 넓히라는 것은 당연한 명령이요 축복의 메시지다. 여인이 얼마나 감격하며 속으로 되새겼을까? '암, 그렇게만 된다면 장막을 넓히는 것이 문제랴! 내 몸이 부스러질 정도로 힘들어도 내가 넓히리라! 그렇게 염원하던 아이들이 태어나 터가 부족할 것이라는데 어찌 즐거이 터를 늘리지 않겠는가!' 선지자는 여인에게 그녀가 상상할 수 있는 최고로 큰 장막을 만들어 보라고 한다. 그녀의 장막 크기는 그녀의 상상력 크기에 비례하는 것이다(Beale).

하지만 이 명령은 자손의 축복보다 믿음과 순종을 요구하는 데 그 초점이 맞추어져 있다. 아이들은 아직 태어나지 않았다. 이 여인은 아직도 잉태하지 못하는 수치스러운 여인으로 낙인찍혀 있다. 선지자는 이러한 상황에 처한 여인에게 믿음으로 행할 것을 요구한다. "여호와의 능력을 믿느냐? 그렇다면 장막을 넓혀라!" 포로로 끌려갔던 이스라엘은 자신들의 처지를 "잉태하지 못하는 여인의 신세"로 생각해 왔다. 이제 그러한 자기 연민(self-pity)을 버리고 여호와의 능력을 믿고 순종할 때가 왔다.

이스라엘은 이미 오래전에 장막 생활을 마무리했다. 그들은 고정된 건축물에서 살아왔다. 그런데 선지자는 왜 다시 장막을 언급하는 것일까? 아마도 출애굽 이후의 광야생활을 연상케 하기 위해서일 것이다(Oswalt). 광야에서 그들은 장막 생활을 했다. 그리고 여호와에 대한 불신으로 인해 그 광야생활 중 한 세대를 잃었다. 그러나 끝에 가서는 하나님의 꾸준한 보살핌과 인도하심으로 약속의 땅에 이르렀다.

여기서 장막이 언급되는 것도 그들의 선조들이 광야에서 한 세대를 잃은 것처럼, 이 시대를 살아가는 백성이 바빌론에서 "한 세대"를 완전히 잃었기 때문이다. 그러나 옛적에 하나님이 그 후손들을 인도하여 약속의 땅으로 인도해 가신 것처럼, 이번에도 바빌론에서 그들을 인도해 내실 것이다. 즉, 이스라엘이 포로의 땅에서 많이 쇠약해진 것이 사실이지만, 곧 번성하리라는 약속이 배경이 되고 있는 것이다.

선지자는 잉태하지 못하는 여인의 영화가 회복될 것이라고 한다(3절) 이사야는 이 여인의 자손이 온 세상에 퍼져 나갈 정도로 많아질 것이라고 선언한다. "좌우로 퍼져 나가고"는 여호와의 백성이 온 세상에 가득할 것을 의미한다.

본문은 또한 하나님이 아브라함에게 주셨던 약속이 다시 성취되리라는 것을 시사한다. "퍼져 나가다"(פָּרַץ)는 창세기 28:14에서 아브라함의 자손들이 땅의 먼지처럼 많아져서 온 세상으로 퍼져 나갈 것을 선포할 때 사용된 단어다. "자손"(זֶרַע) 역시 하나님이 창세기에서 아브라함과 그의 후손들에게 가나안 땅의 소유를 약속할 때 30회 이상 사용하신 것이다(cf. 창 12:7). 그뿐만 아니라 "이방 나라들을 차지할 것이다"(גּוֹיִם יִירָשׁ)는 신명기에서만 사용된 문구인데, 이 문구가 사용될 때마다 이스라엘이 가나안 땅을 차지할 것이라는 하나님의 약속을 염두에 두고 있다(신 9:1; 11:23; 12:2; 31:3 등). 즉, 이스라엘은 잃었던 가나안 땅을 다시 찾게 될 뿐만 아니라, 온 세상을 가득 채울 정도로 번성하는 민족이 될 것이다.

(2) 수치가 사라짐(54:4-5)

4 두려워하지 말라
네가 수치를 당하지 아니하리라
놀라지 말라
네가 부끄러움을 보지 아니하리라
네가 네 젊었을 때의 수치를 잊겠고
과부 때의 치욕을 다시 기억함이 없으리니
5 이는 너를 지으신 이가 네 남편이시라
그의 이름은 만군의 여호와이시며
네 구속자는 이스라엘의 거룩한 이시라
그는 온 땅의 하나님이라 일컬음을 받으실 것이라

이집트와 바빌론에서 당한 어려움이 다시는 이스라엘에게 임하지 않을 것이다(4절). 이미 말했듯이, 여인이 아이를 잉태하지 못하는 것은 매우 수치스러운 일이었다. 이제 이스라엘은 두려워할 것도, 수치를 당할 이유도 없다. 하나님이 그들을 다시 풍요롭게 하실 것이기 때문이다. 선지자는 특히 이스라엘이 "젊은 시절의 수치를 잊으며 과부 시절의 치욕을 기억하지 않게 될 것"을 선언하고 있다. 무엇을 의미하는가? 이스라엘의 역사를 살펴볼 때 "젊은 날의 수치"는 이집트에서 노예생활을 했던 시절을, "과부 시절"은 바빌론에서 포로로 지낸 나날들을 뜻하는 것으로 여겨진다. 즉, 이스라엘이 가장 고통스러워했던 경험들이 다시는 되풀이되지 않을 것임을 강조하는 것이다. 이 수치가 어떻게 사라졌는가? 문맥과 정황을 고려할 때, 53장에서 이스라엘을 대신해서 죽은 여호와의 종의 사역을 통해서였다(Koole; Smith).

선지자는 이스라엘이 다시 하나님의 아내가 될 것이라고 한다(5절).

선지자가 지금까지 선포해 온 복된 미래에 대한 말씀이 어떻게 가능해졌는가? 몇 가지 이유가 있다. 첫째, 하나님이 이스라엘을 다시 아내로 맞이하셨기 때문이다. 창조주이신 하나님이 이스라엘의 남편이 되신 것이다. 이스라엘의 남편이신 하나님은 어떤 분인가? 그분의 이름은 만군의 여호와이시다(יְהוָה צְבָאוֹת). 이 성호는 이사야가 매우 자주 사용하는 것으로, 하나님의 절대적인 통치를 역설한다.

둘째, 여호와가 이스라엘의 구속자(גֹּאֲלֵךְ)이시기 때문이다. "구속자"는 룻기와 깊은 연관이 있는 개념이다. 이방 여인, 그것도 자식이 없는 과부였던 룻이 만군의 여호와의 날개 밑으로 왔을 때, 하나님은 그녀의 '씁쓸한 삶'을 환희와 즐거움이 가득한 삶으로 바꾸어 주셨다. 이제 하나님은 룻에게 내려주셨던 축복을 이스라엘과 결혼하심으로써 그들에게 내려주고자 하신다. 그렇게 되는 날, 여호와는 "온 세상의 하나님"으로 불릴 것이다(אֱלֹהֵי כָל־הָאָרֶץ יִקָּרֵא).

X. 여호와께서 인정하신 종(54:1–62:12)
1장. 종이 이룬 결과(54:1–17)
1. 회복되는 아내(54:1–10)

(3) 버림받은 여인을 사랑하심(54:6-10)

6 여호와께서 너를 부르시되
마치 버림을 받아 마음에 근심하는 아내
곧 어릴 때에 아내가 되었다가
버림을 받은 자에게 함과 같이 하실 것임이라
네 하나님께서 말씀하셨느니라
7 내가 잠시 너를 버렸으나
큰 긍휼로 너를 모을 것이요
8 내가 넘치는 진노로 내 얼굴을 네게서 잠시 가렸으나
영원한 자비로 너를 긍휼히 여기리라
네 구속자 여호와께서 말씀하셨느니라

[9] 이는 내게 노아의 홍수와 같도다
내가 다시는 노아의 홍수로 땅 위에 범람하지 못하게 하리라
맹세한 것 같이 내가 네게 노하지 아니하며
너를 책망하지 아니하기로 맹세하였노니
[10] 산들이 떠나며 언덕들은 옮겨질지라도
나의 자비는 네게서 떠나지 아니하며
나의 화평의 언약은 흔들리지 아니하리라
너를 긍휼히 여기시는 여호와께서 말씀하셨느니라

이스라엘에게 복된 미래가 약속되는 또 다른 이유는 하나님이 이스라엘에게 자비/인애(חֶסֶד, 8절) 베풀기를 원하시기 때문이다. 이스라엘은 마치 젊은 나이에 결혼했다가 소박맞은 여인처럼 쓰라린 마음을 안고 절망적인 삶을 살아가는 여인과 같다(6a절). 그런데 그를 버렸던 남편이 다시 부른 것이다!(6b절) 그것도 "커다란 긍휼"(רַחֲמִים גְּדֹלִים)을 가지고 말이다(7절). 선지자는 하나님이 이스라엘을 버리신 것을 "아주 잠시"(בְּרֶגַע קָטֹן)인 반면에 그의 긍휼은 "매우 커다란"(גְּדֹלִים) 것으로 대조함으로써, 하나님의 진노는 순간적이지만 그분의 사랑은 영원함을 강조한다(7절).

"긍휼"(רַחֲמִים)은 아이가 자라는 "자궁/모태"와 같은 어근에서 파생한 단어다. 즉, 저자는 하나님이 이스라엘을 돌보시는 것을 마치 엄마가 뱃속의 아이를 돌보듯 소중하고 조심스럽게 대하시는 것으로 묘사한다. 하나님의 분노는 잠깐이고 사랑은 영원하다는 사실이 8절에서 새롭게 절정에 이른다. 하나님은 이스라엘에게 "잠시" 분노하셨지만, 이제는 "영원한" 사랑/인애(חֶסֶד)로 그들을 지켜주실 것을 약속하신다.

하나님은 어떻게 분노하셨는가? 그들로부터 자신의 얼굴을 가리셨다. 구약 시대를 살아가는 사람들이 바랄 수 있던 가장 큰 축복은 하나님의 얼굴이 그들을 바라봐 주는 것이었다. 하나님이 바라봐 주시기만

하면 그들이 당면한 모든 문제가 더 이상 문제가 될 수 없기 때문이다. 욥의 이야기를 생각해 보라. 누구보다도 당당했던 그가 하나님께 '따지기를' 원했지만, 하나님이 그를 찾아오시니 따지기는커녕 오히려 그분 앞에 회개했다. 그의 문제가 하나님 앞에서 모두 녹아내린 것이다.

그러므로 제사장의 축도(민 6:24-26)도 주의 얼굴이 백성들에게 향하기를 두 차례나 빌어 준다. "여호와는 네게 복을 주시고 너를 지키시기를 원하며, 여호와는 그 얼굴을 네게 비추사 은혜 베푸시기를 원하며, 여호와는 그 얼굴을 네게로 향하여 드사 평강 주시기를 원하노라." 반면에 하나님의 얼굴이 거두어진다는 것은 인간이 상상할 수 있는 가장 커다란 저주요 슬픔이었다.

하나님이 이스라엘로부터 잠시 얼굴을 돌리셨지만, 이제 영원히 그들을 바라보실 것이다. 그 결과는 바로 '영원한 사랑'으로 해석되는 "자비"(חֶסֶד)다. 때로는 이러한 자비가 우리를 지키고 있다는 것이 믿어지지 않는다. 그러나 우리가 어떻게 생각하든지 이것은 변하지 않는 사실이다. 하나님은 이러한 눈으로 우리를 바라보신다.

하나님은 이어서 백성이 다시는 진멸의 위기를 맞지 않을 것이라고 선언하신다(9-10절). "내가 옛적 노아 시대에 다시는 땅을 홍수로 멸망시키지 않겠다고 약속한 것처럼 너희에게 노하지 않으리라." 무엇을 뜻하는가? 다시는 이방인들이 쳐들어 오지 않을 것이며, 다시는 기근이 그들의 땅에 임하지 않을 것을 의미하는가? 혹은 앞으로는 하나님의 진노가 결코 노아 때처럼 혹독하지는 않을 것을 말하는 것인가?(Motyer) 아니면 결코 여호와에 대한 믿음을 잃어버리는 사태를 맞지 않을 것을 뜻하는 것인가?(Oswalt).

두 번째 해석이 가장 설득력 있어 보인다. 어떻게 보면 이스라엘이 바빌론으로 끌려온 것은 일종의 노아의 홍수 같은 결과를 초래했다. 이제 하나님이 약속하신다. "다시는 이렇게 혹독하게 너희를 심판하지 않을 것이다!" 한 가지 의미심장한 것은 여호와께서 자신의 운명을 백성들의 운명과 함께 묶는다는 점이다. 앞으로는 결코 이스라엘이 진멸할 위기는 맞지 않을 것이다. 하나님이 자신의 명예를 걸고 말씀하셨다. 그리고 이 말씀은 "산들이 옮겨지고, 언덕이 흔들린다 해도" 지켜질 것이다. 하나님의 은총(חֲסָדַי)이 그들과 영원히 함께할 것이기 때문이다.

"나의 화평의 언약"(בְּרִית שְׁלוֹמִי, 10절)은 하나님이 자신의 백성과 화평하실 것과 그들에게 항상 평화를 주실 것을 뜻한다(Oswalt). 이 평화는 여호와의 종이 53장에서 자신의 고난을 통해 이스라엘에게 안겨준 것이다(Muilenburg). "평화"(שָׁלוֹם)는 전쟁이나 원수 관계가 없는 것보다 큰 의미를 지닌 개념이다. "평화"의 가장 기본적인 개념은 모든 것이 조화를 이루는 것을 뜻한다. 하나님과 이러한 언약 관계를 맺는다는 것은 구원을 전제로 한다(Westermann). 성경은 구원과 언약의 순서에 대해 확실하게 정의한다. 언약에 대한 순종은 결코 구원의 조건이 될 수 없다. 구원은 항상 언약의 전제 조건이기 때문이다. 우리는 구원을 받기 위해 하나님의 말씀에 순종하는 것이 아니라, 구원받은 백성이기에 하나님의 말씀에 순종해야 한다. 즉, 순종은 하나님의 구원 역사에 감사하는 행위며, 우리가 하나님과 맺은 언약을 이행하는 것을 말한다.

2. 회복되는 도성(54:11-17)

'회복되는 아내'에 초점을 맞추어 메시지를 선포했던 저자는 이제 초점을 '회복되는 도시'에 맞추고 있다. 그러나 메시지의 내용은 같다. 하나님의 백성이 회복될 것을 강조하는 것이다. 이 말씀 역시 실제로 역사 속에 존재했던 이스라엘의 회복보다는 시간과 공간을 초월한 하나님의 백성의 회복을 염원하고 있다. 화려한 언어(11-12절)와 하나님의 백성이 되는 축복(13-14, 17절) 등이 이러한 사실을 뒷받침한다.

A. 도성의 영광(54:11-12)

B. 도성의 영적인 상태(54:13-14)

C. 도성의 보호(54:15-17)

(1) 도성의 영광(54:11-12)

11 너 곤고하며 광풍에 요동하여

안위를 받지 못한 자여 보라

내가 화려한 채색으로 네 돌 사이에 더하며

청옥으로 네 기초를 쌓으며

12 홍보석으로 네 성벽을 지으며

석류석으로 네 성문을 만들고

네 지경을 다 보석으로 꾸밀 것이며

"회복되는 아내"(1-10절)의 이야기처럼 회복되는 도시의 이야기도 주의 백성이 당면한 현실적인 어려움을 묘사함으로써 시작하지만, 곧장 영화로운 장면으로 탈바꿈한다(11-12절). 예루살렘은 가난에 시달리고, 아무런 피난처가 없는 상태에서 광풍을 맞아야 하면서도 위로를 받거나 의지할 곳 없는 처량한 신세에 처해 있다(11a절). 저자가 이렇게 세 가지로 예루살렘을 묘사하는 것은 그만큼 이 도시의 어려움이 극에 달했음을 암시하며, 하나님도 이들의 어려운 형편을 잘 헤아리셨음을 강조하기 위해서다(Oswalt).

많은 사람이 소망은 어려운 현실을 부인하는 데서 비롯되는 것으로 생각한다. 그러나 이러한 사고는 착각에 불과하다. 소망은 어려운 현실을 부인하는 것이 아니다. 어려운 현실을 인정하면서도 현실을 바꾸거나 그 현실을 대하는 우리를 바꿀 수 있는 능력을 지니신 하나님을 신뢰하는 데서 비롯된다. 하나님은 이들의 현실을 무시하시는 것이 아니라 오히려 잘 헤아리신다. 하나님은 결코 우리의 아픔과 고통을 가볍게 취급하시는 분이 아니다. 견디기 힘든 고통 속에서도 그분을 바라보며 기대하기를 원하신다.

더 이상 버틸 힘도, 의욕도 없는 이 도시가 과연 어떻게 상황을 극복할 것인가? 오직 하나님께만 그들의 소망이 있다. 하나님이 절망할 수밖에 없어 좌절하고 있는 예루살렘을 영화롭게 하신다(11b-12절). 하나님이 예루살렘을 장식할 때 사용하실 갖가지 보석들—홍옥, 청옥, 홍보석, 석류석, 보석—은 풍요로움, 완벽함, 호화, 명예 등을 의미한다. 문단을 시작한 빈곤의 언어(1a절)와 이 구절이 묘사하는 이미지는 극단적인 대조를 형성한다. 하나님의 신부 시온이 세상에서 가장 존귀한 보석들로 치장하고 있는 모습이다(North). 예루살렘이 온갖 보석으로 장식된 모습은 요한계시록 21:18-21에 다시 등장한다. 그때가 되면 도성 전체가 성전이 된다(Beale).

가난이 있던 곳에 상상을 초월하는 풍요로움이 있고, 불안과 고통이 있던 곳에 하나님이 세우신 도시의 안정성이 있고, 절망이 있던 곳에 확신과 위로가 있게 되었다. 그러므로 하나님이 그의 백성을 회복하시는 날, 그들은 온 세상에서 가장 행복하고 영화로운 자들이 될 것이다. 그렇다면 이 말씀은 하나님의 백성이 회복되는 날, 그들이 모두 물질적인 풍요로움을 누릴 것을 뜻하는가? 다음 구절에서 이 말씀에 대한 설명이 제시된다.

하나님이 갖가지 보석으로 자신의 백성을 치장하신다는 것이 무슨 뜻일까? 저자는 바로 하나님과의 관계가 다시 회복되는 것을 의미한다고 선언한다(cf. 14-15절). 본문은 11-12절이 묘사한 풍요로움이 결코 정치적이거나 물질적인 것이 아님을 명확하게 한다(Westermann). 백성들이 누리게 될 풍요로움은 영적인 것이다.

그들이 "공의의 터 위에 굳게 선 평강"(cf. 14절)을 누리게 되는 것이

귀한 보석들로 치장된 것으로 표현되고 있다. 그들이 여호와의 평강을 누릴 때, 그들에게서 억압이 멀어지고 두려움과 공포가 사라진다. 이러한 차원에서 본문은 1:26의 "내가 네 재판관들을 처음과 같이, 네 모사들을 본래와 같이 회복할 것이라 그리한 후에야 네가 의의 성읍이라, 신실한 고을이라 불리리라"는 약속을 성취하고 있다(Oswalt).

X. 여호와께서 인정하신 종(54:1–62:12)
1장. 종이 이룬 결과(54:1–17)
2. 회복되는 도시(54:11–17)

(2) 도성의 영적인 상태(54:13-14)

13 네 모든 자녀는 여호와의 교훈을 받을 것이니
네 자녀에게는 큰 평안이 있을 것이며
14 너는 공의로 설 것이며
학대가 네게서 멀어질 것인즉
네가 두려워하지 아니할 것이며
공포도 네게 가까이하지 못할 것이라

주의 백성이 "공의의 터 위에 굳게 선 평강"(14절)을 누리기 전에 지나야 하는 과정이 있다. 바로 여호와의 제자가 되는 것이다(13절). 선지자에게는 이스라엘이 여호와로부터 바랄 수 있는 축복들 중에 이보다 크고 좋은 것은 없다. '스승-제자' 관계는 매우 긴밀한 인격적 관계를 전제로 하며, 하나님의 제자가 된다는 것은 그분의 영으로 가득하고, 그 영의 지배를 받는다는 것을 상징하기 때문에 다시는 하나님의 원수가 되지 않을 것을 의미한다.

그러나 이것을 다른 차원에서 생각한다면, 하나님의 제자가 된다는 것은 여호와의 평안과 기쁨을 즐기는 것만을 의미하는 것이 아니라, '공의'를 추구하고 완성해 나가는 것을 뜻한다. 우리는 이 세상에서 어떤 목회자의 제자가 아니라 하나님의 제자가 되어야 한다. 그리고 하나님의 제자로서 이 세상을 살아가는 우리는 '의에 목마르고 공의에 허기진 삶'을 살아야 하는 의무가 있다(마 5:6). 우리가 의에 목마르고 배고프다는 것은 무엇을 뜻할까? 우리는 얼마나 의에 굶주린 삶을 살고 있는지 생각해 보자.

X. 여호와께서 인정하신 종(54:1-62:12)
1장. 종이 이룬 결과(54:1-17)
2. 회복되는 도시(54:11-17)

(3) 도성의 보호(54:15-17)

15 보라 그들이 분쟁을 일으킬지라도
나로 말미암지 아니한 것이니
누구든지 너와 분쟁을 일으키는 자는
너로 말미암아 패망하리라
16 보라 숯불을 불어서
자기가 쓸 만한 연장을 제조하는 장인도 내가 창조하였고
파괴하며 진멸하는 자도 내가 창조하였은즉
17 너를 치려고 제조된 모든 연장이 쓸모가 없을 것이라
일어나 너를 대적하여 송사하는 모든 혀는 네게 정죄를 당하리니
이는 여호와의 종들의 기업이요
이는 그들이 내게서 얻은 공의니라
여호와의 말씀이니라

15절의 "그들이 분쟁을 일으킬지라도 나로 말미암지 아니한 것이니"(גּוֹר יָגוּר אֶפֶס מֵאוֹתִי)의 의미가 정확하지 않다. 이 문장을 새번역은 "너를 공격하는 자들이 반드시 있겠지만, 그것은 내가 허락한 것이 아니다"로, 공동번역은 "억울하게 공격을 받는 일이야 있겠지만"으로 해석한다. 영어 번역본들도 상당한 차이를 보이지만, 대체로 "앞으로도 너희가 공격을 당하겠지만 그것은 나에게서 비롯된 것은 아니다"라는 의미

로 해석한다(NIV; NAS; NRS). 하나님의 구원을 입은 자들도 어려움을 당할 수 있지만, 그들이 경험하게 될 시련들이 결코 하나님의 징계나 심판은 아니라는 점을 강조하는 것이다.

이 가르침은 시사하는 바가 매우 크다. 하나님은 역사를 주관하시는 분이고 모든 것이 하나님의 통제 안에서 일어나지만, 어떤 일들은 하나님이 인정하시는 것들이 아니다. 하나님이 모든 일을 주관하신다고 해서 세상의 모든 일이 그분으로부터 비롯된다고 단정 지을 수는 없다. 우리 주변에는 까딱하면 '하나님께 얻어맞을 사람'이 많다. 이런 사람들 중에는 여러 가지 이유로 인해 실제로 하나님이 치신 자들도 있을 것이다. 그러나 대부분은 자신들의 과오와 어리석음 때문에 '얻어 맞고'는 하나님이 치셨다고 생각한다.

또한 하나님은 결코 우리 죄의 저자가 될 수 없다. 한국의 목회자들 중에도 초칼뱅주의자(Hyper Calvinist)들의 영향을 받아 자신이 죄를 짓는 것도 하나님의 뜻이라고 말하는 사람들이 있다. 하나님이 어떻게 우리가 지을 죄를 예정하시고 계획하셨단 말인가? 이는 결코 있을 수 없는 논리요 이단적인 생각이다. 우리의 죄는 하나님의 마음을 아프게 하면서 우리가 스스로 저지른 일이다.

하나님이 구원하신다는 것은 결코 세상의 핍박과 멸시를 막아 주는 것이 아니다(15b절). 하나님을 의지하는 자들에 대한 공격은 분명히 있다. 심지어 억울하게 당해야 하는 고통도 있다. 베드로는 이러한 고통을 '부당한 고통'이라고 말한다(벧전 2:19). 살다 보면 하나님의 자녀들이 당하는 부당한 고통이 얼마나 많은가! 이러한 고통은 결코 하나님께로부터 온 것이 아니라 다른 요인들에 의해 발생하는 것이다.

한 가지 확실한 것은, 하나님의 백성을 핍박하는 자들은 결국 모두 패할 것이라는 사실이다. 하나님이 그들로 하여금 패하게 만드실 것이기 때문이다. 무엇이 이러한 사실을 보장하는가? 바로 대장장이와 군인을 만드신 창조주께서 보장하신다. 대장장이가 만들어 낸 어떠한 무기도, 어떤 살기등등한 군인도 그들을 해하지 못할 것이다. 하나님이 그들을 철저하게 보호하시기 때문이다(17절).

한 가지 흥미로운 것은 "여호와의 종들"(עַבְדֵי יְהוָה, 17절)을 언급하면서 저자가 복수형을 사용한다는 점이다. 41:8 이후로 선지자는 이스라엘의 남은 자들을 종으로 부를 때 항상 단수 "종"(עֶבֶד)을 사용해 왔다. 그러나 지금부터 책이 끝날 때까지는 항상 이스라엘의 남은 자들을 "종들"이라고 부를 것이다(Smith). 또한 40-48장에서 언급된 "종"은 한 번만 제외하고(42:1 이하) 모두 이스라엘을 의미했다. 반면에 49-55장에서는 한 번(54:17)만 제외하고 모두 여호와의 종 메시아를 염두에 두고 사용되었다. 이러한 변화는 무엇을 의미하는가?

먼저, 40-48장에서 하나님의 종인 이스라엘에게 임할 구원은 여호와만이 하나님이시며 세상의 주권자이심을 입증하는 증거다. 반면에 49-55장은 이스라엘이 '특별한 종'의 사역에 의해 구원받을 것을 예고한다. 55장 이후부터는 종의 구속 사역을 통해 구원을 입은 이스라엘이 하나님의 종으로서 감당해야 할 일들을 잘 완수해야 한다는 점을 역설한다.

2장. 은혜로운 반전(55:1-13)

선지자는 54장에서 종의 사역이 미치는 영향에 대해 노래했다. 종의 사역은 하나님과 이스라엘이 다시 부부관계를 회복할 수 있도록 했으며, 이스라엘의 영적 빈곤과 좌절을 의의 성읍만이 누릴 수 있는 영광과 기쁨으로 바꾸어 놓았다. 선지자는 이제 종의 사역의 영향을 설명하는 것(54장)에서 종의 사역이 시사하는 규범적인 교훈으로 백성들의 반응을 유도한다. 종을 통한 놀라운 구원을 체험한 백성들이 어떻게 하나님께 화답할 것인가를 가르치는 것이다.

종은 이러한 분위기를 조성하며 백성들을 권면하기 위해 1-7절에서 12개의 명령문을 사용한다. 선지자는 물론 이스라엘이 하나님의 역사의 모든 것을 이해하리라고 기대하지 않는다(8-11절). 그럼에도 불구하고 그는 주의 백성에게 믿음을 가지고 하나님의 약속을 믿고 신뢰할 것을 당부한다(12-13절). 이 텍스트는 다음과 같이 구분될 수 있다.

A. 언약으로의 초청(55:1-5)
B. 회개와 용서(55:6-13)

X. 여호와께서 인정하신 종(54:1-62:12)
2장. 은혜로운 반전(55:1-13)

1. 언약으로의 초청(55:1-5)

비록 많은 명령어가 사용되지만, 본문의 분위기는 경고나 잘못에 대한 비난이 아니라 위로와 격려에 초점을 맞추고 있다. 죽음을 통한 종의 사역 이후에 분위기가 획기적으로 바뀐 것이다. 하나님과 이스라엘 사이에는 더 이상 모든 것을 파괴하고 휩쓸던 '광풍'이 존재하지 않고 '따스한 햇볕'만 비춘다. 여호와의 팔이 이들 사이에 존재했던 '해결되지 않은 죄'라는 광풍을 모두 해결한 것이다. 이 섹션은 다음과 같이 구분된다.

A. 값없이 먹으라는 초청(55:1-2)
B. 영원한 언약의 효력(55:3-5)

X. 여호와께서 인정하신 종(54:1-62:12)
2장. 은혜로운 반전(55:1-13)
1. 언약으로의 초청(55:1-5)

(1) 값없이 먹으라는 초청(55:1-2)

1 오호라 너희 모든 목마른 자들아
물로 나아오라 돈 없는 자도 오라
너희는 와서 사 먹되 돈 없이,
값 없이 와서 포도주와 젖을 사라
2 너희가 어찌하여 양식이 아닌 것을 위하여 은을 달아 주며
배부르게 하지 못할 것을 위하여 수고하느냐
내게 듣고 들을지어다
그리하면 너희가 좋은 것을 먹을 것이며
너희 자신들이 기름진 것으로 즐거움을 얻으리라

선지자는 자신이 하고자 하는 말의 중요성과 긴급함을 강조하기 위해 1절에서만 명령어를 다섯 차례나 사용하여 모든 사람을 초청한다. "세상의 모든 목마른 자들아, 와서 값없이 생수와 포도주와 우유를 사라!" 저자는 책의 다른 부분에서 하나님이 자신의 영을 죄와 불순종으로 인해 황폐해진 백성들에게 메마른 땅에 물을 붓듯이 부어 주실 것을

예언했다(32:15; 44:3). 이제 그 예언이 성취될 때가 임한 것이다. 누구든지 와서 이 예언을 자신의 것으로 만들기만 하면 된다. 성령은 돈에 의해 거래될 수 없기 때문이다.

학자들은 이 외침이 지혜가 거리에 나가 모든 사람을 자신의 잔치에 초청하는 것(cf. 잠 9:5-6)을 배경으로 한다고 주장하기도 하고(Begrich), 왕이 베푸는 잔치(Sanders; Clifford)가 거리에서 물을 팔던 사람(Volz)의 배경이 된다고 주장하기도 한다. 이 중 잔치 이미지가 본문에 가장 잘 어울리며, 본문은 예수님의 가르침과 외침을 연상케 한다(요 4:10-14; 7:37-38). 누구든지 값없이 살 수 있다는 이 외침은 일종의 역설(paradox)이다. 어떻게 대가를 치르지 않고 물건을 살 수 있단 말인가? 그러나 선지자가 강조하고자 하는 포인트가 바로 이것이다. 세상에서 가장 값진 것이 아무런 대가 없이 거래되고 있다. 이것이 바로 복음이다.

이사야는 2절에서 우리의 약하고 예민한 부분을 찌른다. "너희가 어찌하여 양식이 아닌 것을 위하여 은을 달아 주며 배부르게 하지 못할 것을 위하여 수고하느냐?" 영적인 부유함을 값없이 얻을 수 있는데, 어찌 우리를 충족시키지 못할 것들을 위해 고생하느냐는 것이다. 사람이 해 아래서 하는 모든 수고가 헛되다고 하는 전도서 말씀이 생각난다.

이 원리가 바로 기독교의 주춧돌 중 하나다. 우리는 예수 그리스도를 통한 하나님의 구원을 값없이 받아야 한다. 자신의 구원을 위해 어떠한 노력과 수고를 해도 목적을 달성할 수 없다. 모든 노력이 헛수고다. 이는 죄의 통치 아래 사는 저주받은 삶의 모습이다. 그리스 신화에 시시포스(Sisyphus)라는 고린도의 왕에 대한 이야기가 있다. 그는 지옥에서 큰 돌을 산꼭대기로 밀어 올리는 벌을 받았는데, 정상 가까이만 가면 돌은 어김없이 아래로 굴러떨어졌다. 그래서 그는 연거푸 지옥으로 내려가 다시 산꼭대기까지 돌을 굴려야 했다. 죄 안에 있는 한, 우리의 '경건/영성' 노력은 모두 이런 것이다. 우리는 오늘 어떤 무의미한 "돌"을 밀어 올리고 있는지 생각해 보자.

반면에 선지자의 권면을 따르면 우리 삶의 모든 필요가 충족된다(2b절). "들어라…먹으리라…즐거울 것이다." '듣다'(שׁמע)는 흔히 '순종하다'로 번역되는 단어다. 하나님께 순종하는 삶은 곧 마음껏 '먹는' 삶이요, 마음껏 먹고 나면 즐거움을 누리게 된다. 원리는 이렇게 간단한데, 어째서 실천은 그리 어려운지!

X. 여호와께서 인정하신 종(54:1-62:12)
2장. 은혜로운 반전(55:1-13)
1. 언약으로의 초청(55:1-5)

(2) 영원한 언약의 효력(55:3b-5)

3 너희는 귀를 기울이고
내게로 나아와 들으라
그리하면 너희의 영혼이 살리라
내가 너희를 위하여 영원한 언약을 맺으리니
곧 다윗에게 허락한 확실한 은혜이니라
4 보라 내가 그를 만민에게 증인으로 세웠고
만민의 인도자와 명령자로 삼았나니
5 보라 네가 알지 못하는 나라를 네가 부를 것이며
너를 알지 못하는 나라가 네게로 달려올 것은
여호와 네 하나님 곧 이스라엘의 거룩하신 이로 말미암음이니라
이는 그가 너를 영화롭게 하였느니라

하나님은 주의 백성에게 새로운 '다윗 언약'을 맺자고 하신다(55:3). 주님은 자기 말씀에 귀를 기울이는 자들과 언약을 맺기를 원하신다. 그런데 본문이 언급하는 언약은 단순한 '계약'의 차원이 아니다. 하나님은 옛적 다윗과 맺으셨던 것과 같은 성향의 언약을 염두에 두셨다. 그러므로 본문에서 언급되는 일은 다윗 언약의 재확인이라 할 수 있다(Brueggemann).

저자는 백성들이 여호와의 말씀에 귀를 기울이고 순종할 것을 다시 한번 강조한다(3a절). 사실 이것이 바로 하나님 백성의 사명이자 나아갈 길이다. 우리는 무엇을 어떻게 해서 하나님을 기쁘시게 할 수 있을까? 하나님이 우리에게 원하시는 것은 무엇인가? 선지자는 한 마디로 대답한다. "하나님이 원하시는 것은 그분의 말씀에 순종하는 것이다!"

하나님의 말씀에 순종하는 자들에게는 두 가지 축복이 약속된다. "너희의 영혼이 살 것이다"(תְחִי נַפְשְׁכֶם). "내가 너희와 영원한 언약을 맺을 것이다"(וְאֶכְרְתָה לָכֶם בְּרִית עוֹלָם). 첫 번째 약속은 암흑과 같은 미래를 바라보며 좌절하고 체념하던 백성들 위에 한 줄기 생명의 빛이 되어 내리쬐고 있다. 두 번째 약속인 "영원한 언약"은 무엇을 의미하는가? 저자는 곧바로 "다윗에게 베푼 나의 은혜"(חַסְדֵי דָוִד)라는 말을 더함으로써 보충 설명을 한다. 왜 다윗 언약인가?

아마도 여러 가지 이유에서 다윗 언약(cf. 삼하 7장)이 언급되는 것으로 생각된다. 첫째, 다윗 언약은 모세를 통해 맺어진 시내 산 언약과 달리 조건이 붙지 않았다. 다른 언약들도 그렇지만, 이 언약은 특별히 하나님의 긍휼(חֶסֶד)에 근거한 것이었다. 둘째, 다윗 언약은 메시아에 대한 약속을 내포하고 있다. 그러므로 여기서 다윗 언약이 언급되는 것은 하나님이 메시아를 통해 백성들을 통치하실 것을 암시한다(Smith). 선지자는 이미 여러 차례 다윗 계열의 메시아가 오셔서 세상을 통치할 것을 암시해 왔다(8:8-10; 9:2-7; 11:1-16; 16:5; 32:1-5; 33:17-22; 42:1-4; 49:5-9). 셋째, 다윗 언약은 물과 연관되어 있다(cf. Seitz). 선지자는 이스라엘이 "잔잔히 흐르는 실로의 물"을 거부했다며 비난했었다(8:6). 그러므로 본문에서 다윗 언약이 언급되는 것은 매우 자연스럽다. 하나님은 새로운 다윗 언약을 세우시려고 한다(Sanders).

하나님이 다윗과 언약을 맺으신 결과는 무엇이었는가? 저자는 4절을 통해 다윗은 많은 민족 앞에 하나님의 "증인"(עֵד)역할을 감당했고, 동시에 그들의 통치자였음을 밝히고 있다(4절). 한 가지 특이한 점은 구약의 역사서들을 살펴보면 그 어떤 책도 다윗을 "증인"(עֵד)이라 부르지 않는다는 것이다. 그렇다면 선지자는 무엇을 떠올리며 다윗을 증인이라 부르는가? 바로 다음 문구에서 그 해답을 찾는다.

다윗은 많은 민족의 "지도자"(נָגִיד)였고 "명령자"(מְצַוֵּה)였다. 그는 여건이 좋지 않은 상황에서도 하나님의 은혜에 힘입어 주변 국가들을 정복했다. 그리고 그의 주변 국가 통치는 곧 여호와의 능력에 대한 증거가 되었다. 즉, 다윗의 승리는 곧 하나님의 주권에 대한 간증이요 증거였던 것이다. 우리의 사역과 섬김도 마찬가지 아닌가! 우리가 개가를 올릴 때마다, 우리가 한 영혼을 사랑하고 섬길 때마다, 그것은 곧 살아계신 하나님에 대한 증거가 된다.

거의 대부분의 학자가 4절이 다윗 왕에 대해 말한다는 데 동의한다. 그러나 5절이 언급하는 인물의 정체에 대해서는 의견이 분분하다. 주로 이스라엘이 주인공으로 언급되지만(Muilenburg; Whybray), 이스라엘을 염두에 두고 복수형으로 말씀을 진행해 가는 1-3절과 달리 5절은 단수만을 사용한다. 저자는 의도적으로 이 말씀의 주인공이 한 개인임을 강조하고자 하는 것이다. 그렇다면 5절은 누구를 말하는 것이겠는가? 바로 다윗 계열의 메시아로 오시는 여호와의 종이다(cf. 50:10). 그는 온 세상에 구원의 빛을 비출 것이다. 물론 이스라엘이 이러한 사역을 잘 감당하면 "종들"이 될 수 있다. 그러나 본문은 기본적으로 한 인물을 염두에 두고 있다.

X. 여호와께서 인정하신 종(54:1–62:12)
2장. 은혜로운 반전(55:1–13)

2. 회개와 용서(55:6-13)

선지자는 하나님의 말씀에 순종하는 것은 그 백성의 본분이며, 이러한 삶을 살아가는 자는 하나님으로부터 영혼이 소생하는 생명력과 다윗에게 주어졌던 자비와 같은 은총이 축복으로 임할 것을 선언했다. 선지자는 이러한 확신에 기초하여 하나님께 돌아오도록 백성들을 초청한다. 하나님을 찾는 자들은 그분의 무한한 용서를 받을 것이며 기쁨으로 가득 찬 삶을 살게 될 것이다. 이 텍스트는 다음과 같이 구분될 수 있다.

A. 용서를 구하라는 권면(55:6-9)
B. 신뢰할 수 있는 주님의 말씀(55:10-11)
C. 기쁨의 노래(55:12-13)

X. 여호와께서 인정하신 종(54:1–62:12)
2장. 은혜로운 반전(55:1–13)
2. 회개와 용서(55:6–13)

(1) 용서를 구하라는 권면(55:6-9)

6 너희는 여호와를 만날 만한 때에 찾으라
가까이 계실 때에 그를 부르라
7 악인은 그의 길을,
불의한 자는 그의 생각을 버리고
여호와께로 돌아오라
그리하면 그가 긍휼히 여기시리라
우리 하나님께로 돌아오라
그가 너그럽게 용서하시리라
8 이는 내 생각이 너희의 생각과 다르며
내 길은 너희의 길과 다름이니라
여호와의 말씀이니라
9 이는 하늘이 땅보다 높음 같이
내 길은 너희의 길보다 높으며
내 생각은 너희의 생각보다 높으니라

하나님이 종의 사역을 통해 인간들에게 가까이 다가오셨다. 또한 이사야와 같은 선지자들의 가르침과 사역을 통해서도 백성들에게 가까이 다가오셨다. 여호와께서는 자신의 백성들 가까이에 와 계시면서 그들을 치료하고 위로하기를 원하신다. 그렇다면 어떻게 해야 이렇게 가까이 와 계시는 하나님의 회복을 체험할 수 있는가? 선지자는 아주 쉽고 간결하게 말한다. "여호와를 찾아라. 주님을 불러라"(6절). 그렇다면 어떻게 주님을 찾고 불러야 하는 것일까?

저자는 7절에서 이 질문에 답한다. 그는 여호와를 찾고 주를 부르는 것은 "악한 자는 그 길을 버리는 것을, 불의한 자는 그 생각을 버리고 여호와께 돌아오는 것을" 의미한다고 말한다. 여호와를 찾는다는 것은 지금까지 행해 왔던 악행을 모두 개혁해 나가는 것이다. 중요한 것은 악을 버리는 것이 개혁의 절반에 불과하다는 점이다. 악이 차지했던 자리에 무엇을 채워 넣는가도 악을 버리는 것만큼이나 중요하다.

저자는 악을 버리고 "하나님께 돌아오라"고 선언함으로써 하나님의 거룩한 임재의 체험으로 지난날 악이 차지했던 자리를 채울 때 비로소 진정으로 하나님을 부르는 것임을 강조한다. 선지자는 사람들이 악을 버리고 여호와께 돌아오면 하나님이 그들을 너그럽게 용서해 주실 것을 확신한다. 하나님은 그들에게 긍휼(רָחַם)을, 어머니의 품처럼 포근한 사랑을 베푸실 것이다.

사실 무엇이든 제거하기는 쉽다. 이러한 일은 누구나 할 수 있다. 그러나 제거하고 난 빈자리를 좋은 것으로 채우는 것은 개혁자들만 할 수 있는 일이다. 우리는 모두 개혁자가 되도록 끊임없이 노력해야 한다. 그리고 개혁은 평생을 통해 하는 것이지 결코 한순간에 이룩해 내는 업적이 아니다.

하나님을 지나치게 거룩하신 분으로, 두렵기만 한 신(神)으로 생각해 왔던 이스라엘 백성들은, 하나님이 죄인을 너그럽게 용서하시고 그에게 긍휼을 베푸실 것이라는 말씀이 쉽게 믿어지지 않았을 것이다. 그래서 선지자는 하나님의 관점과 사역 방법은 인간의 그것과 매우 다르다는 점을 강조한다(8-9절).

하나님의 생각과 길은 우리의 그것과 너무나 다르다(8절). “생각”(מַחֲשָׁבָה)과 “길”(דֶּרֶךְ)은 삶의 모든 것을 포괄적으로 표현하는 하나의 쌍이다(Young; Westermann). 한 사람의 길은 곧 그 사람의 사고방식을 의미하며, 하나님과 함께 살기를 원하는 사람은 자신의 사고방식을 하나님의 것으로 바꿔야 한다. 하나님을 믿는다는 것은 그분의 가치관과 그분의 사고방식을 모방하여 그분처럼 살아가는 것을 말한다.

우리는 주변에서 많은 거짓 신앙인들을 본다. 입으로는 이 세상 그 누구보다도 하나님을 사랑하지만, 삶에 있어서는 너무나도 그분의 것과 다른 사고와 가치관으로 살아가는 자들을 말이다. 더 슬픈 것은 이들이 아예 하나님의 가치관을 모방하려는 노력조차 하지 않는다는 사실이다. 그러면서도 “나는 주님의 종이다”라며 자신들을 속이며 살아간다.

하나님이 죄에서 헤어나지 못하는 백성을 용서하시고 자비를 베푸실 수 있는 것은, 주님이 우리와 다른 생각을 지니고 다른 길을 가시는 분이기 때문이다. 인간의 이성과 논리로는 하나님이 결코 인간을 용서하실 수 없지만, 하나님의 은혜와 자비로는 가능하다.

많은 그리스도인이 기도 열심히 하고, 경건생활 잘 하면 ‘내 생각이 곧 하나님 생각’인 것으로 착각한다. 이러한 논리가 잘못되었다는 것은 아예 의식하지도 못한다. 이렇게 생각하는 사람은 이미 자신이 ‘하나님’이 되어 있기 일쑤다. 우리는 하나님의 길은 우리의 길보다 무한히 높으며, 그분의 생각은 우리의 생각을 능히 초월한다는 것을 기억해야 한다(9절).

저자는 하나님과 우리의 차이를 “하늘과 땅”의 차이로 묘사한다. 우리가 아무리 완벽해도 결코 하나님의 완벽함 근처에 갈 수 없는 것처럼, 우리의 영성이 아무리 깊다 해도 결코 하나님의 생각과 길을 헤아릴 수는 없다. 땅이 아무리 노력을 해도 결코 하늘과 같아질 수 없는 것처럼 말이다.

X. 여호와께서 인정하신 종(54:1–62:12)
2장. 은혜로운 반전(55:1–13)
2. 회개와 용서(55:6–13)

(2) 신뢰할 수 있는 주님의 말씀(55:10-11)

10 이는 비와 눈이 하늘로부터 내려서
그리로 되돌아가지 아니하고
땅을 적셔서 소출이 나게 하며
싹이 나게 하여
파종하는 자에게는 종자를 주며
먹는 자에게는 양식을 줌과 같이
11 내 입에서 나가는 말도 이와 같이
헛되이 내게로 되돌아오지 아니하고
나의 기뻐하는 뜻을 이루며
내가 보낸 일에 형통하리라

저자는 9절에서 소개된 "하늘" 비유를 지속해 나가면서 하나님 말씀의 신뢰성을 강조한다. 하늘에 떠 있는 구름이 비가 되어 땅을 적시면, 자연만물은 생기를 얻는다. 그러고는 그 비는 수증기가 되어 하늘로 돌아간다. 이처럼 하나님의 말씀도 세상에 선포되면 모든 목적을 달성한 다음에야 하나님께 돌아간다.

이 비유에서 중요한 것은 하나님의 말씀이 비에 비유된다는 사실이다. 고대 근동에서 비는 어떤 중요성을 지녔는가? 비는 바로 생명과 죽음을 좌우하는 것이었다. 비가 제때 내려주면 곡식을 비롯한 모든 작물이 잘 자라서 사람들과 짐승들에게 양식을 공급했지만, 비가 제때 내려주지 않으면 가나안 땅은 순식간에 죽음의 땅으로 변했다. 하나님의 말씀은 제때 내리는 비와 같다. 듣고 순종하는 이에게 생명력과 살길이 되어준다. 하나님의 말씀의 본질이 이러하다. 따라서 하나님의 말씀을 올무로 만들어 사람들을 속박하고 죽음의 길로 인도하는 위험이 아직도 우리 주변에 도사리고 있는 것은 매우 가슴 아픈 일이다. 하나님의 말씀은 우리가 살기를 원하고, 자유하기를 바란다.

X. 여호와께서 인정하신 종(54:1-62:12)
2장. 은혜로운 반전(55:1-13)
2. 회개와 용서(55:6-13)

(3) 기쁨의 노래(55:12-13)

12 너희는 기쁨으로 나아가며
평안히 인도함을 받을 것이요
산들과 언덕들이 너희 앞에서 노래를 발하고
들의 모든 나무가 손뼉을 칠 것이며
13 잣나무는 가시나무를 대신하여 나며
화석류는 찔레를 대신하여 날 것이라
이것이 여호와의 기념이 되며
영영한 표징이 되어 끊어지지 아니하리라

비록 구체적으로 언급하지는 않지만, 본문은 모든 사람에게 동일하게 적용되는 약속이 아니다. 선지자가 권면한 대로 여호와를 신뢰하고 그분의 능력을 믿는 사람에게만 주어지는 약속이다. 즉, 여호와께 신실한 남은 자들에게만 주어지는 특권을 말하는 것이다. 이러한 면에서 본문은 55장의 결론이자, 40-55장의 결론이기도 하다(Oswalt).

기품 있는 문체로 구성된 본문은 41:18-20, 43:19-21, 44:1-5, 48:20-21, 49:9-11, 52:11-12 등과 매우 비슷한 성향을 나타내며, 주제적인 면에서는 자연의 회복을 노래하는 42:10-11, 44:23, 49:13 등과 많은 공통점을 지니고 있다. 그뿐만 아니라 본문이 노래하는 출(出)바빌론 주제는

40-55장을 하나로 묶는 것이기도 하다. 선지자의 메시지를 받아들이고 순종하는 자들은 하나님의 인도하심에 따라 영광 속에서 자신들을 속박하던 곳을 떠나게 된다(12절). 그들이 노예의 멍에를 벗어버리고 하나님의 인도하심을 따라 자유로 떠나는 날, 온 세상이 그들을 축하할 것이다.

그뿐만 아니라 그들이 거할 곳도 회복된다(13절). 가시나무가 자라던 곳에 전나무(בְּרוֹשׁ)가 자라고(공동번역; 다른 번역본들은 "잣나무"), 찔레나무가 자라던 곳에 화석류(הֲדַס)(모든 번역본; 공동번역은 "소귀나무")가 자란다. 황폐해져서 사람들이 살기 어렵던 곳, 가시나무와 찔레나무나 자라던 형편없는 곳에 사람들이 안식할 수 있는 그늘을 주는 커다란 나무들이 자라게 된다. 즉, 모든 땅이 옥토로 변해 돌아온 자들의 삶을 도울 것이다.

이러한 자연의 변화는 여호와의 하신 일에 대한 영원한 증거가 될 것이다. 선지자는 지금까지 '영원한 것' 두 가지를 말했다. "영원한 인애"(54:8), "영원한 언약"(55:3). 이제 세 번째 "영원한 것"을 말한다. 그것은 "영원한 증거"(אוֹת עוֹלָם)다. 영원한 "증거"(אוֹת)는 믿지 못하던 아하스에게 주어졌던 임마누엘 "징조"(אוֹת)를 연상케 한다. 백성들이 하나님을 신뢰하지 못하더라도 하나님은 그들을 위해 영원한 증거를 주신다.

하나님이 우리의 삶에 내려주시는 축복은 하나님의 통치와 주권에 대한 영원한 증거들이다. 다만 우리 자신만이 즐기도록 허락하신 것으로 착각하지 않아야 한다. 우리는 서로에게 하나님의 '영원한 증거'가 되었으면 좋겠다. 우리의 이웃이 우리의 삶을 보고, 우리가 예수의 이름으로 그들에게 베푸는 자비와 사랑을 보고 하나님이 살아 계시고 그들을 사랑하심을 체험할 수 있는 그런 '영원한 증거'가 되어야 한다. 우리는 자신이 하나님이 이 세상을 향해 써 내려가신 사랑 고백의 편지임을 삶에서 의식해야 한다.

3장. 거룩한 연합(56:1-8)

선지자는 여호와의 구원이 종의 죽음을 통해 이스라엘 백성들에게 임박해 있음을 선포했다(cf. 55:6). 본문은 구원이 가까이 와 있다고 말한다(1절). 또한 여러 가지 언어와 정황을 볼 때, 본문은 55장의 메시지를 확대해 놓은 것으로 생각된다(Beuken). 그렇다면 종의 죽음을 통해 구원을 맛본 백성들은 앞으로 어떻게 살아야 하는가? 어떻게 살아야 하나님의 구원에 합당한 삶을 살아가는 것일까? 이사야는 이스라엘의 부끄러운 역사에서 몇 가지 예를 들어 그들의 잘못된 신앙과 삶을 지적함으로써 다시는 이러한 실수를 반복하지 않도록 권면한다.

여호와의 구원을 체험한 백성에게는 그 구원에 부끄럽지 않은 윤리적이고 도덕적인 삶을 살아갈 책임이 있다. 물론 선지자는 하나님이 결코 쉬운 요구를 하시는 것이 아니라는 사실을 누구보다도 잘 안다. 그래서 그는 완벽한 도덕성을 추구하는 삶을 살지는 못하더라도 그렇게 살려고 노력하는 사람들을 하나님이 도우실 것이라는 메시지를 곁들인다.

선지자는 또한 이스라엘이 여호와 앞에 죄를 범했을 때 하나님이 어떠한 심정으로 그들을 바라보셨는지 묘사함으로써 다시는 하나님의 가슴에 못 박는 일이 없도록 종용한다. 동시에 "하나님의 백성"이란 개념이 이제 더 이상 아브라함의 후손에 국한된 개념이 아님을 강조함으로써, 온 열방에는 소망을, 동시에 이스라엘 백성에게는 자신들이 하나님의 선민이라는 사실 때문에 방심하지 말 것을 경고한다(cf. Emmerson; Smith). 이 섹션은 다음과 같이 구분될 수 있다.

A. 구원에 합당한 행실(56:1-2)

B. 구원은 환관을 수용함(56:3-5)

B'. 구원은 이방인들을 수용함(56:6-8)

X. 여호와께서 인정하신 종(54:1-62:12)
3장. 거룩한 연합(56:1-8)

1. 구원에 합당한 행실(56:1-2)

[1] 여호와께서 이와 같이 말씀하시기를
너희는 정의를 지키며 의를 행하라
이는 나의 구원이 가까이 왔고
나의 공의가 나타날 것임이라 하셨도다
[2] 안식일을 지켜 더럽히지 아니하며
그의 손을 금하여 모든 악을 행하지 아니하여야 하나니
이와 같이 하는 사람,
이와 같이 굳게 잡는 사람은 복이 있느니라

"너희는 정의를 지키며 의를 행하라!"(שִׁמְרוּ מִשְׁפָּט וַעֲשׂוּ צְדָקָה, 1절)는 명령은 어떻게 보면 타오르는 불에 찬물을 끼얹는 것과 같다(Oswalt). 그동안 선지자는 하나님의 구원이 인간의 노력이 아닌 종의 사역을 통해 임하는 일방적인 여호와의 은혜라는 사실을 타오르는 불을 지피듯 키워왔다. 그런데 지금에 와서 윤리적인 행동을 요구하기 때문이다. 그렇다면 이 두 개념이 서로 상반되는 것이 아닌가?

선지자는 결코 도덕적이고 윤리적인 삶이 우리의 구원을 좌우한다고 주장하는 것이 아니다. 그가 여기서 요구하는 도덕적 삶은 구원 이후의 문제다. 선지자는 아직도 구원이 하나님이 부어 주시는 일방적인 은혜라고 생각한다. 다만 여호와의 구원을 체험한 자들은 그 구원에 부끄럽지 않은 삶을 살아야 할 책임이 있음을 말하는 것뿐이다. 성경 저자들은 하나님을 안다고 자부하면서도, 구원을 받은 백성이라 자부하면서도, 양심적으로 살지 않는 자들을 하나님을 모르는 자들, 즉 구원을 받지 못한 자들로 취급한다. 구원을 받은 자들이 지향하며 살아가야 할 길이 분명히 있다. 구원은 방종을 초래하는 것이 아니라 막중한 책임을 부여하는 것이다.

한국 교회의 윤리적 기강이 무너진 데는 이 점을 잘못 이해하고 가르친 것도 한몫했다. "한 번 구원은 영원한 구원"이란 말은 지극히 성경적이다. 그러나 바로 그다음에 오는 "그러므로 어떻게 살아도 상관없다. 나는 이미 구원받은 사람이기 때문이다"라는 결론이 문제가 된다. 성경 그 어디에도 이런 가르침은 없다. 물론 우리의 행위가 결코 구원에 영향을 미치지는 않는다. 구원은 하나님이 인간의 죄와 상관없이 일방적으로 이루시는 일이기 때문이다.

그러나 일단 구원을 체험한 사람이라면, 옛날처럼 살 수 없다는 것이 성경의 가르침이다. 물론 순식간에 변하는 것은 쉬운 일이 아니며 대부분의 경우에 가능하지도 않다. 그렇기에 오랫동안 신앙생활을 했던 바울도 "나는 매일 죽노라"라고 고백했던 것이다. 선지자는 우리에게 강권한다. "하나님을 체험한 사람처럼 살아라!" 예수님은 열매를 보면 나무를 알 수 있다고 말씀하셨다. 우리는 구원을 받았다고 자부하면서도 엉터리로 사는 사람들을 의심스러운 눈으로 바라보아야 할 것이다. 요즘 세상에는 거짓이 너무 많기 때문이다.

시편 1편을 연상시키는 "이것을 행하는 자는 복이 있도다!"(אַשְׁרֵי אֱנוֹשׁ יַעֲשֶׂה־זֹּאת, 2절)는 말씀 중 "이것"은 무엇을 뜻하는가? 2절 뒷부분과 연결시키면 "안식일을 더럽히지 않는 것"이 된다. 개역과 개역개정은 이렇게 해석한다. 반면에 1절 후반부와 연결시키면 "공의와 공평"이 된다(새번역, 공동번역). 문맥의 흐름에 준하여, 대부분의 주석가는 1절 후반부와 연결시켜 해석한다(Motyer; Oswalt; Wstermann; Muilenburg). 즉, "이

것"이 "의와 공평"을 추구하는 삶을 뜻하는 것이다.

"의와 공평을 추구하는 삶을 살아가는 자는 복이 있다"는 말씀은 우리에게 신뢰를 요구하는 선언이다. 세상을 살아가다 보면 의인들보다는 악인들이 성공하는 사례가 더 많다. 심지어 오늘날에는 의와 공평을 추구하면 바보 취급을 받기도 한다. 그런데 왜 성경은 공의와 공평을 추구하는 삶이 복이 있다고 하는 것일까?

비록 세상이 악하고 의와 공평의 삶을 추구하는 자를 핍박한다 해도 하나님은 자신의 백성들이 이렇게 살아가기를 요구하신다. 왜냐하면 이 문제는 하나님에 대한 신뢰와 연관된 것이기 때문이다. 세상을 창조하실 때, 하나님은 세상이 아름답고, 선을 추구하며, 악을 배척하도록 창조하셨다. 한동안 악인이 형통한다고 해도, 이 원리는 무너지거나 다른 것으로 대체될 수 없다. 그러므로 역경 속에서도, 심지어 의를 행함으로 핍박을 받는다 해도, 끝까지 의와 공평을 추구하는 것은 창조주 하나님에 대한 '신임 투표'(vote of confidence)인 것이다. 악인이 성공하고, 의인이 핍박받는 세대에 살지라도 가슴을 펴고 의를 행하자. 하나님이 우리의 신뢰를 귀하게 여기신다.

또한 성경은 영원히 이 땅을 지배할 듯한 악인의 권세는 바람에 흩날리는 겨와 같고, 의인의 길은 하나님이 인정하신다는 것을 분명하게 선언한다. 우리는 우리가 소중히 여기는 사람들에게 인정받기 위해서라면 어떤 일이라도 하는 존재들이다. 만일 하나님이 우리의 길을 인정하신다면, 이보다 더 큰 영광이 어디 있겠는가! 세상에서 핍박받는 의인의 길이 이렇다는 것이다. 비록 세상이 알아주지 않을지라도, 주님은 인정하신다. 우리는 의에 굶주린 자세로 당당하게 살아야 한다.

저자는 "정의를 지키며 의를 행하는 것"은 또한 이런 것이라고 두 가지 예를 들어 설명한다(2b절). 즉 안식일을 지키고, 악을 행하지 않는 것이다. 겉보기에는 잘 어울리지 않는 한 쌍이라고 생각될 수 있다. 그러나 '안식일'과 '악을 행하지 않는 것'은 '형식-내용', '의식-삶'의 관계를 상징한다. 본문에서 “안식일”은 모든 이스라엘 종교 예식의 상징으로 사용되며, “악을 행하지 않는 것”은 그들의 삶 전체를 상징하는 것이다.

이는 우리의 신앙생활의 양면성을 강조한다. 신앙생활에서 예식은 매우 중요하다. 우리는 교회에서 진행되는 예배와 갖가지 프로그램을 통해 하나님을 경배한다. 그러나 우리가 이러한 행사에 익숙해져서 예배드리고 필요한 예식을 치르는 것이 하나님을 경배하는 것의 모든 것이라고 생각하는 순간부터 신앙적인 문제가 시작된다. 이러한 것들은 그 무엇으로도 설명할 수 없는 우리의 마음과 경배를 담아 하나님께 드리는 용기(用器)에 불과하다. 그러므로 이 용기가 신앙의 중심이 되어 버리면 우리는 그 무엇으로도 설명할 수 없는 “그것”을 잃게 되어 결국 신앙생활은 “겉치레”에 지나지 않게 되어 버린다. 우리는 예식이라는 것은 “익숙해지는 순간”부터 그 예식이 의미하는 “그것”을 본의 아니게 배척하기 시작한다는 사실을 기억해야 할 것이다.

그렇다면 우리는 어떻게 “그것”을 잃는 것을 막거나 지연시킬 수 있는가? 저자는 우리의 삶이 하나님의 통치를 받으며 끊임없이 악을 거부하고 의를 추구할 때만 이 일이 가능하다는 것을 명백히 한다. 물론 이러한 각오에서 비롯된 삶은 특별한 형태나 양식을 취하지 않는다. 쉽게 설명할 수도 없다. 그러나 이러한 삶을 목격하는 순간, 우리는 분명히 의식할 수 있을 것이다. 우리가 모여 하나님을 예배하는 것도, 말씀을 묵상하고 연구하는 것도, 찬양하고 기도하는 것도 결국 이 일을 잘 감당하기 위해서가 아닌가!

아무리 본질을 놓치지 않고 지속적으로 추구하는 것이 힘들고 커다란 희생을 요구할지라도, 결코 포기해서는 안 된다. 이러한 ‘그것’이 없는 우리의 예배는 위선이요, ‘그것’이 없는 찬양은 가증스러울 뿐이기 때문이다. 그러나 동시에 형식의 중요성을 무시해서도 안 된다. 함께 모여 예배드리고 적절한 예식을 행하는 것은 우리에게 주어진 특권이요 우리의 신앙생활에 큰 유익을 주는 일이기 때문이다. 그러므로 우리는 이 세상에서 사는 동안 "형식"과 "내용"의 균형을 찾고 유지하기 위해 끊임없는 노력을 기울여야 하는 것이다.

X. 여호와께서 인정하신 종(54:1-62:12)
3장. 거룩한 연합(56:1-8)

2. 구원은 환관을 수용함(56:3-5)

3 여호와께 연합한 이방인은 말하기를
여호와께서 나를 그의 백성 중에서
반드시 갈라내시리라 말하지 말며
고자도 말하기를
나는 마른 나무라 하지 말라
4 여호와께서 이와 같이 말씀하시기를
나의 안식일을 지키며
내가 기뻐하는 일을 선택하며
나의 언약을 굳게 잡는 고자들에게는
5 내가 내 집에서,
내 성 안에서 아들이나 딸보다 나은 기념물과 이름을
그들에게 주며 영원한 이름을 주어
끊어지지 아니하게 할 것이며

이때까지 선지자가 선포한 대로 공의와 공평을 추구하는 사람은 누구든 하나님 백성에 속할 수 있다. 저자는 극단적인 예들을 들어가면서 이 포인트를 확고히 한다. 바로 이스라엘이 가장 멸시했던 이방인과 고자들도 여호와의 백성이 될 수 있다며 이야기를 진행하는 것이다.

선지자는 이미 여호와의 종을 통해 이루어진 구원의 대상이 결코 아브라함의 자손 이스라엘 사람들뿐만이 아니라 세상 사람들 중 여호와를 경외하는 모든 자를 포함할 것을 수차례 암시해 왔다. 그는 이제부터 구체적인 예를 들어가며 이 사실을 강조한다. 선지자는 하나님의 백성이란 개념이 더 이상 핏줄을 통하여 전수되는 것이 아니라 믿음과 신앙의 맥을 통해 민족과 영토를 초월하여 형성될 것이라고 말한다. 이러한 가르침은 또한 하나님의 선민이라는 특권 의식에 젖어 있던 이스라엘 사람들에게 효과적인 경고다. "너희의 선민 신분을 남용하지 말라! 하나님은 아브라함의 혈육보다 이방인들을 더 사랑하실 수도 있다!"

하나님은 먼저 이방인들과 고자들에게 자신을 비관하거나 멸시하지 말라고 당부하신다(3절). 세상 사람들이 이들을 멸시하더라도, 하나님은 귀하고 소중하게 여기시기 때문이다. 물론 아무에게나 하시는 말씀은 아니다. 하나님을 사랑하고 순종하는 삶을 살기 위해 노력하는 이방인들과 고자들에게 하시는 말씀이다(4절). 그럼에도 불구하고 여기에서 선포되는 말씀은 이스라엘 사람들에게 매우 충격적이었을 것이다.

율법은 암몬 사람들이나 모압 사람들을 포함한 이방인들과 고자들이 이스라엘 공동체에 속하는 것을 금한다(신 23:1-8). 그들에게서 예배의 기회마저 빼앗는다. 그런데 본문은 이러한 규례가 더 이상 강요되지 않을 것을 선언한다. 종의 사역을 통해 온 세상에 펼쳐진 하나님의 구원이 사람들이 처한 상황과 신체 조건을 초월해서 그 효력을 발휘하는 것이다. 하나님이 당신의 종 메시아를 통해 통치하시는 새로운 세계에서는 이들도 이스라엘 사람들만큼이나 귀한 것이다.

우리는 어떤가? 하나님을 사랑하고자 하지 않는가? 그렇다면 우리는 하나님께 더없이 소중한 존재들이다. 이러한 사실은 우리의 감정이 확인해 주는 것이 아니라, 성경이 증거한다. 하나님이 귀하게 여기시는 자로서, 자신의 귀함을 알고 자신을 사랑해야 한다. 우리가 자신을 진정으로 사랑할 때, 비로소 다른 사람을 사랑할 수 있고 건강한 자존감을 가지고 하나님의 사역에 동참할 수 있다. 우리를 비웃는 것은 세상 사람들로 족하다. 우리 자신까지 우리를 비웃는 데 가세할 필요는 없다.

이사야는 이어서 왜 고자들이 더 이상 자신을 멸시할 필요가 없는지 설명한다(5절). 하나님의 말씀대로 살려고 노력하는 자들은 모두 영원히 기억되는 이름을 남길 것이기 때문이다. 하나님이 이방인들에게 그들의 이름을 영원히 보존할 자식도 주시고, 고자들에게 결코 잊혀지지 않을 이름도 주시는 것이다. 그것도 하나님의 성전과 도성에서 잊혀지지 않을 것들로 말이다. 사도행전에 등장하는 에티오피아에서 온 환관의 이야기(행 8:27-39)는 이 말씀에 대한 하나의 성취가 아닐까? 우리의 신분과 여건이 하나님의 은혜와 사역을 막지는 못한다. 자신감을 갖자. 하나님이 우리 삶을 풍요롭게 하기를 원하신다. 다만 순종하는 삶을 살면 되는 것이다.

3. 구원은 이방인들을 수용함(56:6-8)

6 또 여호와와 연합하여 그를 섬기며
여호와의 이름을 사랑하며
그의 종이 되며
안식일을 지켜 더럽히지 아니하며
나의 언약을 굳게 지키는 이방인마다
7 내가 곧 그들을 나의 성산으로 인도하여
기도하는 내 집에서 그들을 기쁘게 할 것이며
그들의 번제와 희생을 나의 제단에서 기꺼이 받게 되리니
이는 내 집은 만민이 기도하는 집이라 일컬음이 될 것임이라
8 이스라엘의 쫓겨난 자를 모으시는
주 여호와가 말하노니

내가 이미 모은 백성 외에 또 모아

그에게 속하게 하리라 하셨느니라

하나님의 말씀에 순종하는 이방인들에게는 하나님의 거룩한 산에서 그분과 거하고 그분의 성전에서 즐거워하고 기도할 수 있는 축복이 임한다. 그뿐만 아니라, 하나님은 그들이 제단 위에 바친 번제물과 희생 제물들을 기꺼이 받으실 것이다. 놀라운 것은 이방인들과 고자들이 제사장 역할을 감당한다는 사실이다. "섬기다"(שרת)는 성전에서 갖가지 종교 예식을 집례하는 것을 묘사할 때 사용되는 단어다(60:7, 10; 61:6). 고자와 이방인들이 여호와의 제사장이 된다는 것이 얼마나 충격적이었던지 쿰란에서 발견된 이사야 사본은 이 단어를 아예 삭제해 버렸다(Rosenbloom). 그러나 선지자는 같은 원리를 66:21에서 다시 언급하고 있다.

하나님이 이방인들과 고자들이 드리는 제물을 기꺼이 받으시겠다는 말씀은, 성전이 "기도하는 집"이라는 가르침으로 시작하고 끝맺는다(7절). 이 말씀은 성전의 본질을 강조하기도 하지만, 이들의 예배 의식이 많은 기도로 준비되고 집행되고 있음을 시사한다. 즉, 선지자가 이미 앞부분에서 강조한 것처럼 그들의 예배는 자신들의 '그것'을 표현하는 도구였다. 하나님이 이런 예배를 안 받으실 이유가 없지 않은가! 우리는 어떠한 예배를 드리고 있는지 묵상해 보자.

하나님의 백성은 온 세상 사람들을 포함한다(8절). 선지자는 하나님이 결코 이스라엘 백성을 모으는 것으로 만족하시지 않을 것이라고 선언한다. 여호와는 온 세상에서 그분을 사랑하는 사람들을 모두 모을 때까지 쉬지 않으실 분이다. 창조주 하나님은 인류를 만드셨다. 그리고 종을 통해 그 인류를 구원하셨다. 이제 주님은 최대한 많은 사람을 모으실 것이다. 누구든지 하나님의 말씀에 순종하는 자들은 이 그룹에 속할 자격이 있다.

4장. 백성의 무능함이 치료됨(56:9-57:21)

선지자는 바로 앞(56:1-8)에서 이방인과 고자라도 하나님의 백성에 속할 수 있을 뿐만 아니라, 하나님을 믿고 의지하기만 하면 커다란 축복을 누릴 것이라며 하나님의 백성을 새롭게 정의했다. 그는 이제 아브라함의 자손이라 할지라도 불의를 일삼고 우상을 숭배하는 자들은 결코 하나님의 성회에 함께할 수 없음을 선언한다. 더 이상 하나님의 백성은 혈연에 의해 정의될 수 없음을 명백히 드러내는 것이다. 이방인이라도, 아무리 세상에서 멸시와 천대를 받는 자라도 믿음을 통해 하나님의 백성이 될 수 있는가 하면, 아무리 좋은 환경과 조건을 지닌 자라도 악을 일삼고 하나님을 불신하면 그분의 백성이 될 수 없다. 이 텍스트는 다음과 같이 구분된다.

A. 무능한 백성(56:9-57:13)
B. 백성의 무능함을 치료하심(57:14-21)

X. 여호와께서 인정하신 종(54:1–62:12)
4장. 백성의 무능함이 치료됨(56:9–57:21)

1. 무능한 백성(56:9-57:13)

하나님은 이스라엘 지도자들의 어리석음, 직무유기, 방탕함, 그리고 무디어진 감각을 비난하신다. 이야기를 진행해 나가는 중심 이미지는 "개"다. 그들이 제구실을 못하고 오히려 음식이나 탐하는 개들이라는 것이다. 지도자들을 규탄하는 이 메시지는 5장과 내용이 비슷하다. 또한 예레미야(12:9), 에스겔(34:5, 8) 등도 비슷한 내용을 전한 적이 있다.

특별한 신분과 함께 따라오는 특권에 익숙해져 자신들이 처한 상황에는 아랑곳하지 않고 자만감에 빠져 있는 것이 이들의 가장 큰 문제로 부각된다. 본문이 지닌 여러 가지 성향이 포로기 이전의 신탁들과 유사하다고 해서 이 말씀이 포로기 이전 시대에서 유래한 것이라고 주장하는 학자도 있다(Westermann). 이 섹션은 다음과 같이 구성되어 있다.

A. 리더십 실패(56:9-57:2)

B. 우상숭배(57:3-13)

X. 여호와께서 인정하신 종(54:1-62:12)
4장. 백성의 무능함이 치료됨(56:9-57:21)
1. 무능한 백성(56:9-57:13)

(1) 리더십 실패(56:9-57:2)

9 들의 모든 짐승들아
숲 가운데의 모든 짐승들아
와서 먹으라
10 이스라엘의 파수꾼들은 맹인이요
다 무지하며 벙어리 개들이라
짖지 못하며 다 꿈꾸는 자들이요
누워 있는 자들이요
잠자기를 좋아하는 자들이니
11 이 개들은 탐욕이 심하여
족한 줄을 알지 못하는 자들이요
그들은 몰지각한 목자들이라
다 제 길로 돌아가며
사람마다 자기 이익만 추구하며
12 오라 내가 포도주를 가져오리라

우리가 독주를 잔뜩 마시자
내일도 오늘 같이 크게 넘치리라 하느니라
57:1 의인이 죽을지라도
마음에 두는 자가 없고
진실한 이들이 거두어 감을 당할지라도
깨닫는 자가 없도다
의인들은 악한 자들 앞에서 불리어가도다
2 그들은 평안에 들어갔나니
바른 길로 가는 자들은 그들의 침상에서 편히 쉬리라

하나님의 선택을 받는다는 것에는 하나님의 징계도 포함된다(9절). 이스라엘의 문제는 여호와께서 그들을 특별히 구별하여 택하셨다는 사실이 방종과 교만의 동기가 되었다는 것이다. 선지자가 5장에서 하나님과 이스라엘의 관계를 농부와 특별한 선택을 받은 포도원으로 비유했던 것처럼, 주의 백성들이 하나님께는 그러하다. 그러나 하나님과의 관계가 특별한 만큼 그들에게 커다란 책임이 부여된다. 하나님의 백성이 책임을 완수하지 못할 때, 각별히 사랑하던 포도원의 보호막을 스스로 제거하여 들짐승들로 하여금 쑥밭을 만들게 하던 농부처럼, 하나님 자신이 그 백성들을 심판하신다. 그러므로 9절은 "나의 백성들을 잡아먹으라"는 하나님의 무서운 명령으로 시작한다. 하나님이 자신의 백성을 잡아먹으라고 부르시는 짐승들은 열방의 지도자들에 대한 비유다(Hanson). 부디 그리스도인의 특권만 생각하지 말고 책임을 먼저 생각하라.

어쩌다 이스라엘의 형편이 이렇게 되었는가? 바로 제구실을 못하는 지도자들 때문이다(10-12절). 어느 사회든 지도자가 잘못되면 온 나라가 어려워질 수밖에 없다. 하나님은 백성들을 보살피고 섬기라고 지도자들을 세우셨다. 그런데 이들은 자신의 사명을 망각하고, 섬기는 자가 아니라 섬김을 받는 자요, 보살피는 자가 아니라 착취하는 자가 되어 있었다. 저자는 세 가지 이미지를 통해 이야기를 진행한다. 눈먼 파수꾼들(10a절), 짖지 못하는 개(10b절), 양 떼를 보살피기는커녕 잡아먹는 목자들(11절). 저자가 세 가지 비유를 들어 리더들을 비난하는 것은 선지자, 제사장, 왕 등 이스라엘의 모든 리더가 총체적으로 썩어 있음을 시사한다.

이스라엘의 지도자들은 눈먼 파수꾼들이다(10a절). 전쟁 시 파수꾼이 해야 할 일은 무엇보다도 적의 동태를 시시때때로 아군에게 알려 적절한 대책을 세우게 하는 것이다. 평상시에는 높은 망대에 올라가 마을/도성을 위협하는 무리들이 침략해 오는지 관찰해야 한다. 그러므로 파수꾼에게 좋은 시력은 필수 조건이다. 문제는 이스라엘 파수꾼들의 눈이 지독하게 나쁘다는 사실이다. 성경에서 "파수꾼"은 흔히 선지자를 두고 하는 말이다(21:6; 52:8; 렘 6:17; 겔 3:17; 합 2:1).

그 누구보다도 미래를 내다보고 예언해야 하는 사명을 지닌 선지자들의 "눈이 멀었으니" 이 백성의 운명은 뻔한 것이 아닌가! 그런데 이사야는 무엇을 염두에 두고 이들의 눈이 멀었다고 말하는 걸까? 그는 이들이 "모른다"는 것을 10-11절에서 세 차례나 강조한다. 쉽게 말해서 어떤 일이 이 백성에게 닥칠지 감도 못 잡고 있다는 것이다.

이스라엘의 지도자들은 짖지 못하는 개들이다(10b절). 하나님은 이러한 자들을 "제구실 못하는 개"—짖지도 못하는, 잠자는 것이나 즐기며 음식이나 축내는 개—에 비유하신다. 개는 외부에서 침입이 있을 때 큰 소리로 짖으며 주인에게 알리는 역할을 해야 한다. 그런데 이 개들은 이 일을 수행하지 못하고 있다. 이런 개를 어디에 쓸까?

지도자들은 백성들을 섬기고 사랑하라는 소명을 받았는데, 때와 장소를 가리지 않고 잠만 자고 있다. 우리가 상상할 수 있는 가장 게으른 모습이다. 지도자들이 이러니 백성들의 삶이 얼마나 고달프겠는가? 육체적인 게으름은 영적인 무감각에 비례한다.

이스라엘의 지도자들은 짐승을 축내는 목자들이다(11절). 하나님이 이스라엘에 지도자를 주셨을 때는 마치 양 떼 위에 목자를 세운 것과 같았다. 그런데 이 목자들이 양들을 보살피고 인도하는 일에는 관심이 없고 양을 잡아먹는 데만 급급하다는 것이다. 백성이 하나님께 나아와 마음껏 먹는 모습을 묘사하는 55:1-3과 매우 대조적이다(Beuken). 차라리 늑대에게 양을 맡기는 것이 나을 뻔했다는 아쉬움이 생긴다. 우리도 마찬가지다. 우리가 해야 할 일을 잘 감당하지 못하면 객관적으로 볼 때 이렇게 꼴불견이 되는 것이다.

자신들의 이러한 현실을 아는지 모르는지, 지도자들은 만취하여 방탕만 일삼는다(12절). 삶에 대한 애착이나 비전이 없다. 비전 없는 지도자가 이끄는 사회는 날이 갈수록 어려워질 뿐이요, 결국에는 망하고 만다. 목자가 좋은 양을 만나는 것도 복된 일이지만, 양이 좋은 목자를 만나는 것은 더 복된 일이다. 하나님은 자신에게 주어진 특권을 남용하는 자들은 결코 주의 백성이 될 수 없다고 분명히 경고하신다.

이스라엘의 지도자들은 의인들이 사라져 가는 것을 보고도 깨닫지 못한다(57:1-2). 선지자는 지도자들의 타락과 사회에 대한 그들의 무관심을 한 예를 들어 말을 이어 간다. 자신들이 통치하는 사회에서 의인들이 망하고 신실한 자들이 사라져 가도 염려는 고사하고 의식도 못한다는 것이다. 그런데 선지자들이 왜 이런 현상에 대해 염려해야 하는가?

"의인이 망한다"는 것은 사회의 기초 질서가 준수되지 않음을 뜻한다. 의를 행하여 존경은커녕 비난과 멸시, 심지어 핍박까지 받는 사회가 되어 버린 것이다. 이는 악이 성행하고, 불의가 존경받는 사회가 되었다는 증거다. 이런 사회에는 더 이상 소망이 없다. 공의와 공평이 추구되지도, 선망의 대상도 되지 않는 사회가 어떻게 지속될 수 있단 말인가! 그러므로 지도자들은 의인이 망하는 것을 보면 깊이 생각해야 한다. 그것은 단순히 한 개인의 불행이 아니라 온 사회의 기강이 무너져 내리고 있다는 의미일 수 있다. 우리가 섬기는 교회의 형편은 어떠한가? 의인이 존중받고 있는지 생각해 보자.

“신실한 자들/신앙인들이 사라져 간다”는 사실 또한 사회의 위기를 경고하는 신호다. 신실한 자들이 늙어서 죽는 것은 당연한 일이지만, 그들을 대신할 자들이 지속적으로 많이 배출되어야 건강한 사회가 될 수 있다. 그런데 사라져 가는 자들이 대체되지 않는 것이다. 그렇다면 머지않아 이 사회는 창조주를 무시하고 독불장군 행세를 하는 자들로 가득 찰 것이다. 그렇게 되면 그 사회는 하나님의 진노를 피할 수 없다. 즉, 신실한 자들이 사회에서 사라져 가는 것은 그 사회의 종말을 예고하는 경고다. 의식 있는 지도자라면 이러한 현상에 대해 깊이 생각하고 대책을 강구해야 하는데, 그들은 그렇게 하지 않는다. 따라서 사회에서 의인이 사라지는 것은 지도자들의 책임이다(Koole).

왜 악이 성행하는 사회에서 의인들이 사라져 가고, 신실한 자들이 없어지는가? 물론 그만큼 신앙을 지키고 양심을 지키는 것이 쉽진 않다. 그러나 한 가지 다른 이유가 있다. 이사야는 하나님이 이들을 거두어 가시기 때문이라고 말한다(1b-2절). 하나님이 이들을 험난한 세상으로부터 거두어 가셔서 참평안을 누리게 하시기 때문에, 의인들이 사라지고 신실한 자들이 죽어 가는 것은 사회를 향한 하나님의 심판이라는 것이다. “너희는 이렇게 귀하고 소중한 사람들을 감당할 만한 자격이 없다! 그러므로 내가 너희 사이에 의인들과 신실한 자들을 두지 않으리라!”

악한 세상이 그나마 유지되는 것은 빛이 되고 소금이 되어 사회의 부패를 최대한 막으려고 노력하는 의인들이 있기 때문인데, 사회가 어느 선을 지나면 이 축복마저도 빼앗기게 된다. 날이 갈수록 삭막해지는 우리 사회를 바라보고 있으면 두려운 생각이 든다. 하나님의 심판이 머지않았음이 의식되기 때문이다.

우리는 이 말씀에서 착하고 믿음이 좋은 사람들의 때 이른 죽음에 대해 조금이나마 위로를 얻을 수 있다. 신앙생활을 하면서 하나님을 신뢰하기에 가장 어려운 때가 바로 지극히 착하며 훌륭한 믿음을 가진 사람들이 상상을 초월하는 시련을 겪을 때다. 이런 일이 있을 때 우리는 간혹 "하나님이, 이 땅에서 무슨 일이 일어나는지 알고 계실까?" 하는 의문이 생긴다. 선지자에 말에 따르면, 의인이 이 세상에서 고통을 당하는 것은 단순히 개인의 문제가 아니라 온 사회에 대한 하나님의 경고요 심판이다.

그뿐만 아니라 의인들이 일찍 죽는 것은 이 세상이 그들을 곁에 두고 살 자격이 없기 때문에 하나님이 그들을 자신의 집으로 데리고 가셔서 평안히 살 수 있도록 하신 것이다. 영어에 "오직 선한 사람만 일찍 죽는다"(Only the good die young)라는 말이 있다. 악한 사회에서는 맞는 말이다. 영화 "미션"(The Mission)에서 교황의 교세 확장 정책 때문에 원주민들이 몰살을 당한 다음에 추기경이 교황에게 보냈던 편지의 한 구절이 생각난다. "교황님, 비록 그들〔원주민들〕이 죽고 우리가 살아 있지만, 사실 그들은 살아 있고 우리가 죽었다고 생각됩니다." 그러나 우리가 죽지 않고 살아 있다고 부끄러워할 필요는 없다. 우리는 감당해야 할 사명이 있기에 아직 이 땅에 있는 것이다. 그 사명을 성실하게 감당하도록 최선을 다하며 살아야 한다.

"그들은 평안에 들어갔나니 바른길로 가는 자들은 그들의 침상에서 편히 쉬리라"(2절)라는 말씀을 단순히 "평안히 죽을 것이다"라는 뜻으로 해석할 수도 있겠지만, 죽음을 매우 어둡고 침울한 것으로 생각했던 유태인들의 사고를 감안할 때 더 많은 것을 뜻한다고 해석하는 것이 바람직할 것이다. 그들의 사고에 따르면, 죽음은 의인에게 내려질 만한 축복이 되지 못했기 때문이다. 그렇다면 유일한 가능성은 이 말씀이 의인이 죽으면 가게 되는 매우 아름답고 평안한 세상을 암시한다는 것이다. 즉, "낙원/천국"을 시사하고 있다. 의인의 죽음은 그가 이 세상에서 누리지 못한 공평과 정의를 누릴 수 있는 나라로 입성하는 것을 암시한다.

X. 여호와께서 인정하신 종(54:1-62:12)
4장. 백성의 무능함이 치료됨(56:9-57:21)
1. 무능한 백성(56:9-57:13)

(2) 우상숭배(57:3-13)

3 무당의 자식,
간음자와 음녀의 자식들아
너희는 가까이 오라
4 너희가 누구를 희롱하느냐
누구를 향하여 입을 크게 벌리며 혀를 내미느냐
너희는 패역의 자식,
거짓의 후손이 아니냐
5 너희가 상수리나무 사이,
모든 푸른 나무 아래에서 음욕을 피우며
골짜기 가운데 바위 틈에서 자녀를 도살하는도다
6 골짜기 가운데 매끄러운 돌들 중에 네 몫이 있으니
그것들이 곧 네가 제비 뽑아 얻은 것이라
또한 네가 전제와 예물을 그것들에게 드리니
내가 어찌 위로를 받겠느냐
7 네가 높고 높은 산 위에 네 침상을 베풀었고
네가 또 거기에 올라가서 제사를 드렸으며
8 네가 또 네 기념표를 문과 문설주 뒤에 두었으며
네가 나를 떠나 벗고 올라가서
네 침상을 넓히고 그들과 언약하며
또 네가 그들의 침상을 사랑하여
그 벌거벗은 것을 보았으며
9 네가 기름을 가지고 몰렉에게 나아가되
향품을 더하였으며
네가 또 사신을 먼 곳에 보내고

스올에까지 내려가게 하였으며
10 네가 길이 멀어서 피곤할지라도
헛되다 말하지 아니함은
네 힘이 살아났으므로
쇠약하여지지 아니함이라
11 네가 누구를 두려워하며
누구로 말미암아 놀랐기에
거짓을 말하며
나를 생각하지 아니하며
이를 마음에 두지 아니하였느냐
네가 나를 경외하지 아니함은
내가 오랫동안 잠잠했기 때문이 아니냐
12 네 공의를 내가 보이리라
네가 행한 일이 네게 무익하니라
13 네가 부르짖을 때에
네가 모은 우상들에게 너를 구원하게 하라
그것들은 다 바람에 날려 가겠고
기운에 불려갈 것이로되
나를 의뢰하는 자는 땅을 차지하겠고
나의 거룩한 산을 기업으로 얻으리라

이스라엘 사회의 전반적인 타락을 비난한 선지자는 그들의 삶에서 가장 기본적이며 모든 문제의 근원인 부분에 초점을 맞추어 이야기를 진행해 나간다. 바로 우상숭배 문제다. 사회가 윤리적으로 타락하고 신실한 자들이 사라져 가는 것은 잘못된 종교와 신앙에서 비롯되는 것이기 때문이다. 그동안 이사야는 우상숭배의 어리석음을 여러 차례 언급해 왔는데, 이제 초점을 우상숭배 자체에서 우상숭배자들로 옮겨 가며 이 문제의 핵심을 다룬다. 우상숭배를 하는 이스라엘 백성에게 매우 혹독한 비난을 퍼붓는 것이다. 그는 매우 자극적이고 충격적인 언어를 구사하며 이야기를 진행한다.

선지자가 본문에서 비난하는 대상은 의인들이 죽고 신실한 자들이 사라져도 전혀 개의치 않는 지도자들이다(3-4절). 이 점은 바로 앞(1-2절)에서 의인들과 신실한 자들의 복된 종말을 선포한 선지자가 이 부분을 "그러나 너희는"(וְאַתֶּם)이라는 매우 강력한 대조형으로 선포하기 시작한다는 점에서 드러난다. 이들은 자신들의 사회에서 기고만장하여 세상의 모든 권세를 장악했다. 하지만 하나님이 보시기에 이들은 그저 "무당의 자식, 간음자와 음녀의 자식들"(3절)에 불과하다.

하나님이 사회에서 사람들의 선망의 대상이자 그 누구보다도 존경받는 지도자들—제사장들, 왕족들, 선지자들—을 이렇게 혹독하게 비난하신다는 사실이 우리에게 시사하는 바는 무엇인가? 이들은 자신의 가문적, 종교적 유산을 매우 자랑스럽게 여겨 왔다. 그러나 그 유산이 하나님과 더 깊은 교제를 하며 그분을 사랑하는 데 사용되지 않는다면, 이러한 결과를 초래할 뿐이다.

선지자는 이어서 우상숭배의 어이없음을 적나라하게 묘사한다(5-10절). 우상숭배가 지향하는 목적은 크게 두 가지다. 다산(多産)과 성적(性的) 쾌락. 만일 우상숭배가 단순히 다산에만 몰두하는 것이었다면 이스라엘 사람들이 그렇게 현혹되지 않았을 것이다. 다산이 동반하는 성적 쾌락이 '임도 보고 뽕도 따는' 효과를 발휘하여 이들을 노예로 만든 것이다.

가나안 사람들이 큰 나무 밑에서 성적 행위를 곁들인 종교 예식을 한 이유가 구체적으로 밝혀지지는 않았지만, 추론은 가능하다. 기후상의 이유 때문에 가나안 지역에는 나무가 귀하다. 그러므로 여름의 뙤약볕 아래서도 푸르름을 지니고 우뚝 서 있던 나무는 그들에게 쉽게 풍요로움과 생기의 상징으로 간주될 수 있었을 것이다(cf. 5절). 그뿐만 아니라 거센 바람이 불고, 큰 비가 와도 끄떡없는 나무들은 그들에게 대단한 감동을 주었을 것이다. 그러므로 그들은 이런 나무 밑에서 종교 예식을 빙자한 성관계를 가지면 그 나무의 생명력과 풍요로움이 자신들의 것으로 될 수 있을 거라고 생각했을 것이다.

더 나아가 그들은 자신의 아이들까지 번제로 바쳤다(5절). 고고학적 발굴 결과 아이 번제가 가나안 땅에 상당히 성행했던 사실이 드러났다. 그들은 인간이 신에게 바칠 수 있는 최고의 선물은 바로 인간의 생명이라고 생각했다. 그래서 아이들을 제물로 바치는 것이 '가장 순수한 제물'이며 최고의 '영발'을 가져온다고 믿었다. 그러나 이는 타락한 인간의 관점에서 '최고 제물'이 하나님의 관점에서는 인간의 '최고 타락'을 입증하는 것에 불과했다. 한 주석가는 이 같은 흉측스러운 일이 예루살렘 함락 이후에도 유다에서 행해졌다고 주장하는데(Muilenburg), 이러한 사실을 입증할 만한 역사적 증거는 없다.

그들은 마른 골짜기에서도 우상들에게 제사를 드렸다(6절). 가나안 사람들은 비가 올 때만 물이 고이는 골짜기에서도 신들을 숭배했다. 빗물에 움푹 패이고 깎인 땅의 흉측한 모습이 사람들에게 스올 혹은 "저 세상"을 연상시켰다(Irwin; Koole). 그래서 그들은 이러한 곳에서 제사를 드림으로써 죽음을 정복하려 했다. 그러나 그들은 모두 죽었다. 모두 헛된 짓이었던 것이다.

그들은 산당에서도 우상을 숭배했다(7절). 움푹 패인 땅에서의 제사(6절)를 비난한 선지자는 이제 그들의 "가장 높은 곳"에서의 제사를 비난한다. 바로 산당에서 행해지는 예배다. 일부 주석가들은 본문이 므낫세 시대에 성행했던 산당 예배를 회상하는 것이라고 하지만(Childs), 이스라엘은 가나안에 정착할 때부터 바빌론으로 끌려갈 때까지 산당 문제를 완전히 해결하지 못했다. 그러므로 본문은 이스라엘 역사에 대한 전반적인 비난이다.

성전이 생기기 전에 이스라엘은 산당에서 여호와께 예배를 드렸다.

그러나 성전이 완성된 다음에도 이러한 풍습을 유지했다. 결국 전통을 버리지 못한 것이 화근이었다. 산당을 통해 우상들이 들어오기 시작했고 급기야 종교적인 혼합주의가 성행하게 되었다. 그래서 결국에는 이스라엘이 산당에서 우상을 숭배하는 죄를 범하게 되었다(Childs). 그들은 우상들을 숭배하면서 성적인 문란도 더했다. 그래서 산당에는 사람들이 성관계를 갖도록 침실들이 갖추어져 있었다고 한다(Smith). 사실 오늘날도 전통을 버리지 못해 문제가 발생하는 것을 종종 목격하게 된다. 버릴 것은 버리자! 과감히 버리자! 아무리 교회 안에서 유서 깊은 전통이 되어 버렸다 할지라도, 비성경적인 것은 과감히 버릴 줄 아는 용기가 필요하다.

그들은 가정에서도 우상을 섬겼다(8절). 가장 낮은 땅에서 그리고 가장 높은 산에서 우상을 섬기는 것이 부족하여 집에까지 끌어들였던 것이다. 일부 주석가들은 본문이 신전들 주변에 있던 방들에서 행해졌던 일을 언급하는 것이라고 하지만(Koole), 당시 거의 모든 집마다 수호신들과 조상신들을 가지고 있었던 점을 감안하면, 신전이 아니라 집에서 벌어지는 일을 묘사하고 있음이 확실하다(Whybray). 집집마다 여호와께 예배를 드렸으면 좋았을 텐데, 이들은 집에서까지 종교 행위를 빙자한 쾌락을 즐겼던 것이다.

그들은 장거리를 여행해서 우상을 섬겼다(9-10절). 낮은 곳에서, 높은 곳에서, 그리고 가정에서까지 우상을 섬기던 자들이 만족을 느끼지 못하자, 먼 곳까지 순례를 가서 우상을 섬기고 그 우상들을 자신들의 나라로 수입했다. 안타까운 것은 그들이 인간 번제를 좋아한다고 알려져 있던 가장 흉측한 신 몰렉까지 찾아갔다는 사실이다(9절). 일부 주석가들은 이스라엘 사람들이 몰렉을 찾아갔다는 말에 대해 정치인들이 하나님을 버리고 우상을 숭배했다는 사실을 전반적으로 표현한 것이라고 하지만(Motyer; Smith), 이는 그들이 실제로 몰렉을 찾은 것을 뜻한다(Blenkinsopp). 정말 놀랄 일이 아닌가! 몰렉은 이 흉측한 신의 모압 이름이며, 가나안 사람들은 이 신을 멜렉이라 했고, 암몬 사람들은 밀곰이라고 불렀다(cf. 왕상 11:5). 몰렉이 이방 신의 이름이 아니라, 신(들)에게 바쳐진 인간 제물을 뜻하는 것이라는 주장도 있다(Müller; cf. TDOT).

이스라엘 백성들이, 그것도 지도자들이 어찌하여 이렇게까지 되었을까? 사실 놀랄 일은 아니다. 참하나님의 품을 떠나면 끝없는 영적 추락 끝에 결국 이렇게 몰락하게 되어 있기 때문이다. 인간의 타락에는 끝이 없다. 마치 무저갱 같은 것이 인간의 욕망이요 타락이다. 그러므로 타락의 길에는 애초부터 들어서지 않는 것이 좋다. 절대로 만족할 수 없기 때문이다. 타락은 더 큰 타락을 낳는 '눈덩이 효과'(Snowball effect)를 유발한다.

이스라엘은 이처럼 다양한 방법으로 우상을 숭배했는데, 과연 그 종말은 어떠할까? 그들은 과연 우상들에게서 자신들이 원하는 것을 얻게 될까? 선지자는 우상숭배의 종말에 대해 말한다(11-13절). 이스라엘이 이렇게 열심히 우상을 좇아 얻은 것이 무엇인가? 허무함과 죽음뿐이다. 어려울 때 아무리 우상들에게 소리친다 해도, 이는 부르다가 자신들이 죽을 허공에 외치는 소리에 불과하다. 저자가 본문에서 언급하는 우상들이 조상신들이라고 하는 해석이 있지만(Lewis), 본문이 언급하는 우상은 선지자가 이 섹션(57:3-11)에서 언급한 다양한 우상으로 간주하는 것이 바람직하다(Oswalt).

그런데 사람들은 왜 이렇게 허무한 것들을 좇는 것일까? 한 가지 놀라운 사실은 이렇게 절망적인 상황에서도 절망할 필요가 없다는 점이다. 비록 평생 우상을 섬겨 왔고 문란한 생활만 해 온 사람일지라도 하나님을 찾기에 너무 늦지는 않았기 때문이다. 지금이라도 하나님을 찾으면 하나님이 이 모든 것에서 그를 구원하시고 살길을 주실 것이다. 그리고 그에게는 하나님의 성전에서 예배를 드릴 수 있다는 약속이 주어진다. 세상을 살아가다 보면 도무지 앞이 보이지 않을 때가 있다. 주저앉고 싶을 때가 있다. 모든 것을 포기하고 싶을 때가 있다. 그러나 기억하라. 그 순간에도 하나님은 우리와 진실한 기도 하나의 거리에 계신다(We can never be further away from God than by the distance of a sincere prayer).

2. 백성의 무능함을 치료하심(57:14-21)

본문은 1, 2장과 깊은 연관을 지니고 있다. 우리는 1, 2장에서 하나님의 높으심과 인간의 낮음이 어떻게 대조를 이루는지 살펴보았으며, 저자는 마치 이 두 테마가 결코 한자리에 함께할 수 없는 극과 극의 개념인 것처럼 묘사했다. 특히 2장은 만일 높으신 하나님이 낮은 인간들과 함께하시게 되면, 인간은 죽을 수밖에 없다고 선언했다. 그러나 이러한 극단적인 양분성에도 불구하고, 인간을 회복시키기 위해 이 두 테마가 본문에서 하나로 묶인다.

함께 묶일 수 없는 두 테마를 하나로 묶음으로써, 저자는 이러한 현상이야말로 여호와의 높으심과 긍휼하심을 결정적으로 드러내는 것이라고 강조한다. 죄인을 심판하는 것은 여호와뿐만 아니라 고대 근동의 어느 신이라도 할 수 있는 일이다. 그러나 도저히 가능성이 없는 죄인들을 껴안는 것은 여호와만이 하실 수 있는 일이며, 여호와의 이러한 성향은 그분을 높고 위대하게 만든다.

선지자는 1장에서부터 여호와의 말씀을 듣고 회개하는 자와 그분을 거역하는 자가 아주 다른 운명을 맞게 될 것이라고 꾸준히 경고했다(1:27, 31). 본문은 이 두 가지의 대조되는 운명을 극적으로 묘사한다. 한 부류는 여호와의 치유와 평안을 즐기지만, 다른 부류는 요동하는 바다와 같이 결코 평안을 누리지 못할 것이다. 본문은 다음과 같은 구조로 구분된다.

A. 겸손한 자의 종말: 치유와 평안(57:14-19)
B. 악인의 종말: 요동(57:20-21)

X. 여호와께서 인정하신 종(54:1–62:12)
4장. 백성의 무능함이 치료됨(56:9–57:21)
2. 백성의 무능함을 치료하심(57:14–21)

(1) 겸손한 자의 종말: 치유와 평안(57:14-19)

선지자는 1장에서부터 이스라엘을 더 이상 자신의 몸도 가누지 못하는 아주 심하게 병든 사람으로 묘사함으로써, 앞으로 이들에게 회복이 임한다면 그것은 이스라엘의 자발적인 노력에 의한 것이 아니라 외부로부터 오는 도움의 손길에 의한 것임을 시사해 왔다(1:5-6). 동시에 그는 희미하게나마 미래에 여호와께로부터 오게 될 회복을 암시함으로써, 청중이 회복과 치유에 대한 소망을 버리지 않도록 권고했다(1:9, 18-20; 25-27; 2:2-4, 22). 이 두 가지 테마가 어떻게 조화를 이루는지 본문을 살펴보자. 본문은 다음과 같이 구분될 수 있다.

A. 준비: 주님의 길을 예비함(57:14)
B. 목적: 하나님의 함께하심(57:15)
C. 이유: 주님의 화가 거두어짐(57:16-17)
D. 효과: 치유와 평안(57:18-19)

X. 여호와께서 인정하신 종(54:1–62:12)
4장. 백성의 무능함이 치료됨(56:9–57:21)
2. 백성의 무능함을 치료하심(57:14–21)
(1) 겸손한 자의 종말: 치유와 평안(57:14–19)

① 준비: 주님의 길을 예비함(57:14)

14 그가 말하기를 돋우고 돋우어
길을 수축하여
내 백성의 길에서
거치는 것을 제하여 버리라 하리라

여호와의 직접적인 선포로 회복이 시작된다. 회복이 조금도 지체되지 않고 매우 급진적으로 이루어진다는 분위기를 조성하기 위해, 저자는 네 개의 명령어를 연속적으로 사용한다. “돋우라. 돋우라. 길을 수축하라. 거치는 것을 제거하라!”(סלו־סלו פַּנּוּ־דָרֶךְ הָרִימוּ מִכְשׁוֹל). 그동안 선지자들이 끊임없이 선포해 왔고 이사야도 1장에서부터 예언해 왔던 바로 그 운명의 순간이 현실로 다가왔음을 노래하는 것이다(cf. 1:25-27). 그래서 학자들은 본문이 선지자가 40-55장에서 누차 언급한 주제를 다시 한 번 제시하는 것으로 생각한다(cf. Zimmerli; Blenkinsopp).

선지자는 2장에서 말일이 되면 열방이 대로를 통해 시온으로 나아올 것이며, 그들은 여호와의 “길”(דֶּרֶךְ)을 배우고 그 “길”(אֹרַח)을 걷게 될 것이라고 선언했다(2:2-4). 그뿐만 아니라 마치 열방의 행렬을 옆에서 지켜보고만 있는 듯한 이스라엘에게 그 길을 함께 가자고 권했다(2:5). 이제 그 구원의 행렬에 하나님의 백성들도 속하게 된 것이다. 선지자는 이미 1장에서 백성들에게 여호와께 나아올 것을 간곡히 호소했다(1:18-20).

하나님의 걸음걸이를 방해하는 “거치는 것”(מִכְשׁוֹל)은 무엇을 의미하는 것일까? 일반적으로 이 단어의 개념은 사람의 걸음을 방해하는 것을 의미한다. 그러나 본문의 경우에는 실제로 통행을 방해하는 것이 아니라 구원에 이르는 여정을 방해하는 영적 요소들을 은유적으로 묘사하는 것으로 해석하는 것이 바람직하다. 볼스(Volz)는 “여기서 준비되어야 하는 길은 여호와와 귀향민들이 고향으로 돌아가면서 걷게 될 길이 아니라 순전히 구원에 이르게 하는 ‘길’을 은유적이고 영적으로 표현한 것이다”라고 했다.

하나님의 백성들이 구원의 길을 걷는 데 걸림돌이 되었던 것은 과연 무엇일까? 1-2장은 이미 이스라엘의 죄를 여러 가지로 묘사했다. 구체적으로 1장은 형식화된 여호와 종교(10-20절), 부패한 사회 윤리(21-27절), 종교적 혼합주의(28-31절)를 지적했다. 2장은 이스라엘이 이방인들의 경건하지 못한 문화와 가치관, 그리고 우상을 받아들인 것을 비난했다(6-9절). 그러나 2장은 하나님 백성의 문제는 무엇보다도 그들의 교만과 자만에 있다고 지적한다(10-21절). 드디어 그동안 여호와와 그분의 백성들 사이를 가로막았던 이 모든 영적 걸림돌이 순식간에 사라졌다.

그런데 여호와는 누구에게 백성들의 길을 막는 것들을 제거하라고 명령하시는 것일까? 사용되는 네 개의 명령문 모두 남성 복수형을 취하고 있다. 백성들 스스로 이 걸림돌들을 제거하라는 명령일까? 그러나 문장의 마지막 문구가 "내 백성의 길에서"(מִדֶּרֶךְ עַמִּי) 이것들을 제거하라고 권면하는 것으로 보아 백성들 스스로 제거하라는 뜻은 아니며, 누군가 다른 사람에게 명령하는 것이라고 볼 수 있다.

1장은 이미 이스라엘을 자신의 몸을 가눌 수 없는 무기력한 상태의 사람으로 묘사함으로써 구원이 외부의 도움에 의해 이루어질 것을 암시했다(1:5-6). 그렇다면 선지자에게 이 명령을 하는 것일까? 명령문이 모두 복수인 점으로 보아 그것은 아닌 것 같다. 대부분의 주석가는 이 말씀이 40:1-3에서처럼 천상에 있는 천사들에게 내려진 명령이라고 해석한다(Smith; Childs). 그러나 2장에서 선지자는 열방이 시온으로 가서 율법을 배워 자신의 땅으로 돌아간 후에 이스라엘에게 "야곱 족속아 오라. 우리가 여호와의 빛에 행하자"라고 말하는 것으로 기술한 적이 있다(2:5). 이 배경에서 이 말씀을 이해하면, 이스라엘의 삶에 존재하는 모든 영적 걸림돌을 제거하라는 명령을 받는 자들은 바로 열방이다. 즉, 열방이 이스라엘이 여호와께 다시 나아가는 길을 준비해야 한다.

X. 여호와께서 인정하신 종(54:1–62:12)
 4장. 백성의 무능함이 치료됨(56:9–57:21)
  2. 백성의 무능함을 치료하심(57:14–21)
   (1) 겸손한 자의 종말: 치유와 평안(57:14–19)

② 목적: 하나님의 함께하심(57:15)

15 지극히 존귀하며
영원히 거하시며 거룩하다 이름하는 이가
이와 같이 말씀하시되

내가 높고 거룩한 곳에 있으며
또한 통회하고 마음이 겸손한 자와 함께 있나니
이는 겸손한 자의 영을 소생시키며
통회하는 자의 마음을 소생시키려 함이라

한 가지 흥미로운 사실은, 14절에서 백성들이 하나님께 나아가는 길을 닦으라는 권면을 했던 것과 대조적으로, 15절은 백성들이 이 길을 통해 하나님께 나아가는 것이 아니라 여호와께서 이 길을 통해 자신의 백성을 찾아오시는 모습을 기술한다는 점이다. 이스라엘의 구원은 하나님의 선제(先制, initiative)로만 가능한 것이다. 이스라엘을 찾아오신 여호와는 어떤 분인가? 그분은 "높고"(רָם), "존귀하며"(נִשָּׂא), "영원히 거하시며"(שֹׁכֵן עַד), "거룩하다는 이름"(קָדוֹשׁ שְׁמוֹ)을 가지셨으며, "높은 곳"(מָרוֹם), "거룩한 곳"(קָדוֹשׁ)에 거하신다. 저자는 이렇게 여호와의 놀라운 성품을 강조하는데, 구약 성경에서 여호와의 거룩하심이 이처럼 깊이 농축되어 있는 문구도 흔치 않다.

이 중 "높고"(רָם), "존귀하며"(נִשָּׂא)는 2장에서 인간이 스스로를 높이는 것을 묘사할 때 자주 사용되었던 단어들이다(2:12, 13, 14). 저자는 인간의 이러한 행동이 하나님의 철저한 심판을 받아 낮아질 수밖에 없다(שׁפל)고 선언했고, 그 이유가 이 텍스트에서 주어진다. "여호와 한 분만이 높고 존귀하기 때문이다." 이사야서에서 이 개념들이 함께 사용되는 예들을 살펴보면 전반적으로 심판을 그 배경으로 한다. 높고 존귀하신 분이 사람들을 찾으시는 것은 죄에 멍들고 보잘것없는 그들을 심판하기 위함이다(13:2; 33:10; 37:23).

여기서도 이 높고 존귀한 분이 직접 자신의 백성들을 찾으신다. 그러나 이번에는 심판하기 위해서가 아니다. 오히려 그들의 "영"(רוּחַ)을 "소생시키고"(לְהַחֲיוֹת), "마음"(לֵב)을 "소생시키기"(לְהַחֲיוֹת) 위해서다. 1장이 암시했던 "이스라엘의 회복은 자구책에 의한 것이 아니고 외부로부터 와야 한다"는 주장이 확인된다. 이는 선지자가 갈망했던 "외부 세력"이 다름 아닌 여호와의 임재였음이 드러나는 것이다. 그뿐만 아니라 1장이 이스라엘의 모든 문제는 "머리"(ראשׁ)와 "마음"(לֵב)이 아픈 데서 비롯된 것이라고 선언했고(1:5), 이제 "영"(רוּחַ)과 "마음"(לֵב)이 소생됨으로써 하나님의 백성들이 새로운 미래를 맞은 것이다.

높고 존귀한 여호와께서 찾는 이들은 어떤 사람들인가? 저자의 말에 따르면, 이들은 세상에서 여호와가 가장 높고 존귀한 것과 정반대로 세상에서 가장 보잘것없는 사람들이다. 저자는 이들을 "통회하고 마음이 겸손한 자"(אֶת־דַּכָּא וּשְׁפַל־רוּחַ)로 묘사한다. "통회"(דַּכָּא)는 지도자들에게 착취와 학대를 받은 백성들을 뜻하며(cf. 3:15), "겸손"(שָׁפָל)은 2장에 묘사된 여호와의 날에 주께서 백성들에게 행하시는 일을 연상시키는 단어다(2:9, 11, 12, 17). 즉, 하나님이 회복시키기 위해 찾으시는 사람들은 지도자들에게 착취당하고 여호와의 심판을 통해 낮아진 사람들이다. 이들은 다른 사람들보다는 상대적으로 의로울지 몰라도 근본적으로 여호와의 진노를 피하기에 부족한 사람들이다. 다만 이들과 다른 죄인들 사이에 한 가지 차이점이 있다면, 그것은 바로 이들이 돌아온 자(שׁוּב)들이라는 사실이다(1:27). 선지자는 이들을 남은 자라고 칭하기도 한다.

여호와께서 이들과 함께하며 삶과 영혼을 소생시키시는 것이 가져올 결과는 어떤 것일까? 저자는 이 구절에서 직접 언급하지 않지만, 하나님의 구원 대상이 되지 못하는 악인들의 종말을 경고하는 18-21절에서 그 힌트를 찾을 수 있다. 통회하고 마음이 겸손한 자들과 대조를 이루는 악인들의 삶의 특징은 "평화"(שָׁלוֹם)가 없다는 것이다. 저자는 이 사실을 두 차례 반복하며 강조한다(20-21절). 통회하고 마음이 겸손한 자들은 여호와로부터 평화(שָׁלוֹם)를 받게 될 것이다. 평화(שָׁלוֹם)와 비슷한 개념의 단어들(semantic field) 중에서 가장 비슷한 말은 온전함/성함(מְתֹם)이다. 그런데 1장은 하나님의 백성이 한 군데도 성함이 없는(אֵין־בּוֹ מְתֹם)

병자와 같다고 선언했다(1:6). 그러나 이제 여호와의 개입으로 온전함을 기대할 수 있게 되었다.

X. 여호와께서 인정하신 종(54:1-62:12)
4장. 백성의 무능함이 치료됨(56:9-57:21)
2. 백성의 무능함을 치료하심(57:14-21)
(1) 겸손한 자의 종말: 치유와 평안(57:14-19)

③ 이유: 주님의 화가 거두어짐(57:16-17)

16 내가 영원히 다투지 아니하며
내가 끊임없이 노하지 아니할 것은
내가 지은 그의 영과 혼이
내 앞에서 피곤할까 함이라
17 그의 탐심의 죄악으로 말미암아
내가 노하여 그를 쳤으며
또 내 얼굴을 가리고 노하였으나
그가 아직도 패역하여 자기 마음의 길로 걸어가도다

여호와께서 자신의 백성에게 더 이상 분노를 퍼붓지 않으시는 것은 단순히 창조주로서 피조물인 백성들의 생존을 염려해서다. 하나님이 "내가 영원히는 다투지(ריב) 아니하며 내가 끊임없이 노하지(קצף) 아니할 것"을 밝히시는 것은 여기에 선포되는 모든 일이 결코 백성들이 이런 대접을 받을 만한 일을 한 결과가 아니라 여호와께서 일방적으로 결정하신 결과임을 드러낸다. "다투다"(ריב)는 대체로 법적인 소송 등을 통해 표현되는 외적인 분노를 의미하는 반면, "노하다"(קצף)는 내적으로 격화된 감정을 의미한다. 그러므로 16절에서 여호와는 그동안 이스라엘을 향해 가지고 계셨던 모든 외적, 내적 분노와 다툼을 멈추겠다고 선언하시는 것이다.

여호와께서 그동안 이스라엘에 대해 가지고 계셨던 '외적 분노'(ריב)와 '내적 분노'(קצף)는 어떤 것이었는가? 1-2장을 배경으로 살펴보자.

우리는 이미 1장이 판사/검사이신 하나님이 이스라엘을 피고로 세워놓고 재판을 진행하는 것을 배경으로 하는 송사 양식(ריב-form)을 취하고 있음을 보았다. 하나님이 이스라엘을 법정에 세워놓고 다투시게(ריב) 된 여러 가지 이유 중 하나는 그들이 '다투어야 할 때' 다투지 않았기 때문이다. 저자는 이스라엘이 과부들의 송사(ריב)를 수리치 않는 것을 비난했으며(1:23), 과부들을 위해 변호할 것(ריב)을 권고했다(1:17). 이는 억울한 사람들의 탄원(ריב)이 이스라엘의 법정에서 공평한 재판을 받지 못하며 사회의 공의가 무너졌음을 뜻하는 말이었다. 그러므로 정의의 하나님이 그들을 대상으로 소송(ריב)을 제기하신 것이다. 이제 여호와께서는 이스라엘에 대해 더 이상 이러한 법적 절차를 밟지 않으실 것이다.

여호와의 내적인 분노는 어떤 것이었는가? 하나님은 이스라엘의 부도덕성에 대해 매우 분노하셨다. 1장에 묘사된 여호와의 분노는 급기야 하나님이 자신의 백성을 "내 대적(מִצָּרַי), 내 원수"(מֵאוֹיְבָי)로 부르시는 데서 절정에 달한다(1:24). 감정이 극에 달한 여호와 앞에 누가 설 수 있으랴! 그래서 선지자가 2장에서 모든 백성에게 그분의 분노를 피해 숨으라고 거듭 촉구했던 것이다(10, 19, 21절). 감정이 상하신 하나님의 파괴력은 실로 대단했다(1:7-9; 2:10-21). 그러나 여호와의 분노는 애증이었다. 그분의 분노는 어느새 슬픈 노래로 변해 있었다.

왜 여호와께서 분노를 그치신 걸까? 저자는 한마디로 인간이 더 이상 여호와의 분노를 감당할 수 없기 때문이라고 선언한다. 여호와의 진노가 조금이라도 더 지속되면, 그분의 백성들 중 살아남을 자가 없다는 것이다. 인간이 "피곤하기"(עטף) 때문이다. 또한 선지자는 1장에서 이미 징계가 백성들의 죄를 해결하는 대안이 될 수 없음을 강력하게 시사했다. 그러므로 지속되는 하나님의 징계는 죄에 허덕이는 백성들을 회복시킬 수 없으며 오히려 멸망에 이르게 할 뿐이다. 그뿐만 아니라 인간을 파괴하는 것은 여호와의 창조 사역 원리에 잘 어울리지 않는다. 그래서 하나님 스스로 이스라엘을 향한 분노를 거두기로 결정하신 것이다.

저자는 17절에서 하나님을 분노케 했던 것은 무엇이며, 18절에서는 여호와께서 자발적으로 분노를 거두실 수밖에 없었던 상황은 어떤 것이었는지 설명하고 있다. 하나님은 백성들의 '탐심의 죄악'(עֲוֹן בִּצְעוֹ)때문에 노했다고 회고하신다. '탐심'(בֶּצַע)이 구체적으로 무엇을 의미하는지 이 문맥에서 파악하는 것은 쉽지 않다. 그러나 바로 그다음에 수록된 "내가 노하여 그를 쳤으며 또 내 얼굴을 가리우고 노하였다"는 여호와의 회고(57:17)는 1장의 "…내가 눈을 가리우고…내가 듣지 아니하리라"(1:15)를 연상시킨다. 뿐만 아니라 '쳤다'(נכה)는 하나님이 이스라엘을 만신창이가 되도록 치셨던 일을 회고한다(1:6-8). 그런데도 너무 많이 맞아 더 이상 몸을 가눌 수 없는 이스라엘이 더 맞기(נכה)를 원하지 않았던가!(1:5)

그렇다면 1장은 '탐심'의 의미를 파악할 수 있도록 어떻게 도와주는가? 1장에서 우리는 여호와께서 사회적 윤리에 매우 깊은 관심을 쏟고 계심을 보았다(1:15-17, 21-23; cf. 1:26-27). 사회적 윤리의 실종은 힘없는 자를 착취하는 정권(1:17), 부패한 법정(1:21), 부정직한 상술(1:22), 공공연히 뇌물을 수수하는 권세(1:23) 등 여러 가지 '탐심'을 초래했다. 여호와를 망각하거나 인정하지 않는 인간들의 지혜가 이러한 탐심을 낳게 한다. 그러므로 '탐심'은 여호와께서 거룩하지 못한 지혜를 얼마나 미워하시는지를 강조하는 개념이기도 하다.

이러한 사실은 이 디스코스에서 선포되는 회복에 대해 무엇을 시사하는가? 이곳에서 선포되는 회복은 거룩한 지혜의 회복을 암시한다. 1장은 이스라엘의 문제가 잘못된 지혜에서 비롯된 것임을 암시했다. 그러므로 저자는 "우리 하나님의 율법"(תּוֹרַת אֱלֹהֵינוּ, viz., 지혜의 출처)에 귀를 기울이라고 외쳤다(1:10). 따라서 이제 회복은 백성들이 하나님의 율법에서 비롯되는 지혜를 지니게 된 것을 포함한다. 이 말씀은 지식이 없어 바빌론으로 끌려가야만 했던 여호와의 백성에게(5:13) 지식의 회복을 약속한다.

X. 여호와께서 인정하신 종(54:1–62:12)
4장. 백성의 무능함이 치료됨(56:9–57:21)
2. 백성의 무능함을 치료하심(57:14–21)
(1) 겸손한 자의 종말: 치유와 평안(57:14–19)

④ 효과: 치유와 평안(57:18–19)

18 내가 그의 길을 보았은즉
그를 고쳐 줄 것이라
그를 인도하며
그와 그를 슬퍼하는 자들에게 위로를 다시 얻게 하리라
19 입술의 열매를 창조하는 자
여호와가 말하노라
먼 데 있는 자에게든지
가까운 데 있는 자에게든지
평강이 있을지어다
평강이 있을지어다
내가 그를 고치리라 하셨느니라

여호와께서 이스라엘의 지난날을 모두 회고하며 선언하신다. "내가 그의 길을 보았은즉"(דְּרָכָיו רָאִיתִי). 여기에서 "그의 길"은 결코 긍정적인 뉘앙스의 말이 아니다. 이 문구가 내포하는 모든 것은 부정적이다. 즉, 이 말씀은 하나님이 백성들의 모든 행악과 근성에 대해 잘 아신다는 것을 강조한다. 하나님이 아시는 이스라엘의 죄와 근성은 어떤 것인가? 저자가 1장에서 묘사했던 모든 부정과 악행을 포함한다. 본성적으로 죄를 짓는 것을 즐기는 마음 자세, 하나님과의 언약을 파괴한 것, 사회적 윤리와 공의를 무너뜨린 것 등이다. 그뿐만 아니라 2장이 드러냈던 백성들의 나쁜 근성들도 포함한다. 교만, 자만, 우상숭배 등. 이 디스코스 안에서 이 말씀은, 17절이 주장했던 것처럼, 하나님의 징계는 오히려 더 큰 반역을 초래할 뿐이라는 인간의 본성을 상기시킨다. 이처럼 이 문구는 인간의 잘못된 점을 포괄적으로 수용한다.

이처럼 모든 것이 잘못된 인간의 "길"에도 불구하고 여호와께서는 일방적으로 회복을 선포하신다. "그를 고쳐줄 것이라"(וְאֶרְפָּאֵהוּ). 이 선언은 매우 획기적인 일이 일어날 것을 암시한다. "고치다/치유하다"(רפא)는 백성들에게 임할 회복이 다름 아닌 인간 본성의 치유에 초점이 맞추어질 것임을 암시한다. 증상의 근원을 제거하지 않는 한 치유는 불가능하다.

그러므로 선지자가 회복을 치유/고침으로 표현하는 것은 이미 1장에서 묘사되었던 가망이 없어 보이는 병자와 같은 이스라엘의 모습을 연상케 할 뿐만 아니라(1:5-6), 이스라엘의 죄를 치료가 필요한 병으로 취급한다. 죄라는 것은 하나님이 인간을 창조하실 때, 그의 본성에 포함시키신 것이 아니다. 그러므로 죄 문제를 해결한다는 것은 근본적으로 인간이 앓고 있는 죄성이라는 병이 완전히 치유되는 것을 전제한다. 이제 백성들을 좀먹는 병이 유일하게 그들을 치료하실 수 있는 여호와 하나님의 은혜로 완쾌되었다. 죄가 치유된다는 것은 백성들의 삶의 태도와 마음 자세가 바뀐다는 것을 의미한다. 즉, 인간에게 심장 이식 수술이 행해지는 것이다.

하나님이 백성들을 치유하시면 어떤 결과가 나오는가? 선지자는 인도와 위로라는 두 가지로 정의한다. 여호와의 인도/지휘(נחה)는 이곳에서 언급되는 회복의 극적인 면을 적절하게 표현한다. 하나님은 자신의 백성들의 마음을 변화시키실 뿐만 아니라, 직접 그들이 가야 할 길을 인도하시는 목자/인도자가 되신다. "인도하다"(נחה)가 여호와와 연관되어 사용될 때는 하나님이 자신이 인도하는 무리의 삶에 직접 관여하시는 데 초점이 맞추어진다(cf. Smith). 때로는 그들이 올바른 결정을 할 수 있도록 도와주시기도 하고, 상황을 조정하여 그들이 여호와의 계획에 따라 움직일 수 있도록 개입하시기도 한다(cf. 창 24:27, 47). 출애굽 이후 전개되는 이스라엘의 광야생활에서 하나님이 이스라엘을 어떻게 인도하셨는지 묘사할 때도 이 단어가 사용된다(출 13:17, 21; 15:13).

이사야서에서는 본문을 떠나 58:11에서 여호와께서 어떻게 백성들의 삶에 관여하시는지를 강조하며 한 번 더 사용된다. "여호와가 너를 항상 인도하여 메마른 곳에서도 네 영혼을 만족하게 하며 네 뼈를 견고하게 하리니 너는 물 댄 동산 같겠고 물이 끊어지지 아니하는 샘 같을 것이라." 그동안 저자는 여러 차례 하나님이 백성들의 죄 때문에 그들의 삶에 개입하기를 꺼리시는 것으로 묘사했다. 그러나 본문에서는 하나님이 인간의 죄를 치유하실 뿐만 아니라 더 이상 죄를 짓지 않게 하기 위해서 그들의 길을 인도하실 것을 강조한다. 18절의 첫 문구가 강조한 것처럼, 백성들이 스스로 자신의 길을 걷도록 놔두면 죄밖에 짓지 않기 때문이다.

여호와께서는 자신의 백성을 인도하실 뿐만 아니라 슬퍼하는 백성을 위로하실 것이다. 그렇다면 과연 누가 여호와의 위로를 받는 자들인가? 이스라엘에 속한 모든 사람인가? 20-21절은 이러한 가능성을 신속하게 배척한다. 그뿐만 아니라 1:19-20, 31도 이러한 가능성을 부인했다. 오직 이스라엘의 한 부류만이 이러한 위로를 받게 될 것이다. 1장은 이렇게 여호와의 위로를 받을 자들을 〔시온의〕 "돌아온 자"(שָׁבֶיהָ)라고 불렀다(1:27). 이 호칭의 어근(שׁוב)은 "가던 길을 근본적으로 돌이킨다"라는 의미를 지니고 있다. 회심을 결단하고 행동으로 옮기는 자들인 것이다. 이들은 자신의 죄악에 대해 슬퍼할 뿐만 아니라 사회의 부정부패를 보고 애통해한다. 또한 2장은 이들을 "인생에 의지하지 않는 자"로 간주했다(2:22). 사람을 의지하지 않고 오직 여호와만을 의지하는 자들이 이 부류에 속하는 것이다.

"창조주"(בּוֹרֵא) 하나님은 이스라엘의 애통하는 자들에게 위로를 주신다(19절). 여호와께서 그들의 입술에 "열매"(נוּב)를 주시며 "평강"(שָׁלוֹם)을 선언하신다. "먼 데 있는 자에게든지 가까운 데 있는 자에게든지 평강이 있을지어다. 평강이 있을지어다." 여기서 반복되는 "평강이 있을지어다"(שָׁלוֹם)는 최고의 평강을 뜻하는 최상급(superlative) 표현으로, "참평안이 있을지어다"라고 해석하는 것이 바람직하다.

인간의 노력으로는 도저히 성취할 수 없는 평강이 여호와의 선포로 그들에게 임한다. 이미 언급한 것처럼 "평강"(שָׁלוֹם)의 의미에 가장 가까운 말은 "성함/온전함"(מְתֹם)이다. 1장은 하나님의 백성에게 "성함이 없다"(אֵין־בּוֹ מְתֹם)고 선언함으로써 언젠가 그들에게 다시 성함을 주는 회복이 오기를 기대하게 했다(1:6). 이제 드디어 그들에게 성함이 임한 것이다.

이 평강이 "먼 데 있는 자"와 "가까운 데 있는 자"에게 동시에 임한다. 그러나 "먼 데 있는 자"는 누구며 "가까운 데 있는 자"는 누군가? 일반적으로 주석가들은 예루살렘을 중심으로 가까이(viz., 가나안 지역) 혹은 멀리(viz., 열방) 가 있는 유다 사람들을 뜻하는 것으로 해석한다(Whybray). 그러나 에베소서 2:17에서 이 말씀을 인용하여 내포하는 의미를 근거로, 가까이 있는 사람은 유대인으로, 멀리 있는 사람은 이방인으로 해석하기도 한다(Young). 지금까지 선지자가 하나님의 백성에 이방인들뿐만 아니라 고자들까지 포함시켰음을 감안하면, 멀리 있는 자들을 이방인으로 해석해도 별 무리는 없다.

선지자가 이미 여러 차례 인종적 벽이 무너져 내리는 것을 선언했다는 점과, "평강, 평강"이 단순히 앞으로 잘 될 것이라는 의미가 아니라 여호와의 거처인 시온으로 순례를 온 열방이 성에 들어설 때 선포되는 축복이라는 점을 감안하면, 이러한 해석은 더욱 설득력 있어 보인다. 이렇게 해석할 경우, 이 말씀은 이스라엘 사람과 이방인을 막론하고 누구든지 통회하고 마음이 겸손하면 여호와의 평강을 누린다는 뜻이 된다. 그뿐만 아니라 우리는 이미 2:2-4에서 열방이 여호와의 율법을 배워 온 세상에 공의와 정의를 세우는 것을 보았다. 그러므로 이 말씀은 결코 새로운 것을 의미하는 것이 아니라, 오히려 2장에서 선포된 것을 재확인하는 것뿐이다.

X. 여호와께서 인정하신 종(54:1–62:12)
4장. 백성의 무능함이 치료됨(56:9–57:21)
2. 백성의 무능함을 치료하심(57:14–21)

(2) 악인의 종말: 요동(57:20-21)

20 그러나 악인은 평온함을 얻지 못하고
그 물이 진흙과 더러운 것을 늘 솟구쳐 내는
요동하는 바다와 같으니라
21 내 하나님의 말씀에
악인에게는 평강이 없다 하셨느니라

이 디스코스는 지금까지 여호와께서 아무런 조건 없이 자신의 백성들에게 상상을 초월하는 치유의 축복을 주실 것을 선언해 왔다. 그렇다면 모든 사람이 회복의 대상에 포함되는 것일까? 이미 15절에서 "통회하고 마음이 겸손한 자들"만이 여호와의 자비를 누리게 될 것임을 시사했고, 이 말씀은 1:27의 "돌아온 자", 2:22의 "인생을 의지하지 않는 자"를 연상시킨다. 하나님의 백성들 중 한 부류만이 회복될 것을 선언한 것이다.

그렇다면 나머지 사람들, 즉 "통회하지 않고 마음이 겸손하지 않은 자들"은 어떻게 될 것인가? 저자는 이 텍스트를 통해 그들은 결코 여호와의 "평강"(שָׁלוֹם)을 누리지 못할 것이라고 경고한다. 즉, 이 텍스트는 지금까지 선포된 메시지가 적용되지 않는 부류들에 대한 선포라 할 수 있다. "선포된 회복이 모든 사람에게 임하는 것은 아니다. 이런 사람들은 회복의 대상이 될 수 없다."

지금까지 선지자가 선포한 치유의 메시지는 그 범위에 있어서 우주적이다. 세상 모든 민족과 백성을 수용할 수 있다. 그러나 그 효과에 있어서는 제한적이다. 오직 통회하고 마음이 겸손한 자들(דַּכָּא וּשְׁפַל־רוּחַ, 15

절), 곧 백성들 중 슬퍼하는 자들(אֲבֵלָיו, 18절)만이 치유를 경험할 수 있다. 반면에 악인들(רְשָׁעִים)에게는 평강과 정반대되는 요동만 있을 뿐이다. 그렇다면 과연 악인들은 누구를, 어떤 자들을 두고 하는 말일까? 맥켄지(McKenzie)가 주장하는 것처럼 이스라엘의 국가적인 원수들(viz., 그들을 괴롭히는 이방 나라들)을 뜻하는 것일까? 이미 저자가 회복되는 자들을 "통회하고 마음이 겸손한 자"로 규정하고 있고(15절), 평강이 유대인과 이방인들에게 동일하게 임할 것을 선언한 점(19절)을 감안할 때, 이 말씀은 민족을 막론하고 여호와 앞에 회개하기를 거부하는 자들로 보아야 마땅할 것이다. 그뿐만 아니라 1장은 이들을 "회개하지 않는 자들"(cf. 1:27)로, 2장은 "인생에 의지하는 자들"(cf. 2:22)로, 즉 자만심과 교만에 빠져 있으며 우상을 섬기는 자들로 규정하고 있다(2:10-21).

악인들은 "평온함을 얻지 못하고"(כִּי הַשְׁקֵט לֹא יוּכָל; for to be quiet, it is not able)는 문법상 강조형으로, 악인들의 무능함을 강조한다. 저자는 이 강조형을 통해 자신이 선언하는 평강은 오직 하나님만이 주실 수 있는 것이며, 인간의 어떠한 노력도 이 평강을 자아낼 수 없음을 확언한다. 여호와의 평강을 누리는 자들과 대조적으로, 이들에게는 요동하는 바다가 밑에 쌓인 온갖 오물과 흙탕물을 솟구쳐 내버리는 것처럼 환난과 혼란이 있을 뿐이다. 이미지의 대조는 분명하다. 여호와의 평강을 누리는 자는 '참평안'(שָׁלוֹם שָׁלוֹם), 즉 아주 고요하고 물결이 잔잔한 호수를 연상시킨다. 반면에 악인들은, 휘몰아치는 태풍으로 인해 밑바닥에 깔려 있던 오물까지 표면으로 떠올리는, 요동하는 바다와 같다.

저자는 20절에서 요동하는 바다 이미지를 사용하여 경고했던 악인의 종말을 여호와의 선포를 통해 다시 한번 확인한다. 악인들에게는 "평강이 없다"(אֵין שָׁלוֹם, 21절). 여호와께서 이들에게 평강이 없다고 선언하시면 누가 이 사실을 바꿀 수 있겠는가! 그러므로 악인들은 영원히 요동하는 삶을 살 수밖에 없다. 그 이유는 평강이 없기 때문이다. 그렇다면 왜 평강이 없는 것일까? 15절이 여호와의 함께하심이 평강의 근원임을 암시한 것으로 보아 여호와께서 이들과 함께하시지 않기 때문에 평강이 없는 것임을 알 수 있다. 평강은 여호와만이 주실 수 있는 것이며, 여호와 그분이 바로 인간의 평강이 되신다.

1장은 이미 이들의 종말을 경고했다. "너희는 잎사귀 마른 상수리나무 같을 것이요 물 없는 동산 같으리니 강한 자는 삼오라기 같고 그의 행위는 불티 같아서 함께 탈 것이나 끌 사람이 없으리라"(1:30-31). 그뿐만 아니라 2장은 이들에게 거듭 "여호와의 진노에서 피하라"고 권면했다(2:10, 19, 21). 이제 드디어 악인들이 선지자가 그동안 지속적으로 경고했던 운명을 맞게 된 것이다.

5장. 의로운 파수꾼의 선언(58:1-59:21)

이 텍스트는 56:1-57:21의 구조를 반복한다. 선지자는 하나님이 원하시는 여호와 종교의 모습이 어떤 것인가를 다시 한번 선언한다. 그러나 주의 백성은 하나님이 원하시는 대로 신앙생활을 할 수 없다. 그래서 선지자는 하나님이 그들의 무능함을 치료해 주실 날이 곧 올 것이라고 선언한다. 본문은 다음과 같이 세 부분으로 구분된다.

A. 진정한 종교의 정의(58:1-14)
B. 종교적으로 살지 못하는 백성(59:1-15a)
C. 백성을 치료하시는 하나님(59:15b-21)

X. 여호와께서 인정하신 종(54:1–62:12)
5장. 의로운 파수꾼의 선언(58:1–59:21)

1. 진정한 종교 정의(58:1-14)

본문은 형식이 되어 버린 이스라엘의 종교를 비난했던 1:10-20과 같은 성향의 메시지로 이루어져 있다. 저자는 금식(1-5절) – 참종교(6-12절) – 안식일 준수(13-14절)의 순서로 말씀을 선포함으로써, A-B-A' 구조를 형성한다. 본문에서 금식과 안식일 준수는 이스라엘의 모든 종교적 의식을 대표하는 것들이다. 이 구조를 통해 그는 여호와께서 백성들로부터 요구하시는 예식적인 순종(A, A')이 중요하기는 하지만, 결코 이 예식들 자체가 그 어떠한 '예식으로도 대체될 수 없는 진정한 종교 정신'(B)을 대신할 수는 없음을 강조한다. 백성들은 갖가지 예식이 하나님이 백성들에게 요구하시는 의로운 삶을 대신할 수 있다는 생각을 버리고, 오히려 이 예식들이 의로운 삶을 살아가는 자들에 의해 드려질 때 하나님이 의도하셨던 진정한 의미를 갖게 된다는 것을 마음에 새겨야 한다. 본문은 다음과 같이 구분된다.

A. 위선적 종교 행위: 금식(58:1-5)
B. 참여호와 종교(58:6-12)
A'. 위선적 종교 행위: 안식일(58:13-14)

X. 여호와께서 인정하신 종(54:1-62:12)
5장. 의로운 파수꾼의 선언(58:1-59:21)
1. 진정한 종교 정의(58:1-14)

(1) 위선적 종교 행위: 금식(58:1-5)

1 크게 외치라 목소리를 아끼지 말라
네 목소리를 나팔 같이 높여
내 백성에게 그들의 허물을,
야곱의 집에 그들의 죄를 알리라
2 그들이 날마다 나를 찾아
나의 길 알기를 즐거워함이
마치 공의를 행하여
그의 하나님의 규례를 저버리지 아니하는 나라 같아서
의로운 판단을 내게 구하며
하나님과 가까이 하기를 즐거워하는도다
3 우리가 금식하되
어찌하여 주께서 보지 아니하시오며
우리가 마음을 괴롭게 하되
어찌하여 주께서 알아 주지 아니하시나이까
보라 너희가 금식하는 날에

오락을 구하며 온갖 일을 시키는도다
4 보라 너희가 금식하면서
논쟁하며 다투며 악한 주먹으로 치는도다
너희가 오늘 금식하는 것은
너희의 목소리를 상달하게 하려는 것이 아니니라
5 이것이 어찌 내가 기뻐하는 금식이 되겠으며
이것이 어찌 사람이 자기의 마음을 괴롭게 하는 날이 되겠느냐
그의 머리를 갈대 같이 숙이고 굵은 베와 재를 펴는 것을
어찌 금식이라 하겠으며
여호와께 열납될 날이라 하겠느냐

하나님은 삶과 마음이 함께하지 않는 종교 예식을 어떻게 생각하실까? 저자는 금식을 예로 들어 명확한 답을 제시한다. 모든 것이 가식이고, 부질없는 짓이라는 것이다. 무엇이 문제인가? 삶이 뒷받침되지 않는 예배는 결국 하나님의 영광과 임재를 추구하기 위한 것이 아니라 참여자 자신의 의(義)를 드러내기 위한 것이요, 세력과 부를 얻기 위한 수단일 뿐이기 때문이다.

지금부터 선지자를 통해 선포하실 말씀이 얼마나 심각하고 중요한 것인지, 하나님은 선지자에게 목소리를 크게 내서 힘껏 외치라고 권면하신다(1절). 선지자는 목소리를 '나팔(שׁוֹפָר) 소리처럼 높여야' 한다. '나팔'은 양의 뿔로 만든 것으로, 위험이 닥쳐오거나 공동체로 모여야 할 일이 있을 때 백성들에게 이를 알리는 데 사용되던 것이다. 나팔 소리를 들은 백성들은 하나같이 하던 일을 멈추고 소리 나는 곳에 관심을 집중해야 했다. 그들의 생사를 좌우할 소식이 전해질 수도 있기 때문이다. 하나님은 마치 전쟁이 임박한 것 같은 분위기를 조성하심으로써 지금부터 선포하시고자 하는 말씀이 얼마나 심각한 것인지를 자신의 백성들이 의식하기를 원하신다.

하나님은 이미 1절 마지막 부분에서 “야곱의 집에 그들의 죄를 알려라”고 명령함으로써 메시지의 성향을 암시하셨다. 이제 구체적으로 그들의 죄를 들춰내신다. 무엇보다도 그들의 위선적인 삶이 문제가 된다 (2절). 그런데 심각한 문제는 이들이 여호와를 무시하거나 모르는 자들이 아니라는 사실이다. 이 “죄인들”은 바로 그 누구보다도 열심히 하나님을 사랑한다고 자부하는 자들이요, 누구보다도 열심히 ‘신앙생활’을 하는 자들이다.

그들은 날마다 묵상을 통해 하나님을 찾는다. 둘째가라면 서러워할 정도로 하나님의 말씀을 파고든다. 하나님께 옳은 길을 가르쳐 달라고 매달린다. 이상적인 참성도의 모습이 아닌가! 외형적으로는 이들보다 거룩한 사람이 없다! 남 보기에는 이들보다 ‘믿음 좋은’ 사람들이 없다!

그렇다면 무엇이 문제인가? 본문이 암시하는 바에 따르면, 이들은 “지식을 쌓는 것”에 모든 관심을 쏟고 있지 자신들이 습득한 지식대로 살지는 않는다. 즉, 가슴은 빈약하고 머리통만 큰 괴물들이 되어 버린 것이다! 하나님은 이미 29:13에서도 이러한 백성들의 모습을 보며 한탄하셨다. “이 백성이 입으로는 나를 가까이하고, 입술로는 나를 영화롭게 하지만, 그 마음으로는 나를 멀리하고 있다. 그들이 나를 경외한다는 말은, 들은 말을 흉내 내는 것일 뿐이다.” 이 세상에서 그 누구보다도 하나님을 사랑하고 섬긴다고 자부하던 바리새인들을 예수님이 혹독하게 비난하시던 일은 우리에게도 경고가 되어야 한다. 또한 오늘날도 바리새인들의 일이 반복되지 않는지 돌아보아야 한다!

선지자를 통해 하나님의 메시지를 듣던 백성들이 반격을 가한다. 자신들의 신앙이 겉만 번지르르한 데는 그럴 만한 이유가 있다는 것이다. 바로 자신들이 하나님께로부터 상처를 받았다는 주장이다. 어떤 상처인가? 그들이 의식적인 것을 초월하여 하나님과 영적인 교제를 하려고 노력해도 하나님이 자기들을 무시하셨다는 것이다. 그들은 금식을 예로 들어 자신들의 입장을 설명한다.

그들은 "우리가 금식하되 주께서 보지 아니하심은 어쩜이오며 우리가 마음을 괴롭게 하되 주께서 알아주지 아니하심은 어쩜이니이까"라고 항의한다. 우리는 이 발언에서 그들의 태도에 큰 문제가 있음을 알게 된다. 바로 종교 행위를 통해 하나님과 흥정을 하려 한다는 것이다. 그들은 하나님께로부터 무언가를 얻어내기 위해 자신들의 생각에는 최고의 종교 행위로 여겨지는 금식을 했다. 금식이 최고의 종교 행위로 간주될 수 있는 것은 간단한 논리에 의해서다. 인간의 어떠한 욕망이라도 생명을 위협하는 굶주림 앞에서는 약화된다. 금식을 한다는 것은 마치 삶 자체를 포기하는 것과 같은 상징적인 의미가 있다.

문제는 하나님이 그들의 금식에 대해 시큰둥한 반응을 보이신다는 사실이다. 그들은 내심 하나님께로부터 "잘했다"는 칭찬과 아울러 "그래 내가 어떻게 해줄까?" 하는 반응을 기대했다. 그런데 '찬바람만 쌩쌩 불었던 것'이다. 그래서 그들은 하나님께 상처를 받았다고 말한다. 마치 동생처럼 하나님께 제물을 드렸다가 하나님이 받지 않으시자 화를 냈던 가인을 연상시킨다. 문제는 이들은 하나님께 그 어떠한 것도 요구할 수 없다는 사실이다.

하나님은 주실 수도 있고 주시지 않을 수도 있다. 그분은 우리의 어떠한 행동에도 매이지 않는 분이다. "내가 이렇게 하면, 하나님은 저렇게 하셔야 한다"는 것은 하나님을 경배하는 것이 아니라 이용하려는 것이다. 우리의 삶을 돌아보자. 우리는 어떤 자세로 하나님께 나아가는가? 하나님은 결코 우리에게 이용당하실 분이 아니다. 우리가 무조건적으로 하나님의 권위에 머리를 숙일 때 하나님의 통치가 우리의 삶에서 시작된다.

선지자는 이어서 이스라엘 사람들의 금식에 대한 하나님의 입장을 설명한다(3b-4절). 그들이 순수한 종교 행위인 금식마저도 위선적인 예식으로 변질시켰다는 것이다. 금식하는 날, 그들은 평소 하던 대로 온갖 나쁜 짓을 다 한다. 평소처럼 금식하던 날에도 "오락을 찾아 얻으며 온갖 일을 시킨다”(תִּמְצְאוּ־חֵפֶץ וְכָל־עַצְּבֵיכֶם תִּנְגֹּשׂוּ, 개역). 이 문장은 “너희 자신의 향락만을 찾고, 일꾼들에게는 무리하게 일을 시킨다”(새번역; cf. 공동번역)가 더 정확한 번역이다. 이들이 금식하는 날에도 다른 사람으로부터 착취하고 다른 사람을 혹사시키는 일을 멈추지 않는다는 뜻이다. 그뿐만 아니라 그들은 금식하는 날 온갖 악행과 폭행을 저지른다(4절). 그러니 어찌 이들의 금식이 하나님의 마음을 움직일 수 있겠는가!

그러므로 선지자는 주의 백성에게 금식의 정신을 회복하라고 외친다(5절). 이스라엘의 역사를 살펴보면 온 백성이나 한 부류가 금식하는 모습을 자주 볼 수 있다. 그러나 율법에 따르면, 이스라엘에게 금식이 요구된 날은 1년에 단 하루였다. 바로 대속죄일(Day of Atonement, 레 16장)이다. 이날은 백성들이 모두 자신의 죄의 심각성에 대해 깊이 묵상하고 생각해야 하는 “사람이 그 마음을 괴롭게 하는 날”이었다.

이날은 자신을 가장 확실하게 부인하는 날이었다. 그런데 사람들은 금식의 고귀한 의미를 망각하고 그것을 일종의 ‘하나님 조작 수단’으로 이용하려 했다(cf. Oswalt). 그러니 하나님이 어찌 이들의 금식에 응답하시겠는가! 이들의 행위는 하나님의 분노만 살 뿐이었다. 어떠한 종교적 행위도 “통회하는 마음과 상한 심령”을 대신할 수 없다.

또한 금식은 자신의 의를 드러내는 행위가 아니다(Muilenburg). 하나님 앞에 깨어지는 날이요 겸손해지는 날이다. 그런데 어찌하여 “나는 며칠 금식을 몇 번 했네!” 하는 것이 자랑거리가 되고 그 사람의 영성을 증명하는 경력이 되어 버렸는지, 참으로 안타까운 일이다.

X. 여호와께서 인정하신 종(54:1–62:12)
5장. 의로운 파수꾼의 선언(58:1–59:21)
1. 진정한 종교 정의(58:1–14)

(2) 참여호와 종교(58:6-12)

6 내가 기뻐하는 금식은

흉악의 결박을 풀어 주며

멍에의 줄을 끌러 주며
압제 당하는 자를 자유하게 하며
모든 멍에를 꺾는 것이 아니겠느냐
7 또 주린 자에게 네 양식을 나누어 주며
유리하는 빈민을 집에 들이며 헐벗은 자를 보면 입히며
또 네 골육을 피하여 스스로 숨지 아니하는 것이 아니겠느냐
8 그리하면 네 빛이 새벽 같이 비칠 것이며
네 치유가 급속할 것이며
네 공의가 네 앞에 행하고
여호와의 영광이 네 뒤에 호위하리니
9 네가 부를 때에는 나 여호와가 응답하겠고
네가 부르짖을 때에는 내가 여기 있다 하리라
만일 네가 너희 중에서 멍에와 손가락질과 허망한 말을 제하여 버리고
10 주린 자에게 네 심정이 동하여 괴로워하는 자의 심정을 만족하게 하면
네 빛이 흑암 중에서 떠올라 네 어둠이 낮과 같이 될 것이며
11 여호와가 너를 항상 인도하여 메마른 곳에서도
네 영혼을 만족하게 하며 네 뼈를 견고하게 하리니
너는 물 댄 동산 같겠고 물이 끊어지지 아니하는 샘 같을 것이라
12 네게서 날 자들이 오래 황폐된 곳들을 다시 세울 것이며
너는 역대의 파괴된 기초를 쌓으리니
너를 일컬어 무너진 데를 보수하는 자라 할 것이며
길을 수축하여 거할 곳이 되게 하는 자라 하리라

선지자는 형식에 치우쳤고 심지어 가장 순수한 종교 행위까지 모욕한 자들에게 "하나님이 원하는 참여호와 종교는 이런 것이다"라는 강론을 시작한다. 일부 학자들은 이 강론을 하나님이 모든 유형의 금식을 금하시는 것이라고 해석하지만(Whybray), 이는 금식의 근본적인 취지를

다시 생각해 보라는 도전이다. 선지자는 무엇보다도 세상에서 가장 쉽게 무시당할 수 있고 희생당할 수 있는 자들을 보살피고 그들의 인권을 보호하는 정의를 실행하는 것이야말로 형식을 초월한 참금식이고 믿음이라고 말한다. 이러한 차원에서 본문은 야고보서를 연상시킨다.

자신의 의를 드러내거나 자신의 필요와 욕구를 채우기 위해 금식을 하던 자들에게 금식의 진정한 의미가 선포된다. "금식은 자신을 위한 것이 아니라, 고통 속에 있는 이웃들을 위한 것이다"(6-7절). 금식은 자신을 돌아보고 반성하는 시간이며, 하나님 앞에 자신의 죄를 철저히 고백하는 시간이다. 그뿐만 아니라, 하나님의 구원의 놀라움을 새롭게 체험하는 시간이다. 그러므로 금식을 제대로 하면, 그 사람은 한없이 겸손해질 것이요, 곤경과 속박에서 자유를 얻는 것이 얼마나 소중하고 즐거운 일인지 체험하게 된다.

그렇다면 하나님의 은혜로 갖은 속박과 고통에서 자유를 얻은 죄인이 해야 할 일은 무엇인가? 바로 이러한 상황에 놓인 사람들에게 자유를 주는 것이다. 자신이 체험한 놀라운 은혜를 나누어야 한다. 그러므로 선지자는 하나님이 기뻐하시는 금식은 "부당한 결박을 풀어 주는 것, 멍에의 줄을 끌러 주는 것, 압제 받는 사람을 놓아주는 것, 모든 멍에를 꺾어 버리는 것"(6절, 새번역)이라고 선포한다.

또한 배고픔의 쓰라림을 경험했던 사람이라면, 주변에서 먹을 것이 없어서 고통당하는 사람들의 아픔을 헤아릴 수 있을 것이다. 그러므로 선지자는 이어서 하나님이 기뻐하시는 금식은 "굶주린 사람에게 너의 먹거리를 나누어 주는 것, 떠도는 불쌍한 사람을 집에 맞아들이는 것이 아니겠느냐? 헐벗은 사람을 보았을 때에 그에게 옷을 입혀 주는 것, 너의 골육을 피하여 숨지 않는 것이 아니겠느냐?"(7절, 새번역)라고 반문한다. "골육"은 어려움을 당한 이웃을 뜻한다. 즉, 우리의 모든 종교적 행위는 이웃의 어려운 형편을 헤아리고 돕는 데 그 목적이 있는 것이다. 왜? 어려운 이웃을 돕는 것만큼 확실한 '자기부인'도 없기 때문이다.

선지자는 비록 손해를 보는 것 같지만 지금까지 선포된 하나님의 말씀대로 남을 보살피고 돕는 삶을 살아가는 자에게 하나님이 직접 상상을 초월하는 은혜와 사랑을 약속하신다고 선포한다. 그는 여러 가지 이미지를 사용하여 백성들을 설득한다.

저자는 남을 보살피고 돕는 삶의 아름다움을 매우 아름답게 표현할 뿐만 아니라, 그들에게 놀라운 축복이 임할 것을 선언한다. 그는 우리를 감동시키는 네 가지를 언급하며 이야기를 진행해 나간다. 빛, 치유, 인도/보호, 동행. 남을 돕는 삶을 살아가는 사람들은 춥고 어두운 밤이 물러가면서 밤이 지배하던 곳을 가득 채운 따스하고 밝은 햇볕과 같다. 대지의 잠을 깨우며 기지개를 켜는 식물들에게 생기를 불어넣어 주는 생명의 빛이다. 남을 배려하는 삶은 이렇게 아름답다. 그들에게 삶의 의미를 부여하고 새로운 각오를 다지는 생명력을 선사하는 것이다.

남을 배려하는 삶은 자신을 치유하기도 한다. 어떤 문제에서 치유받기를 원하는가? 가장 빠른 방법은 남에게 베푸는 것이다. 누구나 이러한 경험을 한 적이 있을 것이다. 신기하게도 나누면 나눌수록 부족한 것이 아니라 풍요로워진다는 것이 우리의 간증 아닌가!

더 놀라운 사실은 하나님이 이렇게 사는 자들의 호위병을 자청하신다는 것이다(8절). 앞에서 갈 길을 예비하시고, 뒤에서는 적들로부터 보호하기 위해 호위해 주신다. 출애굽 사건을 연상시키는 이미지다. 옛적에 하나님이 이스라엘을 호위해 이집트로부터 광야로 인도해 내신 일이 배경 이미지가 되고 있다(Westermann; Childs). 하나님을 우리의 보디가드로 두고 싶은가? 의롭게, 베풀며 살라! 또한 남을 배려하는 삶을 사는 자들은 항상 하나님과의 '직통 전화'(hot line)를 유지하고 있다. 그들이 부르짖기만 하면, 하나님이 즉시 응답하실 것이다. 언약 관계를 염두에 두고 하시는 말씀이다. 이렇게 사는 사람들과 하나님은 갈라놓을 수 없는 관계를 갖게 된다는 것이다.

선지자는 지금까지 선포된 약속을 다시 한번 확인한다(9b-10절). 악을 버리고, 연약한 자들을 보살피고 배려하는 삶은 어둠을 비추는 빛과 같다는 것이다. 그리고 이 빛이 얼마나 밝은지 캄캄한 밤이 대낮같이 될 것을 선언한다. 한 사람의 선(善)이 이렇게 엄청난 효력을 발휘할 수 있다면, 우리가 힘을 합하여 이러한 삶을 추구할 때는 그 여파가 얼마나 더 클까? 세상은 소수에 의해 바뀌는 것이다. 그리고 하나님은 결코 한 사람의 선행을 잊지 않으신다.

남을 돕는 것은 자신을 돕는 것이기도 하다. 하나님이 남을 돕는 자의 모든 필요를 채워주실 것이기 때문이다(11절). 넘치도록 주신다. 그러므로 그는 원기를 회복할 뿐만 아니라 물 댄 동산처럼 항상 생명력과 풍요로 가득하게 된다. 원리는 간단하다. 우리가 남에게 베푸는 것과 하나님이 우리의 행위를 보시고 부어 주실 축복을 비교해 보면, "되로 주고 말로 받는" 것이다. 풍요로움을 즐기고 싶은가? 베푸는 삶을 살라. 부유한 자들만 베풀 수 있는 것이 아니다. 없는 데서 나누는 것은 더 큰 효과를 유발하고, 하나님의 큰 축복이 따른다.

선을 베푸는 자들은 마치 오래전에 파괴된 성읍을 재건하는 자들과 같다. 그리고 그들의 명성은 영원히 기억될 것이다(12절). 호랑이는 죽어서 가죽을 남기고 사람은 죽어서 이름을 남긴다. 당신은 어떤 이름을 남길 것인가?

하나님은 이 섹션을 금식에 대한 언급으로 시작하셨다. 하나님은 자신의 뜻을 명백히 밝히신다. 자신의 배를 비우는 금식보다 남의 배를 채우는 선행이 훨씬 의미 있는 종교 행위라는 것을 말이다. 이제 자신을 위한 종교 행위는 그만하고 남을 위한 종교 행위를 시작할 때다.

X. 여호와께서 인정하신 종(54:1–62:12)
5장. 의로운 파수꾼의 선언(58:1–59:21)
1. 진정한 종교 정의(58:1–14)

(3) 위선적 종교 행위: 안식일(58:13-14)

13 만일 안식일에 네 발을 금하여

내 성일에 오락을 행하지 아니하고
안식일을 일컬어 즐거운 날이라,
여호와의 성일을 존귀한 날이라 하여
이를 존귀하게 여기고
네 길로 행하지 아니하며
네 오락을 구하지 아니하며
사사로운 말을 하지 아니하면
14 네가 여호와 안에서 즐거움을 얻을 것이라
내가 너를 땅의 높은 곳에 올리고
네 조상 야곱의 기업으로 기르리라
여호와의 입의 말씀이니라

금식처럼 안식일도 인간의 의를 드러내는 행위가 되어 버렸다. 본질을 잃어버린 것이다. 이러한 종교적 행위의 본질은 하나님께 초점을 맞추는 데 있다. 그러나 어느새 초점이 의식을 행하는 자들에게 맞춰졌다. 그러므로 선지자는 이스라엘에게 다시 본질을 회복하라고 권면한다. 하나님을 경배하기 위한 날에서 하나님을 빼 버리는 것은 찐빵에서 팥소를 빼 버리는 것과 마찬가지 아닌가! 종교 행위가 결코 인간의 욕구를 충족시키거나 자신을 만족시키는 도구로 사용되어서는 안 된다. 모든 종교 행위는 하나님을 중심에 두고 행해져야 한다. 또한 이 길만이 우리의 살길이다. 이렇게 행할 때, 우리는 주 안에서 즐거움을 얻을 것이요, 영화롭게 살 수 있다.

2. 종교적으로 살지 못하는 백성(59:1-15a)

선지자는 이 텍스트에서 의를 행하지 못하는 백성들의 무능함을 비난한다. 이미 언급한 것처럼 56:1-8에서는 백성들의 우상숭배를 고발했다. 우상숭배와 의를 행하지 못하는 것, 이 두 가지는 이사야를 포함한 모든 선지자가 폭로했던 하나님 백성의 가장 기본적인 죄였다. 본문은 다음과 같이 구분될 수 있다.

A. 타락한 사회(59:1-8)
B. 공동체의 죄 고백(59:9-15a)

(1) 타락한 사회(59:1-8)

1 여호와의 손이 짧아 구원하지 못하심도 아니요
귀가 둔하여 듣지 못하심도 아니라
2 오직 너희 죄악이 너희와 너희 하나님 사이를 갈라 놓았고
너희 죄가 그의 얼굴을 가리어서
너희에게서 듣지 않으시게 함이니라
3 이는 너희 손이 피에,
너희 손가락이 죄악에 더러워졌으며
너희 입술은 거짓을 말하며
너희 혀는 악독을 냄이라
4 공의대로 소송하는 자도 없고
진실하게 판결하는 자도 없으며
허망한 것을 의뢰하며 거짓을 말하며

악행을 잉태하여 죄악을 낳으며
5 독사의 알을 품으며 거미줄을 짜나니
그 알을 먹는 자는 죽을 것이요
그 알이 밟힌즉 터져서 독사가 나올 것이니라
6 그 짠 것으로는 옷을 이룰 수 없을 것이요
그 행위로는 자기를 가릴 수 없을 것이며
그 행위는 죄악의 행위라
그 손에는 포악한 행동이 있으며
7 그 발은 행악하기에 빠르고
무죄한 피를 흘리기에 신속하며
그 생각은 악한 생각이라
황폐와 파멸이 그 길에 있으며
8 그들은 평강의 길을 알지 못하며
그들이 행하는 곳에는 정의가 없으며
굽은 길을 스스로 만드나니
무릇 이 길을 밟는 자는 평강을 알지 못하느니라

백성들은 58:3에서 하나님이 자신들의 형편에는 관심이 없으실 뿐만 아니라, 금식까지도 외면하신다고 한탄했다. 본문은 이들이 "하나님이 우리를 버리셨으므로 기도에 응답하시지 않는다"고 원망하는 것을 전제하고 말씀을 선포한다. 하나님이 왜 메시아를 통한 구원의 약속을 지키지 않으시는가? 왜 그들의 삶에 하나님의 축복과 간섭이 없는가? 곰곰이 생각한 그들은 하나님이 자신들을 버리셨기 때문이라고 결론을 내렸다.

이에 대해 선지자는 하나님이 그들을 버리신 것이 아니라, 그들이 하나님으로 하여금 아무런 은혜를 베푸시지 못하도록 했다는 사실을 분명히 말한다. "하나님의 손이 짧아서 그들을 구원하지 못하시는 것이 아니며, 귀가 어두워서 그들의 기도를 듣지 못하시는 것이 아니다" (1절). 이 말씀은 하나님은 변함없이 그들을 사랑하시며, 그들에게 구원을 베푸시고, 그들의 기도에 응답하기를 원하신다는 뜻이다. 다만, 백성들의 행동이 하나님의 능력의 팔을 "묶어 둔 것"이었다.

그렇다면 어떻게 백성들이 하나님의 팔을 묶었는가? 이것은 바로 그들의 죄가 초래한 결과다(2절). 그들의 죄가 하나님과 그들의 사이를 갈라놓았으며, 하나님으로 하여금 그들로부터 얼굴을 돌리시도록 만들었다. "갈라놓다"(בדל)는 창세기 1:6에서 궁창이 하늘에 있는 물과 땅에 있는 물을 갈라놓았다는 것을 선언할 때 사용되었던 단어로, 본문은 이 이미지를 염두에 두고 이 단어를 사용한 것이다(Oswalt). 인간의 죄가 하나님과 백성들 사이를 하늘과 땅으로 갈라놓았다는 것이다. 하나님이 "얼굴을 돌리셨다"는 것은 구약 시대의 성도들이 상상할 수 있는 가장 큰 불행이요 저주였다. 하나님이 자신들을 바라보시기만 한다면 이 세상의 어떠한 어려움도 문제가 될 수 없다고 생각했던 사람들에게, 여호와께서 자신들에게서 얼굴을 돌리셨다는 사실은 가장 큰 슬픔을 가져다주는 것이다. 우리와 하나님의 사이는 어떤지 묵상해 보자.

선지자는 하나님이 죄 때문에 백성들의 기도를 들어주실 수 없다고 했는데(1-2절), 그렇다면 백성들이 도대체 무엇을 했기에 하나님과 그들의 사이가 하늘과 땅처럼 멀어지고 벌어진 것인가? 바로 이 섹션이 그 답을 제시한다. 첫째, 죄에 물든 백성들의 삶이다(3절). 선지자는 두 개의 평행법을 사용하여 백성들을 비난한다. 손//손가락, 입술//혀. 손은 피로 더러워졌고, 손가락은 죄짓느라 분주히 움직인다. 입술에는 거짓이 가득하며, 혀는 독을 품은 말을 내뱉는다. 손은 행위를, 입은 말을 상징한다. 행동과 사고가 동일하게 부패했다는 것이다. 손은 하나님께 기도할 때 하늘을 향해 치켜드는 것이다(cf. 1:15). 입은 하나님을 찬양할 때 사용하는 것이다. 그런데 이런 것들이 지금 엉뚱하게도 하나님이 가장 싫어하시는 일을 하고 있다. 그러니 하나님이 어찌 이들의 기도를 들으시겠는가! 손과 입을 다스리는 자는 복이 있다!

둘째, 정의가 무너진 법정이 그들의 죄를 고발한다(4절). 개인의 삶이 죄로 물든 사회에서(3절) 어찌 서로에게 공의와 공평을 행할 수 있겠는가! 그러므로 법정도 더 이상 공평하고 의로운 판결을 내리지 못한다. 옳고 그름 대신, 거짓과 헛됨이 법정의 기준이 되어 버린 것이다. 그러므로 결국 법정은 "악행을 잉태하여 죄악을 낳는다"(עָמָל וְהוֹלֵיד אָוֶן דַּבֶּר־שָׁוְא הָרוֹ). 이 말씀에서 사용되는 임신과 출산 비유가 매우 인상적이다(Calvin). 정상적인 임신과 출산은 생명의 번성을 뜻하는 좋은 것이다. 여자가 임신하면 예쁘고 청순한 아이가 태어나지 않는가! 또한 생명의 탄생은 "세상은 계속되어야 한다"는 하나님의 의지의 표현이다. 그런데 이들은 지금 '해로운 것'을 잉태하여 '죄'를 출산하고 있다. 이런 세상은 망할 수밖에 없다.

셋째, 죄가 통치하는 세상의 실상이 그들의 죄를 드러낸다(5-6절). 우리는 간혹 죄에 대한 동경에 빠져 있는 사람들을 만난다. 죄가 얼마나 지저분하고 가증스러운 것인지 모르고, 오히려 그것을 즐거워하고 갈망하는 사람들 말이다. 우리 사회에도 날이 갈수록 이러한 분위기가 조성되고 있다는 것은 매우 심각한 문제가 아닐 수 없다. 선지자는 죄가 가득한 사회가 과연 어떤 것인지를 섬뜩한 그림을 그려 가며 경고한다.

죄가 지배하는 사회는 마치 독사의 알을 품는 것과 같고 거미줄로 옷감을 짜는 것과 같다. 알은 먹은 자들이 힘을 주거나 부화를 시키면 생명의 탄생을 기대할 수 있다. 그러나 본문은 이 사회의 알은 죽음만을 가져올 것이라고 경고한다. 독사의 알을 품다가 먹는 자는 독 때문에 죽을 것이요, 알을 깨뜨리면 독사가 나와 그들을 무는 것과 같다. 죽음밖에 없는 사회가 된 것이다. 거미줄로 옷을 짜면 입을 수 있겠는가? 부끄러움을 가릴 수 있겠는가? 모든 것이 허무하고 죽음으로 치닫게 되는 것이다. 영원히 남는 것은 없다. 미래가 없다. 이것이 죄의 실체다. 죄는 마치 생명을 줄 것처럼, 지친 사람에게 생기를 불어넣어 줄 것처럼 사람들을 유혹한다. 죄는 마치 우리의 모든 부끄러움을 가릴 수 있는 것처럼 속삭인다. 그러나 죽음과 더 큰 부끄러움만을 안겨줄 뿐이다.

넷째, 기준이 파괴된 사회가 그들을 고발한다(7-8절). 이와 같은 자들이 득실거리는 세상은 과연 어떻게 될까? 뻔한 것 아닌가! 민첩하게 죄를 짓고, 신속하게 악을 행하는 사회가 된다. 기준이 무너졌으니 파멸과 황폐만 있을 뿐이다. 서로에게 공평을 행할 수 없고 스스로 비뚤어진 길을 걷는다. 모두 다 자신들의 안위를 돌보기 위해 수단과 방법을 가리지 않는다. 그런데 아이러니하게도 이러한 사회에서는 그 누구도 안전하지 못하다. 그들은 또한 "평안"(שָׁלוֹם)을 알지 못한다. 당연하지 않은가. 평안은 하나님만이 주실 수 있는 것인데, 하나님이 어찌 이들에게 평안을 주시겠는가! 한마디로 소망이 없는 사회다.

선지자는 이처럼 이스라엘 사회를 비난하고 있다. 그들이 이러한 사회를 형성하고 있기 때문에 하나님이 그들의 기도를 들으실 수 없고, 심지어 그들로부터 얼굴을 돌리셨다는 것이다. 물론 이것은 우상숭배와 이기주의로 물들었던 그들의 사회를 잘 평가하는 말씀이다. 그러나 오늘 우리는, 우리 사회는 이보다 낫다고 확신할 수 있는가?

X. 여호와께서 인정하신 종(54:1–62:12)
5장. 의로운 파수꾼의 선언(58:1–59:21)
2. 종교적으로 살지 못하는 백성(59:1–15a)

(2) 공동체의 죄 고백(59:9-15a)

9 그러므로 정의가 우리에게서 멀고
공의가 우리에게 미치지 못한즉
우리가 빛을 바라나 어둠뿐이요
밝은 것을 바라나 캄캄한 가운데에 행하므로
10 우리가 맹인 같이 담을 더듬으며
눈 없는 자 같이 두루 더듬으며

낮에도 황혼 때 같이 넘어지니
우리는 강장한 자 중에서도 죽은 자 같은지라
11 우리가 곰 같이 부르짖으며
비둘기 같이 슬피 울며
정의를 바라나 없고
구원을 바라나 우리에게서 멀도다
12 이는 우리의 허물이 주의 앞에 심히 많으며
우리의 죄가 우리를 쳐서 증언하오니
이는 우리의 허물이 우리와 함께 있음이니라
우리의 죄악을 우리가 아나이다
13 우리가 여호와를 배반하고 속였으며
우리 하나님을 따르는 데에서 돌이켜 포학과 패역을 말하며
거짓말을 마음에 잉태하여 낳으니
14 정의가 뒤로 물리침이 되고
공의가 멀리 섰으며
성실이 거리에 엎드러지고
정직이 나타나지 못하는도다
15 성실이 없어지므로
악을 떠나는 자가 탈취를 당하는도다

지금까지 선지자를 통해 하나님의 비난을 들어온 백성들이 자신들의 이야기를 시작한다. 53장에서와 같이 "우리"의 발언으로 구성되어 있는 이 발언은 두 섹션으로 나뉜다. (1) 공동체의 탄식(9-11절), (2) 죄의 고백(12-15a절). 물론 "우리"는 이스라엘의 모든 사람이 아니라, 하나님의 말씀에 동의하는 남은 자들이다.

백성들은 자신들의 삶에서 "정의"(מִשְׁפָּט)과 "공의"(צְדָקָה)가 멀어진 것은 순전히 자신들 때문이라는 것을 고백한다(9절). 정의(מִשְׁפָּט)와 공

의(צְדָקָה)가 1-39장에서는 사람들의 도덕성을 염두에 두고 사용되다가, 40-55장에서는 공의(צְדָקָה)가 대체로 하나님의 구원 행위를 뜻했으며, 56장부터는 다시 사람들의 도덕성을 의미하며 사용된다(Oswalt). 그러나 선지자가 56장부터 하나님의 구원과 사람들의 윤리성을 연관시키고 있음을 의식해야 한다. 하나님의 구원이 이들에게 임하지 않는 것은 그들의 의롭지 못한 삶 때문이란 것이다.

백성들은 정의와 공의가 없는 사회가 마치 소경이 길을 헤매고 더듬는 것과 같음을 고백한다(9-10절). '소경' 테마는 이사야서에서 매우 중요한 테마 중 하나다. 선지자는 6장에서 "모든 사람을 소경으로 만들라"는 소명을 받았다. 8:21-22은 이스라엘에 임한 어둠이 얼마나 혹독한 것인지 잘 묘사했다. 선지자는 메시아의 통치가 시작되면 소경이 보게 될 것이라고 책의 여러 곳에서 언급했고(35장; 42장), 드디어 "우리는 소경입니다"라는 이스라엘의 고백을 듣게 된 것이다.

그들은 자신들의 어려운 여건에 대해 더 이상 남을 원망하지 않는다. 모든 것이 자신들의 잘못으로부터 비롯된 것이며, 하나님의 심판과 징계는 정당한 것이라고 고백한다. 이 고백은 60-62장에 전개될 영광스러운 선포를 기대하게 한다. 이처럼 고백은 우리의 약점을 드러내는 것이 아니라 하나님의 은혜를 우리 삶에 끌어오는 일이다.

의가 지배하는 세상에서는 어둠도 대낮처럼 밝다(cf. 58:10). 그러나 악이 지배하는 세상은 대낮도 암흑일 뿐이다(10절). 즉, 우리 눈에 보이는 것이 실체의 전부가 아닌 것이다. 밝음 속에 사는 것 같아도 어둠 속에서 헤매고 있을 수 있고, 어둠 속에 사는 것 같아도 밝음 속에서 지낼 수 있다. 그리고 이러한 환경은 우리가 만들어 간다. 처한 여건을 한탄하거나 원망하지 말자. 어찌 보면, 우리의 운명은 우리가 결정하는 것이다.

자신들이 마치 어둠 속에서 헤매는 자들과 같다는 것을 인정하는 백성들의 탄식이 11절에서 절정에 이른다. "우리가 곰 같이 부르짖으며 비둘기 같이 슬피 울며 정의를 바라나 없고 구원을 바라나 우리에게서 멀도다." 아무리 구슬프게 애원하고 매달려도 하나님의 구원이 멀게만 느껴진다는 고백이다. "비둘기 같이 슬피 우는 것"은 탄식 시편에 자주 등장하는 표현이다. 그러나 "곰 같이 부르짖는 것"은 성경에서 매우 독특한 표현이다. 이는 아마도 단순히 두서없이 부르짖는 것을 의미하는 것 같다. 그리고 그들은 이 '탄식' 섹션을 시작할 때 사용한 표현으로 섹션을 마친다. "하나님의 거리감"을 슬퍼하는 것으로 시작해서 "하나님의 거리감"을 탄식함으로 맺고 있는 것이다. 하나님의 백성들에게 가장 견디기 힘든 것이 바로 이 점 아닌가!

자신들의 죄로 가득 찬 사회를 탄식하던 백성이 슬픔을 기도로 승화시킨다(12-15a절). 하나님께 본격적으로 매달리는 것이다. 그들은 하나님의 모든 지적을 인정하고 자신들의 죄를 고백한다. "주님, 주께 지은 우리의 죄가 매우 많습니다. 우리의 죄가 우리를 고발합니다. 우리가 지은 죄를 우리가 발뺌할 수 없으며, 우리의 죄를 우리가 잘 압니다"(12절, 새번역).

그들이 고백하는 죄의 내용을 보면, 이미 선지자가 선언한 것들을 그대로 인정하고 있다. "우리가 하나님께 등을 돌렸으며, 진실하게 살지 못했으며, 사회에서 공의와 공평을 행하지 못했습니다. 그러므로 우리 사회에서는 정직과 성실이 발을 붙이지 못하고 의인이 오히려 약탈을 당합니다"(13-15절). 사회에 없는 네 가지—공의, 공평, 정직, 성실—는 모두 하나님이 가장 소중하게 여기시는 도덕성이다. 그들은 이 모든 것이 자신들의 사회에 하나도 없음을 인정한다. 우리 사회는 어떤가? 우리가 속한 공동체는 사회와 얼마나 다른가?

3. 백성을 치료하는 하나님(59:15b-21)

15b 여호와께서 이를 살피시고
그 정의가 없는 것을 기뻐하지 아니하시고
16 사람이 없음을 보시며
중재자가 없음을 이상히 여기셨으므로
자기 팔로 스스로 구원을 베푸시며
자기의 공의를 스스로 의지하사
17 공의를 갑옷으로 삼으시며
구원을 자기의 머리에 써서 투구로 삼으시며
보복을 속옷으로 삼으시며
열심을 입어 겉옷으로 삼으시고
18 그들의 행위대로 갚으시되
그 원수에게 분노하시며
그 원수에게 보응하시며
섬들에게 보복하실 것이라
19 서쪽에서 여호와의 이름을 두려워하겠고
해 돋는 쪽에서 그의 영광을 두려워할 것은
여호와께서 그 기운에 몰려
급히 흐르는 강물 같이 오실 것임이로다
20 여호와의 말씀이니라
구속자가 시온에 임하며
야곱의 자손 가운데에서 죄과를 떠나는 자에게 임하리라
21 여호와께서 이르시되
내가 그들과 세운 나의 언약이 이러하니
곧 네 위에 있는 나의 영과 네 입에 둔 나의 말이

이제부터 영원하도록 네 입에서와
네 후손의 입에서와 네 후손의 후손의 입에서
떠나지 아니하리라 하시니라
여호와의 말씀이니라

이 말씀은 58:1-59:21뿐만 아니라 56:1-59:21에 대한 결론이다(cf. Muilenburg). 본문에서 하나님은 그 누구도 막을 수 없는 용장(勇將)의 모습으로 오신다. 전에 여호수아와 이스라엘 백성들을 위해 아말렉 사람들과 가나안 사람들을 무찌르셨던 것처럼, 이번에도 이스라엘의 적을 무찌르기 위해 오셨다. 이번에 하나님이 싸우실 이스라엘의 적은 누구인가? 바빌론, 페르시아, 앗시리아? 모압, 암몬, 블레셋? 이 나라들은 언급조차 되지 않는다. 그런데도 이스라엘은 아직 구원이 필요하다.

무엇으로부터 구원이 필요하단 말인가? 누가 그들을 속박하고 괴롭게 한단 말인가? 바로 하나님의 뜻대로 이 세상에서 공의와 정의를 행하지 못하는 죄가 그들의 적이다. 하나님이 또다시 가나안 사람들을 물리치러 오신 것이 아니라, 가나안 사람들이 상징했던 죄를 물리치러 오신 것이다. 그리고 죄는 오직 여호와만이 물리칠 수 있는 세력이다.

하나님이 자기 백성을 바라보셨다(15b-16절). 선지자는 하나님이 백성들의 죄 때문에 그들로부터 고개를 돌리셨다고 선언했다(2절). 이제 하나님이 다시 이스라엘을 바라보신다. 바로 여기에 주의 백성들의 소망이 있다! 하나님이 바라보시기만 하면 모든 것이 해결된다!

백성들을 측은한 눈으로 바라보시던 하나님의 눈가에 이슬이 맺혔다. 곤경에 처한 백성들을 구원할 자가 하나도 없었기 때문이다. 그들을 위로하고 치유할 자가 없었다. 그래서 하나님이 직접 나서신 것이다. 억압받는 자들을 구원하시고 공의를 이루시어 자신의 능력을 온 세상에 드러내기 위해 친히 나서셨다. 우리는 무엇을 위해 기도하는가? 하나님이 우리를 바라보시기를 기도하자.

주의 백성을 구원하기 위해 오신 하나님은 공의와 구원으로 무장하셨다(17절). 선지자는 전쟁에 참여하는 군사가 중무장하는 이미지로 하나님의 전투 준비를 묘사한다. 여호와는 구원(יְשׁוּעָה)의 투구를 쓰시고 공의(צְדָקָה)의 갑옷을 입으셨으며, 보복(נָקָם)을 속옷으로 열심(קִנְאָה)을 겉옷으로 입으셨다. 구원을 받기에 합당한 자들에게는 구원을 베푸시고, 보복을 받아 마땅한 자들에게는 보복을 하시는데, 공정하게 하실 것이다. 여호와의 열심이 곧 이 일을 이루실 것이다. 본문은 에베소서 6:13-17이 묘사하는 그리스도인의 영적 전투 준비의 원조다.

하나님이 응징하신다(18-20절). 하나님이 세상 모든 사람에게 그들이 행한 대로 갚으신다(18절). 해 뜨는 곳에서부터 해 지는 곳까지, 섬에 거하는 자들까지도 여호와를 두려워한다. 나름대로 힘을 합하여 하나님을 대적해 보지만, 순식간에 무너져 내린다(19절). 하나님은 적들에게는 보복하시고(18절), 자신의 백성에게는 구원을 베푸신다(20절). 그러나 야곱의 자손이라고 해서 모두 하나님의 백성이 되는 것은 아니다. 그들 중 "악에서 돌이킨 사람들"(שָׁבֵי פֶשַׁע)을 속량하실(גאל) 뿐이다. 오직 남은 자들만이 여호와의 구원을 누리게 된다.

하나님이 구원하신 자들과 언약을 맺어 자유를 주신다(21절). 하나님은 회개하는 죄인들에게 구원을 베푸실 뿐만 아니라 그들과 새로운 언약을 맺으신다. 다시는 그들이 죄의 올가미에 걸려 괴로워하지 않아도 되는 가능성을 허락하신 것이다. 어떻게 이 일이 가능한가? 하나님이 자신의 영(רוּחַ)과 자신의 입에 담긴 말씀(דָּבָר)을 그들과 그들의 자손들에게 허락하셔서 다시는 떠나지 않도록 하실 것이다. 하나님이 죄의 세력을 확실하게 이기신 것이다.

다시는 죄가 백성들을 속박할 수 없도록 말씀과 영을 주신다. 물론 더 이상 죄를 짓지 않는 것은 백성들의 몫이다. 그러나 이전에는 죄를 짓지 않는다는 것이 거의 불가능했지만, 이제는 충분히 가능하다. 하나님의 영과 말씀이 그들을 도울 것이기 때문이다. 하나님의 말씀과 영이 충만한 삶, 이것이 바로 우리가 갈망하는 삶 아닌가! 하나님의 영과 말씀이 충만한 사람은 거의 죄를 짓지 않고도 일생을 마칠 수 있지 않을까? 오순절 성령 강림 후에 온 세상의 모든 사람이 하나님의 복음(말씀)을 듣게 된 것은 우연이 아니다. 오순절 성령 강림은 하나님이 이곳에서 약속하신 것의 한 성취였다.

6장. 시온의 영화(60:1-62:12)

앞에서 언급한 것처럼 60-62장은 55-66장의 구조에서 그 중심을 차지한다. 본문은 회복된 주의 백성의 영화로운 운명이 온 세상의 부러움을 사는 것을 바탕으로 삼고 있다. 또한 이스라엘의 영광은 그들 스스로의 노력에 의한 것이 아니며 하나님의 사역의 결과라는 것을 강조한다. 이러한 차원에서 본문은 하나님의 구원을 노래한 바로 앞부분과 직접적인 연관성을 유지한다. 본문은 다음과 같이 구분된다.

A. 하나님의 영광(60:1-22)
B. 거룩한 백성(61:1-62:12)

X. 여호와께서 인정하신 종(54:1–62:12)
6장. 시온의 영화(60:1–62:12)

1. 하나님의 영광(60:1-22)

선지자는 '하나님의 백성'이라는 개념이 온 세상 사람들을 포함할 것을 여러 차례 암시해 왔다. 앞으로 형성될 공동체에서는 아브라함의 자손이란 것이 별 의미가 없을 것이라는 말이다. 그럼에도 불구하고 그는 꾸준히 이스라엘의 구원을 노래해 왔다. 바로 앞부분에서도 그랬다. 그렇다면 이스라엘의 구원은 세상에 어떤 영향을 미칠 것인가? 이스라엘의 구원과 이방인들의 구원은 어떤 관계가 있는가? 본문은 이러한 질문에 답하고 있다. 이 텍스트는 다음과 같이 구분될 수 있다.

A. 일어나 빛을 발하라(60:1-3)

A'. 열방이 빛을 보고 올 것이다(60:4-9)

B. 엇갈리는 운명(60:10-16)

B'. 동(銅) 대신 금(金)(60:17-22)

X. 여호와께서 인정하신 종(54:1–62:12)
6장. 시온의 영화(60:1–62:12)
1. 하나님의 영광(60:1–22)

(1) 일어나 빛을 발하라(60:1-3)

1 일어나라 빛을 발하라
이는 네 빛이 이르렀고
여호와의 영광이 네 위에 임하였음이니라
2 보라 어둠이 땅을 덮을 것이며
캄캄함이 만민을 가리려니와
오직 여호와께서 네 위에 임하실 것이며
그의 영광이 네 위에 나타나리니
3 나라들은 네 빛으로,
왕들은 비치는 네 광명으로 나아오리라

선지자는 이미 51:17, 52:1에서 외쳤던 것처럼 땅에 엎드려 있는 예루살렘에게 일어나서 머리 위에 떠오른 여호와의 구원의 빛을 바라보라고 선포한다. 여기서 사용되는 이미지는 밝은 빛으로 임하는 하나님의 현현(신 33:2)과 의의 태양(말 3:20)을 배경으로 한다(Clements). 이 구원은 바빌론에서의 자유나 죄에서의 자유가 아니다. 그들을 비추는 구원의 빛은 바로 하나님의 영과 말씀이 함께하는 복된 삶이다(59:21). 그들은 자신들의 삶을 비추는 하나님의 놀라운 빛을 온 세상에 반사하는 역할을 감당해야 한다.

"예루살렘"은 누구를 두고 하는 말인가? 예루살렘은 교회(Alexander)

혹은 재건된 이스라엘(Whybray)로 해석된다. 그동안 선지자가 남은 자들을 강조해 왔고 이 남은 자에 이방인들 중 여호와를 경외하는 자들이 포함되어 있다는 점을 감안할 때, 인종을 초월하여 하나님을 사랑하는 자들로 구성된 공동체로 해석하는 것이 바람직하다.

주의 백성이 맡은 임무는 간단하다. 그들에게 드리워진 하나님의 빛을 온 세상에 그대로 반사하기만 하면 된다. 이것이 우리의 사역 원리이기도 하다. 우리에게는 새로운 것을 창조해 낼 능력도, 그럴 필요도 없다. 하나님이 주신 것을 그대로 남들에게 전하기만 하면 된다. 그래서 성경이 우리의 연약함에서 하나님의 영광이 드러난다고 하지 않는가! 사역을 너무 어렵게 생각할 필요는 없다. 원리적으로는 매우 간단하다.

하나님의 빛이 온 세상에 임하지 않고 오직 주의 백성들 위에만 임하기 때문에 그들은 하나님의 빛을 어둠에 휩싸인 온 세상에 반사해야 한다(2절). 이 구절이 구상하는 이미지는 출애굽 때 이스라엘이 거하던 고센 땅에는 빛이 임했지만, 온 이집트 땅에는 짙은 어둠이 있었던 일을 그 배경으로 한다(Motyer; cf. 출 10:23). 주의 백성들이 생명의 빛을 성실하게 반사할 때, 죄의 구름으로 덮여 어둠에 싸여 있던 열방이 그들을 향해 다가온다(3절). 빛을 보고 오는 것이다. 어둠에 싸인 세상은 어떤 특별한 역사적 정황을 뜻하기보다 전반적인 세상의 상태를 의미한다(Westermann). 성도의 삶에는 세상 사람들을 끌어들이는 매력이 있어야 한다. 우리는 그리스도인으로서 얼마나 매력적인 삶을 살고 있는가? 사람들이 우리를 부러워하는가 아니면 광신자로 취급하는가?

X. 여호와께서 인정하신 종(54:1–62:12)
6장. 시온의 영화(60:1–62:12)
1. 하나님의 영광(60:1–22)

(2) 열방이 빛을 보고 올 것이다(60:4-9)

4 네 눈을 들어 사방을 보라

무리가 다 모여 네게로 오느니라
네 아들들은 먼 곳에서 오겠고
네 딸들은 안기어 올 것이라
5 그 때에 네가 보고 기쁜 빛을 내며
네 마음이 놀라고 또 화창하리니
이는 바다의 부가 네게로 돌아오며
이방 나라들의 재물이 네게로 옴이라
6 허다한 낙타, 미디안과 에바의 어린 낙타가
네 가운데에 가득할 것이며
스바 사람들은 다 금과 유향을 가지고 와서
여호와의 찬송을 전파할 것이며
7 게달의 양 무리는 다 네게로 모일 것이요
느바욧의 숫양은 네게 공급되고
내 제단에 올라 기꺼이 받음이 되리니
내가 내 영광의 집을 영화롭게 하리라
8 저 구름 같이,
비둘기들이 그 보금자리로 날아가는 것 같이
날아오는 자들이 누구냐
9 곧 섬들이 나를 앙망하고
다시스의 배들이 먼저 이르되
먼 곳에서 네 자손과 그들의 은금을 아울러 싣고 와서
네 하나님 여호와의 이름에 드리려 하며
이스라엘의 거룩한 이에게 드리려 하는 자들이라
이는 내가 너를 영화롭게 하였음이라

구약 성경에서 열방이 시온을 향해 온다는 표현은 대체로 좋은 일을 의미하지 않는다. 이스라엘과 하나님께 싸움을 걸기 위해 오는 것이기 때문이다. 그러나 이번에는 싸우러 오는 것이 아니라 여호와를 경배하고 그분의 백성이 되기 위해 온다. 그들은 이스라엘의 자녀들을 데리고 오며, 많은 재물을 가지고 온다. 여기서 구상되는 이미지는 금은보화를 실은 배가 직접 시온까지 항해해 오는 모습이다(Koole).

"네 눈을 들어 사방을 보라"(4절)는 선지자가 49:18에서 사용했던 표현이다. 그곳에서도 이스라엘 자손들이 열방에서 돌아오는 모습을 그리며 사용된다. 그동안 이스라엘은 자신을 '열방의 밥' 정도로 생각해 왔다. 걸핏하면 침략당하고, 여차하면 속국으로 전락했기 때문이다. 그러나 이제는 상황이 달라졌다. 하나님의 빛이 그들 위에 비추니 온 세상이 그들을 선망의 대상으로, 존귀와 영광의 대상으로 삼는다. 그래서 열방이 그들 사이에 흩어져 있던 이스라엘 자손들과 많은 보화를 가지고 이스라엘을 찾고 있다. 하나님이 함께하시면 어떠한 삶이라도 이렇게 변할 수 있다.

이방인들이 온 세상에서 온다. 어떤 사람은 배를 타고 오며(5절), 어떤 사람은 낙타를 끌고 온다(6절). 배를 타고 오는 자들은 당시 바다를 지배하며 배가 닿는 곳이라면 어디든 다녔던 페니키아 상인들을 염두에 두고 하는 말이다. 낙타를 끌고 오는 자들은 캐러밴(Caravan)으로 유명했던 아라비아 상인들을 의미한다. 페니키아는 이스라엘의 북서쪽에, 아라비아는 남동쪽에 있던 곳으로, 대표적인 민족은 미디안 족속이었다.

이 두 부류의 상인들은 인도, 스바(오늘의 예멘)를 거쳐 동아프리카 등 '세상 끝'까지 돌아다니며 장사하던 자들이다. 그러므로 저자는 온 세상의 부가 모두 예루살렘으로 올 것을 선언하는 것이다. 그들은 "금과 유향"을 가지고 온다. 오늘날에는 금만 귀하게 여기지만, 당시 문화에서는 신들에게 예배를 드릴 때 사용되던 유향 역시 매우 귀중한 것이었다. 동방 박사 이야기를 보면, 유향은 예수님 시대에도 매우 귀하게 여겨졌다.

땅끝에서 많은 보배가 오는 것처럼, 주변에 있는 에돔(게달, 느바욧)에서도 짐승들이 온다(7절). 하나님께 제물로 바쳐지기 위함이다. 그러나 예루살렘을 흥분시키는 것은 역시 열방에서 돌아오는 자녀들이다(8-9절). 온 세상이 예루살렘으로 오는 것은 하나님의 이름 때문이다. 예루살렘이 특별히 아름다워서가 아니라, 예루살렘과 함께하시는 하나님이 놀라워서 오는 것이다. 우리의 삶에서도, 우리의 사역에서도 이 점을 명심해야 할 것이다.

X. 여호와께서 인정하신 종(54:1–62:12)
6장. 시온의 영화(60:1–62:12)
1. 하나님의 영광(60:1–22)

(3) 엇갈리는 운명(60:10-16)

10 내가 노하여 너를 쳤으나
이제는 나의 은혜로 너를 불쌍히 여겼은즉
이방인들이 네 성벽을 쌓을 것이요
그들의 왕들이 너를 섬길 것이며
11 네 성문이 항상 열려
주야로 닫히지 아니하리니
이는 사람들이 네게로 이방 나라들의 재물을 가져오며
그들의 왕들을 포로로 이끌어 옴이라
12 너를 섬기지 아니하는 백성과 나라는 파멸하리니
그 백성들은 반드시 진멸되리라
13 레바논의 영광 곧 잣나무와 소나무와 황양목이 함께 네게 이르러
내 거룩한 곳을 아름답게 할 것이며
내가 나의 발 둘 곳을 영화롭게 할 것이라
14 너를 괴롭히던 자의 자손이
몸을 굽혀 네게 나아오며
너를 멸시하던 모든 자가

네 발 아래에 엎드려
너를 일컬어 여호와의 성읍이라,
이스라엘의 거룩한 이의 시온이라 하리라
15 전에는 네가 버림을 당하며
미움을 당하였으므로
네게로 가는 자가 없었으나
이제는 내가 너를 영원한 아름다움과
대대의 기쁨이 되게 하리니
16 네가 이방 나라들의 젖을 빨며
뭇 왕의 젖을 빨고
나 여호와는
네 구원자,
네 구속자,
야곱의 전능자인 줄 알리라

그동안 이스라엘은 열방에게 끊임없이 착취를 당해 왔다. 근동의 주권자가 바뀔 때마다 새 주인을 맞이해야 했고, 그들에게 조공을 바쳐야 했다. 그럼에도 불구하고 이스라엘 땅은 짓밟히기 일쑤였고 사람들은 노예로 끌려가야 했다. 이제 모든 것이 바뀐다. 열방이 이스라엘의 시녀(侍女)와 남종이 되어 섬긴다. 하나님이 이스라엘에게 진노를 멈추시고 은혜를 베푸셨기 때문이다(10절).

세상의 왕들이 포로가 되어 예루살렘으로 끌려오고, 세상의 가장 진귀한 것들이 줄을 지어 예루살렘으로 운송된다. 그들을 괴롭히던 자들이 엎드려 자비를 빈다. 이것이 바로 하나님의 은혜가 보여 주는 보복의 양상이다. 우리를 가장 두렵게 하고 괴롭히던 원수들이 우리를 가장 사랑하고 섬기는 자들로 변하는 것이다. 이 일이 성취될 때 이스라엘은 여호와가 그들의 구원자이시며 속량자라는 것을 확실히 알게 될 것이다(16절). 그날에, 주님을 경외하는 이방인들은 구원을 받겠지만, 거부하는 이방인들은 심판을 면치 못할 것이다(Oswalt).

X. 여호와께서 인정하신 종(54:1-62:12)
6장. 시온의 영화(60:1-62:12)
1. 하나님의 영광(60:1-22)

(4) 동(銅) 대신 금(金)(60:17-22)

17 내가 금을 가지고 놋을 대신하며
은을 가지고 철을 대신하며
놋으로 나무를 대신하며
철로 돌을 대신하며
화평을 세워 관원으로 삼으며
공의를 세워 감독으로 삼으리니
18 다시는 강포한 일이 네 땅에 들리지 않을 것이요
황폐와 파멸이 네 국경 안에 다시 없을 것이며
네가 네 성벽을 구원이라,
네 성문을 찬송이라 부를 것이라
19 다시는 낮에 해가 네 빛이 되지 아니하며
달도 네게 빛을 비추지 않을 것이요
오직 여호와가 네게 영원한 빛이 되며
네 하나님이 네 영광이 되리니
20 다시는 네 해가 지지 아니하며
네 달이 물러가지 아니할 것은
여호와가 네 영원한 빛이 되고
네 슬픔의 날이 끝날 것임이라
21 네 백성이 다 의롭게 되어
영원히 땅을 차지하리니
그들은 내가 심은 가지요

내가 손으로 만든 것으로서
나의 영광을 나타낼 것인즉
22 그 작은 자가 천 명을 이루겠고
그 약한 자가 강국을 이룰 것이라
때가 되면 나 여호와가 속히 이루리라

이스라엘의 운명이 동(銅)에서 금(金)으로 바뀐다. 귀중품이 매우 흔해진다(17절). 그뿐만 아니라 평화(שָׁלוֹם)와 공의(צְדָקָה)가 그들을 지배한다. 평화와 공의가 지배하니 다시는 폭행과 악이 성행하지 못한다(18절). 그러므로 예루살렘의 성벽은 "구원"(יְשׁוּעָה)이라 불리고 성문은 "찬송"(תְּהִלָּה)이라 불린다(18절). 해와 달이 낮과 밤을 비추는 것이 아니라, 하나님이 그들의 영원한 빛이 되신다(19절). 다시는 그들에게 눈물짓는 일이 없을 것이다(20절). 모든 백성이 땅을 차지하여 영원히 거하게 된다(21절).

왜 주의 백성에게 이런 변화가 생기는가? 그들은 "주께서 심으신 나무며, 주의 영광을 나타내라고 만든 주의 작품"이기 때문이다(21절). 이스라엘은 하나님이 귀하게 창조하신 걸작품이다. 우리도 하나님이 단순하게 생산해 내신 제품이 아니라, 신경을 써서 만드신 작품, 그것도 걸작품이다. 그러므로 걸작품답게 살아야 한다. 하지만 이 모든 말씀은 아직 최종적인 성취를 기다리고 있다. 예수님의 재림 때 모든 것이 성취될 것이다.

X. 여호와께서 인정하신 종(54:1–62:12)
6장. 시온의 영화(60:1–62:12)

2. 거룩한 백성(61:1-62:12)

주의 백성은 여호와의 역사하심으로 말미암아 과거에 그들을 핍박하고 괴롭히던 자들로부터 융숭한 대접과 섬김을 받게 되었다(60장). 또한 온 세상 곳곳에 흩어져 있던 이스라엘 자손들과 이방인들이 온갖 보물을 가지고 하나님의 빛을 반사하는 예루살렘으로 달려왔다(60장). 이제 61-62장은 하나님의 은혜를 경험하는 백성의 성품(character)에 대해 말한다.

선지자는 무엇보다도 그들이 의로운 사람들이라는 사실을 강조한다(61:3, 10, 11; 62:1, 2). 그동안 선지자는 백성에게 의를 행하라며 지속적으로 권면해 왔다. 그러나 동시에 그들이 의를 행할 수 없다는 사실도 강조해 왔음을 감안할 때, 본문에서 의로운 사람이 된 백성들의 변화는 의에 이르는 새로운 방법이 있음을 암시한다.

이 섹션은 여호와의 종 메시아가 자신의 역할을 선포하는 것(61:1-3)으로 시작하여, 여호와께서 이룩하신 구원에 참여하고 "거룩한 백성"으로서의 역할을 잘 감당하라는, 하나님의 백성들에게 주는 도전으로 마친다(62:10-12). 이 두 섹션의 사이에는 여러 문단이 시온과 열방에 대한 주제들로 통일성을 이루며 전개된다. 다음을 참고하라.

A. 메시아의 사명(61:1-3)
  B. 시온이 열방의 부(富)를 누림(61:4-11)
    C. 시온이 버림받지 않음을 확인(62:1-5)
  B'. 시온이 부(富)를 빼앗기지 않음(62:6-9)
A'. 거룩한 백성의 사명(62:10-12)

X. 여호와께서 인정하신 종(54:1-62:12)
6장. 시온의 영화(60:1-62:12)
2. 거룩한 백성(61:1-62:12)

(1) 메시아의 사명(61:1-3)

[1] 주 여호와의 영이 내게 내리셨으니
이는 여호와께서 내게 기름을 부으사

가난한 자에게 아름다운 소식을 전하게 하려 하심이라
나를 보내사 마음이 상한 자를 고치며
포로된 자에게 자유를,
갇힌 자에게 놓임을 선포하며
2 여호와의 은혜의 해와
우리 하나님의 보복의 날을 선포하여
모든 슬픈 자를 위로하되
3 무릇 시온에서 슬퍼하는 자에게
화관을 주어 그 재를 대신하며
기쁨의 기름으로 그 슬픔을 대신하며
찬송의 옷으로 그 근심을 대신하시고
그들이 의의 나무
곧 여호와께서 심으신 그 영광을 나타낼 자라
일컬음을 받게 하려 하심이라

본문을 선포하는 사람의 정체에 대해 학계의 많은 관심이 집중되어 왔고, 지금도 마찬가지다. 그러나 책 전체의 분위기를 감안할 때, 이 사람은 다름 아닌 여호와의 종(cf. 42:1-9; 49:1-9; 50:4-9; 52:13-53:12)이라는 것을 알 수 있다. 이 노래들과 본문의 노래에는 "영" "갇혀 있음" "열림" 등 여러 가지 공통점이 있고, 1인칭을 사용하는 것 역시 무시할 수 없는 증거다. 또한 "주 하나님의 영이 나에게 임하셨다"(1절)는 메시아의 통치를 노래한 11:2과도 깊은 연관이 있다. 그리고 종말/내세(eschaton)를 노래하는 이 섹션은 선지자를 포함한 그 어떠한 역사적 인물이나 의인화된 제도(예, Levitical-visionary group)보다 더 신적(神的)인 인물을 요구한다.

그동안 시온이 누릴 부귀영화에 대해 선포한 선지자가 이 영광을 백성들에게 가져올 분에 대해 노래한다. 바로 여호와의 종 메시아를 통해서 주의 영광이 그 백성들에게 임할 것이다. 구약 성경에서 주의 "영"(רוּחַ)이 사람에게 임한다는 것은 그에게 특별한 지혜와 능력이 주어지는 것을 의미한다(창 41:38; 출 31:3; 민 11:17). 이사야서에서 하나님의 영은 말씀을 통해 이 세상에 정의를 실현하는 것과 밀접한 관계가 있다(11:2; 32:15-16; 42:1; 44:3; 48:16; 59:21). 본문에서도 하나님의 영은 그의 능력과 밀접한 관계를 유지한다.

본문은 이 종에게 하나님의 기름부음과 영이 함께 임한 것을 말하는데, 구약 성경에서 기름부음과 영이 함께 언급되는 것은 이스라엘의 첫 왕들인 사울과 다윗이 각자 왕으로 추대받을 때뿐이었다(삼상 10:1, 6-7; 삼상 16:13). 다윗은 죽기 전에 마지막으로 남긴 글에서 메시아의 사역과 연관하여 기름부음과 영을 함께 노래한다(삼하 23:1-7). 본문은 이 종이 주의 백성들의 왕임을 암시한다. 즉, 여호와와 함께 세상을 통치하실 메시아다. 다윗 이후로 많은 사람이 메시아의 임재를 기다렸고, 드디어 그분이 오신 것이다.

메시아는 "가난한 자에게 아름다운 소식을 전하는"(לְבַשֵּׂר עֲנָוִים) 임무를 받았다(1절). "전하다"(בשׂר)는 이사야서의 중요한 곳에서 사용되는 동사로(40:9; 41:27; 52:7; 60:6), 바빌론을 포함한 주의 백성들을 속박하는 모든 것으로부터의 자유를 선포하는 소식을 전함으로 백성들의 소망을 새롭게 한다. 이 종은 그동안 누구도 하지 못했던 일을 감당함으로써, 단순히 전하는 자가 아니라 좋은 소식 그 자체가 된다.

메시아는 또한 상한 마음을 싸매 주고, 포로에게 자유를 선포하고, 갇힌 사람에게 석방을 선언하는 사명도 받았다. "싸매다"(חבשׁ)는 1:6에서 이스라엘을 자신의 "상처도 싸매지 못하는 사람"으로 묘사할 때 사용된 단어이기도 하다. 드디어 이스라엘의 자구책으로는 해결할 수 없는 문제를 해결해 주실 분이 오신 것이다. 그분이 주의 백성들의 상처를 싸매어 주실 것이다. 또한 "선포하고…선언하는 것"은 이 종의 능력과 권세를 암시한다. 아무리 선포하고 선언해도 자유롭게 하지 못한다면 아무런 의미가 없을 것이다. 이 종이 열방의 모든 왕의 권세에도 불구하고 속박된 자들에게 자유를 선포하는 것은 자신의 권세가 그 왕들의 권세와 능력을 훨씬 능가한다는 사실을 과시하는 것이다.

하나님의 대변자인 종은 백성들에게 "여호와의 은혜의 해와 우리 하나님의 보복의 날"을 선포한다(2절). 그뿐만 아니라 모든 슬퍼하는 자들을 위로한다(2-3절). 선지자는 이미 60:17에서 동 대신 금을 약속했다. 그러나 더 좋은 일이 메시아의 사역을 통해 이루어진다. 최악(最惡) 대신 최선(最善)을 주시는 것이다. 그들에게 재 대신 화관을, 슬픔 대신 기쁨의 기름을, 괴로운 마음 대신 찬송을 주신다. 세상에서 가장 슬퍼하며 좌절하는 자에게 가장 놀라운 영광을 주신다. 어떻게 이 일이 가능한가? 이제는 더 이상 죄가 하나님의 백성을 속박할 수 없다. 더 이상 죄를 짓지 않고도 살 수 있는 것이다. 그러므로 공동체와 자신의 죄 때문에 슬퍼하던 자들은 더 이상 슬퍼할 필요가 없다. 메시아의 통치 아래 이 문제가 완전히 해결되었기 때문이다.

종이 백성들의 죄 문제를 해결하니 그들이 "의의 나무(אֵילֵי הַצֶּדֶק), 곧 여호와가 심으신 나무"가 된다. 이 나무는 뿌리가 깊이 내려 비바람에 흔들리지 않는 굳건함을 상징한다. 또한 "의의 나무"로 번역된 이 말을 그대로 풀이하면 "의의 상수리나무"라는 뜻이 된다. 이 표현은 어떤 중요성을 지니는가? 선지자는 1:29에서 이스라엘이 "상수리나무 아래에서 우상숭배를 즐겼다"고 비난했고, 이 때문에 하나님은 죄인들을 상수리나무와 함께 불사르겠다고 선언하셨다(1:30-31). 이제 주의 백성들은 더 이상 상수리나무 때문에 수치를 당하지 않는다. 그들 자신이 하나님의 의의 상수리나무가 된 것이다. 이는 죄의 문제가 완전히 회복되었음을 뜻한다.

X. 여호와께서 인정하신 종(54:1–62:12)
6장. 시온의 영화(60:1–62:12)
2. 거룩한 백성(61:1–62:12)

(2) 시온이 열방의 부(富)를 누림(61:4-11)

4 그들은 오래 황폐하였던 곳을 다시 쌓을 것이며
옛부터 무너진 곳을 다시 일으킬 것이며
황폐한 성읍 곧 대대로 무너져 있던 것들을 중수할 것이며
5 외인은 서서 너희 양 떼를 칠 것이요
이방 사람은 너희 농부와 포도원지기가 될 것이나
6 오직 너희는 여호와의 제사장이라 일컬음을 받을 것이라
사람들이 너희를 우리 하나님의 봉사자라 할 것이며
너희가 이방 나라들의 재물을 먹으며
그들의 영광을 얻어 자랑할 것이니라
7 너희가 수치 대신에 보상을 배나 얻으며
능욕 대신에 몫으로 말미암아 즐거워할 것이라
그리하여 그들의 땅에서 갑절이나 얻고
영원한 기쁨이 있으리라
8 무릇 나 여호와는 정의를 사랑하며
불의의 강탈을 미워하여 성실히 그들에게 갚아 주고
그들과 영원한 언약을 맺을 것이라
9 그들의 자손을 뭇 나라 가운데에,
그들의 후손을 만민 가운데에 알리리니
무릇 이를 보는 자가 그들은 여호와께 복 받은 자손이라 인정하리라
10 내가 여호와로 말미암아 크게 기뻐하며
내 영혼이 나의 하나님으로 말미암아 즐거워하리니
이는 그가 구원의 옷을 내게 입히시며
공의의 겉옷을 내게 더하심이
신랑이 사모를 쓰며 신부가 자기 보석으로 단장함 같게 하셨음이라

11 땅이 싹을 내며 동산이 거기 뿌린 것을 움돋게 함 같이
주 여호와께서 공의와 찬송을 모든 나라 앞에 솟아나게 하시리라

이 텍스트는 시온이 즐길 하나님의 축복(4-9절)과 이 축복에 대한 시온의 화답(10-11절)으로 구성되어 있다. 먼저 선지자는 회복되는 성읍을 노래한다(4절). 원수들에 의해 폐허가 되어 버려졌던 시온의 터가 다시 회복된다. 어느 시대를 배경으로 하는지는 중요하지 않다. 본문은 과거의 찬란했던 영화가 복귀되고 있음을 강조할 뿐이다. 시온이 복귀되어야 백성들이 살 수 있다. 그래서 오랜 세월 동안 무너진 채로 버려졌던 곳이 복원되는 것이다.

여호와의 사역은 단순히 시온이 회복되는 것에서 멈추지 않는다. 주의 백성에게 필요한 모든 것이 과거에 그들을 괴롭히던 자들에 의해 조달될 뿐만 아니라, 그들로 하여금 아예 주의 백성의 종이 되어 섬기게 하신다(5-7절). 이방인들이 주의 백성의 양 떼를 치며, 땅을 일구며, 포도원을 가꾼다(5절). 궂은일들이 모두 이들의 몫이 된 것이다. 운명이 바뀌어도 이렇게 바뀔 수 있는가! 그러나 하나님의 역사는 이렇게 놀라운 일을 이루어내실 수 있다.

주의 백성이 깨달아야 할 한 가지 중요한 점은 절대 그들이 세상을 통치하는 자가 아니라는 것이다. 종으로 와 있는 자들을 박대하거나 혹사시켜서는 안 된다. 주의 백성의 신분은 통치자가 아니라 “여호와의 제사장”(כֹּהֲנֵי יְהוָה)이자 “우리 하나님의 봉사자”(מְשָׁרְתֵי אֱלֹהֵינוּ)이기 때문이다(6절). 이스라엘이 잊어버린 옛 소명을 하나님이 다시금 일깨워 주신다(cf. 출 19:6; 신 33:10).

열방이 주의 백성을 섬기는 것은 하나님의 계시가 이들을 통해 나타났기 때문이다. 그러므로 이스라엘이 ‘제사장의 나라’로서 해야 할 일을 제대로 완수하지 못하면, 이는 곧 자신의 소명과 사명을 망각하는 결과를 초래했다. 우리의 사명도 그렇다. 우리는 얼마나 효율적으로 제사장 역할을 감당하고 있는지 생각해 보자.

주의 백성들이 제사장의 임무를 잘 완수할 때, 땅에 떨어졌던 그들의 명예가 회복되고 그동안 당했던 수치에 대한 보상이 이루어질 것이다(7절). "갑절의 상속"을 받는다는 것은 부모의 유산을 나누는 데 있어서의 장자권의 영광을 뜻한다. 이스라엘 사람들은 부모의 유산을 분배할 때, 전체 유산을 '자녀의 수 + 1'로 나누었다. 그리고 장자는 당당하게 다른 형제들의 두 배를 받았다. 그래서 장자는 형제들의 부러움을 샀다. 하나님은 이처럼 모든 사람의 부러움을 살 만큼 이스라엘의 명예를 회복시킬 것이라고 말씀하신다. 그래서 갑절을 상속한 장자처럼 주의 백성들이 즐거워한다.

만일 이스라엘이 그동안 억울하게 당했다는 생각을 했다면, 더 이상 걱정하지 않아도 된다. 그 누구보다도 정의와 공평을 사랑하시는 하나님이 그들과 영원한 언약(בְּרִית עוֹלָם)을 세우셔서 이 모든 일을 보증하시기 때문이다(8-9절). 그러므로 열방이 주의 백성들에게 어떻게 하든지 세상에는 항상 상당한 규모의 백성들이 있을 것이며, 그들이 주의 복을 받은 자손임이 인정될 것이다(9절). 이는 아브라함에게 주셨던 약속을 연상시킨다(창 12:1-3). 백성들이 계속 존재하는 것은 여호와의 명예와 연결되어 있기 때문이다.

시온이 하나님의 은혜를 체험하게 될 모든 사람을 대표해서 여호와의 자비에 화답한다(61:10-11). 시온은 결혼하는 신랑 신부의 기쁨과 비교하여 자신의 감격과 즐거움을 노래한다(10절). "그가 구원의 옷을 내게 입히시며 공의의 겉옷을 내게 더하심이 신랑이 사모를 쓰며 신부가 자기 보석으로 단장함 같게 하셨음이라." 시온은 주 안에서 크게 기뻐하며, 여호와를 즐거워한다(10c절). 받은 선물도 좋지만, 주신 분이 더 좋은 것이다.

사실 하나님이 원하시는 바가 바로 이것이 아닌가? 우리도 받은 선물보다 그 선물을 주신 하나님을 더 즐거워해야 한다. 시온은 하나님의 은혜가 너무 놀랍고 의롭기 때문에 온 세상이 여호와에 대한 찬송의 샘물로 가득할 것이라고 확신하며 화답한다(11절).

(3) 시온이 버림받지 않음을 확인(62:1-5)

1 나는 시온의 의가 빛 같이,
예루살렘의 구원이 횃불 같이 나타나도록
시온을 위하여 잠잠하지 아니하며
예루살렘을 위하여 쉬지 아니할 것인즉
2 이방 나라들이 네 공의를,
뭇 왕이 다 네 영광을 볼 것이요
너는 여호와의 입으로 정하실 새 이름으로 일컬음이 될 것이며
3 너는 또 여호와의 손의 아름다운 관,
네 하나님의 손의 왕관이 될 것이라
4 다시는 너를 버림 받은 자라 부르지 아니하며
다시는 네 땅을 황무지라 부르지 아니하고
오직 너를 헵시바라 하며
네 땅을 쁄라라 하리니
이는 여호와께서 너를 기뻐하실 것이며
네 땅이 결혼한 것처럼 될 것임이라
5 마치 청년이 처녀와 결혼함 같이
네 아들들이 너를 취하겠고
신랑이 신부를 기뻐함 같이
네 하나님이 너를 기뻐하시리라

선지자는 지금까지 주의 백성의 구원이 이미 완성된 것으로(cf. 60장),

그러나 동시에 아직 기다려야 하는 것으로 메시지를 선포해 왔다(cf. 61장). 이제 그는 주의 백성이 지금까지 선포된 회복의 약속을 믿을 수 있는 근거를 제시한다. 여호와께서 이 모든 일이 이루어질 때까지 쉬지 않으실 것이기 때문이다. 하나님의 열심이 모든 것을 보증한다.

1절이 말하는 "나"는 누군가? 선지자인가 아니면 하나님인가? 전통적으로 거의 모든 사람이 하나님으로 간주해 왔지만, 최근 들어서 선지자라고 주장하는 사람들이 있다(Westermann). 만일 선지자가 자신의 생각을 말하는 것이라면, 그는 시온을 위한 중보 기도를 멈추지 않겠다고 다짐하는 것이다. 옛적 사무엘의 정신을 이어받아서 말이다. 그러나 하나님이 말씀하시는 것이라면, 이는 하나님이 시온의 구원을 완성하실 때까지 결코 쉬지 않겠다고 약속하시는 말씀이다.

1절을 선지자의 말로 여기는 학자들은 2-5절도 선지자가 하는 말로 간주한다. 그렇다 하더라도 6절은 하나님의 말씀임이 분명하다. 그뿐만 아니라, 1-5절도 모두 하나님이 말씀하시는 것이라는 전통적인 해석이 더 설득력 있어 보인다. 하나님이 그동안 백성들이 주님을 바라보며 "우리의 일에는 관심도 없으시다"라고 했던 원망을 되돌리시는 것이다. 하나님은 과거에도, 이 순간에도 결코 그들의 일을 방관하는 분이 아니다. 또한 백성들은 지금 하나님의 확답을 원하는 것이지 선지자의 개인적인 생각을 원하는 것이 아니기 때문이다.

하나님의 열심이 열방의 비웃음을 샀던 백성이 선망의 대상이 될 때까지 결코 잠잠히 바라보고 계시지 않을 것이다. 그러므로 열방의 모든 왕이 이스라엘을 부러워하면서 주의 백성들에게 임한 하나님의 영광을 볼 것이며, 새 이름으로 이스라엘을 부를 것이다(2절). "새 이름"은 새로운 정체성/가치를 의미한다. 주의 백성은 더 이상 부끄럽거나 수치를 당해야 하는 백성이 아니다. 오히려 그들은 존귀함을 얻고 부러움을 사는 백성이 될 것이다. 시온이 받게 될 새 이름은 4절에 가서야 밝혀진다.

주의 백성은 과연 어느 정도의 새로운 정체성/가치를 갖게 될 것인가? 그들은 "주의 손에 들려 있는 아름다운 면류관, 하나님의 손바닥에 놓여 있는 왕관"(3절, 새번역)이 된다. 그런데 하나님이 이 "면류관"을 머리에 쓰지 않고 손으로 잡고 계신 것은 무엇을 의미하는 것일까? 학자들은 시온이 하나님의 구원 사역의 증거이기 때문이라고 해석하기도 하고(Delitzsch), 하나님을 이방 신들과 연관시키고 싶지 않아서라고 해석하기도 하고(Whybray), 시온을 온 세상에 자랑하고 싶어서라고 해석하기도 한다(Chyne). 그러나 단순히 너무 소중하기 때문에 손으로 만지는 것이요, 특별히 보호하기 위해서일 것이다.

시온이 받게 될 새 이름은 어떤 것인가? 시온은 그동안 "버림받은 자"(עֲזוּבָה), "황무지"(שְׁמָמָה)라는 이름으로 살아왔지만, 이제는 "하나님이 기뻐하시는 여인"(חֶפְצִי־בָהּ), "결혼한 여인"(בְּעוּלָה)이라는 이름으로 살아갈 것이다(4절). 하나님은 이사야에게 백성들이 회개하지 못하게 하는 소명을 주시면서 이스라엘이 "황무지"(שְׁמָמָה)가 될 때까지 계속하라고 말씀하셨다(6:11). 이제 이러한 시온의 형편을 되돌릴 때가 왔다. 여호와께서 이스라엘을 아내로 맞아 주실 것이기 때문이다.

"마치 청년이 처녀와 결혼함 같이 네 아들들이 너를 취하겠고 신랑이 신부를 기뻐함 같이 네 하나님이 너를 기뻐하시리라"(5절)라는 말씀은 학자들 사이에 많은 논쟁을 불러일으켰다. 어떻게 아들이 어머니와 결혼하느냐는 것이다. 비록 비유이긴 하지만, 이 말씀은 윤리적으로 문제가 된다. 여기에는 두 가지 해결책이 있다. 첫째, "너의 아들들"(בָּנָיִךְ)의 자음은 그대로 두고, 모음을 변화시켜서 "너를 지으신 분"(בֹּנַיִךְ)으로 해석할 수 있다(Lowth; BHS; 공동번역). 히브리어 문서에는 원래 모음이 없었다. 모음은 주후 11-12세기에 와서야 마소라 학파가 본문에 집어넣은 것이다. 그러므로 이렇게 모음의 소리를 교정하는 것도 하나의 정당한 가능성이다. 이렇게 할 경우 다음 행의 "네 하나님"과 적절한 평행을 이룬다. 그렇다면 본문은 회복되는 하나님과 시온의 부부관계에 초점을 둔 것이다. 둘째, "결혼하다"(בעל)로 해석되는 히브리어 단어의 가장 기본적인 개념은 "주인 노릇을 하다" 혹은 "차지하다"(possess)이며 이러한 의미로 자주 사용된다. 이 말씀은 단순히 이스라엘이 돌아와서 다시 땅을 차지할 것을 의미한다. 이렇게 해석하면, 시온은 하나의 완전한 국가가 된다. 영토가 있고, 그 영토를 일구는 백성이 있고, 그리고 그들을 보살필 하나님이 계신 것이다. 이 '영토 – 백성 – 하나님'은 언약 관계의 가장 기본적인 3대 요소다. 어느 쪽을 택하든지, 본문이 자식과 어머니의 결혼을 배경으로 한다는 생각은 배제할 수 있다.

X. 여호와께서 인정하신 종(54:1–62:12)
6장. 시온의 영화(60:1–62:12)
2. 거룩한 백성(61:1–62:12)

(4) 시온이 부(富)를 빼앗기지 않음(62:6-9)

6 예루살렘이여
내가 너의 성벽 위에 파수꾼을 세우고
그들로 하여금 주야로 계속 잠잠하지 않게 하였느니라
너희 여호와를 기억하시게 하는 자들아
너희는 쉬지 말며
7 또 여호와께서 예루살렘을 세워
세상에서 찬송을 받게 하시기까지
그로 쉬지 못하시게 하라
8 여호와께서 그 오른손,
그 능력의 팔로 맹세하시되
내가 다시는 네 곡식을
네 원수들에게 양식으로 주지 아니하겠고
네가 수고하여 얻은 포도주를
이방인이 마시지 못하게 할 것인즉
9 오직 추수한 자가 그것을 먹고

나 여호와를 찬송할 것이요
거둔 자가 그것을 나의 성소 뜰에서 마시리라 하셨느니라

1절에서처럼 6절의 "나"가 누구냐에 대해 상당한 논란이 있다. 하나님이라고 주장하는 사람들이 있는가 하면(Alexander; Muilenburg; Whybray), 선지자라고 주장하는 사람들도 있다(McKenzie; Westermann). 내용을 감안할 때, 6절의 전반부는 하나님의, 후반부는 선지자의 음성으로 간주하는 것이 가장 적절해 보인다. 선지자가 파수꾼을 세울 리 없지 않은가? 특히 "파수꾼"이 이사야서에서 선지자를 상징하며 쓰이는 점을 감안하면 말이다(56:10). 하나님이 백성들을 위해 파수꾼들을 세우신다. 또한 이 파수꾼들은 앞 못 보고 빈둥대던 옛적 파수꾼들(56:10)과 다르다. 그들이 낮이나 밤이나 잠잠하지 않을 것이기 때문이다.

선지자는 파수꾼들에게 끊임없이 소리를 지르라고 말한다. 무엇 때문에 소리를 지른단 말인가? 하나님이 약속하신 것이 성취될 때까지 결코 잠잠하지 않겠다는 의지의 표현이다. "주께서 예루살렘을 세우실 때까지 쉬지 못하시게 해야 한다.…쉬지 못하시게 해야 한다"(7절). 이 일을 위해 그들은 "주께서 하신 약속을 늘 주께 상기시켜 드려야 하는"(6절) 사명을 받은 것이다. 파수꾼들의 사명은 더 이상 침략하는 적들에 대한 경고를 발하는 것이 아니라, 하나님이 약속하신 것이 모두 이루어질 때까지 그분을 '괴롭히는 것'이다. 이는 끊임없이 기도하고 탄원하라는 의미다. 하나님이 얼마나 지겨우실까? 그러나 결코 그렇지 않다는 것이 선지자의 외침이다. 하나님의 귀에는 이러한 기도와 탄원이 음악으로 들린다. 그래서 우리는 끊임없이 기도해야 한다. 우리가 하나님께 계속 아뢰면 주님은 귀찮아하시기보다 오히려 기뻐하실 것이다. 이 부분에서만큼은 결코 하나님께 죄송한 생각을 가질 필요가 없다. 기도에 있어서는 조금 뻔뻔스러워져도 좋다.

백성들이 끊임없이 기도하는 한, 다시는 적들이 그들의 곡식을 빼앗아가지 못할 것이다. 그들의 양식이 결코 원수들의 밥상에 오르지 않을 것이다(8절). 모두 자신이 거두어들인 음식을 먹으며 주를 찬송할 것이다(9절). 이는 하나님이 철저하게 그 백성의 안보를 책임져 주실 것을 의미한다.

X. 여호와께서 인정하신 종(54:1–62:12)
6장. 시온의 영화(60:1–62:12)
2. 거룩한 백성(61:1–62:12)

(5) 거룩한 백성의 사명(62:10-12)

10 성문으로 나아가라 나아가라
백성이 올 길을 닦으라
큰 길을 수축하고 수축하라
돌을 제하라
만민을 위하여 기치를 들라
11 여호와께서 땅 끝까지 선포하시되
너희는 딸 시온에게 이르라
보라 네 구원이 이르렀느니라
보라 상급이 그에게 있고
보응이 그 앞에 있느니라 하셨느니라
12 사람들이 너를 일컬어 거룩한 백성이라
여호와께서 구속하신 자라 하겠고
또 너를 일컬어 찾은 바 된 자요
버림 받지 아니한 성읍이라 하리라

하나님이 주의 백성에게 이 모든 은혜를 베푸시는 것은 단지 그들을 기쁘게 하기 위한 것만은 아니다. 그들을 감동시켜서 그들이 여호와의 구원에 합당한 삶을 살아가게 하기 위해서다. 하나님이 자신의 백성을 구원하신 것은 언덕 위에 세워진 도시처럼, 켜진 등잔불처럼, 온 세상이 볼 수 있도록 가장 잘 보이는 곳에 놓기 위해서다.

그렇게 해서 세상이 시온을 보고 하나님을 찬양하고 경배하도록 하기 위해 백성을 구원하셨다. 이런 일이 있기 위해서는 먼저 시온이 의로운 삶을 살아야 한다. 온 세상이 그들을 지켜보고 있다. 그들의 범죄는 더 이상 개인의 문제가 아니라, 하나님의 명예가 달린 문제다. 우리가 의롭게 살아야 하는 이유도 바로 여기에 있다. 우리는 세상에 드러난 빛과 같다. 세상은 우리의 모든 것을 지켜보고 있다. 우리가 죄를 지으면, 우리의 하나님 여호와의 영광을 가린다는 것을 기억해야 한다. 하나님의 명예에 먹칠을 하는 생활을 버리자. 그분의 영광만을 나타내는 삶을 살도록 노력하자.

EXPOSIMENTARY
Isaiah

XI. 언약 백성
(63:1-66:24)

60-62장을 통해 선지자는 장차 주의 백성들에게 임할 영광스러운 미래를 노래했다. 그러나 이제 다시 책 전체를 통해 선포되었던, 특히 56-59장에서 선포되었던 경고와 심판, 회복과 은총의 메시지가 반복된다. 63-66장은 56-59장과 내용적인 면에서 매우 밀접한 관계를 유지하며, 같은 역할을 감당한다. 56-59장은 이방인들의 회심(56:1-8)으로 시작해서 신적(神的) 용장이 자신의 백성들을 위해 싸우는 것(59:15-21)으로 막을 내렸다. 반면에 63-66장은 백성들을 위해 싸우시는 신적 용장의 이야기(63:1-6)로 시작해서 이방인들의 회심에 대한 것(66:18-24)으로 막을 내린다. 같은 맥을 유지하면서도 이러한 반전으로 진행해 나가는 것의 중요성은 어디에 있는가? 이것은 무엇보다도 강조하고자 하는 주제가 변화했음을 시사한다(Oswalt).

선지자는 56-59장의 초점을 하나님의 뜻대로 살지 못하는 백성들의 무능함에 맞췄고, 하나님의 능력만이 이러한 삶을 가능케 한다는 주장으로 막을 내렸다. 이제 63-66장에서도 같은 주제들이 다뤄진다. 그러나 초점은 더 이상 인간의 무능함에 맞춰지지 않고 하나님의 능력에 맞춰진다. 하나님은 당신의 백성들에게 거룩한 백성으로 살아갈 수 있는 능력을 주신다. 60-62장이 강조하는 주의 백성의 새로운 신분과 여호와와의 새로운 관계가 바로 이러한 변화를 가능하게 한 것이다.

이사야는 이 섹션을 통해 책의 마무리를 시작하며 최종적으로 경고한다. 그의 논리는 신명기 저자의 제안과 비슷하다. "너희 앞에 생명의 길과 죽음의 길이 있다. 알아서 선택하라. 생명의 길을 선택하는 자들은 하나님의 영원한 축복을 누릴 것이지만, 반역하는 자(죽음의 길을 선택하는 자)는 분명히 죽으리라!" 선지자는 이 광대하고 위대한 책을 마무리하면서 독자들 앞에 생명의 길과 죽음의 길을 제시하고 결단을 강요한다. 이러한 기능 때문에, 63-66장에는 특별히 새로운 내용이 별로 없다. 그러므로 이 섹션의 주해는 최대한 간략하게 진행될 것이다.

이 섹션이 책의 마지막 부분이라는 점에서 첫 부분과 어떠한 관계가 있지 않을까 하는 추정을 해 볼 수 있다. 학자들은 1:1-2:4과 63-66장이 매우 밀접한 구조적-테마적 연관성을 유지하고 있음을 발견했다. 사용되는 단어, 구상되는 이미지, 주제 등이 비슷하고 심지어 구조까지 비슷한 모형을 유지하고 있음을 포착한 것이다. 다음 도표를 참고하라 (Tomasino).

하늘과 땅 메리스무스 (Merismus)	1:2	66:1
"아들" 은유, 황폐한 유다 ("Sons" metaphor; Judah devastated)	1:2–9	63:7–64:11 유일한 예외
제식(祭式) 배척 논쟁 (Anti-cultic polemic)	1:10–20	66:1–6
시온의 의인화 (Personification of Zion)	1:21–26	66:7–13
시온의 구속과 심판 (Redemption/Judgment of Zion)	1:27–31	66:14–17
열방을 모음 (Gathering of the nations)	2:2–4	66:18–24
꺼지지 않는 불에 타는 악인 (Wicked consumed by unquenchable fire)	1:31	66:24

이 섹션은 다음과 같이 구분될 수 있다.

A. 여호와의 승리(63:1-6)
  B. 회고와 미래에 대한 기도(63:7-64:12)
A'. 최후 심판과 비전(65:1-66:24)

1장. 여호와의 승리(63:1-6)

1 에돔에서 오는 이 누구며
붉은 옷을 입고 보스라에서 오는 이 누구냐
그의 화려한 의복 큰 능력으로 걷는 이가 누구냐
그는 나이니 공의를 말하는 이요
구원하는 능력을 가진 이니라
2 어찌하여 네 의복이 붉으며
네 옷이 포도즙틀을 밟는 자 같으냐
3 만민 가운데 나와 함께 한 자가 없이
내가 홀로 포도즙틀을 밟았는데
내가 노함으로 말미암아 무리를 밟았고
분함으로 말미암아 짓밟았으므로
그들의 선혈이 내 옷에 튀어
내 의복을 다 더럽혔음이니
4 이는 내 원수 갚는 날이 내 마음에 있고
내가 구속할 해가 왔으나
5 내가 본즉 도와 주는 자도 없고
붙들어 주는 자도 없으므로
이상하게 여겨 내 팔이 나를 구원하며
내 분이 나를 붙들었음이라
6 내가 노함으로 말미암아 만민을 밟았으며
내가 분함으로 말미암아 그들을 취하게 하고
그들의 선혈이 땅에 쏟아지게 하였느니라

60-62장을 통해, 선지자는 이방인들을 포함하여 새로이 구성된 하나님의 백성이 누릴 영광에 대해 극적으로 묘사했다. 이제 그는 이 대열에 합세하지 않는 자들에 대해 강력하게 경고한다. 이는 하나님의 열심이 그분의 백성들에게 감당할 수 없을 정도의 영광과 축복을 가져온 것처럼, 하나님의 강렬한 분노가 백성들의 원수들에게 쏟아져 내릴 것이라는 경고다.

시온의 파수꾼들(cf. 62:6)이 노래를 시작한다. 그들은 화려하고 장엄한 하나님의 출현에 감개무량할 뿐이다(cf. 52:7-12). 파수꾼들은 하나님이 "에돔에서 오시고, 보스라에서 오신다"고 선언한다(1절). 보스라는 에돔의 수도였다. 비록 에돔이 이스라엘과 피를 나눈 족속이었지만, 에돔은 이스라엘의 영원한 적이었으며, 원수들의 상징이었다(34:5f.; 시 137:7; 겔 35:10-15; 암 1:6, 11; 옵 10-16). 이스라엘의 원수들의 상징인 에돔으로부터 오시는 하나님의 옷이 피로 물든 점(3절)을 감안할 때, 이 말씀은 하나님이 자신의 백성들을 괴롭히는 모든 자를 짓밟아 버리고 개선장군이 되어 주의 도성에 입성하고 계심을 묘사한다.

파수꾼들의 소개가 끝나자 하나님이 직접 말씀하신다. "나는 공의를 말하는 자요 구원하는 능력을 가진 이니라"(1절). "공의를 말하는 자"(מְדַבֵּר בִּצְדָקָה)는 하나님이 오직 옳은 것만을 말씀하시는 분임을 강조하면서 옳은 것을 말하지 못하는 우상들과의 대조를 암시한다(43:9). 또한 하나님이 주의 백성들의 모든 '에돔'이 영원히 망하게 될 것을 선언하실 수 있는 것은, 하나님이 의를 말씀하실 뿐만 아니라 주의 백성을 "구원하기에 능한 자"(רַב לְהוֹשִׁיעַ)이기 때문이다. 여호와께서는 의를 말씀하실 뿐만 아니라, 능력도 무한하신 분이다. 그러므로 그분이 문을 여시면 닫을 자가 없고, 닫으시면 열 자가 없는 것이다.

그런데 누가 "어찌하여 네 의복이 붉으며 네 옷이 포도즙 틀을 밟는 자 같으냐"(2절)라는 말을 하는가? 우리말 성경의 대다수(개역, 새번역, 개역개정)는 하나님이 말씀하시는 것으로 해석했다. 이 해석에 따르면,

하나님이 자신의 개선을 알리는 파수꾼들에게 일종의 책망으로 하시는 말씀이다. 그렇다면 한 가지 문제가 생긴다. 파수꾼들이나 백성들은 여호와께서 그들의 적과 싸우시는 데 동참하지 않았다는 것이다(5절). 그러니 어떻게 이들의 옷이 피로 물들 수 있겠는가? 게다가 2절의 2인칭 대명사들은 하나같이 단수 접미사다.

그러므로 이 말은 하나님의 입성을 지켜보던 파수꾼들이 하나님께 묻는 말이다. "어쩌다가 당신 옷에 붉은 물이 들었습니까? 당신 옷은 마치 포도주 틀을 밟다가 물든 것 같군요"(공동번역). 그들의 적들을 무찌르고 에돔에서 오시는 하나님께 이들은 흥분된 억양으로 과연 누구를 무찌르셨는지 묻고 싶은 것이다.

파수꾼들의 질문(2절)에 여호와께서 대답하신다(3-6절). 하나님의 대답은 네 가지를 배경으로 구성되어 있다. (1) 포도주 틀 비유(3, 6절), (2) 분노(3, 6절), (3) 아무런 도움 없이 홀로 하신 것(3, 5절), (4) 백성들의 구원에 목적을 두고 하신 일이라는 것(4절). 하나님이 열정을 가지고 아무런 도움도 없이 포도주 틀에서 포도를 으깨듯 백성들의 적을 짓밟으신 것이다. 이렇게 해서 하나님은 '복수의 날'을 실행하셨다(4절). 무엇에 대한 보복인가? 하나님의 명예가 훼손된 것? 주의 백성들을 괴롭힌 것에 대한 보복? 아니다. 이 문구와 평행을 이루는 "구원의 해"는 하나님의 "복수의 날"이 우리가 생각하는 보복이 이루어지는 날이 아니라 백성들의 구원을 이루시는 날임을 강조한다. 하나님은 누구를 파멸에 이르게 하는 보복은 하지 않으신다. 긍정적인 결과를 초래하기 위해 하시는 것이다.

"아무리 살펴보아도 나를 도와서 나와 함께 일할 사람이 없었다"(5절)는 59:16과 같은 내용을 반복하고 있으며, 오직 하나님 혹은 그분의 종만이 이 일을 할 수 있다는 점을 강조한다. 하나님이 백성들의 원수들에게 보복하시는 날, 그 규모와 정도가 얼마나 큰지, 그들이 자신들의 피에 취해 비틀거린다(cf. 49:26).

2장. 회고와 미래에 대한 기도(63:7-64:12)

선지자는 미래에 있을 일에서 과거에 있었던 일로 이야기의 초점을 옮긴다. 공동체의 탄식으로 구성된 이 섹션(Westermann; Whybray)은 이스라엘의 역사에서 반복되던 일을 배경으로 한다. 끊임없는 백성들의 반역에도 불구하고 언제든지 그들이 여호와만 찾으면 구원의 손길을 내미시던 하나님의 변함없는 은혜(63:7-14)는 모두 어디 가고 이제는 아무리 '불러도 대답 없는 이름'이 되었는가 하는 것이다(63:15-64:12).

A. 신실하신 하나님(63:7-14).
 B. 백성의 탄식(63:15-19)
  C. 백성의 고백(64:1-7)
 B'. 백성의 호소(64:8-12)

1. 신실하신 하나님(63:7-14)

7 내가 여호와께서 우리에게 베푸신
모든 자비와 그의 찬송을 말하며
그의 사랑을 따라, 그의 많은 자비를 따라
이스라엘 집에 베푸신 큰 은총을 말하리라
8 그가 말씀하시되 그들은 실로 나의 백성이요
거짓을 행하지 아니하는 자녀라 하시고

그들의 구원자가 되사
9 그들의 모든 환난에 동참하사
자기 앞의 사자로 하여금 그들을 구원하시며
그의 사랑과 그의 자비로 그들을 구원하시고
옛적 모든 날에 그들을 드시며 안으셨으나
10 그들이 반역하여
주의 성령을 근심하게 하였으므로
그가 돌이켜 그들의 대적이 되사
친히 그들을 치셨더니
11 백성이 옛적 모세의 때를 기억하여 이르되
백성과 양 떼의 목자를 바다에서 올라오게 하신 이가
이제 어디 계시냐
그들 가운데에 성령을 두신 이가
이제 어디 계시냐
12 그의 영광의 팔이 모세의 오른손을 이끄시며
그의 이름을 영원하게 하려 하사
그들 앞에서 물을 갈라지게 하시고
13 그들을 깊음으로 인도하시되
광야에 있는 말 같이 넘어지지 않게 하신 이가
이제 어디 계시냐
14 여호와의 영이 그들을 골짜기로 내려가는 가축 같이
편히 쉬게 하셨도다
주께서 이와 같이 주의 백성을 인도하사
이름을 영화롭게 하셨나이다 하였느니라

모세가 백성들을 인도하던 시대를 배경으로 삼고 있는 이 텍스트는 백성들의 반역에도 불구하고 그들이 찾기만 하면 다가오셨던 하나님의

신실하고 변함없는 사랑과 인도하심을 그리워하며 하나님을 찬양한다. 즉, 이들은 향수(鄕愁)에 젖어 지금보다 좋았던 옛날을 떠올리며 어려운 현실에 대한 호소를 준비하는 것이다.

공동체의 슬픔을 하나님께 아뢰기 전에 선지자는 먼저 여호와의 변함없는 사랑/인애(חַסְדֵי יְהוָה)를 이 구절에서 두 차례나 노래한다(7절). 그뿐만 아니라 그는 이 자비를 다른 개념으로도 표현한다. "찬송", "긍휼", "큰 은총." 이 짧은 구절이 하나님의 은혜를 기념하는 단어로 가득 채워져 있다. 세월이 흐르고 인간이 변해도 변하지 않는 것이 하나님의 사랑이기에 저자는 이 은혜를 근거로 감히 하나님께 다시 간구할 수 있는 것이다.

선지자는 하나님의 자비를 "기억한다/기념한다"(אַזְכִּיר, 7절). 모세는 백성들에게 하나님이 그들에게 베푸신 구원의 은혜를 자손 대대로 기념하며 감사하라고 했다. 감사는 기억하는 데서 시작되기 때문이다. 하나님께 무엇을 구하기 전에 먼저 하나님이 과거에 베풀어 주셨던 은혜를 기억하고 감사하는 것은 당연한 일이다. 우리의 기도생활이 얼마나 '기억하는 것'으로 채워져 있는지 생각해 보자.

위에서 노래한 변함없는 사랑으로 하나님은 이스라엘을 사랑하셨다(8-9절). 어떻게 사랑하셨는가? 그들을 자신의 백성으로 선택하심으로 그 사랑을 표현하셨다. 그러므로 이스라엘 사람들에게 선민사상은 여호와의 특별한 사랑의 가장 큰 증거로 간주되었다. 자원해서 이스라엘의 하나님이 되신 여호와께서 그들의 구원자가 되셨다. 백성들이 위기에 처할 때마다 종들을 보내신 것이 아니라 직접 오셔서 그들을 구원하셨다. 이스라엘과 하나님 사이에 언약이 맺어진 것이다. 결과적으로 이스라엘은 하나님의 품에 안겨 있으며(출 19:4; 신 32:11; 사 40:11; 46:4), 매우 인격적인 관계가 조성되었음을 강조한다.

그러나 문제가 생겼다. 하나님의 변함없는 은혜와 사랑에 익숙해지다 보니 그것이 얼마나 좋은 것인지도 모르고 이스라엘이 반역을 한 것이다(10절). 결국 하나님은 괴로워하면서 적이 되셔서 그들과 친히 싸우셨다. 이러한 현실은 언약의 다른 측면이다. 언약은 무조건 좋은 것만, 칭찬만 보장하지 않는다. 잘 하면 칭찬을 받지만, 잘 하지 못해서 언약의 조항대로 살지 못하면 이렇게 징계를 받게 된다. 하나님의 사랑은 이렇듯 철저한 책임감을 동반한다. 무조건 좋게만 말하고 나쁜 행동을 보고도 징계하지 않는 것은 사랑이 아니다.

하나님의 원수가 되어 그분의 징계를 받으며 신음하던 백성들이 여호와께서 출애굽 때 그들의 조상들에게 베풀어 주셨던 은혜를 기억하기 시작했다(11-14절). 그들은 기억을 더듬으며 옛적에 하나님이 하셨던 일을 떠올렸다. 그리고 외쳤다. 우리 조상들에게 은혜를 베풀어 주시던 하나님은 지금 어디 계시는가?

그들은 하나님께 자신들에게도 조상들에게 베푸신 은혜에 버금가는 구원을 베풀어 달라고 호소했다. 그들이 믿음을 회복한 것이다. 그래서 하나님이 그들을 다시 구원하셨다(14절). 선지자는 실의에 빠진 백성들에게 이러한 '백성들의 외침…하나님의 응답' 원리를 회복하여 하나님께 매달리자고 조용히 강요한다. 과거에 베푸셨던 하나님의 은혜를 떠올리며 같은 은혜를 내려달라고 호소하는 것은 매우 효율적인 기도들 중 하나다.

XI. 언약 백성(63:1–66:24)
2장. 회고와 미래에 대한 기도(63:7–64:12)

2. 백성의 탄식(63:15-19)

15 주여 하늘에서 굽어 살피시며
주의 거룩하고 영화로운 처소에서 보옵소서
주의 열성과 주의 능하신 행동이
이제 어디 있나이까

주께서 베푸시던 간곡한 자비와
사랑이 내게 그쳤나이다
16 주는 우리 아버지시라
아브라함은 우리를 모르고
이스라엘은 우리를 인정하지 아니할지라도
여호와여, 주는 우리의 아버지시라
옛날부터 주의 이름을 우리의 구속자라 하셨거늘
17 여호와여 어찌하여 우리로 주의 길에서 떠나게 하시며
우리의 마음을 완고하게 하사
주를 경외하지 않게 하시나이까
원하건대 주의 종들
곧 주의 기업인 지파들을 위하사
돌아오시옵소서
18 주의 거룩한 백성이 땅을 차지한 지 오래지 아니하여서
우리의 원수가 주의 성소를 유린하였사오니
19 우리는 주의 다스림을 받지 못하는 자 같으며
주의 이름으로 일컬음을 받지 못하는 자 같이 되었나이다

과거에 하나님이 조상들에게 베풀어 주셨던 은혜를 떠올리던 백성들이 드디어 탄식하기 시작한다. 놀라운 권능의 하나님(1-6절)께 선택의 사랑(7-14절)을 다시 베풀어 달라고 울부짖는 것이다.

백성들은 출애굽 때 여호와께서 그들의 조상과 매우 밀접한 관계를 유지했던 것과 달리, 하나님이 자신들로부터 멀리 계심을 탄식한다(15-16절). 하나님은 그들과 함께하시는 것이 아니라, 자신의 거처지로 돌아가셨다(15절). 그뿐만 아니라 하나님의 열심과 권능이 더 이상 보이지 않는다. 그러므로 그들은 탄식한다.

중요한 것은 그들이 "우리는 아브라함의 자손이라기보다 하나님의

자손입니다"라고 고백하는 것이다(16절). 사회적으로, 육신적으로 그들은 아브라함의 자손임이 확실하다. 그러나 신학적으로 그들은 아브라함의 자손이 아니라 하나님의 자손들이다. 그들은 진정한 이스라엘은 민족적, 언어적, 국가적 공동체가 아니라, 영적인 공동체라는 사실을 인식했다(Oswalt). 그러므로 그들은 "하나님이 우리의 아버지이십니다"라고 담대하게 외칠 수 있는 것이다. 그들의 아버지이신 하나님은 또한 그들의 "속량자"이시다.

백성들은 울며 하나님께 연약한 자신들을 도와 달라고 하소연한다(17-19절). 그들은 세 가지를 들어 이야기를 진행한다. (1) 우리에게는 죄에 물든 삶을 청산할 수 있는 능력이 없습니다(17절), (2) 주님의 거룩한 성소가 폐허가 되어 있습니다(18절), (3) 우리와 하나님의 관계는 마치 무관한 자들의 것과 같이 되어 버렸습니다(19절).

첫째, 무능한 우리를 바라보아 주소서(17절). 백성들이 탄식시의 양식을 취하며 자신들의 한계를 노래한다. "주님, 어찌하여 우리를 주의 길에서 떠나게 하시며, 우리의 마음을 굳어지게 하셔서, 주님을 경외하지 않게 하십니까?" 백성들의 고백은 결코 하나님이 그들의 마음을 강퍅하게 하셨다는, 하나님이 그들로 하여금 죄를 짓게 만드셨다는 원망이 아니다. 탄식시에서는 저자들이 이러한 표현 방법으로 자신들의 무능함을 한탄한다. 자신들에게는 죄 문제를 스스로 해결할 수 있는 능력이 없음을 한탄하는 것이다.

능력이 없으므로, 아무리 죄에서 헤어나고 싶어도 스스로의 힘으로는 할 수 없는데, 하나님이 도와주시지 않으니 마치 하나님이 그들에게 죄를 짓게 하시는 것과 같다는 탄식이다. 죄를 짓지 않는다는 것은 결코 쉽지 않다. 죄는 이렇게 강력한 힘을 발휘하여 사람들을 휘어잡는다. 처음부터 죄를 짓지 않는 자들이 가장 복이 있다.

둘째, 폐허가 된 주님의 거룩한 성소를 돌아보소서(18절). 주의 백성들이 죄 때문에 하나님의 거룩한 처소에서 쫓겨났다. 그리고 그들의 자리는 이방인들이 차지했다. 매우 슬픈 일이다. 문제는 이방인들이 하나님의 거룩한 처소를 짓밟았다는 것이다. 그러므로 백성은 백성대로 어렵고, 하나님의 처소는 폐허가 되어 서 있다. 이러한 현실은 백성에게도, 하나님께도 도움이 되지 않는다. 죄가 이렇게 심각한 결과를 초래할 줄이야! 죄인들만큼 하나님도 괴로우시다.

셋째, 남남이 되어 버린 우리의 관계를 기억하소서(19절). 죄는 백성들을 하나님의 거룩한 처소에서 몰아내는 것에 만족하지 않았다. 죄는 하나님과 백성들의 사이를 완전히 갈라놓았다. 그들의 탄식 소리를 들어 보라. "우리는 오래전부터 주의 다스림을 전혀 받지 못하는 자같이 되었으며, 주의 이름으로 불리지도 못하는 자같이 되었습니다." 세상 사람들이 이러한 고백을 들으면 어떤 생각을 하게 될까? 이스라엘이 선택받은 백성이라는 것이 모두 거짓이라고 결론지을 것이다. 하나님은 정말 이런 일이 지속되는 것을 원하실까? 그들은 지금 하나님의 동정심을 유발하기 위해 온갖 정열을 쏟으며 부르짖는다.

XI. 언약 백성(63:1–66:24)
2장. 회고와 미래에 대한 기도(63:7–64:12)

3. 백성의 고백(64:1-7)

1 원하건대 주는 하늘을 가르고 강림하시고
주 앞에서 산들이 진동하기를
2 불이 섶을 사르며 불이 물을 끓임 같게 하사
주의 원수들이 주의 이름을 알게 하시며
이방 나라들로 주 앞에서 떨게 하옵소서
3 주께서 강림하사
우리가 생각하지 못한 두려운 일을 행하시던
그 때에 산들이 주 앞에서 진동하였사오니

[4]주 외에는 자기를 앙망하는 자를 위하여
이런 일을 행한 신을 옛부터 들은 자도 없고
귀로 들은 자도 없고 눈으로 본 자도 없었나이다
[5]주께서 기쁘게 공의를 행하는 자와
주의 길에서 주를 기억하는 자를 선대하시거늘
우리가 범죄하므로 주께서 진노하셨사오며
이 현상이 이미 오래 되었사오니
우리가 어찌 구원을 얻을 수 있으리이까
[6]무릇 우리는 다 부정한 자 같아서
우리의 의는 다 더러운 옷 같으며
우리는 다 잎사귀 같이 시들므로
우리의 죄악이 바람 같이 우리를 몰아가나이다
[7]주의 이름을 부르는 자가 없으며
스스로 분발하여 주를 붙잡는 자가 없사오니
이는 주께서 우리에게 얼굴을 숨기시며
우리의 죄악으로 말미암아 우리가 소멸되게 하셨음이니이다

자신들의 처량한 상황에 대해 탄식하던 백성들이 하나님께 "하늘을 가르고 내려오시라"고 호소한다. 내려오셔서 온 세상이 여호와 앞에 떠는 모습을 보게 해 달라고 간구하는 것이다. 물론 자신들의 구원은 전제되어 있다. 그러나 자신들은 이러한 간구를 할 자격이 없음을 곧 고백한다.

멀리 계시고, 하늘에서 자신들의 어려운 형편을 바라만 보고 계시는 듯한 하나님께 백성들이 외친다. "이제 그만, 하늘을 가르고 내려오소서!"(1절) 내려와서 무엇을 하시란 말인가? 그들은 열방을, 자신들의 원수를 심판해 주시기를 원한다. 온 세상이 하나님 앞에 떠는 것을 보고 싶다고 고백한다. 예부터 유명했던 하나님의 명성이 결코 헛된 것이 아

님을 보여 달라는 것이다. 세상의 그 어느 민족도 알지 못하고 들어보지 못했던 기적을 베풀어 달라고 애원한다. 매우 열성적으로 기도한다.

하나님께 곧 오시라고 외쳤던 자들이 오셔서 "정의를 기쁨으로 실천하는 사람과, 주의 길을 따르는 사람과, 주를 기억하는 사람을 만나 달라"고 간구한다(5절). 매우 희망적인 이야기다. 하나님이 어찌 이런 자들과의 만남을 거부하시겠는가? 그분은 항상 이런 사람들을 찾으시지 않는가? 그러나 백성들의 음성은 곧장 수그러든다.

큰소리는 쳤지만, 자신들을 돌아보니 하나님께 만나 달라고 부탁했던 부류의 사람들과 거리가 있어 보인 것이다. 자신들의 모습은 의인보다 죄에 찌든 자에 가까웠다. 심지어 자신들이 의라고 내세울 수 있는 것마저도 "더러운 옷"(בֶּגֶד עִדִּים)에 불과하다고 고백한다(6절). "더러운 옷"은 여자들이 월경을 할 때 사용하는 기저귀를 뜻한다. 가장 부정한 것의 대명사다.

이들은 자신들의 한계를 철저히 고백한다. 아무리 노력해도 스스로 의로워질 수 없음을 인식한 것이다. 그러므로 그들은 바람에 겨가 날려가듯이 "우리의 죄악이 바람처럼 우리를 휘몰아 갑니다"(6절, 새번역)라고 탄식한다. 그들은 고개를 떨구며 "사실 주님을 찾는 자는 아무도 없습니다"(7절)라고 고백한다. 하나님이 기대하시는 만큼 열심히 주를 바라는 사람들이 없다는 사실을 인정하는 것이다.

XI. 언약 백성(63:1–66:24)
2장. 회고와 미래에 대한 기도(63:7–64:12)

4. 백성의 호소(64:8-12)

8 그러나 여호와여,
이제 주는 우리 아버지시니이다
우리는 진흙이요 주는 토기장이시니

우리는 다 주의 손으로 지으신 것이니이다
9 여호와여,
너무 분노하지 마시오며
죄악을 영원히 기억하지 마시옵소서
구하오니 보시옵소서 보시옵소서
우리는 다 주의 백성이니이다
10 주의 거룩한 성읍들이 광야가 되었으며
시온이 광야가 되었으며 예루살렘이 황폐하였나이다
11 우리 조상들이 주를 찬송하던
우리의 거룩하고 아름다운 성전이 불에 탔으며
우리가 즐거워하던 곳이 다 황폐하였나이다
12 여호와여 일이 이러하거늘
주께서 아직도 가만히 계시려 하시나이까
주께서 아직도 잠잠하시고
우리에게 심한 괴로움을 받게 하시려나이까

자신들의 한계와 죄를 철저하게 고백한 백성들이 하나님께 마지막으로 호소한다. "주여, 우리의 죄가 많긴 하지만, 그렇다고 잠잠하시렵니까?" 자신들의 의로는 아무것도 이룰 수 없다는 것을 인정한 그들은 하나님과의 특별한 관계에 근거해 호소한다. 그들은 하나님과의 관계를 네 가지로 비유한다(8-9절). (1) "주님은 우리의 아버지이십니다", (2) "주님은 우리를 빚으신 분입니다", (3) "주님은 우리의 창조주이십니다", (4) "우리는 주님의 백성입니다."

그뿐만 아니라 하나님의 성읍과 성전이 황폐해졌는데 어찌 잠잠히 계실 수 있냐고 호소한다. 어찌 잠잠히 백성들의 고통을 지켜보실 수만 있냐는 것이다(12절). 이들은 하나님의 동정심을 자극하는 기도를 드린다. 이것만이 자신들의 살길이라는 것을 잘 알기 때문이다. 어떻게, 무엇으로 하나님의 마음을 움직일 수 있는가? 의? 명예? 재산? 능력? 아니다. 하나님의 긍휼하심을 자극하는 것이 가장 빠르고 효율적인 방법이다.

3장. 최후 심판과 비전(65:1-66:24)

이사야서의 마지막 섹션이다. 선지자는 이 섹션에서 참으로 위대한 비전을 제시함으로써 매우 장엄한 피날레로 책을 마무리한다. 그는 그날에 대한 놀라운 비전을 제시하며 믿음을 종용하지만, 끝까지 하나님을 거부하고 죽어 가는 반역자들이 있다. 참으로 안타까운 일이다. 하나님이 인간의 의지를 꺾으시면서라도 모든 인류를 구원하시면 좋을 텐데. 이사야서의 마지막 두 장으로 구성된 이 텍스트는 다음과 같이 구분될 수 있다.

A. 두 개의 운명(65:1-16)
  B. 새 하늘과 새 땅(65:17-25)
    C. 제물보다 겸손(66:1-6)
  B'. 새 예루살렘(66:7-14)
A'. 선택: 예배 혹은 멸망(66:15-24)

XI. 언약 백성(63:1-66:24)
3장. 최후 심판과 비전(65:1-66:24)

1. 두 개의 운명(65:1-16)

백성들의 "어디 계십니까? 왜 이렇게 멀게만 느껴지는가요?"라는 탄식에 하나님이 응답하신다. 그들의 생각과 달리 하나님은 예나 지금이나 항상 백성들의 부르짖음에 응답할 만반의 준비를 하고 계셨다. 그리고 이제 드디어 때가 이르렀다. 하나님이 악인은 심판하시고 종이 되어 여호와를 섬기려는 자들은 구원하실 시간이 임박했다. 이 텍스트는 다음과 같이 구분된다.

A. 준비되신 하나님(65:1-7)
B. 반역자들과 종들의 구분(65:8-16)

(1) 준비되신 하나님(65:1-7)

1 나는 나를 구하지 아니하던 자에게 물음을 받았으며
나를 찾지 아니하던 자에게 찾아냄이 되었으며
내 이름을 부르지 아니하던 나라에
내가 여기 있노라 내가 여기 있노라 하였노라
2 내가 종일 손을 펴서
자기 생각을 따라 옳지 않은 길을 걸어가는
패역한 백성들을 불렀나니
3 곧 동산에서 제사하며
벽돌 위에서 분향하여
내 앞에서 항상 내 노를 일으키는 백성이라
4 그들이 무덤 사이에 앉으며
은밀한 처소에서 밤을 지내며
돼지고기를 먹으며
가증한 것들의 국을 그릇에 담으면서
5 사람에게 이르기를
너는 네 자리에 서 있고
내게 가까이 하지 말라
나는 너보다 거룩함이라 하나니

이런 자들은 내 코의 연기요 종일 타는 불이로다
6 보라 이것이 내 앞에 기록되었으니
내가 잠잠하지 아니하고 반드시 보응하되
그들의 품에 보응하리라
7 너희의 죄악과 너희 조상들의 죄악은 한 가지니
그들이 산 위에서 분향하며
작은 산 위에서 나를 능욕하였음이라
그러므로 내가 먼저 그들의 행위를 헤아리고
그들의 품에 보응하리라 여호와가 말하였느니라

백성들의 탄식과 달리 하나님은 부르기만 하면 즉시 응답할 자세를 항상 유지해 오셨다(1절). 문제는 아무도 하나님께 도움을 요청하지 않았다는 사실이다. 누구든지 여호와를 찾기만 하면 만나 주시려 했다. 그러나 아무도 찾지 않았다.

심지어 하나님을 찾지 않는 백성들에게 "나 여기 있다"라고 알려줘도 그들은 아랑곳하지 않았다. 바로 앞에서는 백성들이 "외쳐도 들으시지 않는 매정한 하나님"이라며 원망했다. 그렇다면 그들의 외침은 어떻게 된 것일까? 하나님은 그 이유를 2-7절을 통해 설명하신다. 그들은 입으로만 경건한 백성이지 결코 삶이 경건한 백성이 되지 못했던 것이다.

하나님은, 그래도 혹시 돌아오지 않을까 하는 기대를 가지고, 반역하고 제멋대로 행하며 악한 일만 골라서 하는 백성들을 종일 팔을 벌리고 기다리셨다(2절). 마치 복음서에 나오는, 탕자를 떠나보내고 매일 그가 돌아올 길만 바라보던 아버지처럼 말이다.

그들은 또한 우상을 섬기던 자들이다(3절). 점술가 등을 만나러 다니며 온갖 가증한 행위를 다하던 자들이다(4절). 심지어 죽은 자의 영혼과 접신까지 하러 다녔다. 그러면서도 겉으로는 경건한 척했다(5절). 거룩한 백성이니 결코 부정한 것을 가까이 할 수 없다고 거드름을 피우던 자들이다. 하나님이 가장 싫어하시는 것 중 하나가 위선 아닌가!

그러므로 하나님이 이 백성에게 분노하셨다. 그들의 모든 죄에 대해 보응하기로 결정하신 것이다(7절). 하나님이 이들의 탄식을 못 들으신 것은 그들의 죄가 하나님과의 소통을 막았기 때문이다. 죄를 해결하지 않은 자들이 아무리 떠들어도 거룩하신 하나님은 들으실 수가 없었다. 죄로 인한 잡음이 너무 많아서 말이다.

(2) 반역자들과 종들의 구분(65:8-16)

8 여호와께서 이와 같이 말씀하시되
포도송이에는 즙이 있으므로 사람들이 말하기를
그것을 상하지 말라 거기 복이 있느니라 하나니
나도 내 종들을 위하여 그와 같이 행하여 다 멸하지 아니하고
9 내가 야곱에게서 씨를 내며
유다에게서 나의 산들을 기업으로 얻을 자를 내리니
내가 택한 자가 이를 기업으로 얻을 것이요
나의 종들이 거기에 살 것이라
10 사론은 양 떼의 우리가 되겠고
아골 골짜기는 소 떼가 눕는 곳이 되어
나를 찾은 내 백성의 소유가 되려니와
11 오직 나 여호와를 버리며 나의 성산을 잊고
갓에게 상을 베풀며 므니에게 섞은 술을 가득히 붓는 너희여
12 내가 너희를 칼에 붙일 것인즉
다 구푸리고 죽임을 당하리니
이는 내가 불러도 너희가 대답하지 아니하며

내가 말하여도 듣지 아니하고 나의 눈에 악을 행하였으며
내가 즐겨하지 아니하는 일을 택하였음이니라
13 이러므로 주 여호와께서 이와 같이 말씀하시니라
보라 나의 종들은 먹을 것이로되 너희는 주릴 것이니라
보라 나의 종들은 마실 것이로되 너희는 갈할 것이니라
보라 나의 종들은 기뻐할 것이로되 너희는 수치를 당할 것이니라
14 보라 나의 종들은 마음이 즐거우므로 노래할 것이로되
너희는 마음이 슬프므로 울며 심령이 상하므로 통곡할 것이며
15 또 너희가 남겨 놓은 이름은
내가 택한 자의 저줏거리가 될 것이니라
주 여호와가 너를 죽이고
내 종들은 다른 이름으로 부르리라
16 이러므로 땅에서 자기를 위하여 복을 구하는 자는
진리의 하나님을 향하여 복을 구할 것이요
땅에서 맹세하는 자는 진리의 하나님으로 맹세하리니
이는 이전 환난이 잊어졌고 내 눈 앞에 숨겨졌음이라

백성들의 위선적 생활을 비난하신 하나님이 이제 "백성 중에서 백성을" 구분하겠다고 선언하신다. 만일 아브라함의 자손으로 태어났다는 사실이 그들에게 특권을 부여했다면, 더 이상 그런 특권은 없을 것이다. 다시 말해서 하나님이 "남은 자들"을 구분하실 것이며, 이 남은 자들을 중심으로 하나님의 백성이 새롭게 형성될 것이다.

남은 자들과 나머지 백성들의 엇갈리는 운명이 13-14절에서 절정에 달한다. "내 종들은 먹겠지만, 너희는 굶을 것이다. 내 종들은 마시겠지만, 너희는 목이 마를 것이다. 내 종들은 기뻐하겠지만, 너희는 수치를 당할 것이다. 내 종들은 마음이 즐거워 노래를 부르겠지만, 너희는 마음이 아파 울부짖으며, 속이 상하여 통곡할 것이다."(새번역) 물론 이

들이 도덕적으로 완벽한 자들은 아니다(cf. 16절). 그러나 그들은 그렇게 되려고 안간힘을 쓰던 자들이다.

XI. 언약 백성(63:1-66:24)
3장. 최후 심판과 비전(65:1-66:24)

2. 새 하늘과 새 땅(65:17-25)

17 보라 내가 새 하늘과 새 땅을 창조하나니
이전 것은 기억되거나 마음에 생각나지 아니할 것이라
18 너희는 내가 창조하는 것으로 말미암아
영원히 기뻐하며 즐거워할지니라
보라 내가 예루살렘을 즐거운 성으로 창조하며 그 백성을 기쁨으로 삼고
19 내가 예루살렘을 즐거워하며 나의 백성을 기뻐하리니
우는 소리와 부르짖는 소리가 그 가운데에서 다시는 들리지 아니할 것이며
20 거기는 날 수가 많지 못하여 죽는 어린이와
수한이 차지 못한 노인이 다시는 없을 것이라
곧 백 세에 죽는 자를 젊은이라 하겠고
백 세가 못되어 죽는 자는 저주 받은 자이리라
21 그들이 가옥을 건축하고 그 안에 살겠고
포도나무를 심고 열매를 먹을 것이며
22 그들이 건축한 데에 타인이 살지 아니할 것이며
그들이 심은 것을 타인이 먹지 아니하리니
이는 내 백성의 수한이 나무의 수한과 같겠고
내가 택한 자가 그 손으로 일한 것을 길이 누릴 것이며
23 그들의 수고가 헛되지 않겠고
그들이 생산한 것이 재난을 당하지 아니하리니
그들은 여호와의 복된 자의 자손이요

그들의 후손도 그들과 같을 것임이라
24 그들이 부르기 전에 내가 응답하겠고
그들이 말을 마치기 전에 내가 들을 것이며
25 이리와 어린 양이 함께 먹을 것이며
사자가 소처럼 짚을 먹을 것이며
뱀은 흙을 양식으로 삼을 것이니
나의 성산에서는 해함도 없겠고
상함도 없으리라 여호와께서 말씀하시니라

다시 한번 하나님이 백성들을 구분할 것을 그리고 그들이 어떻게 차별화된 운명을 맞을 것인가를 확대해서 말씀하신다. 수사학적인 의미는 앞부분과 같다. "너희 운명은 너희 하기에 달렸다."

주의 백성들은 왜 의롭게 살아야 하며 공의를 추구해야 하는가? 하나님을 갈망하고 순종하려고 노력하는 "남은 자들"은 과연 어떤 환경에서 그분과 살게 될 것인가? 그들을 기다리는 미래가 그들의 피눈물 나는 노력에 대한 적절한 보상이라 할 수 있을 것인가? 새 하늘과 새 땅에 관한 말씀은 이러한 질문들에 대해 모두 긍정적인 측면에서 대답한다. "새 하늘과 새 땅"은 창조주 하나님의 창조 능력이 이미 창조하신 것으로 제한될 수 없으며 앞으로도 무한히 창조하실 수 있다는 가능성을 시사한다. 그렇다면 남은 자들이 누릴 '신세계'는 과연 어떤 곳인가?

그곳은 쓰라린 과거는 기억에서 사라지는 곳이다(17절). 백성들의 마음을 자극하는 모든 죄와 실패의 쓰라림이 더 이상 그들의 발목을 잡지 못할 것이다. 하나님으로부터 받은 징계, 어둠 속에서 흘렸던 절망의 눈물 등 그들을 슬프게 하는 모든 것이 효력을 상실한다. 물론 이것은 주의 백성들에게 기억상실 증세가 나타날 것이라는 뜻이 아니라, 새로운 세상에서 누리게 될 영광이 너무나 좋고 놀라워서, 과거의 일들은 아련한 추억이 되어 더 이상 그들을 괴롭히지 못할 것이라는 뜻이다.

그곳은 지체할 수 없는 기쁨과 감격이 있는 곳이다(18-19절). 신세계에서 살게 될 주의 백성들은 길이길이 기뻐할 수 있다. 그들의 도성은 기쁨으로 가득 차며, 그들은 하나님의 기뻐하시는 자가 될 것이다. 그러므로 그곳에는 슬픔이나 눈물이 없을 것이다. "저 하늘에는 눈물이 없네 거기는 기쁨만 있네…"로 시작하는 흑인영가가 생각난다. 흑인 노예들이 백인들에게 매를 맞아가며 목화를 딸 때 부르던 노래, 백인 주인들의 이유 없는 폭력에도 말대꾸 한 번 못하고 신음 소리에 섞어 부르던 노래를 통해 갈망했던 기쁨과 즐거움만 있는 세상이 이 신세계에서 성취되는 것이다.

그곳은 모든 사람이 장수하는 곳이다(20절). 내세에 대한 생각이 희미하던 사회에서 오래 사는 것은 인간이 누릴 수 있는 큰 축복들 중 하나였다. 새로운 세상에서는 100세를 살고 죽는 것이 젊은이의 죽음으로 취급될 것이다. 그보다 어려서 죽는 사람은 저주를 받았다고 생각될 정도로 모두 오래 살 것이다. 이는 노아 홍수 이전을 연상시킨다. 이사야 시대의 평균 수명이 40-50세였던 것을 감안할 때, 이 말씀이 어떠한 흥분을 자아냈을지 상상해 보라.

그곳은 재산권이 보장되는 곳이다(21-23절). 약소국가였던 이스라엘의 가장 큰 경제적 문제는 주변 나라들의 횡포로 인한 것이었다. 매년 조공을 바쳐야 했고, 추수 때는 습격을 받기 일쑤였다. 하나님은 이런 일이 더 이상 없을 것이라고 보증하신다. 모두 자신이 심은 곡식을 먹게 될 것이며, 그 누구도 남의 것을 넘보지 않을 것이다. 모두 자신의 노력에 대한 적절한 열매를 누릴 것이며, 하나님이 자손들에게도 복을 주셔서 자손 대대로 이러한 공의와 공평을 누릴 것이다.

그곳은 하나님의 즉각적인 응답이 있는 곳이다(24절). 새로운 세상에서는 하나님의 간섭과 통치가 얼마나 백성들 가까이에 와 있는지, 그들이 기도하기도 전에 하나님이 그들의 생각을 헤아리시고 응답하신다! 기도하기도 전에 응답이 온다! 얼마나 놀라운 일인가!

그곳은 모든 것이 평화와 화목을 유지하는 곳이다(25절). 이 말씀은 11:6-9과 매우 비슷한 내용을 담고 있다. 그곳에서는 모든 원수/천적 관계가 해소될 것이다. 이리와 어린 양이 함께 풀을 뜯고, 사자가 소처럼 여물을 먹을 것이다. 하나님의 거룩한 산에서는 더 이상 서로 상하게 하는 일이 없을 것이다. 완전한 유토피아(utopia)가 임하는 것이다. 이런 세상에서 살고 싶지 않은가?

XI. 언약 백성(63:1–66:24)
3장. 최후 심판과 비전(65:1–66:24)

3. 제물보다 겸손(66:1-6)

1 여호와께서 이와 같이 말씀하시되
하늘은 나의 보좌요 땅은 나의 발판이니
너희가 나를 위하여 무슨 집을 지으랴
내가 안식할 처소가 어디랴
2 나 여호와가 말하노라
내 손이 이 모든 것을 지었으므로 그들이 생겼느니라
무릇 마음이 가난하고 심령에 통회하며
내 말을 듣고 떠는 자 그 사람은 내가 돌보려니와
3 소를 잡아 드리는 것은 살인함과 다름이 없이 하고
어린 양으로 제사드리는 것은 개의 목을 꺾음과 다름이 없이 하며
드리는 예물은 돼지의 피와 다름이 없이 하고
분향하는 것은 우상을 찬송함과 다름이 없이 행하는
그들은 자기의 길을 택하며
그들의 마음은 가증한 것을 기뻐한즉
4 나 또한 유혹을 그들에게 택하여 주며
그들이 무서워하는 것을 그들에게 임하게 하리니

이는 내가 불러도 대답하는 자가 없으며
내가 말하여도 그들이 듣지 않고
오직 나의 목전에서 악을 행하며
내가 기뻐하지 아니하는 것을 택하였음이라 하시니라
5 여호와의 말씀으로 말미암아 떠는 자들아
그의 말씀을 들을지어다 이르시되
너희 형제가 너희를 미워하며
내 이름으로 말미암아 너희를 쫓아내며 이르기를
여호와께서는 영광을 나타내사
너희 기쁨을 우리에게 보이시기를 원하노라 하였으나
그들은 수치를 당하리라 하셨느니라
6 떠드는 소리가 성읍에서부터 들려 오며
목소리가 성전에서부터 들리니
이는 여호와께서 그의 원수에게 보응하시는 목소리로다

그렇다면 모든 사람이 하나님의 새 하늘과 새 땅을 누리게 될까? 그런 것은 아니다. 본문은 하나님이 의인과 악인을 구분하실 것이라는 점을 분명히 한다.

우리가 어떻게 하나님을 기쁘시게 할 수 있는가?(1-2절) 선지자는 "하늘은 여호와의 보좌요, 땅은 그분의 발 받침대인데, 우리가 무엇을 해서 하나님을 기쁘게 할 수 있을 것인가?"라는 질문을 던진다(1절). 즉, 하늘과 땅 사이에 있는 모든 것이 하나님의 것인데, 우리가 주님께 무엇을 드릴 수 있단 말인가? 우리가 어떤 예물로, 하나님을 위해 무엇을 함으로써 그분을 기쁘시게 할 수 있단 말인가?

저자는 우리가 하나님을 위해 할 수 있는 것은 아무것도 없다고 단언한다. 그렇다면 우리가 어떻게 하나님을 기쁘시게 할 수 있단 말인가? 아무것도 하지 말라! 하나님의 뜻대로 살려고 노력하다가 실패한 상한 마음, 회개하는 마음, 겸손한 마음을 여호와께 내어놓으라(2절). 이것이 우리가 그분 앞에 드릴 수 있는 최고의 예물이고, 우리가 할 수 있는 최선이다. 상한 마음은 그 어떤 제물보다도 아름다운 제물이다.

형식적이고 마음이 따르지 않는 제물은 드리지 않는 것만 못하다(3-4절). 3절을 읽다 보면, 선지자가 예식(禮式)을 무조건 부정적인 것으로 보는 듯한 인상을 받는다(cf. 1:10-15). "소를 잡아 드리는 것은 살인한 것과 다름 없고, 어린 양으로 제사드리는 것은 개의 목을 꺾는 것과 다름 없으며, 드리는 예물은 돼지의 피와 다름없고, 분향하는 것은 우상을 찬송하는 것과 다름없다." 그러나 선지자는 56:1-8, 58:13-14 등에서 예식을 올바른 마음 자세로 준수하는 것이 얼마나 중요한지 선포한 적이 있다.

그뿐만 아니라, 3c-4절은 왜 하나님이 이러한 제물들을 받으실 수 없는지 설명한다. 그들은 여호와께 이런 제물을 드리고 돌아서서는 다른 신들을 섬겼다. 하나님은 우리 삶의 유일한 주권자가 되기를 원하신다. 하나님을 섬긴다고 하면서 우리의 삶에 대한 주권을 놓고 다른 무엇이 그분과 경쟁하게 만든다면, 그것은 하나님에 대한 모욕이다.

주를 사랑하기에 세상에서 환난을 당하는 자들은 위로를 받을 것이다(5-6절). 하나님의 말씀대로 살려고 안간힘을 쓰고, 그 때문에 비뚤어진 가치관을 지닌 세상에서 고난을 받는 자들은 구분된다. 하나님은 이들로 하여금 새 하늘과 새 땅에서의 삶을 누릴 수 있도록 하실 것이다. 그리고 그들이 당한 수치에 대해 모두 보복해 주실 것이다. 아무리 억울한 일을 당해도 스스로 보복할 필요가 없다. 하나님이 모두 지켜보시기 때문이다. 그분은 모든 사람에 대한 출납 장부를 가지고 계신다. 그리고 그 장부에 적혀 있는 대로 모두 보응 받을 날이 반드시 온다.

4. 새 예루살렘(66:7-14)

7 시온은 진통을 하기 전에 해산하며
고통을 당하기 전에 남아를 낳았으니
8 이러한 일을 들은 자가 누구이며
이러한 일을 본 자가 누구이냐
나라가 어찌 하루에 생기겠으며
민족이 어찌 한 순간에 태어나겠느냐
그러나 시온은 진통하는 즉시 그 아들을 순산하였도다
9 여호와께서 이르시되 내가 아이를 갖도록 하였은즉
해산하게 하지 아니하겠느냐
네 하나님이 이르시되
나는 해산하게 하는 이인즉 어찌 태를 닫겠느냐 하시니라
10 예루살렘을 사랑하는 자들이여
다 그 성읍과 함께 기뻐하라
다 그 성읍과 함께 즐거워하라
그 성을 위하여 슬퍼하는 자들이여
다 그 성의 기쁨으로 말미암아 그 성과 함께 기뻐하라
11 너희가 젖을 빠는 것 같이 그 위로하는 품에서 만족하겠고
젖을 넉넉히 빤 것 같이 그 영광의 풍성함으로 말미암아 즐거워하리라
12 여호와께서 이와 같이 말씀하시되
보라 내가 그에게 평강을 강 같이,
그에게 뭇 나라의 영광을 넘치는 시내 같이 주리니
너희가 그 성읍의 젖을 빨 것이며
너희가 옆에 안기며 그 무릎에서 놀 것이라
13 어머니가 자식을 위로함 같이 내가 너희를 위로할 것인즉

너희가 예루살렘에서 위로를 받으리니
14 너희가 이를 보고 마음이 기뻐서
너희 뼈가 연한 풀의 무성함 같으리라
여호와의 손은 그의 종들에게 나타나겠고
그의 진노는 그의 원수에게 더하리라

백성들만 위로를 받고 새로운 세상의 즐거움을 누리게 되는 것이 아니다. 그들의 어미 시온도 마찬가지다. 선지자는 1장에서 시온을 창녀로 묘사했다. 이제 시온은 세상 모든 사람이 선망의 대상으로 삼는 이상적인 여인이 되었다. 그녀의 모든 삶에 풍요로움이 있다. 고통 없이 아이도 많이 낳고, 먹일 젖도 풍부하고, 주변에는 평화가 강물처럼 흐른다. 이 모든 일이 여호와께서 "어미가 자식을 위로함 같이" 자신의 백성을 위로하시기 때문이다(13절). 하나님은 어떤 분인가? 바로 "아이를 낳게 하시는 분"이다(9절). 이러한 능력을 지닌 분이 시온을 회복하기로 결정하셨으니, 모든 것이 끝난 것 아닌가!

XI. 언약 백성(63:1–66:24)
3장. 최후 심판과 비전(65:1–66:24)

5. 선택: 예배 혹은 멸망(66:15-24)

15 보라 여호와께서 불에 둘러싸여 강림하시리니
그의 수레들은 회오리바람 같으리로다
그가 혁혁한 위세로 노여움을 나타내시며
맹렬한 화염으로 책망하실 것이라
16 여호와께서 불과 칼로 모든 혈육에게 심판을 베푸신즉
여호와께 죽임 당할 자가 많으리니
17 스스로 거룩하게 구별하며 스스로 정결하게 하고

동산에 들어가서 그 가운데에 있는 자를 따라
돼지 고기와 가증한 물건과 쥐를 먹는 자가
다 함께 망하리라 여호와의 말씀이니라
18 내가 그들의 행위와 사상을 아노라
때가 이르면 뭇 나라와 언어가 다른 민족들을 모으리니
그들이 와서 나의 영광을 볼 것이며
19 내가 그들 가운데에서 징조를 세워서
그들 가운데에서 도피한 자를 여러 나라
곧 다시스와 뿔과 활을 당기는 룻과 및 두발과 야완과
또 나의 명성을 듣지도 못하고
나의 영광을 보지도 못한 먼 섬들로 보내리니
그들이 나의 영광을 뭇 나라에 전파하리라
20 나 여호와가 말하노라
이스라엘 자손이 예물을 깨끗한 그릇에 담아 여호와의 집에 드림 같이
그들이 너희 모든 형제를 뭇 나라에서
나의 성산 예루살렘으로 말과 수레와 교자와 노새와 낙타에 태워다가
여호와께 예물로 드릴 것이요
21 나는 그 가운데에서 택하여 제사장과
레위인을 삼으리라 여호와의 말이니라
22 내가 지을 새 하늘과 새 땅이 내 앞에 항상 있는 것 같이
너희 자손과 너희 이름이 항상 있으리라 여호와의 말이니라
23 여호와가 말하노라
매월 초하루와 매 안식일에 모든 혈육이 내 앞에 나아와 예배하리라
24 그들이 나가서 내게 패역한 자들의 시체들을 볼 것이라
그 벌레가 죽지 아니하며 그 불이 꺼지지 아니하여
모든 혈육에게 가증함이 되리라

이미 여러 차례 새롭게 형성될 하나님의 백성이 결코 야곱의 자손들로 제한되지 않을 것을 강조한 선지자는, 이제 책의 마지막 텍스트에서 이 사상을 정점에 올려놓는다. 하나님이 백성을 방문하시는 날, 그분의 불에 휩싸여 죽임을 당할 자들이 있다(15-17절). 그러나 이방인들 중에서도 하나님의 선택을 받아 그분의 백성이 될 뿐만 아니라 하나님의 사신이 되어 세계 방방곡곡에 파견되는 자들이 있다(18-19절). 그들은 열방을 하나님께 이끌어 온다(20절).

가장 놀라운 것은 바로 그다음 순간이다. 하나님이 그들을 제사장과 레위 사람들로 삼으신다!(21절) 그리고 그들은 하나님 앞에 영원히 제사장처럼 거한다(22-23절). 그러나 끝까지 반역하는 자들은 죽임을 당하여 불에 태워진다(24절). 아무리 열심히 전도하고 설득해도 안 되는 사람들이 있는 것이다. 그들은 하나님께 맡기는 수밖에….